KB262773

언어와 언어학

저자 소개

이철수(李喆洙)
仁荷大學校 師範大學 명예교수

문무영(文斌永)
仁荷大學校 師範大學 國語敎育科 대우교수

박덕유(朴德裕)
仁荷大學校 師範大學 國語敎育科 교수

언어와 언어학

초판 1쇄 발행   2004년 2월 20일
초판 2쇄 발행   2010년 7월 30일
저 자   이철수·문무영·박덕유
펴낸이   이대현
편 집   조혜진
펴낸곳   도서출판 **역락** / 서울 서초구 반포4동 577-25 문창빌딩 2층
Tel 대표·영업 3409-2058 편집부 3409-2060 FAX 3409-2059
E-mail yk3888@kornet.net / youkrack@hanmail.net
등 록 1999년 4월 19일 제2-2803호

정 가 16,000원
ISBN 89-5556-270-5 93710
* 잘못된 책은 교환해 드립니다.

언어와 언어학

이철수 · 문무영 · 박덕유

역락

머리말

　인간은 언어를 사용하지 않고는 하루도 사회생활을 영위할 수 없다. 언어가 있으므로 사회 안에서 인간 관계를 유지할 수 있고, 사회생활 속에서 각자 맡은 바 일을 추진해 나가는 것도 언어를 가지고 의사소통을 할 수 있기 때문이다. 따라서 언어 없이 생존은 해 나갈 수 있겠지만, 언어 없이 사회생활은 불가능하다. 그리고 언어는 의사소통의 한 형태로 습득되고 학습되는 것으로 인간은 무한한 언어를 생산하고 해석할 수 있다.

　그러나 언어가 우리 일상생활과 不可分離의 밀접한 관계에 있는 데도 우리는 언어에 대해 아는 것보다도 모르는 것이 더 많다. 언어를 바르게 사용함으로써 사회적인 갈등과 마찰을 피할 수 있으며, 언어에 관한 올바른 이해를 함으로써 우리는 언어와 사회생활 사이에 얽혀 있는 여러 가지 문제들을 해결할 수 있다. 또한, 언어는 일종의 기호체계로 가장 유연하고도 복잡한 것으로 언어의 본질에 대한 정확한 이해가 필요하다. 그것은 언어가 思考와 論理能力 형성에 영향을 주는 도구이기 때문이다. 뿐만 아니라, 個別言語는 특정한 종족과 절대적인 연관성이 있는 것이 아니므로, 언어는 인종이나 문화보다도 언어사회와 밀접한 관련을 갖는다.

　이에 본서는 言語學의 깊은 이론이나 어려운 내용보다는 일반적인 언어학의 기본 원리를 이해하도록 엮었다. 그리고 어느 한 나라의 특정한 언어학의 내용을 다루는 것이 아니라 普遍的이고도 一般的인 언어학 내

용을 이해하도록 했으며, 언어학의 기초적인 문제에 초점을 두어 대학
생이면 누구나 敎養人으로서 갖추어야 할 학문의 基底가 될 수 있는 내
용을 선택하여 집필하였다.

　언어는 인간관계와 사회생활을 원활하게 해주는 수단이 되며, 언어학
은 언어에 관한 연구로 여러 인접학문 분야와 밀접한 관계를 갖게 한다.
뿐만 아니라, 인간의 정신생활에서도 기본적인 역할을 추구하며, 인간
의 사회생활과 문화생활을 보다 풍요롭게 할 수 있기 때문에 본서는 그
자체로서 가치를 가질 것이다.

　끝으로 일부 내용의 오·탈자를 바로잡아 개정판이 나오기까지 여러
모로 도와준 분들께 감사드리며, 아울러 흔쾌히 발간해 주신 역락 출판
사 이대현 사장님께 진심으로 감사드린다.

2010년 6월 30일

著者 씀

차 례

제1장 인간과 언어 ─────────────── 11

　1. 인간의 언어와 동물의 언어 / 11
　2. 언어의 기원 / 16

제2장 언어와 언어학 ─────────────── 29

　1. 언어의 정의와 특성 / 29
　2. 언어의 기능 / 39
　3. 언어학 / 47

제3장 언어의 음성구조 ─────────────── 53

　1. 음성학의 개념과 유형 / 53
　2. 음성기관 / 58
　3. 언어음의 표시 / 60
　4. 모음체계 / 63
　5. 자음체계 / 72
　6. 음 소 / 78
　7. 음 절 / 80
　8. 운 소 / 84
　9. 변별적 자질 / 94

제4장 언어의 형태구조 ─────────────── 99

　1. 형 태 / 99
　2. 형태소 / 103

3. 형태음소 / 120

4. 단 어 / 125

5. 단어형성 / 129

제5장 언어의 통사구조 —————————————— 149

1. 통사론의 개념과 성격 / 149
2. 전통적인 연구방법 / 150
3. 구조주의 연구방법 / 155
4. 변형-생성론 연구방법 / 164

제6장 언어의 담화구조 —————————————— 179

1. 담화의 구성과 기능 / 179
2. 장면에 따른 표현과 이해 / 181
3. 담화분석 / 185
4. 담화의 해석과 구성요소 / 191

제7장 의미론 —————————————————————— 205

1. 의 미 / 205
2. 여러 가지 의미 유형 / 207
3. 의미의 구조 / 213
4. 의미변화 / 234
5. 의미론 / 240

제8장 어휘와 어휘론 —————————————————— 245

1. 어 휘 / 245
2. 어휘의 연구 / 250
3. 어휘의 체계 / 251
4. 어휘의 계량 / 264

제 9 장 외래어원의 차용 ———————————— 273

1. 언어적 차용 / 273
2. 차용의 유형 / 279
3. 차용의 영향 / 285

제 10 장 문자와 표기법 ———————————— 287

1. 문자언어 / 287
2. 문자의 발달 / 292
3. 문자체계의 유형 / 301
4. 문자소 / 304
5. 정서법 / 305

제 11 장 지역 및 사회적 방언 ———————————— 309

1. 방언의 성격 / 309
2. 방언의 유형 / 314
3. 방언의 연구 / 315
4. 사회적 변이 / 321

제 12 장 언어의 변화 ———————————— 329

1. 언어의 변천 / 329
2. 언어변화의 유형 / 331
3. 역사언어학 / 340

제 13 장 언어의 유형과 계통 ———————————— 351

1. 유형적 분류 / 352
2. 계통적 분류 / 361

■ 부록 – 국제음성기호 … 364
■ 참고문헌 … 367
■ 찾아보기 … 375

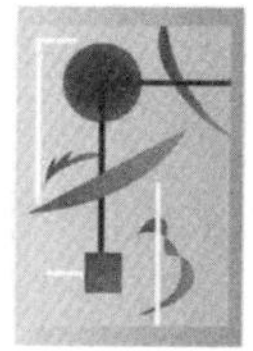

제1장 인간과 언어

1. 인간의 언어와 동물의 언어

인간이 언어를 본격적으로 사용하게 된 것은 지금으로부터 약 10만 년 전으로 추정할 수 있다. 인간이 다른 동물과 구별되는 두드러진 특징 중의 하나는 인간만이 언어를 구사할 수 있다는 점이다. 인간 유전자의 98%를 닮은 침팬지도 언어를 구사할 수 있는 능력이 없다고 한다. 미국의 유명한 언어학자 Chomsky는 컴퓨터에 내장된 하드웨어처럼 인간은 유전적으로 언어습득 능력을 갖고 태어난다고 했다. 스웨덴의 생물학자 Linne는 인간을 '언어적 인간(Homo loquens)'이라고 하였으며, 독일의 철학자 Heidegger는 언어를 '존재의 집'이라고 하여 언어의 주택 속에 인간이 살고 있다고 설명하였다. 그리고 독일의 철학자 Cassirer는 "인간은 언어가 형성해주는 현실만 알고 있다."고 함으로써 인간과 언어의 중요 관계에 대해서 설명했다.

인간의 언어는 복잡하고 추상적인 것으로 무한한 언어를 창조해 낼 수 있다는 변형생성문법론을 창시한 Chomsky는 이를 인간의 언어에만 나타나는 回歸性(recursion)이라고 규정했다. 또한, 하버드 대학의 Hauser

교수는 이런 회귀성이 진화 과정에서 숫자 사용이나 방향설정과 같은 기능을 잘 수행하기 위한 필요성 때문에 생겨났다는 이론을 제시했다. 예를 들어 숫자를 더 잘 다루고, 먹이가 있는 장소를 찾거나 짝짓기를 하는 장소를 잘 찾는 동물이 생존 능력이 뛰어날 것이며 그런 과정에서 회귀성을 갖춘 인간의 언어가 생겨났다는 것이다. 2001년에 영국 옥스퍼드대학의 모나코 박사팀은 정확한 발음을 내기 어렵고, 말소리의 구별과 문장을 이해하거나 문법적인 면을 판단하는 데에 장애가 있는 가계 구성원들의 유전자를 면밀히 조사한 결과 'FOXP2'라는 유전자에 이상이 있어서 이런 언어 장애가 발생한다는 연구결과를 발표했다. 그는 이 가계의 언어 장애자 14명에게서 'FOXP2' 유전자에 있는 715개의 아미노산 중 1개가 일반인과 다른 것임을 밝혀 냈다. 또한, 인간과 침팬지의 언어유전자(FOXP2)를 비교한 결과 아래와 같이 2개만 다르다는 것을 2002년에 독일 막스플랑크 연구소의 파보 박사팀이 발견했다.

인　간　→　MMQ......SSNTS......VLSAR......LSEDLE
침팬지　→　MMQ......SSTTS......VLTAR......LSEDLE

파보 박사팀은 이처럼 아주 적은 유전자의 차이가 언어 능력을 결정지을 수 있다고 추정한 것이다.

호모 로쿠엔스는 높은 차원의 특징으로서 '언어를 사용하는 인간'이라는 뜻의 라틴어다. 사람의 大腦에는 말을 하도록 작용하는 중추신경이 있다. 이 신경의 작용으로 발음기관을 움직여서 발음하고 또 聽覺神經과 대뇌를 통하여 타인의 언어를 이해하는 것이다. 물론 다른 동물도 자신의 소리로써 그 나름의 신호를 교환한다. 침팬지는 수십 종의 소리를 내어 동료를 부르거나 탓하며, 경계, 공포, 고통, 경악, 기쁨, 슬픔 등을 표현한다고 한다. 그러나 이것은 감정의 직접적 표현에 불과하다.

사람의 언어는 감탄사가 아니라 세분된 음성으로 의미 있는 단어를 이루고, 이 단어들을 일정한 법칙에 따라 운용함으로써 복잡한 의미를 자유롭게 表現하는 象徵的인 것이다. 인간은 이 언어를 사용함으로써 자기의 경험을 타인에게 전달할 뿐만 아니라, 타인의 경험을 제삼자에게 전달할 수 있다. 또한, 이러한 소통은 기억을 낳게 하고, 또한 언어를 통해서 복잡한 事象을 추상화할 수 있으며, 思考能力을 발달시킬 수 있다.

언어는 인간정신에 의하여 개발된 가장 귀하고 거대한 勞作이며, 인간행위의 가장 특징적인 형태이기도 하다. 그러나 언어는 우리의 일상생활에서 항상 사용하고 있는 것이지만, 너무 흔한 것이기 때문에 우리는 그것에 관하여 탐구하려 들지 않는다. 마치 공기를 호흡하고 있으면서 공기의 존재와 가치에 대하여 관심을 갖지 않는 것과 같다. 항상 말을 하고 있으면서도 생활에 무관심하다. 이와 같이 어떤 事象이 우리에게 너무 친숙할 때 그것을 옳게 인식하기가 어렵다. 마치 바닷가에서 사는 사람들이 파돗소리에 익숙해 있어서 그것을 들을 수 없는 것과 같다.

또한 언어를 '걷는 일'과 같이 自明한 것으로 생각하기도 한다. 그러나 걷는 일은 사람에게 있어서 선천적으로 유기적이고 생리적인 데 반하여 언어의 習得은 후천적으로 얻게 된 문화적 기능이다. 미국의 인류학자 Sapir의 말과 같이, 걸음을 배우는 것은 선배들이나 이웃 사람들에 의하여 걷는 기술을 배우는 것이 아니라, 정상적인 사람이면 누구나 자기의 유기적 生體가 출생시부터 걸을 수 있는 모든 神經作用의 에너지와 근육 적응을 받아들일 수 있는 조건과 태도가 갖추어져 있기 때문이다.[1] 이러한 특수한 활동은 육체적으로 건전한 개인에게 선천적으로 타고난 것이다. 한편, 언어는 한 개인이 태어난 특정 사회, 즉 그가 생활하고 있는 주위 사람들에게서 습득되고 傳承되는 것이라고 말할 수 있다. 인간이 태어나면서 배우는 '걸음'과 '언어습득'과의 근본적인 차이는 어린 아이들을 자기가 태어난 환경으로부터 전혀 다른 언어환경으로 移住시켜 보면 분명해진다. 아마도 새로운 환경에도 불구하고 그들의 걸음은 옛날부터 걸어온 그대로의 버릇으로 발육되어 걸을 것이다. 그러나

---

1) Edward Sapir, *Language*, New York: Harcourt Brace Lavanovich, 1921, p.3, 참조.

언어의 습득은 자기가 태어난 환경과는 전혀 다른 양식으로 배우게 될 것이다. 언어습득은 사람의 생존에 필요한 것이 아니라 인간 생활에 필요한 것이다. 인간의 어떠한 활동이든지 언어에 의존하지 않은 것은 거의 없기 때문에 우리는 활동하는 모든 일에서 언어를 사용한다.

인간의 思考가 언어 없이는 불가능하다고 생각하는 사람들도 있다.[2] 따라서 넓은 의미에서의 언어는 목소리, 몸짓, 신호(signals), 文字記號 등을 이용하여 하나의 人間內心에서 다른 인간 내심으로 의미를 전달하는 수단이다. 그러므로 언어는 모든 인간 활동 중에서 가장 보편적이고 널리 보급된 것으로 인간 최고의 능력이며, 사람이 다른 동물과 구별되는 유일한 것이다.[3] 사실상 사람이 다른 동물과 구별되는 것은 소리를 낼 수 있는 능력이 아니라, 그 소리와 의미를 有意的으로 결합시킬 수 있는 인간의 능력이다. 그리하여 서로의 상호이해를 가능하게 하고, 한 인간 내심의 사고가 다른 인간 내신으로 옮겨지는 실제의 轉移가 성립되는 것이다.

훈련을 받은 작은 앵무새가 "새도 말을 해요"와 같은 문장의 말을 제법 音高(pitch)와 抑揚을 어울리게 나타내어 표현했다고 하여 앵무새가 언어를 사용한다고 말하지는 않는다. 왜냐하면 앵무새가 사람의 말을 단지 모방했을 뿐이기 때문이다. 사람을 제외한 다른 동물에게는 언어 활동을 수행할 능력이 없다. 일련의 낱말이 모여서 일정한 의미를 이루는 복잡한 연결체의 '조직화된 소리'를 내지 못한다. 앵무새의 소리는 조직화된 사고에 의한 동기에서 나온 것이 아니라 無意識的인 모방의 소리에 불과한 것이다.

따라서 동물들의 의사소통 신호는 경직된 固定型(stereo-type)을 띠고

---

2) Max Black, *The Labyrinth of Language*, New York: The New American Library, 1969, p.17, 참조.

3) Harold Goad, *Language in History*, Harmondsworth, Middlesex: Penguin Books, 1958, p.11("Speech is the highest of the faculties of man and the one that distinguishes him from animals.").

있어서 인간 언어의 창조성과는 구별된다. 동물들의 신호에는 청각적 신호와 시각적 신호 그리고 후각적 신호 등이 있다. 소라게는 집게 다리를 뻗침으로써 공격 자세를 취하여 다른 게나 물오리를 쫓아 버린다. 그리고 큰가시고기는 자기의 영토를 침범하는 숫놈의 붉은 배와 목덜미를 보기만 하면 무서운 공격력을 발휘하여 자기의 영토를 방위한다.

이와 같은 시각적 신호와는 달리 새들은 소리를 내어 날아 도망하라는 신호나 자기의 짝을 부르는 소리를 낸다. 새들이 짝을 고르고 求愛하고 어미의 의무를 수행하는 '소리의 신호'는 대개 소리의 급작스러운 높낮이나 振幅의 변화를 가져온다. 한편, 불개미는 먹이 있는 곳을 발견하면 집으로 돌아올 때 냄새 나는 화학물질을 내뿜어 자취를 남겨, 다른 개미들이 찾아갈 수 있도록 후각적 신호를 사용한다.

그런데 꿀벌들의 의사소통 과정은 매우 복잡하다. 꿀벌은 먹이의 위치를 벌통 안에서 춤을 추는 '회전 속도'로 알린다. 먼 거리에 먹이가 있을 경우, 멀면 멀수록 이에 비례하여 춤추는 회전의 빈도가 낮다. 그리고 먹이의 방향은 태양의 위치에 비추어 벌춤의 직선 부분의 각도에 의하여 표시된다. 그러나 꿀벌의 신호도 먹이, 거리, 방향 등을 지시하는 단순한 고정형 신호에 불과한 것이다.

이에 의사소통에 있어서 사람과 동물과의 차이를 요약하면 다음과 같다.

【인간과 동물의 의사소통 능력】

인간의 의사소통 능력	동물의 의사소통 능력
1) 소리와 의미를 결합시키는 능력	1) 소리를 낼 수 있는 능력
2) 思考와 轉移 기능	2) 소리로써 상호 이해는 가능하나 思考의 전이는 불가능함.
3) 조직화된 思考의 동기로 언어를 사용	3) 훈련에 의하여 말을 하는 것 사용은 모방일 뿐이며 무의식적인 것임.
4) 先得的 언어능력을 가짐.	4) 동물에는 固定型이 있을 뿐임.

5) 말소리를 수단으로한 복잡한 전달 체계를 가지며 발전적으로 변화 가능	5) 옛날부터 동물들의 신호체계는 변화 발전이 없음.

2. 언어의 기원

언어의 기원에 관한 논의는 옛날부터 오늘에 이르기까지 오랜 세월 동안 계속되고 있다. 우리에게 알려진 신화 속에서, 그리고 각 종교의 聖典·經典에서 언어의 기원에 대하여 언급하고 있다.

이와 같이 예로부터 언어의 기원 문제가 지속적으로 논의되는 것은 언어와 인간은 밀접한 관계에 있으며, 언어적 인간의 본질 내지 起源을 이해하기 위해서는 마땅히 언어의 기원이 탐구되어야 한다는 생각에서 이다. 인간의 특징 중 가장 대표적인 것이 언어이기 때문에 언어의 발달 과정 속에서 인간의 특성을 이해할 수 있는 것은 너무나 自明한 일 이다.

그러나 언어의 기원에 대한 탐구 의욕과는 달리 이에 대한 주장이나 설명이 허황되거나 과학적 이론이 정립되지 못한 형편이었으므로, 한때 는 언어학자들이 이에 관한 과학적 연구가 불가능하다고 하여 언어의 기원에 관한 논문을 받아들이지 않겠다고 하여 금지 결정을 내린 바 있 었다.4) 그럼에도 불구하고 이에 관한 연구는 계속되어 왔고 앞으로도 활발히 연구될 것으로 전망되고 있다. 언어의 기원은 인간 경험의 내 용·윤곽을 이해하는 데 도움이 되며, 인간 언어의 보편성을 밝히는 데 에도 중요한 몫을 할 것으로 기대된다. 더구나 心理言語學이나 神經言語

---

4) 파리 言語學會(Linguistic Society of Paris)가 내린 '언어 起源에 관한 論議'에서 1866년까지 소급하여 결정하였음.

學과 같은 인접 학문의 급진적인 발달로 새로운 접근의 가능성을 시사하고 있다.

그러나 지구상에서 살기 시작한 인간의 정체를 쉽게 규명하지 못함과 같이 인간 언어의 기원도 그리 쉽게 밝혀질 것 같지 않다. 지금까지 알려진 가장 오래된 자료는 기원전 4,000년의 것으로 판단되는 메소포타미아에 살았던 수메르(Sumer)人들의 成文記錄으로서 그 이전의 언어 사실에 대해서는 전혀 모르고 있는 형편이다.

인류의 언어는 오랜 기간에 걸쳐 진화해 왔으며, 오랜 동안 口語로 말을 하다가 훨씬 뒤에 와서야 그 말을 金石에 기록하기 시작하였으며, 우리는 先史 이전의 인간이 어떻게 언어를 전달의 수단으로 습득할 수 있었는가에 관한 아무런 단서도 찾지 못하고 오늘에 이른 것이다. 언어의 기원에 관한 주장은 수없이 많지만 그 중에서 대표적인 몇 가지를 들면 다음과 같다.

[1] 입 동작설

인류사회의 발달에 있어서 언어에 의한 의사전달보다는 비언어적 의사소통(nonvocal communication)이 먼저 있었던 것으로 추정된다. 일찍이 영국의 과학자 Paget는 非音聲的 전달이 언어보다 先行되었다고 주장했다. 가위질을 하는 사람이 가위질과 동시에 자기의 턱이나 입을 움직이고, 글씨 쓰기를 배우는 이이들이 손가락의 움직임에 따라 혀를 꼬는 모습을 자주 볼 수 있는데, 이러한 손짓 몸짓과 같은 비음성적 전달이 말보다 선행했다는 것이다. 口腔을 통하여 공기를 분출하는 소리 mnyum mnyum이나 mnya mnya의 연속은 '먹는다'는 뜻의 동작 기호이다. 이와 같이 말은, 인간이 무의식적으로 손짓·몸짓·혀·입술·턱 등의 움직임에서 生成된다는 주장을 TA-TA理論 또는 입 動作說(mouth-gesture theory)이라 한다.

사람은 사냥, 씨뿌리기, 그리고 연장 만들기와 같이 기본적인 일을 하기 위하여 손의 필요성을 인식했으며, 입의 움직임을 音聲化시킴으로써 마침내 손의 동작 없이도 의사전달을 할 수 있게 되었다는 것이다. "인간의 언어는 그 근원을 지니고 있는 調音器官의 因習的 動作의 새로운 체계"5) 로 등장하게 된 것이다.

사람이 언제 그리고 어떻게 말을 배웠을까에 관한 不可思議를 해명하기 위하여 발전되어 온 이 이론은 더러 지지를 받기도 하고, 한편 비판의 대상이 되기도 했다. 이 이론에 대하여 특히 반대하는 입장은, 언어는 인간의 행동을 표시하는 단어(words)에서 먼저 유래되었다는 주장이다.

[2] 의성설

인류가 최초로 發話한 단어들은 소리의 모방 즉 擬聲에서 비롯되었다는 주장이다. 이와 같은 사실은 어린이의 말에서 그 증거를 찾을 수 있다. 송아지를 가리켜 '음매' 또는 moo라 하고, 개를 '멍멍이' 또는 bow-wow, 기차를 '칙칙 폭폭' 또는 choo-choo, 닭을 '꼬꼬', 고양이를 '야옹'이라 부르는데, 이는 자연의 소리를 모방한 것으로 소리를 흉내낸 擬聲音 (echoism)에서 언어의 기원을 찾으려는 것이다. 의성어 onomatopeia라는 말은 그리스어로서 '이름짓기'(name-making)의 어원을 가진 말이다. 사전에 의성어로 기록된 crash(와르르), clang(쨍그렁), buzz(윙윙)와 같은 말들은 그것들이 암시하려고 한 소리를 비슷하게 얼추 재현시키려는 의도에서 생성된 말이다. 우리말의 의성어에는 이러한 종류의 낱말이 많다. 새의 이름만 해도 꾀꼬리, 뻐꾸기, 종다리, 부엉이, 따오기, 뜸부기, 까치, 소쩍새 등은 새들의 울음소리를 흉내낸 이름들이다.

---

5) Sir Richard Paget, *Human Speech*, New York: Harcourt Brace Jovanovich, 1930, pp. 133-134(a new system of conventional gesture of the organs of articulation from which nearly all human speech took its origin).

　의성어가 형성된 과정에도 몇 가지의 단계가 있는데, 완전히 흉내를 내는 단계로부터 自然音과의 직접적인 관계가 없는 音聲象徵의 단계에 이르기까지 각 단계에 따라 성격이 달라진다. "개가 멍멍 짖는다"에서 '멍멍'과 "저기 멍멍이가 있다"에서의 '멍멍이'는 각각 그 형성 단계가 다르며, '소근거리다'나 '속삭이다'는 그 형성 단계가 전혀 다르다. 마찬가지로 영어에도 bow-wow(멍멍), bang(탕탕), whisper(속삭이다) 등은 그 상징성에 있어서 많은 차이가 있다. 그러나 이들은 단계적 차이는 있어도 소리를 모방했다는 점에서 모두 동일하다.

　대부분의 개별언어가 상당한 수의 의성어를 가지고 있다는 사실은 언어 기원설의 하나인 擬聲說을 돕는 예증이 된다. 의성설은 BOW-WOW說, CUCKOO說, OUCH-OUCH說 등 여러 가지로 지칭되는데, bow-wow(멍멍)는 개가 짖는 소리의 의성이고, cuckoo(뻐꾹)는 뻐꾸기의 울음소리를 의성한 것이고, ouch-ouch(아야)는 고통이나 아픔을 나타내는 의성어다.

　이 의성설은 18세기에 이미 독일의 철학자 Leibniz에 의하여 제창되었고, 19세기에 들어 미국의 언어학자 Whitney를 비롯하여 몇몇 학자가 다시 동조했으며, 뒤에 독일 태생의 영국 언어학자 Max Müller는 이 언어 기원설을 BOW-WOW說이라고 했다.[6]

　그러나 이 주장에도 문제가 있다. 첫째로 인간 언어에는 의성어가 아닌 말이 의성어보다 훨씬 많다는 점이다. 의성어가 아닌 수많은 말을 의성설만으로는 설명할 수 없다. 둘째로 언어는 단어만으로 구성되는 것이 아니다. 모든 언어는 반드시 문법체계를 가지고 있어서 이 문법에 의하여 단어가 배열되며 여러 가지 의사를 전달하게 되는 것이다. 또한 의성설에서의 주장은 모든 언어가 자연을 모방하는 소리로부터 점차적으로 진화한 것이라는 설명이다. 특히 의성어가 인간 언어의 최소 분절(small segment)을 표시하는 것으로 보는데, 실제로 미국의 土着民들이 쓰는 말에서는 이러한 의성어를 전혀 찾아볼 수 없다. 이와 같은 사실은

---

6) Otto Jespersen, *Language*(1964), pp.413-414, 참조.

의성설에 대한 反論의 논거가 되고 있다. 상징적으로 생각해도 인간의
본질적 특성이기도 한 언어능력을 도외시하고, 소리의 모방으로 언어의
기원을 해명하려는 생각은 일면적 고찰에 불과하다는 생각을 갖게 한다.

[3] 간투설

슬픔, 무서움, 놀람, 고통스러움, 화가 났을 때의 규성, 부르짖음, 감동
의 소리 등이 음성언어의 시초였다는 주장이다. 아프면 '아야'(ouch), 놀
랐을 때 '아'(oh)와 같은 본능적, 정서적 외침에서부터 인간의 발화가 시
작되었고, 이것이 언어 단위(speech unit)의 기원을 이룬 것이라는 언어의
기원설을 間投說(interjectional theory) 또는 POOH-POOH說이라고 한다.
이와 같은 감탄사가 인간 언어의 최초 형태라고 주장하는 간투설은
18세기 낭만주의 철학자 Rousseau에 의해 주장되었다. 그의 설명에 의하
면 사람은 원래 감정적 발성과 몸짓으로 의사소통을 했다는 것이다. 그
러나 몸짓으로는 충분한 의사가 교환될 수 없기 때문에 이들의 감정적
발성을 기본으로, 처음에는 구체적인 사물에 이름을 붙였고, 점차적으
로 추상적인 것에도 이름을 붙여 가기에 이른 것이다. 문장은 처음에는
一語文이었으나 차차 單文 형태를 사용하다가 나중에는 복잡한 복문을
사용하게 되었다는 것이다. 결국, 루소의 주장은, 인간의 原初的 언어는
조잡스로운 것이었으며, 단어의 수도 적고 문장도 단순했다는 것이다.
이러한 루소의 간투설에 대하여 즉각 반론이 제기되었다. 첫째로 모든
언어는 개별언어로서의 특징이 있을 뿐이지 未開語나 문명어가 따로 있
는 것이 아니며, 둘째로 먼저 감탄사를 단어로 고정시킨 다음에 차차 抽
象語를 보태어 나갔다는 주장에 무리가 있다는 것이다. 감탄사는 본능
적 감정의 표현이며, 추상어는 象徵的 기호이므로 두 가지 분류의 말은
엄청난 질적 차이가 있으며, 이들이 무리없이 연계된다는 생각은 잘못
이다. 그리고 一語文에서 출발하여 점점 복잡한 문장으로 발전시켰다는

이론도 이들의 認知構造上의 질적 변화가 전제되지 않고는 설명될 수 없다는 반론이다.

[4] 생득설

막스 뮐러는 옥스포드(Oxford) 대학 강연에서 "언어의 기원은 종의 울림을 받는 모든 만물, 자연 전체에 울려 퍼지는 법칙과 같은데, 모든 물체는 각각 자기의 독특한 종소리를 낸다."7)라고 언어의 기원에 관한 의견을 피력하였다.

언어에 있어서 소리와 뜻 사이에는 종소리와 같은 신비로운 조화가 있다. 두들기면 소리가 나는 종소리와 같이 어떤 사물이든 소리가 난다는 하나의 법칙이 자연의 어떤 사물에도 공유한다는 것으로, 외부에서 자극이 있으면 내부에서도 어떤 반응이 생긴다는 것이다. 만물에는 독특한 울림이 있으므로 인간도 본래 인간 내부에 지닌 소리가 밖으로 나타난다는 데서 언어의 기원을 찾으려는 것이다.

이와 같은 언어 기원설을 生得說(nativistic theory, nativism) 또는 DING-DONG說이라고 하는데, 일찍이 그리스의 몇몇 학자들이 제창한 견해와 일치한다. 그 가운데 Plato는 대표적인 인물로서, 언어는 자연법칙상 필요에 의하여 생겨난 것이며, 사물의 이름과 그 대상에는 신비로운 조화가 존재하는 것이라고 생각했다. 언어의 기본적인 어휘들은 이미 자연 속에 존재해 있는 소리들을 그대로 흉내낸 것에 불과하며, 사물의 본질과 언어 형태와의 사이에는 不可分의 자연적 관계가 성립되어 있음을 강조한 바 있다.

---

7) Otto Jespersen, *Language*, Its Nature, Development and Origin, London: G. Allen, 1922, p.415(재인용), "A law which is runs through nearly the whole of nature, that everything which is struck rings. Each substance has its particular ring."

[5] 노동설

흔히 YO-HE-YO說이라고 일컬어지는 이 어원설은, 원시적 노동행위와 숨소리와의 관계가 있으리라는 생각에서 출발했다. 사람들이 공동작업을 할 때 그 작업을 성공적으로 수행하기 위하여 힘을 쓰면서 소리를 내며, 그 소리에 맞추어 율동적인 동작을 했다. 무거운 물건을 올리거나 끌어 운반할 때 일의 능률을 올리기 위하여 육체 노동에 종사하고 있는 사람들이 음율적인 노래, 즉 勞動謠를 부르는 것은 오늘날에도 흔히 볼 수 있는 사실이다. 육체적 노동을 공동으로 수행하는 동안 강렬한 노동과 강하고 빠른 호흡작용으로 인하여 성대가 울려 끙끙거리는 소리(grunt), 무거운 짐에 시달리는 소리(groan), 신음소리 등 사람은 거친 호흡과 동시에 무의식적으로 소리를 낸다는 것이다. 독일의 철학자 Noire는 "음성언어는 그 발생에 있어서 노동에 따르는 공동 수단이며 감정의 수단이다"라고 말했으며, Muller는 "mar이라는 연속된 음성은 최초에 돌이나 무기를 닦는 동작에 따라 자연히 나온 소리였는데, 나중에는 이러한 일의 뜻으로 사용되었고, 다음에 어조를 달리하여 일을 시작하라는 명령의 뜻을 나타내게 되었다"고 하였다. 어떤 동작에 따라 소리가 생기고 그 소리가 동작의 개념을 나타나게 되고, 심지어는 mar이 '돌'을 가리키게 되었다는 것이다. 영어의 heave(끌어 올리다), haul(끌다), 국어의 '끙끙', '응아'(大便)는 노동설과 관련된 단어들이다.

그러나 노동설도 완전한 이론이 되지 못한다. 음성언어가 어디까지나 '知的 요소'라는 것을 배제해서는 별로 호응을 받지 못하고 있다. 영국의 사회학자 Diamond(1957)는 그의 저서 『언어의 역사와 기원』8) 에서 노동설과 비슷한 주장을 했다. 즉 맹렬하거나 분투적인 팔의 힘이나 부지불식간에 발화되는 소리에서 인간 언어의 시초를 찾으려고 했다. 처음

---

8) D.S. Diamond, *The History and Origin of Language*, New York: Philosophical Society, 1957.

에는 짜르고, 깨뜨리고, 부수고, 죽이는 것과 같은 의도적 행동에 도움을 청하는 소리에서 비롯되었다는 주장이다.

[6] 가창설

덴마크의 언어학자 Jespersen(1922)은 그의 저서『言語의 本質·發達·起源』에서 언어의 기원에 관하여 언급하고 있는데, 인간의 감정을 아름답게 노래로 표현하기 시작한 것이 언어의 기원이 되었다는 詩的 表現說을 제창하고 있다. 무미건조한 散文的 생활에서가 아니라 시적 생활면에서 찾은 것으로, 침울하고 심각한 분위기에서가 아니라 즐거운 遊戲와 청춘의 歡喜, 유쾌한 기분에서 생성된 것이다. 모든 언어는 노래로 가창되었다. 초기의 언어표현은 실제적 표현이 아니라 공감적·시적·정서적 표현이었다. 그 가운데 첫 번째로 손꼽히는 정서는 역시 '사랑'이다. 그의 생각으로는 언어발달의 기본적 동기는 사랑이라는 것이다. 따라서 언어라고 하는 것은 사랑의 노래로서 자기 표현의 수단으로 시작되었다는 것이다. 이러한 주장은 未開人들의 언어를 연구함으로써 얻어진 결과였다. 그의 관찰에 의하면 미개인들은 말을 노래처럼 하고 있으며, 내용이 빈약한 긴 구절을 音律을 곁들여 표현한다는 것이다. 그들의 말은 의미로서가 아니라 음율로써 사용된다. Jespersen(1922)에서 인용한 다음의 글은 그의 가창설을 이해하는데 도움이 될 것이다.9)

　　원시적 언어에서 서로 다른 性의 주의를 끌기 위하여 경쟁을 하고 있는 젊은 남녀의 웃음소리를 듣는다. 이는 모두가 자기쪽의 경탄의 눈초리를 보낼 두 눈을 유혹하기 위하여 가장 즐거운 노래를 부르고 용감한 춤을 추는 시절이다. 언어는 인류의 사랑의 시절에 생성되었다. 최초의 發話는 지붕 위에 고양이가 밤중에 내는 사랑의 울음소리와 밤마다 노래하는 나이팅겔의 운율적 사랑의 노래와 조화되는 것이다.

---

9) Otto Jespersen(1922), 앞 책, p.484.

그러나 이와 같은 가창설도 역시 부분적인 추론에 불과하다는 중론이다. 求愛의 수단으로 노래를 부르는 것이 최초의 발화라고 하더라도 그것이 어떻게 진화 발전되었는지 알 수 없다. 그 사랑의 노래가 어떻게 해서 하나의 음성적 소통수단으로 체계화되었으며, 복잡한 문법구조를 갖게 되었는지 설명되지 않는다. 다만 인간 언어가 감정표현의 수단으로 생성되었다는 부분적 진리를 제시한 것에 불과하다.

[7] 접촉설

언어의 기원에 관한 接觸說(contact theory)은 언어의 사회적 기능, 사회적 형성에 근거를 둔 언어 기원설이다. 언어는, 인간이 사회집단을 이루고, 접촉하고, 인간 상호간의 의식전달을 수단으로 하는 사회적 형성 기능을 가진다. 그리하여 자기의 존재를 알리는 접촉음을 내고, 나 아닌 남을 부르고, 상징적 기호인 말을 가질 수 있도록 접촉과정을 가지게 된다는 주장이다.

항가리 출생인 네덜란드의 심리학자 Révész(1956)는 그의 저서 『언어의 起源과 先史』에서 언어는 자기의 동료들과 접촉하고자 하는 인간의 본능적 욕구에서 발생된 것이라고 주장했다. 이는 마치 개가 짖는 것과 유사한 것으로 의사전달을 목적으로 하지 않고, 다만 자기와 동족인 사람들과 동일 집단이 되기 위하여 인간의 욕망을 표출하는 接觸音(contact sound)으로부터 인간 언어가 시작되었다는 것이다.

여기에는 일련의 접촉 단계가 있는데, 첫째로 접촉음을 내는 단계이며, 두 번째 단계는 부르짖음(cry)의 단계다. 이것은 의사 전달의 첫 시도로서 놀람, 격로, 고통(흔히 동물들에서 들을 수 있는 交配나 경계의 소리와 매우 유사한)과 같은 감정 상태를 표시할 뿐만 아니라 어떤 특정한 개인보다는 오히려 자기가 처한 사회적 환경 속에서 이루어진다. 셋째로 '부름'(call)의 단계로 어떤 특정한 개인에게 보내는 의도적인 메시지(傳言)이다. 이는 가축의 세계에서 흔히 볼 수 있는데, 예를 들면 간청하는 소리가 그것이다. 마지막 단계는 셋째 단계의 '부름'이 구체적으로 발달된 낱말(words)의 단계로서 이것은 상징적 기능을 가지고 있어서 오직 인류에게만 적용되는 단계라고 했다. 당시에 암스테르담(Amsterdam)대학 교수였던 Révész는, 초기의 인간 언어는 命令(commands)으로 되어 있다고 믿고 있으나 말의 형태가 어떻게 조절되고 뒤에 제법 충분한 구실을 하는 언어로 발달되었는가는 설명하지 못했다.

[8] 신수설

古代人들의 언어에 관한 생각은 신화나 각 종교의 經典을 통해서 알 수 있다. 언어의 기원에 대한 신화적 설명은 대부분 神에게서 전해 받았다는 神授說(phusei theory)이다.

이집트 사람들은 토트(Thoth) 신이 이집트 사람들을 위하여 특별히 언어를 창조해 주었다고 생각하고 있으며, 힌두(Hindu) 사람들은 창조주의 부인인 사라스바티(Sarasvati)라는 여신이 힌두어를 만들어 주었다고 전하고, 마야(Maya)의 聖典인 포폴 부(Popol Vuh)에 의하면, 창조주는 먼저 지구를 만들고 거기에 산과 들, 강과 초원을 마련하고 여러 동물을 살게 하고 신들을 찬양하고 제사를 지낼 수 있는 존재, 즉 언어를 구사할 수 있는 인간을 창조하여 지구의 주인을 만들었다는 것이다.

또한 기독교의 성경에서도 언어의 기원에 대하여 언급하고 있다. 우선 언어라고 하는 것은 신의 의도이며, 신의 의사를 전달하는 수단이며, 진리의 표현이라는 언어관을 피력하고 있다. "태초에 말씀이 계시니라, 이 말씀이 하나님과 함께 계셨으니, 이 말씀은 곧 하나님이시라." 인간과 언어는 모두 창조주가 내려준 것이며, 언어 속에는 신의 의도가 담겨져 있으며, 신에 대한 봉사와 신과의 대화는 바로 그 언어에 의하여 이루어진다는 언어관이라고 할 수 있다.

(1) 여호와 하나님이 흙으로 각종 들짐승과 공중의 각종 새를 지으시고 아담이 어떻게 이름을 짓나 보시려고 그것들을 그에게 이끌어 이르시니, 아담이 각 생물을 일컫는 바가 곧 그 이름이라. 아담이 모든 육축과 공중의 새와 들의 모든 짐승에게 이름을 주니라.　　　<구약 창세기 2:19-20>

(2) 이에 그들이 동방으로 옮기다가 시날 평지를 만나 거기 거하고 서로 말하되, "자, 벽돌을 만들어 견고히 굽자."하고 이에 벽돌로 돌을 대신하며 역청으로 진흙을 대신하고 또 말하되, "자, 성과 대를 쌓아 대 꼭대기를 하늘에 닿게 하여 우리 이름을 내고 온 지면에 흩어짐을 면하자." 하였더니, 여호와께서 인생들이 쌓는 성과 대를 보시고 강림하셨더라. 여호와께서 가라사대, "무리가 한 족속이요, 언어도 하나이므로 이같이 시작하였으니 이 후로는 그 경영하는 일을 금지할 수 없으리로다. 자, 우리가 내려가서 거기서 그들의 언어를 혼잡하게 하여 그들로서도 알아듣지 못하게 하자." 하시고 여호와께서 그들을 온 지면에 흩으신 고로 그들이 성 쌓기를 그쳤더라. 그러므로 그 이름을 '바벨'이라 하니, 이는 여호와께서 거기서 온 땅의 언어를 혼잡하게 하셨음이라. 여호와께서 거기서 그들을 온 지면에 흩으셨더라.　　　<구약 창세기 11:1-9>

(1)은 만물이 그 이름을 갖게 되는 경위를 말한 것이다. 창조주가 이 세상의 모든 것을 창조하고 최초의 인간인 아담(Adam)에게 사물의 命名權을 부여했고, 그는 모든 사물의 이름을 지어주었다는 내용이다.

(2)는 '바벨(Babel)塔'에 관한 이야기다. 언어의 본질이 비유적으로 흥미있게 다루어져 있다. 바벨탑 이야기의 언어학적 의미를 몇 가지로 생각해 볼 수 있다. 첫째로, 인류의 최초의 언어는 하나였는데, 그것은 히브리(Hebrew)어라는 사실을 암시하고 있다. 둘째로, 모든 언어의 공통 기원설을 시사한 것으로 본다. 언어의 一元發生的 起源(monogenetic origin)을 인정한 것이다. 인류는 지구의 어떤 시점에서 발생되어 처음에는 단일 언어를 사용했는데, 인간들이 사방으로 흩어져 나감에 따라 나중에는 여러 갈래의 언어로 분화되었음을 시사하고 있다. 셋째로, 사회생활은 言衆이라고 하는 사회인들이 공통적으로 일치된 기호체계를 통하여

의사소통을 할 수 있음을 전제하고 있다. 넷째로, 인간의 타락은 언어의 혼란을 가져오며 언어의 혼란은 결국 인간들에게 악영향을 미쳐 원만한 의사소통을 할 수 없도록 하고 종국에는 멸망에 이르게도 한다는 내용을 잠언하고 있다.

그러나 이와 같은 一元發生的 기원설은 多元發生的 기원(polygenetic origin), 즉 지상의 각 영역에서 독립적으로 발전된 것이라는 언어 기원설의 주창자들에 의하여 비판되어 왔다. 오늘날의 모든 언어와 모든 인간들이 단일 지점으로 소급될 수 있는가에 대한 찬반 여부는 의심되는 일이다. 따라서 대부분의 언어들이 히브리어에서 파생되었다거나 인류 최초의 언어 형태가 이 히브리어와 간접적으로 유사하다는 것을 증명할 아무 증거도 없다.

이 밖에도 어린이의 母國語 학습을 관찰함으로써 언어에 있어서 인간의 첫 시도에 관하여 알 수 있을 것이라는 생각에서 여러 가지 실험을 한 바 있다. 일찍이 그리스의 역사학자인 Herodotos의 보고에 따르면, 이집트의 왕 Psamatichos는 원시 언어의 단서를 찾기 위하여 말을 배우기 이전의 어린 두 아이를 어떤 산 속에 격리시켜 놓았다. 왕은 이 두 아이들을 통하여 인간의 초기 언어에 관한 단서를 제공받으려는 것이었다. 얼마간의 시간이 경과된 후, 그 아이들은 'bekos'라는 말을 처음으로 발화했다. 그것은 'bread'에 해당되는 프리지아(Phrygia)말이었다. 이에 사마티코스王을 비롯하여 모든 신하들은 인류 최초의 언어가 프리지아어이기 때문에 본능적으로 아이들이 처음으로 습득한 말도 프리지아말이라고 생각했다. 또한 스코틀랜드(Scotland)의 제임스 4세도 이와 똑같이 두 아이를 격리시켜 실험한 적이 있는데, 그는 "speak very guid Ebrew"라는 결론을 내렸다. 이 견해는 중세기 동안 널리 주장된 바 있는 히브리어가 인류 최초의 언어라고 하는 가설과 합치되는 점이다.

그러나 이러한 실험으로 인간 언어의 기원을 해명하겠다는 생각은 그 발상부터 문제점이 있다. 언어는 하나의 인간 개인에게 內在되어 타고난 것이 아니다. 어린이는 출생의 순간부터 자기가 처한 사회적 환경에서 사용되고 있는 언어를 습득하는 것이다. 영어를 사용하는 부모로부터 멀리 떨어져 에스키모(Eskimo) 사람들에게 양육된다면, 그 아이는 자기 부모가 사용하는 말의 특별한 교육을 받지 않는 한, 에스키모말만 하면서 자라게 될 것이다. 물론 교육을 받게 될 경우, 그 아이는 두 가지 언어를 모두 말하게 될 것이다. 모국어를 말하는 아이들도 다만 우리에게 하나의 조직화된 언어(organized language), 즉, 주어진 언어 사회의 말을 습득하는 방법을 가르쳐 줄 수 있을 뿐 언어 기원에 관한 아무런 단서도 제공할 수 없다. 그러므로 원시사회의 언어를 관찰함으로써 언어의 기원을 해명해 보겠다는 생각은 재고되어야 한다. 인류학의 연구에 따르면 오늘날의 원시 부족사회 집단조차도 풍부한 어휘와 복잡한 문법구조의 언어를 가지고 있다는 것이다. 未開社會의 언어와 文明社會의 언어 간의 차이점은 사상과 개념을 표현하는 방법에 있는 것이 아니라, 다만 표출을 필요로 하는 사상과 개념 자체의 유무에 달린 것이다. 그러므로 미개 사회의 언어에서 인류 초기 언어의 모형을 찾아보려는 생각은 지양되어야 할 것이다.

과연 언어의 시발점이 어디인가라는 물음에 대한 대답은 마치 에덴동산의 정확한 위치를 묻는 것과 마찬가지로 불분명한 것임에 틀림이 없다. 오늘날의 어떠한 개별 언어든지, 어떠한 종류의 기록물을 가진 언어이든지 선사시대의 언어와 같다고 말할 수는 없다.

이상에서 논의된 언어의 기원설은 오늘날까지 여러 가지 측면에서 많은 논박과 비판을 받아왔다. 그러나 인류 언어의 기원적 발달에 관하여 자신있게 말할 수 있는 사람은 아무도 없다. 우리는 지금까지 보아온 바와 같이 인간 언어는 언어 표현의 욕구에 따라, 처음에 몸짓과 기호 그리고 회화적 표현에 이어 자연의 소리를 모방함으로써 본격적인 의사교환이 시작되었고, 인간의 言語能力에 의하여 무한한 언어를 구사하게 되었을 것이다.

제2장 언어와 언어학

1. 언어의 정의와 특성

[1] 언어의 정의

언어는 의사소통의 한 형태로 비한정적이며 어떤 틀이나 범위의 제한 없이 무한하게 생산할 수 있는 創造的인 것이다. 인간만이 가진 고유한 능력으로서의 언어는 사물의 소리나 동물의 의사소통의 수단인 音響과는 달리 말소리와 의미 내용 사이의 대응관계를 맺어주는 규칙체계로서 실현된 현상으로서의 언어이다.

인간의 일상 생활 가운데 나타나는 언어 현상은 複合的이고 抽象的인 것으로 사회적인 성격을 지닌다. 많은 사람들이 언어와 국가를 혼동하고, 인종과 문화를 언어와 관련시켜 이해하고 있다. 민족과 언어가 고유한 관계에 있다고 생각하는 사람들도 있지만, 언어는 인종이나 문화보다는 그 언어사회와 불가분의 관계성 속에서 습득되고 학습된다.

언어는 인간만이 갖는 고유한 특성으로 言衆의 공인으로 이루어지는 사회적인 특성을 가지며, 나아가 통시적으로 新生, 成長, 死滅하는 역사적인 특성을 갖는 언어이다. 언어학자들은 일정한 가정으로부터 출발한

것으로 가장 기본적인 가정은, 인간은 청각적인 음성기호를 통하여 意
思를 전달하며, 인간의 이러한 행위는 객관적으로 연구 기술될 수 있다
는 것이다. 따라서 우리가 추구하는 언어의 정의는 말의 특성과 본질을
해명하는 중요한 내용으로 제시될 것이다. Sturtevant(1947)은 그의 저서
『言語學入門』에서 "언어는 사회집단의 구성원들이 협력하고 상호작용
하는 恣意的인 音聲記號이다."라고 정의하고 있다.[1] 이는 Saussure(1916)
의 「개념설」이나 Ogden & Richard(1923)의 「지시설」에서 이미 제시하고
있는 것을 보다 체계적으로 설명하고 있는 것이다.

[2] 언어의 특성

1) 자의성

우리가 어떤 사물을 보면 그 사물의 의미를 파악하고 다시 그 개념을
전달하기 위해 이름을 만들어 사용한다. '배'라는 사물을 보고, '사람이
나 물건을 싣고 물이 떠다니는 물건'이라는 개념을 파악하고 그 개념에
따른 명칭을 부여하는데, 이 명칭을 음성기호로 나타낸다. 그런데 이 이
름은 나라와 시대에 따라 다를 수도 있다. 즉, '배'라는 사물에 대한 개
념적 의미는 과거에서나 언어사회가 다른 나라에서나 모두 동일하다.
단지 사물과 이름과의 관계에서 나타나는 그 명칭만 다를 뿐이다. 이는
恣意的 音聲記號(arbitrary vocal symbols)로 설명되는데, 일정한 음성 및 音
聲連鎖는 특정한 언어사회의 약속에 의해서만 일정한 의미를 갖게 되며
그 언어사회의 범위를 벗어나서는 의미 전달이 불가능하게 되는 것이
다. 따라서 단어는 사물이나 생각을 나타내는 것이긴 하지만 기호와 그
것이 나타내는 의미 사이에 직접적인 관계는 없다. 사물은 개념을 통해

---

1) Sturtevant, Edgar H., *An Introduction to Linguistic Science*, New Haven: Yale University
   Press, 1947, p.5, "a system of arbitrary vocal symbols by which members of social
   group cooperate and interact."

서만 이름으로 표현되고 이름은 개념을 연상해야 사물에 대한 이해에 이르게 된다. 결국 화자는 사물에서 개념, 개념에서 이름의 순서로 표현하게 되면, 청자는 이름에서 개념으로, 개념에서 사물의 순서로 이해하게 된다.

이러한 자의성은 감탄사나 동물의 울음소리에서도 발견할 수 있다. 한국 사람들은 어디가 조금 아플 때 '아야, 아이구'라고 표현하는데, 영국 사람들은 ouch, 프랑스 사람들은 aïe, 독일 사람들은 au, 항가리 사람들은 jaj(거의 yoy처럼 발음함)라고 표현한다. 다시 말하면 감탄사도 신음소리처럼 모르는 사이에 본능적으로 나오는 소리가 아니라, 約定되어서 우리가 배워야 할 다른 연속음처럼 익혀야 할 말이다. 의성어나 감탄사도 언어의 중요한 일부이긴 하지만, 그것이 전체 어휘에서 차지하는 비율은 아주 적은 부분에 불과하다. 어쨌든 의성어나 감탄사까지도 음성기호와 의미와의 任意的인 관련성을 배제할 수 없는 것이다.[2] 개 짖는 소리를 한국어로 '멍멍, 왕왕'으로 표현하지만, 영어로 bow-wow, 독일어로 wauwau(w는 [v]로 발음함), 불어로 toutou라고 말한다. 이렇게 볼 때, 소리를 직접 흉내내는 의성어의 경우도 어느 정도 임의적으로 선택되는 것이며 다분히 인습적이라는 것을 알 수 있다.

2) 사회성

언어는 개인적인 것이 아니라 사회 대중의 약속에 의해 이루어진 객관적인 현상이다. 또한, 언어는 그 사회의 오랜 역사를 통해 생성되고 발전되어 내려온 것으로 역사적으로 물려 받은 문화적 유산이다. 따라서 언어는 언어사회와 밀접한 관련을 가진다. 언어사회(Speech Community)는 동일한 언어로써 의사를 소통하며 공동생활을 영위하는 사회 집

---

2) 擬聲法은 새로운 단어를 造語하는 데 특히 중요한 구실을 한다. 가령 coo와 같은 의성어를 살펴보면, 이 말은 원래 비둘기가 조그맣게 재재거리는 소리를 뜻하였는데, 발전해서 '연인들이 정답게 사랑을 속삭이는 행위'를 의미하게 되었다.

단인 언어공동체를 말한다. 엄밀한 의미에서 동일한 언어는 존재하지 않으며 실제로 언어는 시대, 지역, 연령, 성별, 직업, 계층 등에 따라 다양하게 變異하고, 그 범위를 규정하는 객관적인 기준이 없어 상대적인 가치를 가지는 개념이다. 이러한 변이 속에서도 공통적인 언어생활이 유지되는 것은 언중의 언어 경험에 공통적인 현상이 있기 때문이다. 언어는 음성과 의미와의 자의적인 결합으로 이루어지지만, 언어가 하나의 언어로 인정을 받으려면 의미는 음성기호로 나타내기 위해 그 사회 구성원들의 약속이 전제되어야 한다. 이는 어느 개인에 의해서나 어느 특정한 집단에 의해서도 언어가 임의로 變改되는 것을 용납하지도 않는다. 언어는 한 언어 공동체가 공유하는 것으로 언중의 사회적 약속 없이는 바뀌지 않는 일종의 不易性의 성질을 갖는다.

3) 역사성

언어가 어떤 사회 구성원의 약속에 의해 성립되더라도 문화의 발달과 인간 사회의 제반 요소들의 변화에 의해 언어도 끊임없이 변화한다. 새로운 말이 생겨나기도 하고, 있던 말이 변화하기도 하며 쓰이던 말이 없어지기도 한다. 이러한 언어의 특성을 歷史性이라 한다. 그러나 이렇게 역사적으로 신생, 성장, 사멸하는 것도 어느 개인이나 특정한 집단에 의해 변화하는 것이 아니라, 반드시 언어사회의 구성원인 언중의 協約이 있어야 하는 것이다. 이는 언어의 可易性의 성질을 갖고 있으면서도 또한, 언중의 공인이라는 전제가 뒷받침되어야 하는 것이다. 이와 같은 언어의 변화는 어휘, 음운, 문법 등의 언어 전반에 걸쳐 일어나지만, 가장 두드러진 변화는 어휘의 변화다.[3]

---

3) 언어의 역사적인 변화로 신생, 성장, 사멸을 들 수 있는데, 신생의 예로 컴퓨터, 인터넷 등을 들 수 있으며, 성장은 다시 기호변화와 의미변화로 나눌 수 있다. 전자의 예로 거우르>거울, 곳>곧>꼿>꽃, 후자의 예로 어리다(어리석다(愚)→ 어리다(幼), 어엿브다(불쌍하다(憐)→예쁘다(艶) 등을 들 수 있으며, 사멸의 예로 슈룹(우산), 나조(저녁), 즈믄(천)을 들 수 있다.

4) 기호성

인간이 가지고 있는 지식, 의지, 언어, 감정 등을 나타내기 위해 사용하는 음성이나 문자 등의 기호를 언어기호라 한다. 이 언어기호는 언어의 형식인 音聲과 내용인 意味와의 관계를 맺고 있는 기호로 특정한 음의 연쇄는 특정한 의미와의 연합되어 있는 기호이다. 즉, 'ㅅ+ㅏ+ㄴ'이 연쇄된 '산[san]'이라는 음성은 '山'이라는 의미와 연합되어 있는 기호인 것이다.

언어기호의 특성은 해당 언어사회 구성원이 공유하는 것으로 다른 언어사회 구성원이 공유하는 것과는 구별되는 표현과 전달의 도구이다. 원칙적으로 모든 언어기호는 고유의 의미용법을 갖는 것으로 그 기호의 사용이 어떤 규칙이나 제약에 기반을 두고 있는가는 그들 기호의 창작과정과 그 후의 발달 과정 여하에 의해 자연스럽게 결정되어 그 사회의 관습으로 전승된 것이다. 결국 기호 체계로서의 언어는 그 사회 구성원이 공유하는 표현 전달의 도구로 이는 언어의 역사성과 사회성을 지닌다.

5) 체계성

언어가 하나의 體系(system)라고 하는 것은, 음성기호와 의미와의 관계가 비록 임의적이긴 하지만, 말의 최소단위로서의 음성, 그리고 통사적 의미와 어휘적 의미를 지닌 상위단위로서의 음성 결합체가 주어진 언어에서 결합되기 위해서는 반드시 하나의 일관성이 있다는 사실이다. 따라서 언어에 있어서 음성들이 결합되는 방식과, 그들이 모형을 이루어 상위단위를 형성하는 방식은 체계적이라고 말할 수 있다. 예를 들어, 어떤 음성은 단어의 첫머리에 나타나지 못하며(語頭音의 制約), 또 어떤 음성은 단어의 끝자리에 오지 못한다(語末音의 制約). 본래 영어 사용자들은 desks(책상), lisps(혀짜래기 소리), hosts(주인노릇), ends(끝), strengths(힘), paths(통로) 등의 단어나, is dry 와 같은 단어 결합의 발음에 전혀 어려움이 없지만, 語頭에서 ska-, sps-, sts-, ndz-, zdr- 로 시작되는 단어를 발음하는 데는 상당한 어려움을 느낀다(ends 의 끝소리 s와 is dry의 s는 [z]로 발음됨). 이와 반대로, 이러한 子音群이 영어에서는 末音으로 허용되지만, 그러나 불어, 스페인어, 이태리어 등에서는 허용되지 않는다. 또한 영어에서는 stripe(줄무늬), spray(분무기), script(필기), splendid(화려한) 등의 단어에서와 같이 str-, spr-, skr-, spl- 등의 語頭子音群이 허용되는데, 가령 스페인어의 단어에서는 허용되지 않는다. 스페인어의 음성체계로는 s와 자음이 결합된 어두자음군 앞에는 e음이 오게 되는 음성 배합방식을 가지고 있다. 그래서 영어의 stirrup(등자, 鐙子)는 스페인어에서 estribo로 되고, spouse(배우자)는 esposo로, script(필기)는 escrito로, splendid(화려한)는 esplédido, Spanish(스페인어)는 español로 실현된다. 이와 반대로 영어를 사용하는 사람들은, 다음과 같은 단어를 발음할 때 매우 거북해 한다. 즉, 스페인어의 ñato('납작코', ñ 은 대체로 canyon 의 ny 결합음과 같은 소리로 시작함), 독일어의 감탄사 ach와 고유명사 Bach 등. 물론 이것은 영어의 자연스런 음성 패턴에 맞지 않기 때문이다. Archibalt Hill은 그의 저서 『言語構造序說』(1958)에서 다음과 같은 未完문장을 기초로 하여 상술하고 있다.[4)]

John___s Mary an___. 영어를 사용하는 화자라면, 이 두 빈자리를 처음은 동사로, 다음은 명사로 쉽게 채울 수 있을 것이다. 뿐만 아니라 이 動詞는 3인칭 단수 표시의 s형태가 있고, 목적어 둘을 취하기 때문에 첫번째 빈 자리에는 아무 동사나 다 들어갈 수 있는 것이 아니라는 것도 알 수 있다. 둘째 빈자리에는 어떤 단어를 넣든 그 형태는 모음으로 시작되어야 하고, 冠詞를 취하기 때문에 아무 명사나 다 들어갈 수 없다. 원래 영어 사용자라면 John gives Mary an apple 이나 John brings Mary an orange 같은 문장을 생각해낼 것이다. 반면에 John *broughts Mary *an dress[5)] 와 같은 문장은 만들어내지 않을 것이다. 그러나 우리는 개별언

---

4) Archibald Hill, *Introduction to Linguistic Structures*, New York: Harcour Brace Jovanovich, 1958, p.5.
5) 언어학에서 일반적으로 수긍할 수 없는 非文法的인 언어형식이나 構文을 *로 표시하는 것이 관례로 되어 있다.

어에서 상이한 문법적 방법으로 동사의 현재형과 명사의 목적격을 표시하는 사실에 유의해야 한다. 예를 들면, 불어와 스페인어에서는 영어와 마찬가지로 어순에 의하여 명사의 목적격을 표시하는데, 독일어에서는 어떤 때는 어순으로, 또 어떤 때는 선행하는 관사의 특수 어미로 der Mann('사람' 주격), den Mann('사람' 직접목적)과 같이 표현한다. 또한 헝가리어에서는 '사람'의 주격형인 ember가 직접 목적어로 쓰일 때는 embert와 같이 명사 자체가 어미를 취한다. 개별언어에 따라 명사는 성별, 형태별, 생물 무생물의 구별에 따라 여러 가지로 분류되며, 동사는 시제(현재, 과거, 미래)나 時相(완료, 미완)에 따라 달리 선택되기도 한다. 어순상의 특징을 보아도 인구어는 散列文(loose order sentence)의 어순구조, 즉 S+V+O 인데, 한국어는 掉尾文(periodic order sentence)의 어순구조, 즉 S+O+V 여서 인구어와는 상이한 특징을 보이고 있다.

이 모든 것은 한 가지의 기본적인 원리로 요약될 수 있다. 즉, 각 언어는 자체의 체계를 지니고서 그 언어음과 언어음이 큰 단위로 결합하는 방식에 있어서 질서와 일관성 그리고 모형을 보이고 있다는 사실이다. Sturtevant이 언어를 정의한 구절 가운데, '사회적 집단의 成員들이 서로 협동하고 상호작용한다' 는 내용은 언어의 사회적 기능을 지적한 것으로, 한 개인의 마음 속에 가지고 있는 생각이 다른 사람에게 전달되지 않으면 협력관계나 상호작용은 이루어질 수 없는 것이다. 이러한 사실은 성경에 나오는 바벨탑의 이야기 속에 잘 나타나 있다. 사람들이 바벨탑을 하늘에 닿도록 높이 쌓아 올려, 인간의 위대한 힘을 증명하려고 나선 인간의 부질없는 자만심을 벌하기 위하여, 신은 인간언어의 혼란으로 상호 의미소통을 못하게 하여 바벨탑의 성축을 불가능하게 했다. 이는, 인간의 언어생활이 언중이라고 하는 언어사회 구성원의 일치된 언어기호 체계를 통해서 의사소통이 가능함을 말하는 것이다.

6) 초월성

어제 고양이가 뒷골목에서 밤을 지새고 돌아와 발 언저리에서 '야옹' 하고 울 때, 고양이가 무엇을 전달하려고 했는지 이해할 것이다. 고양이 에게 어제 저녁 어디서 무엇을 했느냐고 물어보아도 고양이는 마찬가지 로 '야옹'할 것이다. 동물의 전달은 오로지 그 순간, 그 장소, 바로 지금 에 한해서만 사용된다. 예를 들어 새는 위험이 직접 다가왔을 때 위험 을 알리기 위해 소리를 지른다. 새는 시간상이나 공간상으로 떨어져 있 는 위험을 알릴 수는 없다. 이에 비해 인간은 과거와 미래에 대하여, 그 리고 발화의 장소 이외의 것에 대하여 언급할 수 있는데 이를 超越性이 라 한다.

벌의 경우는 약간의 초월성이 있다고 한다. 복잡한 춤을 춤으로써 어 느 정도 떨어져 있는 지점을 가리키는 능력(원을 그리는 춤. 꼬리를 흔드는 춤. 춤의 회전 속도 등)이 있다고 한다. 그러나 이는 매우 제한적인 형식의 초월성이다. 인간은 존재가 불확실한 사물이나 장소에 대해서도 말할 수 있다. 그래서 미래의 가능한 세계를 기술할 수도 있다.

7) 창조성

새로운 사태가 출현하거나 새로운 사물을 기술할 필요성이 생겼을 때, 언어사용자는 그 언어의 능력을 구사하여 새로운 표현이나 새로운 문장을 산출하는 것으로 일종의 創造性을 갖는다. 언어에 나타나는 이 특성은 모든 언어에 이를 사용하여 만들 수 있는 발화의 수는 무한하기 에 무한성이라고도 한다. 그러나 동물들의 경우는 제한되어 있다. 매미 는 4가지의 신호, 원숭이는 36가지의 소리(여기에는 구토하는 소리나 재채기 소리까지 포함)가 있다고는 하지만 동물에게는 새로운 신호를 만들어 낼 능력이 없다. 일벌의 경우는 어느 정도 시간과 공간을 초월한다고 하지 만 그것은 어디까지나 수평적 거리에만 해당되고 무한한 거리는 역시 제한된다. Karl von Frisch에 의하면 "꿀벌의 언어 중에는 '상(up)'이라는 단어가 없다."고 했다. 즉, 벌들에게는 '上'이라고 하는 단어를 만들어낼 능력이 없다는 것이다. 따라서 동물의 신호에는 고정적 지시 대상(fixed reference)이라고 이르는 특성이 있을 뿐이다.

8) 분리성

/p/와 /b/는 같은 양순음 계열로 별 차이가 없는 것 같지만 실제로 의미적 변별의 차이가 있다. 영어의 경우, pack(꾸러미)과 back(등)은 의미에 있어서 차이가 있는데, 이는 /p/와 /b/의 음차 때문이다. 이와 같은 특성을 분리성이라 한다.

9) 이중성

언어라고 하는 것은 동시에 두 레벨 또는 두 계층으로 이루어지는데 이 특성을 이중성 또는 이중분절(double articulation)이라 한다. 예를 들어 n,b,i 와 같은 음이 있다고 할 때, b+i+n 이라고 하면 bin(상자)가 되고, n+i+b로 결합하면 nib(부리)가 된다. 따라서 하나의 레벨에는 서로 다른 음이 있고, 또 하나의 레벨에서는 서로 다른 의미를 갖는다. 이와 같은 레벨의 이중성은 실제로 인간언어의 경제적 특징의 하나이다. 그 이유는 한 언어에서 사용되는 서로 다른 음은 모두 합해도 그 수는 많지 않지만, 그들을 여러 가지로 결합하면 여러 가지 단어가 만들어지게 되며, 그들 단어는 모두 의미가 달라지기 때문이다. 이에 비해 동물은 그렇지 못하다. 예를 들어 개는 낮은 신음소리 woof를 낼 수 있으나, 개 울음소리의 레파토리의 특징에서 w와 oo, 그리고 f가 독립된 발음의 요소로 추출될 것이라고는 생각되지 않는다. 만일 개가 두 가지의 레벨(이중성)로 인하여 소리를 낼 수 있으면, oowf, foow와 같은 소리를 내어, 그들이 각각 의미가 다른 것으로 나타나야 하는데, 그러한 사실이 없다.

10) 문화적 전승

부모에게 유전적으로 갈색의 눈과 검은 머리를 이어받을 수는 있지만, 언어를 유전적으로 이어받을 수는 없다. 언어를 습득하는 것은 문화적 공동체 속에서 다른 화자를 통하여 습득되는 것이지, 부모의 유전자에서 얻어지는 것이 아니다. 언어가 한 세대에서 다음 세대로 이어지는 과정을 문화적 전승이라 한다. 중국어를 사용하는 중국 부모에게서 태어난 아이가 생후 즉시 미국으로 데려가 영어를 사용하는 사람들에게 양육된다면, 이 아이의 신체적 특징은 부모에게서 받았지만 말은 영어를 사용하게 된다. 인간은 태어나면서부터 先得的으로 언어를 습득할 수 있는 소질이 있지만 어느 특정언어를 사용하여 발화하는 능력을 갖는 것은 아니다. 동물의 신호전달의 일반적 양식은, 사용되는 신호가 본능적인 것이지 습득되어진 것이 아니라는 사실이다. 설사 새가 울음소리를 학습한다고 하지만 그것은 어디까지나 훈련에 의한 것이지 습득능력에 의한 것이 아니다. 그 증거로 그 새를 다른 환경의 집단에 옮겨 놓으면 그 울음소리는 이상한 것이 되고 만다.[6]

[3] 음성언어와 문자언어

언어는 자기의 意思를 상대방에게 알리는 전달기능을 가진 음성기호 체계로 의사 전달의 방법에는 비언어적 방법과 언어적 방법이 있다. 전자는 다시 動作言語(gesture language)와 信號言語(signal language)로 나뉘어지는데, 동작언어에는 표정, 손짓, 발짓, 몸짓, 수화 등이 해당되며, 신호언어에는 깃발, 횃불, 신호, 호각소리, 나팔소리, 軍號 등을 들 수 있다. 언어적 방법으로는 音聲言語와 文字言語로 나뉠 수 있는데, 음성언어는 사람의 발음기관을 통해 나오는 음성으로써 상대방의 청각에 호소하는

---

6) George Yule(1985:19-22) 참조.

진정한 의미의 언어로 1차적 언어에 해당된다. 문자언어는 음성언어의 단점을 보완하기 위해 문자로써 시각에 호소하는 언어로 2차적 언어라고 한다. 그러나 대중매체의 발달과 인터넷 발달에 따른 영향으로 의사소통의 수단이 문자로 되면서 문자언어는 더욱 중요시 되었다. 특히, Vachek(1973) 이후, 귀로 듣는 언어보다 눈으로 보는 언어의 表意主義 이론이 대두되어 정서법을 개정하는 일면의 동기부여도 일으키게 되었다.

  음성언어는 청각의 감각기관을 수단으로 하며 시간과 공간적으로 제한을 받지만, 문자언어는 시각적인 수단에 의한 것으로 시·공간의 제한을 받지 않는다. 또한, 음성언어는 화자의 발화에 직접적인 반응으로 동적인 특성으로 나타나지만, 문자언어는 간접적인 반응으로 정적인 특성을 갖는다. 또한, 음성언어는 감정 표현이 자유롭고, 직접 문답이나 자동 이해가 가능한 반면, 문자언어는 생각을 정리하거나 수정이 가능한 장점을 갖는다. 그리고 음성언어는 선천적으로 습득되지만, 문자언어는 후천적으로 학습된다.

2. 언어의 기능

[1] 언어의 중심 기능

  언어는 화자와 청자 간의 의사소통의 수단으로 화자의 생각을 상대방에게 알리는 傳達 기능을 가진 음성기호 체계다. 따라서 인간의 언어 활동은 화자와 청자가 말을 주고 받는 행위라 할 수 있다. 화자가 상대방에게 어떤 내용을 전달하기 위해서는 우선 사물을 보고 그 사물의 의미를 파악한다. 그리고 머릿속에 청각영상으로 각인시킨 후에 발음기관을 통해 상대방에게 전달하며 이 때, 발화된 내용을 음성 기호화하게 된다. Saussure(1916)는 『Course de linguistique générale』에서 개념(concept)과 청각영상(image acoustique)의 결합, 즉 signifié(記義)와 signifiant(記標)의 결합으로 파악하였다. 즉, '나무' 라는 사물을 보고 이를 청자에게 전달할 때에는 그 사물의 특성에 따른 것으로 나무의 의미(木)를 파악한 후에 이를 음성기호 [namu]로 기호화 하게 된다. 그러면 청자는 화자의 발화 과정과 반대적인 순서로 받아들이는데, 음성으로 전달된 언어기호인 [namu]를 귀로 들어 해독하여 '나무(木)'의 의미로 이해하게 된다. 이 음성기호와 의미의 관계는 자의적인 것으로 '나무'에 대한 <木>의 개념을 가정할 수 있으나 일종의 관계 개념으로서의 의미로 인정하게 된다. 한편, Ogden- Richards(1923)는 『The Meaning of Meaning』에서 이들의 관계를<basic triangle>(기본 삼각형)로서 설명하였다. 즉, 사물을 보고 우선 그 개념을 파악한 후에 이름을 음성기호로 명명하게 되는데, 이 때, 사물과 이름과의 관계는 자의적인 관계로 설명하였다. 즉, '사람'[人]이라는 뜻을 음성기호 [sa:ram]으로 표현하는데, 반드시 [sa:ram]만이 되는 것이 아니라, [rein], [hito], [mæn] 등 다양하게 기호화 될 수 있다는 것이다. 이는 음성기호가 언어사회와 밀접한 관련을 갖기 때문이다. 결국 의사소통은 화자와 청자 그리고 메시지를 포함하는 모든 활동이 된다. 이와 같이 의사소통의 전달은 언어의 중심기능이라고 할 수 있다.

[2] 언어의 여러 기능

Bühler(1933)는 그의 저서 『言語學原論』에서 언어의 表出, 呼訴, 陳述이라는 세 가지 기능을 제시했다.[7] 표출은 발화자, 호소는 청취자, 진술은 사물에 관계된다. 이 가운데서 가장 중요한 기능은 진술기능이다. 사물을 인식하고 서술하는 이 진술기능은 언어를 특징짓는 최대의 기능으로 이것은 傳達機能의 분화를 나타낸 것이다.

---

7) K. Bühler, *Die Axiomatik der Sprachwissenschaften*, Frankfurt: Klosternmann, 1933.

Jakopson(1960)은 그의 논문 "언어학과 詩學"에서 언어의 기능을 여러 가지로 분류하여 설명하고 있다.8) 이에 그가 제시한 언어의 기능을 중심으로 살펴보기로 한다.

1) 지시적 정보기능

사물에 대한 인식에 따라 개념이 성립되고, 이 개념들은 제각기 이름(名稱)을 갖는다. '引力'이라는 현상 자체는 태초부터 존재했던 현상이지만, 뉴톤이 萬有引力의 원리를 발견하기 이전에는 인력이라는 개념이 존재하면서 명칭이 생기게 된다. 이것은 명칭이 곧 사물을 나타내는 것이 아니고 개념을 거쳐서 실재의 사물과 연결됨을 뜻한다.

'과일'이라는 명칭은 우리에게 그에 상응하는 개념을 불러일으키며, 그 개념을 통하여 인식된 구체적인 과일들(사과, 배, 감 등)에 도달하게 된다. 이와 같이 명칭, 개념, 사물 사이의 관계는 可逆的 작용관계를 나타내는 것으로, 남의 말을 들을 때(명칭→개념→사물)와 상대방에게 말을 할 때(사물→개념→명칭)에 이러한 관계가 이루어진다. 전자는 청취한 어형으로 개념을 환기하고, 개념은 사물을 지시한다. 후자는 사물에 접하여 그 개념을 통해 명칭의 認知에 이르는 과정이다.

이와 같이 사물이나 현상 또는 개념 등을 '말'이라고 하는 음성시호의 체계로써 전달하는 언어의 기능을 指示的 기능(referential function) 또는 情報的 기능(informative fuction)이라 한다. 지시적 기능은 언어에 있어서 가장 기본이 되는 기능이다. 그러므로 이 기능을 언어의 1차적 기능이라고 이른다. 순수 언어학에서 말하는 언어의 기능은 지시적 기능뿐이고 그 외는 2차적 기능, 주변적 기능에 속한다. 상대방에 전달하는 내용, 즉 메시지의 진술적, 명제적 내용을 말한다. 예를 들면, "비가 온다"라는 문장과 "야! 비가 온다."니 "제기랄, 또 비가 오네."라는 문장은 전

---

8) R. Jakobson, "Linguistics and Poetics", Sebeok(ed.), *Style in lahguage*, Cambridge, Mass: MIT. Press, 1960.

달하고자 하는 내용이 다르다. 전자는 진술적 명제적 내용이고, 후자는 화자의 감정 상태를 나타낸 정서적 내용이다. 언어의 지시적 기능은 전자와 같이 명제적 내용을 전달하는 정보적 기능으로 언어기능의 핵심은 지시적 정보기능이다.

2) 정서적 표현기능

말하는 화자의 감정상태나 어떤 일에 대한 태도 등을 나타내는 언어의 기능을 情緒的 기능(emotive function)이라고 한다. 표현 내용이 참된 것이든 위장된 것이든 간에 자기가 말하는 내용에 대한 화자의 태도를 나타내는 표현기능(expressive)이다. 지시적 기능이 主題에 초점을 둔다면, 표현기능은 話者에 초점을 둔다. 지시적 기능은 개념적 의미를 중시하지만, 표현기능은 감정적 의미를 중시함으로써 화자의 감정과 태도를 나타내는 데 사용되는 기능이다. "눈이 내린다."는 명제적 내용을 전달하는 지시적 기능에 속하지만, "야! 눈이 내린다."는 화자의 감정과 태도가 포함된 정서적 기능이다. 욕지거리 말이나 감탄의 말은 이 기능의 대표적인 예다. 이와 같이 정서적 기능의 표현에는 감탄, 獨白, 自問自答, 辱說 등이 있고, 情意的 音長을 사용하기도 한다. '큰 바위'를 '커어다란 바위'로 표현하거나, '멀리'를 '머얼리'로 표현해서 더 크고, 더 멀다는 사실을 발음으로 나타내 보이는 것이 이에 속한다.

정서적 표현이 강조된 발화에서는 흔히 사용하지 않는 발음을 하여 화자의 감정을 표현하기도 한다. 혀를 차며 안타까워할 때에 내는 '쯧쯧' 소리는, 다른 언어를 발음할 때 공기를 밖으로 내보내는 放出音(ejectives)과는 달리 공기를 안으로 들어가게 하여 입속으로 吸入하여 내는 吸着音(ingressives)을 내기도 한다. 모음이 없는 [hmm] 또는 [hm]을 사용하거나, 남을 업신여기거나 귀여운 느낌을 나타낼 때 어두음의 제약 현상과 관계없이 '녀석'이라고 발음하는 것도 이와 비슷한 경우다.

3) 지령적 욕구기능

화자의 전달된 내용이 청자의 감정·행동·이해 등에 미치는 영향을 좌우하는 언어의 기능을 指令的 기능(directive function) 또는 欲求的 기능(conative function)이라 이른다. 지시적 기능이 주제에 초점을 두고, 표현적 기능이 화자에 초점을 둔다면, 욕구적 기능은 청자에 초점을 둔다. 이는 청자에게 명령·요청·부탁 등으로 행동에 영향을 미치거나 질문형식으로 응답을 바라는 언어행위에 따른 기능이다.

인간의 言語行爲는 어느 경우이든 화자의 요구를 수반하는 자극과 반응의 현상(S→R)이기 때문에 심지어는 독백까지도 청자의 반응을 기대하는 것이 보통이다. "날씨가 좋구나"하고 창밖을 내다보며 중얼거릴 때에도 은연중 곁에 있는 사람으로부터 '외출하자' 등 어떤 반응이 있기를 기다리게 된다. 청자에 대한 화자의 욕구가 강할 때는 命令文이 생긴다. 명령문은 화자의 청자에 대한 욕구가 응집된 언어표현이다.

4) 친교적 상황기능

언어의 기능에는 1차적 기능인 정보적 기능과는 정반대로 아무 내용 없이 예의적이며 형식적으로 사용되는 표현이 있다. 두 사람이 만났을 때 "안녕하십니까?", "안녕하세요?", "안녕히 계세요.", "안녕히 가세요.", "날씨가 참 좋습니다.", "화창한 날씨군요", 또는 영어에서 두 사람이 만나 How are you? Fine, Thank you. And you? Fine, Thank you. 라고 하는 표현은 원래의 뜻은 없어지고 순전히 인사말로 예의적으로 사용하는 경우다.

이와 같이 대화자 사이의 사회적 관계 또는 유대를 확인하고, 대화의 길을 터주며, 사회적 교환의 분위기를 조정해 주는 언어의 기능을 親交的 기능(phatic fynction)이라고 한다. phatic의 어원은 그리스어 phatos (verbal togetherness)에서 유래된 말로, 영국의 인류학자 Bronislaw Malinowski가 phatic communication이라고 命名한 데서 비롯된 말이다.

이 친교적 기능은 보통 사람들이 대수롭게 여기지 않는 기능이다. 무슨 말을 하느냐가 중요한 것이 아니라 말을 한다는 그 자체의 사실이 중요하다. 언어의 기능면에서 의사 소통의 업무가 최하위로 떨어진다는 점에서 詩的 기능과는 가장 거리가 멀다 하겠다. 그러나 이 친교적 기능은 대화의 길을 항상 열어놓고 사회적 관계를 좋게 만들어 유지하는 기능이므로 인간의 언어생활에서 매우 중요한 기능을 하며, 특히 社會言語學에서 중요한 기능으로 다루어지고 있다.

친교적 기능의 표현은 앞에서 예로 든 인사말 외에도 대중 앞에서 연설할 때 머리말로 사용하는 "친애하는…"이나 영문 편지에서 Dear Mr.…로 시작하는 Dear나, 편지의 말미에 흔히 사용하는 Sincerely yours 등도 이 기능에 속하는 언어표현이다. "글쎄 말입니다. 그 때 말입니다. 그 사람이 거기에 왔단 말입니다."에서 '말입니다'나, "저는요, 그때요, 누군가가요, 그런 말을 한 걸로 알고 있는데요."에서 '요'와 같이 말하는 내용을 일부러 중단시키며, 자기의 발화 내용에 대한 상대방의 주의를 환기시키는 언어표현이다.

Fillmore(1972)는 狀況的 기능(situational function)이라는 용어를 사용하고 있는데, 이 기능은 선택 사용된 언어표현이 사회적 상황이나 대화자 사이의 사회적 관계를 나타내 주는 기능이다. 다음의 대화는 노년기에 든 두 남자 친구끼리 격식을 갖출 필요가 없는 상황에서 이야기하고 있음을 나타낸 말이다.

"야, 이놈아 재촉하지 말아. 왜 내가 보면 사진이 구멍이 난다더냐?" 이와 같은 말씨는 욕구적 기능과는 달리, 그 작용 방향이 일방적이 아닌 것이 특징이다.

Sapir는 대인관계, 사회 문화적 가치를 반영하고 확인시켜주며 때때로 변화시키는 언어의 기능으로 懇談·社交(communion)의 기능을 들고 있는데 모두 언어의 친교적 기능의 범주에 드는 내용이다.

5) 관어적 어휘 기능

발화의 내용이 언어기호 자체에 관한 것을 지시하는 경우가 있는데, 이와 같이 언어표현 자체에 대하여 설명하는 언어의 기능을 關語的 기능(meta-lingual function) 또는 語彙的 기능(lexical function)이라고 한다.

"까투리는 암꿩이다", "내 말의 뜻은……", "What I meant saying that was……"

까투리라는 생물을 지시하기 위하여 쓰이는 명칭과 개념의 복합체로서의 언어기호 '까투리'에 대하여 말하고 있는데, 이 때의 '까투리'는 "까투리가 한 마리 있었다."에서의 '까투리'와는 그 용법이 매우 다르다. 전자는 까투리라는 단어요, 후자는 까투리라는 '새'[鳥]를 뜻한다. 그러므로 전자는 관어적 기능의 표현이지만, 후자는 그 기능 표현이 아니다.

6) 시적 심미기능

음성기호로 청자나, 문자기호로 독자가 전달 내용을 감상할 수 있도록 언어표현을 선택하는 기능을 언어의 詩的 기능(poetic function) 또는 審美的 기능(aesthetic function)이라고 한다. 이 기능은 표현적 기능의 성격을 지녔기 때문에 정서적 표현기능에 포함시키기도 한다. 그런데, 표현기능이 언어의 시적 사용을 포함한다고 종종 생각하고 있으나, 이 견해는 詩를 시인의 감정을 발산 표현한다는 생각에서 발상된 것인데, 시는 시 자체의 별도의 美的 기능을 가지고 있다는 의견이 지배적이다. 시적 기능은 주제와 정서 모두를 포함하는 傳言(message)에 해당되는 기능이다.

언어의 시적 기능은 발화 그 자체에 그 초점이 있고, 순수하게 발화 그 자체로부터 우러나오는 언어기능이다. 이 기능은 韻律的 조화를 중히 여기는 기능이지만, 시적 기능이 詩句에만 국한되어 있는 것은 아니다. 언어 일반에 걸친 중요한 속성인 것이다.

언어기능의 분류는 다음과 같은 특징을 가지고 있는데, 그것은 의사소통의 상황에서 어느 경우에나 나타나는 다섯 가지(관어적 기능 제외) 필수적인 특질과 잘 맞아 들어간다. 그 특징은 (가) 주제, (나) 발화자(작가), (다) 청취자(청자·독자), (라) 이들 사이의 소통 경로, (마) 언어적 전언(메시지) 자체 등이다. 이것을 언어의 기능과 하나씩 대응시켜 도표로 나타내 보이면 다음과 같다.

【언어기능의 유형과 특징】

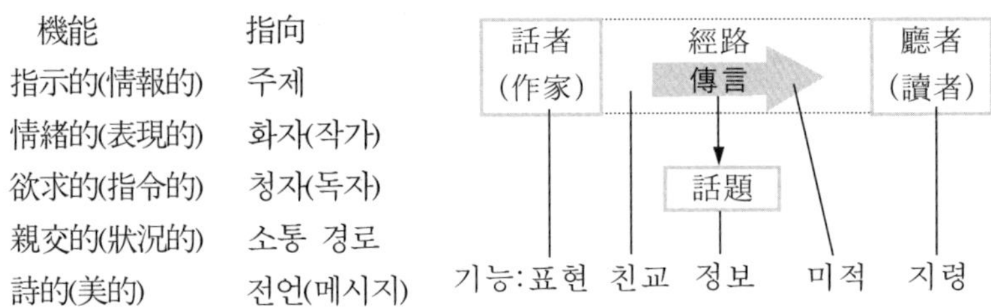

그러나 언어를 기능면으로 볼 때 한가지의 발화행위(speech act)에 여러 가지 기능이 같이 따르는 경우가 있고, 그러한 경우도 어떠한 기능이 주가 되고 어느 기능이 부수적으로 작용하기도 한다. 이와 같이 언어의 여러 기능은 따로따로 존재하는 것이 아니고, 여러 기능이 혼합되어 나타나는 것이 원칙이다. 다만 발화의 성질에 따라 기능 상호간의 層位 서열이 달라질 뿐이다. "날씨 참 좋은데요!" 라는 말을 그 기능면으로 볼 때, 두 사람이 아침에 만나 그 중 한 사람이 인사말로 했으면 이 말은 친교기능에 속할 것이며, 이러한 예의적인 인사를 필요로 하지 않는 친한 사이에서 이 말을 했다면 이것은 정서적 표현기능이 작용한 것으로 볼 수 있고, 아직 침실에서 자고 있는 사람한테 이 말을 했으면 이것은 지시적 정보기능이 작용된 것으로 볼 수 있으며, 또 날씨가 좋으면 공원에 데리고 가겠다는 약속이 있었다든지, 그런 약속이 있었다 하더라도 화자의 마음속에 가고 싶은 생각이 있을 경우라면, "공원에 갑시다"와 같이 요청하는 욕구적 기능이 작용한 것으로 볼 수 있다.

언어의 형식과 의미와 함께 언어사용, 특히 언어기능은 최근에 들어 언어학의 주형식 과제로 언어철학적 측면에서 연구되고 있으며, 그 연구가 話用論(pragmatics)이나 談話論(discourse analysis) 등에까지 확대되고 있음은 주목할 만한 일이다.

3. 언어학

언어는 사람이 살아가는 데에 없어서는 안 될 중요한 요소이다. 이에 언어학(linguistics)은 인간 언어에 대한 과학적 연구를 말한다. 따라서 언어학은 언어의 본질과 기능 그리고 변화 등을 연구 대상으로 하는 학문이다.

[1] 언어학의 필요성

언어는 인간생활에 있어서 매우 중요하다. 정상적인 대화에서 시간 당 4,000~5,000개의 단어를 사용하고, 쉼이 더 적은 라디오 담화에서는 시간 당 8,000~9,000개의 낱말을 사용한다. 정상적인 속도로 독서하는 사람은 시간 당 14,000~15,000개의 단어를 사용한다. 따라서 1시간 동안 잡담을 하며, 1시간 동안 라디오 담화를 들으며, 1시간 동안 독서를 하는 사람은 그 3시간 동안 25,000개의 단어를 접한다. 하루 동안은 100,000개의 단어를 사용하게 된다.[9] 이렇게 언어는 중요하며 필요하지만 언어에 대한 이해는 매우 부족하다. 특히, 언어에 관한 眼識은 다른 학문과 직접 간접으로 관련을 가지고 있어 언어학의 이해는 매우 중요

---

9) Jean Aitchison(1999), Linguistics : Hodder and Stoughton Teach Yourself Books, 임지룡(2003) 역, 3면 참조.

하다. 어떤 사물이나 현상이 인간 생활에 더 중요한 것일수록 그것을 지칭하는 단어의 수가 많아진다. 예를 들면, '말하다'의 동사와 유사한 의미를 갖는 한국어에는 이야기하다, 떠들다, 재잘거리다, 수군거리다, 지껄이다, 투덜거리다, 구라치다, 수다떨다, 주둥이 놀리다, 뇌까리다 등 많은 단어로 지칭되고 있다.

합리론자들은 인간의 언어능력은 선천적으로 태어날 때부터 타고 나는 것으로, 개인의 심리조직의 태반은 전선으로 연결되어 유전적으로 전해지는 것이라고 하고, 경험론자들은, 심리적으로 말해서 인간은 공백의 석판으로 태어나서 심리조직은 전적으로 후천적인 경험에 의해 결정되는 것이지 유전적으로 이어받는 것이 아니라고 한다. 여하간 언어를 습득한 사람이라면 누구나 자유로이 언어를 구사할 수 있다. 이는 마치 운전을 배운 사람이면 누구나 운전 할 수 있고, 스위치의 용법을 배운 사람은 라디오나 텔레비전을 시청할 수 있는 것과 같다. 즉, 차가 움직이는 원리를 모르고도 운전할 수 있고, 먼 곳에서 소리와 그림이 어떻게 작용하는가의 원리를 모르고도 말을 할 수가 있다.[10]

또한 언어는 대부분 심리적 현상이므로, 언어의 연구는 심리학의 한 부분이라고 일컬을 수도 있다. 인간심리를 적절히 설명하는 이론은 어떤 것이라도 우리의 사고 과정을 설명하지 않으면 안 된다. 언어는 이 점에 있어서 매우 중요한 것으로 이는 수많은 우리의 사고가 언어형식을 취하기 때문이다. 우리들이 인식하는 개념의 대부분은 언어로써 명칭이 命名되므로, 언어와 개념형성 간의 관계는 심리학자들에게 매우 흥미 있는 것이다. 언어는 또한 심리조직의 이론을 有意的으로 시험하는 수단이기도 하다. 언어는 고도의 구조를 지니고 있으며, 우리는 그 구조의 정체를 제법 상세히 밝혀 기술할 줄 알게 되었다. 따라서 어떤

---

10) 김진우(1986:11)는 <언어 : 그 이론과 응용>에서 자동차나 텔레비전은 분해하고 재조립해 봄으로써 그 작동의 원리를 원하면 알아 볼 수 있지만, 언어는 기계가 아니기 때문에 이를 분해하고 재조립해 봄으로써 그 작동의 원리를 알아낼 수 없기 때문이며, 바로 여기에 언어 연구의 어려움이 있다고 했다.

심리조직의 이론이라도 그것은 인간언어의 특유한 것으로 알려져 있는 그런 종류의 구조를 적절히 포함하지 않으면 안 된다. 자신을 알고 이해하기를 바라는 사람은 자기의 심리적, 사회적인 생활에 있어서 이러한 기본적인 역할을 하는 언어체계의 특성을 다소라도 이해하지 않으면 안 된다. 우리가 언어학을 배우고 연구하는 목적은 '언어가 거기에 있기 때문이다' 라고 대답할 수밖에 없다.[11]

[2] 언어학의 연구분야

1) 일반언어학과 개별언어학

언어학은 언어의 일반적 특성을 대상으로 하는가, 혹은 개별언어를 연구 대상으로 하는가에 따라 일반언어학과 개별언어학으로 나뉜다. 따라서 一般言語學(general linguistics)은 인간 언어에 나타나는 언어적 특징 가운데 인간 언어로서 반드시 내포되는 일반적 특성을 고찰하는 언어학으로 언어의 본질, 언어의 기능, 언어의 작용 등 언어의 일반적인 문제를 다루는 언어학이다. 반면에 個別言語學(particular linguistics)은 한국어의 구조나 변천사 등 개별언어의 공통되는 구체적 언어체계를 다루는 것으로 일반언어학에 상대가 되는 언어학이다. 개별언어학은 일반언어학의 이론을 예견하지 않고서는 성립되지 못하며, 일반언어학은 개별언어학을 기초로 하지 않고서는 성립하지 못한다. 따라서 두 분야의 연구는 독립된 것이 아니라, 상호보완적인 것으로 언어의 일반적인 문제를 해결하기 위해서는 다양한 많은 언어들에서 정보를 얻어야 하고, 반면에 개별언어는 일반언어학적 개념과 원리 및 방법을 통해서 기술될 수 있다. 즉, 일반언어학은 대체로 명사와 동사를 갖는다는 보편적 이론에

---

11) Ronald W. Langacker, *Language and Its Structure*, Harcourt, Brace & World, 1968, Inc., p.3-5 참조.

서, 그리고 각 개별언어학은 일반언어학이 제공한 명사와 동사에 관한 어떤 본질적인 개념에 입각해야 하는 것이다.

2) 이론언어학과 응용언어학

순수한 언어이론을 대상으로 하는가, 혹은 언어이론과 그 성과를 실용적으로 응용하는가에 따라 이론언어학과 응용언어학으로 나뉜다. 理論言語學(theoretical linguistics)은 언어 현상의 일반적인 원리 및 규칙을 밝히기 위해 언어를 연구하는 분야로 언어의 구조와 그 기능에 관한 이론을 수립하는 것을 목적으로 하는 언어학이다. 應用言語學(applied linguistics)은 이론언어학의 이론과 그 성과를 실용적으로 응용하려고 하는 언어학이다. 언어교수법, 언어활동 장애의 원인과 그 치료방법, 사전학, 언어공학, 전산학, 통신공학, 정보이론 등 언어학의 전문 지식을 필요로 하는 분야가 많다. 이론언어학은 과학적 학문적 연구로서 언어사실을 있는 그대로 객관적으로 체계화하고 기술하는 분야로 비교언어학, 기술언어학, 변형·생성언어학 등을 들 수 있다.

3) 공시언어학과 통시언어학

언어를 일정한 시대상의 공간적 입장에서 보는가 혹은 역사적인 관점에서 보는가에 따라 共時言語學(synchronic linguistics)과 通時言語學(diachronic linguistics)으로 구별된다. 어느 특정 시기의 언어상태를 공시태라고 하고, 역사의 변천 상황에서의 언어상태를 통시태라고 한다. 따라서 15세기의 경기지방과 경주지방의 언어를 연구하는 것은 공시언어학적 방법이지만, 언어의 역사적 변천 방법으로 15세기와 17세기 사이에 나타난 변화를 연구하는 것은 역사언어학이다. 그러나 이 역시 상호보완적이다. 즉, 어떤 특정한 시대의 언어 상태를 기술하지 않고는 언어의 역사적인 발전과정을 알 수 없으며, 역사적인 변천 결과 없이는 어떤 특정 시기의 언어상태를 알 수 없다.

4) 비교언어학과 대조언어학

比較言語學(comparative linguistics)은 친족관계에 있는 언어들, 곧 같은 祖語에서 분화된 언어들에서 상호간의 언어사실을 비교 연구하여 조어의 再構에 이바지하는 언어학이다. 예를 들어 한국어의 비교언어학은 알타이어와의 비교연구로 친족관계가 밝혀지고 위치가 결정된다. 반면에 계통이 다른 언어의 구조적 특징을 대조하여 그 차이점을 연구하는 것을 對照言語學(constrastive linguistics)라고 한다. 한국어와 몽골어의 相的 특성에 따른 연구는 비교언어학의 방법이며, 한국어와 영어의 相的 특성에 따른 연구는 대조언어학의 방법이라 할 수 있다.

5) 기술언어학과 생성언어학

記述言語學(descriptive linguistics)은 주어진 언어의 특정한 시기의 언어 상태를 이른바 共時的 관점에서 있는 그대로를 객관적으로 관찰하고 기술하는 언어학이다. 기술언어학은 共時言語學(synchronic linguistics)과 밀접한 관계에 있다. '記述的'이라는 용어는 '역사적'이나 '규범적'과는 대립되는 말이다. 따라서 기술언어학은 객관적인 기술 태도에 의해 규칙을 설정하여 지키도록 하는 規範문법과, 언어 현상의 원인과 역사적 계통 그리고 경로를 밝히려는 歷史언어학과 대립된다. 19세기에 융성했던 역사언어학에서는 역사적 관점에서만 언어를 설명할 수 있다고 생각했기 때문에 記述은 단지 기록에 불과하다고 생각했다. Ferdinand de Saussure의 영향에 의하여 20세기에 들어 歸納的이며 記述的인 것을 중시하고 구체적 언어, 즉 파롤(parole)에서 출발하여 공시적인 기술이 언어연구의 正統이라 생각하게 되었다. 그러나 특정한 한 시기의 하나의 언어상태라고는 하지만, 언어는 항상 변하고 있으므로 낡은 言語層과 새로운 언어층이 병존하고 있음이 보통이다. 따라서 공시적 언어학 내지는 기술언어학이 직접 대상으로 하는 소재도 결코 靜的이며 固定的인 것이 아니며, 계속 변하고 있는 動的인 점에 유의해야 한다. 이와 같이 언어의 史

的인 推移에 관계없이 어느 주어진 시점의 언어상태를 연구하는 것을 공시언어학 혹은 공시적 연구(synchronic study)라고 한다.

生成言語學(generative linguistics)은 合理論에 입각한 생성이론을 바탕으로 한 언어학으로서 變形・生成文法이라고도 한다. 과거의 기술언어학이 기계적으로 언어자료를 수집 분류 정리하는 데 대한 강한 반발로 등장한 언어이론으로 인간 내부에 숨겨져 있는 무한한 언어생성 능력을 기술함을 목적으로 한다. 한 언어 사용자는 과거에 이미 들어보지 못한 새로운 문장까지도 생성해 낼 수 있는 창조적인 언어활동 능력을 갖추고 있다는 것이다. 이는 인간의 내부에 잠재해 있는 언어 生成裝置에 의한 것으로, 생성언어학은 바로 이러한 인간의 언어능력을 일련의 순서 있는 규칙체계로 정립하려고 한다. 따라서 설명 방법도 과거의 방법과 역순이 된다. 과거의 구조언어학적 방법은 주로 音韻에서 形態로, 그리고 형태에서 統辭로의 해명에 접근해 갔으나, 변형・생성 언어학에서는 통사적 사실에서 출발하여 의미론적 또는 음운론적인 해석에 접근하려고 한다.

이러한 생성언어학은 言語能力(competence)과 言語遂行(performance)이라는 언어활동의 양면을 준별할 것을 요구한다. 이러한 언어관은 Humboldt의 철학이나 Saussure의 랑그(langue)와 파롤(parole)라는 개념 속에도 내포되어 있다. 언어능력은 文法性, 언어수행은 可容性과 관련되는 개념으로서 아무리 문법적인 문장이라 하더라도 일상생활 속에서는 받아들여질 수 있는 문장도 非文法的인 문장이 되는 것이다. 또한 생성언어학은 언어현상을 深層구조와 表層구조로 구분한다. 표면적으로는 동일한 구조인 듯이 보이는 두 문장일지라도 내면에서는 서로 다른 구조를 가질 수 있고, 의미과정이 다름으로써 의미론적인 해석을 달리하는 경우가 있다. 또한, 언어학은 언어관에 따라 傳統언어학, 構造언어학, 變形・生成언어학 등으로 나뉜다.

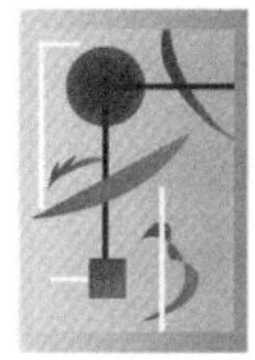

제**3**장 언어의 음성구조

1. 음성학의 개념과 유형

[1] 음성학의 개념

음성학은 언어학의 한 분야로 언어학에서 차지하는 비중이 매우 크다. 音聲學(phonetics)은 音韻論(phonology)과 유사한데, 음성학이 소리에 대한 靜的(static)인 학문이라면 음운론은 動的(dynamic)인 학문이다. 그리고 음성학이 소리에 대한 과학적인 기술과 분류인 반면에, 음운론은 소리의 체계와 기능을 생각한다. 또한, 음성학이 소리의 존재에 대한 학문이라면, 음운론은 소리의 행위에 대한 학문이다.

인간이 낼 수 있는 수많은 종류의 소리 중에서 언어에 이용되는 소리를 언어음(speech sounds)이라 하고, 이 언어음을 연구하는 것을 음성학이라 한다. 음성학에서는 소리가 어떻게 나오며 어떻게 음파를 타고 전달되고 어떻게 지각되는지 언어음의 특성에 대한 일반적인 연구를 다룬다. 따라서 이는 音素의 구현으로서의 음성을 대상으로 하여 음성을 기술하고 분류하는 분야로서 음성모형과 음운체를 연구하는 음운론(pho-nology)과 구별된다. 음성언어는 말소리, 즉 사람의 음성기관을 움직여서 내는 언어음(speech sound)으로 이루어지는 말이다.

[2] 음성학의 유형

말소리는 여러 가지 방법으로 분석 기술된다. 발생적 방면으로 화자가 소리내는 조음기관의 움직임을 연구하는 調音音聲學과 음향적 방면으로 소리를 전파 매개하는 音波의 성질을 연구하는 音響音聲學 그리고 청취자의 입장에서 귀로 感知하는 음성을 고찰하는 聽取音聲學 등 여러 측면에서 말소리를 기술할 수 있다.

1) 청취음성학

흔히들 cash, father에서 나는 a 음을 평탄한(flat) 혹은 넓은(broad) a 음이라 하고, go에서 소리나는 g를 센(hard) g 소리라고 한다. 거센소리(harsh)니 밝은 소리(bright)니 하여 음성을 특징지우는 것은 과연 바람직한가. 어떤 소리가 아무리 개인의 귀에 거세게 들렸다 해도, 그것이 다른 사람의 귀에는 전혀 다르게 들릴 수도 있다. 이와 같이 청자가 느끼는 聽覺印象에 근거하여 말소리를 기술하는 일은 마치 식물학자가 색깔과 냄새에 의하여 꽃과 나무를 판별하는 것과 같이 객관적이고 과학적인 면이 결여되어 있다. 더구나 청자의 관점에서 말소리를 연구한다면 말소리의 특성을 확인하는데 필요한 객관적 기준이 없으므로 청자의 주관이 좌우되기 쉽다. 따라서 청자의 귀로 감지하는 음성을 고찰하는 청취음성학(auditory phonetics)은 고도의 경지에 이른 음성학자의 섬세하고 정확한 귀로 판단한다는 장점보다는 음성의 물리적 성질을 과학적으로 규명할 수 없다는 점에서 문제가 있다.

2) 음향음성학

공기 중의 진동으로서의 음성의 波形을 연구 대상으로 하는 음성학을 음향음성학(acoustic phonetics)이라 한다. 음성 자체의 물리적 구조를 살피고, 그 음파의 특성을 물리 기계의 도움으로 분석 기술한다. 지금까지 가장 많이 쓰이는 기록계로 음파기록기(kymograph), 진동기록기(oscillograph), 음향스펙트럼 분석기, 오실로스코프(oscilloscope) 등이 있다. 특히 음향스펙트럼 분석기는 물리현상으로서의 음파를 진동수·진폭·스펙트럼 분포 등 3가지 측면에서 관찰할 수 있다. 귀로만 들어서 아는 청각인상만으로는 음성의 물리적 성격을 정확히 규명할 수 없으므로 음향음성학에서는 이들을 기계로 측정 처리하여 보다 더 정확하고 수량화된 음성학을 시도하는 것이다.

3) 조음음성학

말소리를 구체적으로 포착하여 처리하려고 할 때 취할 수 있는 3가지 방법 중 생리적 발생적 측면에서는 하나의 말소리가 어떤 음성기관을 어떻게 사용해서 만들어지는가를 기술하고, 그 음성의 분류를 위한 기틀을 제공한다. 이와 같이 음성기관의 움직임을 생리적으로 연구하는 음성학을 조음음성학(articulatory phonetics) 또는 생리음성학(physiological phonetics)이라 한다. 화자가 발음할 때의 음성기관의 움직임을 연구하고, 이것에 근거하여 말소리가 어떻게 산출되느냐에 따라 언어음을 정의하고 분류한다. 예를 들면, [ʃ]라는 음은 "혀의 앞부분을 윗잇몸보다 약간 후면에 대어 鋭擦한 소리를 내며, 성대가 진동하지 않는 무성음이다"와 같이 분석한다.

4) 여러 가지 음성유형

(1) 음성

음성(speech sound)이란 사람의 음성기관을 통해서 산출되어 실제 말에 쓰이는 말소리를 뜻한다. 경우에 따라서 음성은 목소리의 음자체를 나타낼 때도 있으나, 언어학에서 말하는 음성은 어디까지나 실지 목소리가 아닌 구체적인 言語音을 의미한다. 일정한 정보 내용과 결부된 언어음은 分節性을 특징으로 한다. 어느 때 어느 곳에서 구체적으로 실현된 어떤 한 사람의 음성을 具體音聲이라 하며, 이러한 음성들 사이의 공통된 요소, 즉 변별적 가치에 중점을 둘 때, 이를 抽象音聲이라 한다.

(2) 모음·자음

음성은 조음기관의 활동에 의하여 구분되며, 呼氣통로의 장애의 정도에 따라 모음과 자음으로 크게 나뉜다. 기류가 구강통로에서 폐쇄나 마찰에 의한 장애를 받지 않고 산출되는 공명음을 모음(vowel)이라 하고, 구강의 어느 부위 또는 聲門을 폐쇄하거나 좁혀서 산출하는 소리를 자음(consonant)이라 한다.

(3) 유성음·무성음

음성은 성대진동, 즉 聲(voive)의 유무에 따라 유성음과 무성음으로 나뉜다. 성대를 진동시킴으로써 발음되는 소리, 곧 성대 진동을 동반하여 산출되는 소리를 유성음(voiced)이라 하고, 유성음과는 달리 성대 진동을 동반하지 않는 소리를 무성음(voiceless)이라 한다. 예를 들면 국어의 모든 모음과, 자음 중 /ㄴ, ㄹ, ㅁ, ㅇ/ 등이나 /b, d, g/ 등은 유성음이고, 국어에서 /ㄴ, ㄹ, ㅁ, ㅇ/을 제외한 모든 자음이나, /p, t, k/ 등은 무성음이다. 영어 단어 pit(구멍)에서 p는 무성음이고, bit(작은 조각)에서 b는 유성음이다.

(4) 구음·비음

음성은 호기가 입안으로 향하느냐 코안으로 향하느냐에 따라 구음(구강음)과 비음(비강음)으로 나뉜다. 연구개(velum, 라틴어로 '돛'의 뜻)를 올려서 비강을 차단하고 구강쪽으로 기류를 향하게 하여 산출되는 소리를 구음 또는 구강음(orals)이라 하고, 연구개를 아래로 내려서 기류 전체 혹은 일부를 코로 통하게 하여 비강에서 공명하여 산출되는 소리를 비음 또는 비강음(nasals)이라 한다.

(5) 지속음·비지속음

또한 呼氣를 완전히 차단하느냐, 혹은 부분적으로 차단하느냐에 따라 調音時의 소요되는 시간이 달라져 지속음과 중단음으로 발음된다. 발화할 때 기류가 완전히 막히지 않거나 부분적으로 막혀서 내는 소리를 지속음(continuant)이라 하고, 완전히 차단하여 내는 소리를 비지속음 또는 中斷音(interrupted)이라 하며 폐쇄음은 비지속음이다. 기류가 음성기관에서 방해를 받는 정도에 따라 자음적인 말소리와 모음적인 말소리로 나뉜다. 다음은 調音連續圖(continuum of articulation)로 그 차례를 보인 것이다.

(6) 저지음·공명음

조음방법에 따른 분류의 하나로서 폐쇄의 정도와 鼻腔공명과 같은 소리의 변화에 따라 저지음과 공명음으로 나뉜다. 저지음(obstruents)은 공기의 흐름을 저지함으로써 산출되는 폐쇄음, 마찰음, 파찰음 등을 말한다. 공명음(resonants)은 聲道를 저지하지 아니하고 성도의 모양을 변형함으로써 산출되는 비음, 설측음, 설전음, 인두음, 반모음, 모음 등을 말한다.

(7) 성절음 · 비성절음

모음과 같이 음절을 이루는 분절음을 성절음(syllabics)이라 하고, 자음과 같이 음절을 이루지 못하는 분절음을 비성절음(unsyllabics)이라 한다. 성절음을 이루는 가장 일반적인 것은 모음이지만, 영어와 같은 일부 개별언어에는 성절자음도 있다. 그러나 반모음은 비성절음이다. 모음이 비성절음일 경우에는 보조기호 [ˌ]를하여 표시한다. 과도음 [j], [w]는 비성절음으로서 종종 [i̯], [u̯]로 기록한다. 자음이 成節音일 경우에는 보조기호 [ˌ]로 표시한다. 예를 들면 r이 성절음이면 [r̩]로 기록한다.

2. 음성기관

음성을 발음해 내는 인체의 모든 기관을 음성기관(organs of speech)이라고 한다. 음성기관은 크게 3부위로 나뉘는데, 공기를 움직이게 하는 發動部(initiator)와 소리를 발성해 내는 發聲部(vocalizator) 그리고 발성된 소리를 고루는 調音部(articulator) 등이 있다.

[1] 음성기관

```
          ┌─ 발동부 : 공기를 움직이게 하는 부분(폐, 후두, 후부구강)
음성기관 ──┼─ 발성부 : 소리를 발성하는 부분(성대)
          └─ 조음부 : 발성된 소리를 조음하는 부분(구강, 비강)
```

【발음기관(The Organs of Speech)】

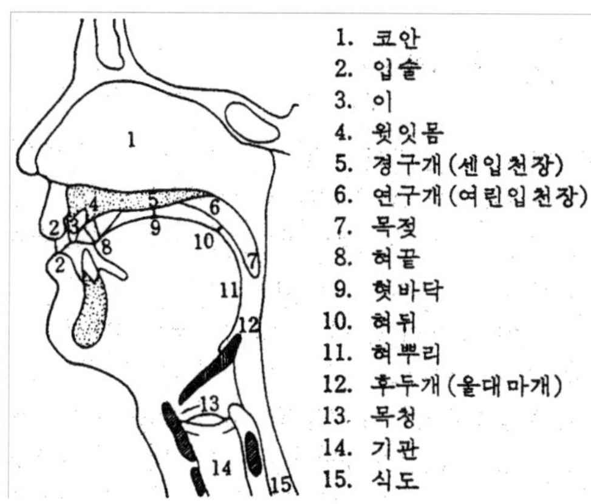

[2] 조음부

성대에서 발성된 소리를 조음하는 입안(구강)과 코안(비강)을 調音部(articulator)라고 하고, 조음부에는 고정부와 능동부가 있다. 윗입술, 윗잇몸(치조)·경구개, 연구개 등은 전자에 속하고, 아랫입술, 혀끝(설단), 혓바닥(설면), 혀뿌리(설근) 등은 후자에 속한다. 고정부는 조음기관에서 가장 큰 수축이 일어나는 조음위치를 나타내므로 조음점(point of articulation)이라 하고, 능동부는 呼氣를 막거나 일변하는 데 사용하는 조음기관이므로 조음부(articulator)라 하여 구별하기도 한다.

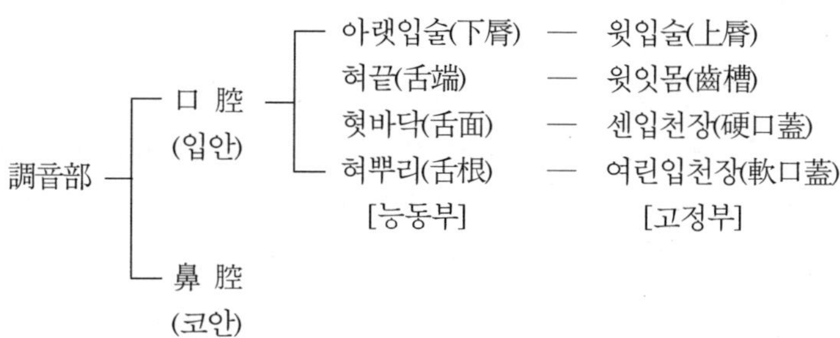

3. 언어음의 표시

우리가 말소리에 관하여 기술하려면 어떻게든지 말소리를 기록해서 표시해야 한다. 우리가 문자를 사용하는 사회의 구성원으로서 문자언어를 가지고 음성언어를 이해하는데 익숙해 있지만, 알파벳 자모만으로 이 여러 말소리를 구별해서 표시하기는 매우 어려운 일이다. 철자 b나 m을 [b], [m]으로 표시할 수 있는 몇 가지 경우를 제외하고는 1자 1음 표시가 곤란한 경우가 많다. 예를 들면, 영어 철자 a는 name[neim], man[mæn], father[fá:ðər], fall[fɔ:l], may[mei], alone[əlóun] 등의 단어에서와 같이 단어마다 달리 발음한다. 심지어는 pot의 o를 미국의 영어 화자들은 father의 a 모음과 같이 발음한다. 한국어의 예로 '어머니'[ʌmʌɲi]의 '어'와 '어른'[ə:rɯn]의 '어'는 철자는 같지만 발음은 전혀 다르다. 이와 같이 전통적인 철자법은 분명히 한정적이기 때문에 말소리를 기록할 객관적인 별도의 체계를 필요로 하게 되는 것이다.

국제음성학회는 1886년 음성기호 체계의 필요성을 인정하고, 여러 해에 걸쳐 모든 개별언어의 음성을 망라하여 표기할 수 있는 국제음성기호(IPA)를 만들었다. 이 책의 부록으로 마련한 국제음성기호(The International Phonetic Alphabet, 1993)가 그것이다.

[1] 음성기호

음성 하나하나에 일정한 기호를 부여하여, 언제 어디서나 일정하게 이를 표기할 수 있게 한 字母를 음성기호 또는 음성자모(phonetic symbol, phonetic alphabet)라고 이른다. 음성기호는 음성자모라고 하는 특별한 기호로 나타내는데, 음성기호를 [ ]으로 묶어 표시한다. 예를 들면 '사람'의 발음기호는 [sa:ram]이다. 이와는 달리 음소기호(phonemic symbol)는 겹

사선 (/ /)을 하여 구별 표시한다.

[2] 음성전사의 방법

1) 간략표기

간략표기(broad transcription)의 특징을 항목별로 열거하면 다음과 같다. ① 실용적인 목적으로 명확히 구별되는 몇 개의 음성을 소수의 음성기호로 간단히 표기하는 방법이다. ② 한 음성에 하나의 음성기호를 배정하여 표기하는 것이 원칙이지만, 필요에 따라 한두 개의 보조기호를 사용할 수도 있다. ③ Jones는 한 음소를 하나의 문자로 표시하는 것을 간략표기라 하고, 한 음소에 속하는 둘 또는 그 이상의 異音까지를 표시하는 것을 정밀표기라고 하였다. ④ 1음소 1표기주의 또는 음소표기(phonemic transcription)라고도 한다. ⑤ 이 명칭은 Sweet의 Broad Romic에서 유래되었다. ⑥ 음성기호가 간단하고 그 수가 적은 音聲轉寫法이다. 예를 들면 국어의 /ㅂ/은 실제로 발음할 때 그것이 놓이는 음성환경에 따라 /p, b, p', b̥, p˩...../ 등의 異音으로 실현되는데, 이들을 모두 한 음소로 보아 /p/ 하나로만 적는 것은 간략표시의 한 예다.

2) 정밀표기

정밀표기(narrow transcription)의 특징을 항목별로 열거하면 다음과 같다. ① 각 음성간의 미세한 차이를 보조기호 등을 사용하여 표시하는 방법이다. ② 異音(allophone)까지 자세하게 기록하는 표기법이므로 異音表記라고도 한다. ③ 그러므로 기호가 많고 보조기호를 많이 사용하는 좀 복잡한 표기방법이다. 예를 들면, 국어의 /ㄱ/이 음성환경에 따라 실제로 발음되는 異音인 /k, g̊, ᵷ, k', k˩ ···/ 등의 음을 각기 구별하여 적는 것은 정밀표기의 한 예에 속한다. 영어 단어의 pit의 p음은 有氣音(aspiration)으로서 숨을 내쉬는 동작이 뒤따르는 소리이므로 [p'] 또는

[pʰ] 로 표시할 수 있고, 반면에 spit의 p음은 無氣音으로서 후두긴장을
동반하므로 [p'] 또는 [p=]로 표기할 수 있고, lipstick의 p음은 무기음이
면서 기류가 막혀서 이루어지는 소리이므로 [p˺]로 표기할 수 있다. 이
와 같은 표기는 일종의 정밀표기라 할 수 있다.

[3] 보조기호

정밀표기에 사용되는 구별부호로서 기본적인 음성기호에 첨가하여
정밀음가를 나타내는 보조적 구별기호를 보조기호(diacritical marks)라 한
다. 일반적으로 자주 사용되는 보조기호의 예를 들면 다음과 같다.

[˜]	鼻音표시	ã, ẽ
[̥]	無聲音표시	b̥ , g̊
[˅]	有聲音표시	s̬ =z, ㅂ̬ =b
[ː]	長音표시	aː, 아ː
[˙]	高舌化표시	e˙, 어˙ = [ə]
[¨]	中舌化표시	ï = ɨ
[']	有氣音표시	p' = pʰ, t' = tʰ
[']	喉頭緊張표시	p', t'
[̯]	音節부음표시(半母音化)	i̯ = j, u̯ = w
[.]	닫힌音價표시	ẹ = 닫힌 e
[<]	열린音價표시	ɛ̦ = 열린 e
[̪]	윗니調音표시	t̪ , n̪
[']	內破音표시	p˺, t˺, k˺

4. 모음체계

[1] 기본모음

언어학자들은 모음을 분류하기 위하여 여러 가지 방법을 사용하였다. 영국의 음성학자 Daniel Jones는 개별언어의 사정을 무시하고 임의로 선택한 모음을 중심으로 모음체계를 구성하였다. 모음은 화자의 출생지에 따라 조금씩 다르기 때문에 모음을 정확히 기술하기란 곤란하지만, 그는 여러 모음의 음향학적 특징과 혀나 입술의 위치로써 고정시켜서 기본모음의 체계표를 만들었다.

존스의 기본모음체계(cardinal vowel system)는 1차 기본모음 8모음, 즉 전설모음(i, e, ε, a)과 후설모음(ɑ, ɔ, o, u), 그리고 2차 기보모음 10모음, 즉 전설모음(y, ø, œ, OE), 후설모음(ɯ, ɤ, ʌ, ɒ), 중설모음(ɨ, ʉ) 등 모두 18개의 기준이 되는 모음을 규정하여 모음의 음가를 고정시켜 언제나 동일한 소리값을 지니도록 했다. 그리하여 실제의 모음을 기술하려면 이 기본모음 체계와 관련시켜 음가를 측정해야 한다.

다음은 다니엘 존스의 기본모음 도표다.

【존스의 기본모음】

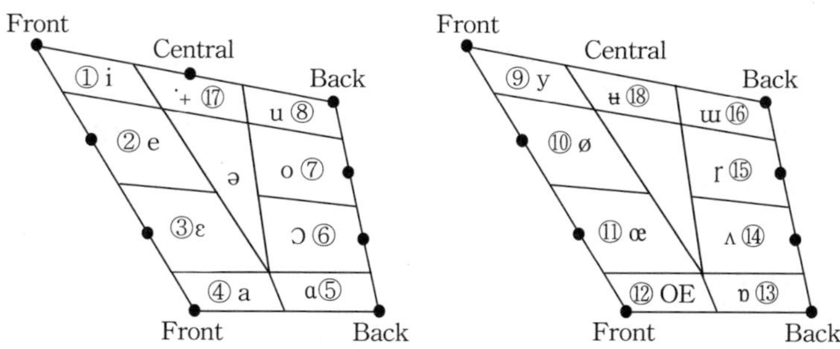

[2] 모음의 분류

모음은 두 가지 분류 기준에 따라 나눌 수 있다. 첫째로 혀의 모양과 위치에 따른 분류이고, 둘째로 입술의 원순 상태에 따른 분류이다.

[3] 개모음 · 폐모음

구강의 상대적 개방상태에 따라 개모음과 폐모음으로 나뉜다.

1) 개모음

혀끝을 입천장에서 비교적 멀리하고, 턱의 열림을 넓혀서 조음하는 모음을 開母音(open vowels) 또는 低母音이라 이른다. /a, ɑ/ 등은 이에 속한다. 영어 단어 bah의 모음은 저모음이다.

2) 폐모음

혀끝을 비교적 입천장에 가깝게 하고, 입을 좁게 열어 조음되는 모음을 閉母音(closed vowels) 또는 高母音이라 한다. /i, ɨ, ɯ, u/ 등은 이에 속한다. 영어 단어 bee의 모음은 고모음이다.

[4] 전설모음 · 후설모음

혀의 앞에서 뒤까지를 3부위로 나누어 혀의 앞 부분을 前舌(front)이라 하고, 혀의 뒷부분을 後舌(back)이라 하며, 혀의 중앙부를 舌體(tongue) 혹은 中舌이라 한다.

1) 전설모음

舌體가 구강의 앞쪽으로 퍼져서 전설 부위에서 조음되는 모음을 전설모음(front vowels)이라 한다. /i, e, ɛ, æ/ 등의 모음은 이에 속한다.

2) 후설모음

설체를 오므려서 후설 부위에서 산출되는 모음을 후설모음(back vowels)이라 한다. 후설모음은, 후설이 연구개를 향하여 작용하는 모음이다. /u, o, ɔ, ʌ, ɑ/ 등의 모음은 이에 속한다.

3) 중설모음

혀의 중앙부인 설체 부위에서 산출되는 모음을 중설모음(central vowels)이라 한다. 설체를 구개의 중간으로 올려서 내는 모음이다. /ɨ, ə, a/ 등의 모음은 이에 속한다.

[5] 원순모음 · 평순모음

입술의 원순 상태에 따른 분류로서 원순모음과 평순모음이 있다.

1) 원순모음

입술을 둥글게 하여 소리내는 모음을 圓脣母音(rounded vowels)이라 한다. /o, u, y, ø(ö)/ 등은 이에 속한다.

2) 평순모음

입술을 둥글게 하지 아니하고 입술을 펴서 내는 모음을 平脣母音 또는 비원순모음(unrounded vowels)이라 이른다.

[6] 긴장모음 · 이완모음

모음을 조음할 때 혀의 근육 긴장의 정도에 따라 긴장모음과 이완모음으로 나뉜다.

1) 긴장모음

聲道, 특히 혀의 근육에 긴장을 주어 산출되는 모음을 緊張母音(tense vowels)이라 한다. /i, e, a, u, o/ 등은 이에 속한다. 그리고 영어 단어 bait[beit], boat[bout]에서와 같이, 한 모음의 위치에서 다른 모음의 위치로 옮겨가는 모음은, 조음할 때 혀의 근육을 다소 긴장시키기 때문에 이런 모음도 긴장모음에 속한다.

2) 이완모음

근육긴장을 적게 하여 조음되는 모음을 弛緩母音(lax vowels)이라 한다. 영어 단어 bit, bet, book 등의 모음에는 혀의 근육 긴장이 별로 없다. 이런 단어의 모음은 이완모음에 속한다. 다음은 긴장모음과 이완모음의 대응을 보인 것이다.

긴장모음	대응 이완모음
i	ɪ (iota)
u	ʊ (upsilon)
e	ɛ (epsilon)
o	ɔ (open o)

[7] 단모음 · 중모음

모음이 단일 위치에서 조음되는 가 혹은 이중 조음인가에 따라 단모음과 중모음으로 나뉜다.

1) 단모음

단모음은 모음 4각도의 단일 위치에서 조음되는 모음을 말한다. 지금까지 논의된 모든 모음은 單母音(monophthong)이다. 단모음의 어원은 [mono(GK.'하나'의 뜻)＋phthongos(GK.'소리'의 뜻)]이며, 소리를 내는 동안에 음성기관의 일정한 위치에 머물러 발음되는 모음이다.

단모음에는 일정한 시간에 단일한 조음으로 발음되는 單純調音 단모음과 둘 이상의 조음작용이 동시에 일어나 발음되는 二重調音 단모음이 있다. 국어의 이중조음 단모음에는 외[ø]와 위[y]가 있다.

2) 이중모음

이중모음은 한 음절에 속하는 두 모음의 연속체로서 하나는 성절음(syllabics)이고, 또 하나는 비성절음(nonsyllabics)의 결합이다. 영어 단어 house[haws], yes[jɛːs]에서 [a], [ɛ]는 성절음이고 [w], [j]는 비성절음이다. 二重母音(diphthong)의 어원은 [dis(GK. '두번'의 뜻)＋ phthongos(GK. '소리'의 뜻)]이며, 시작과 끝의 조음점을 가리키는 두 기호로 기술한자. 이중모음의 표시는 두 기호 밑에 연결을 나타내는 표시를 하거나(ia, ai, au 등), 이를 대신하여 顯著度(prominence) 없이 발음되는 모음 밑에 반모음 표시 [˯]를 한다(i̯a, a̯i, au̯ 등).

이중모음의 유형은 성절모음과 비성절음인 과도음의 위치에 따라 상향적 이중모음(rising diphthong)과 하향적 이중모음(falling diphthong)이 있다. yes와 같이 과도음이 음절 主母音에 선행하는 이중모음은 상향적 이중모음이고, house와 같이 과도음이 음절 주모음에 후행하는 이중모음은 하향적 이중모음이다. 국어의 '와[wa], 야[ja]'는 전자에 속하고, '의[ɯj]'는 후자에 속한다. 다음은 국어의 이중모음의 예다.

    (1) [반모음＋단모음]

        j＋단모음   ㅠ[ju], ㅖ[je], ㅕ[jə], ㅛ[jo], ㅒ[jɛ], ㅕ[jʌ], ㅑ[ja]

        w＋단모음   ㅟ[wj, ɥi], ㅞ[we], ㅝ[wə], ㅝ[wʌ], ㅘ[wa]

        ɥ＋단모음   ㅟ[ɥi, wi]

(2) [단모음+반모음]
　　단모음+j　　ㅓ[ɯj]

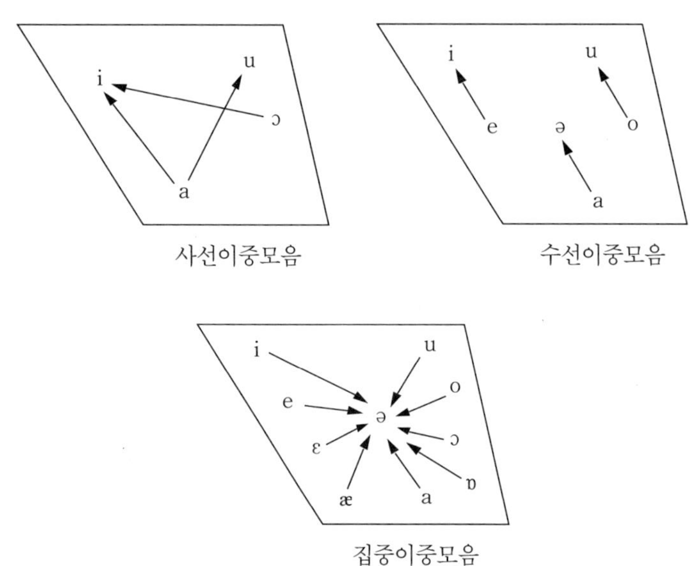

　그리고 영어의 이중모음은 위와 같이 轉移하는 방향에 따라, 斜線(diagonal), 垂線(vertical), 集中(centering) 이중모음으로 나누기도 한다. high[hai], how[haṵ], boy[boi] 등의 모음은 사선 이중모음이고, say[sei], go[gou̯] 등의 모음은 수선 이중모음이며, here[hiər], air[ɛər], hair[hɛər]는 집중 이중모음이다.

3) 삼중모음

　成節母音의 앞과 뒤에 인접해서 비성절음이 올 경우에 발음되는 중모음을 三重모음(triphthong)이라 한다. 예를 들면, 영어의 way는 삼중모음이다. 三重母音, triphthong의 어원은 [tri(GK. '셋'의 뜻)＋ phthongos(GK. '소리'의 뜻)]에서 유래되었다.

4) 반모음

반모음(semivowel)은 모음과 같은 음성적 특징을 가졌으면서 짧고 약하며, 불안정한 속성 때문에 단독으로 음절을 이루지 못하는 소리다. 반모음은 혀가 두드러지게 인접한 모음을 향하거나 혹은 다른 데로 움직여 나오면서 소리를 이루는 특징이 있기 때문에 흔히 過渡音(glide, transitional sound)이라 칭한다. 이들 반모음은 二重母音과 같은 모음 연속체의 형성에 관여하는 것이므로 非成節母音(non-syllabic vowel)이라고도 한다. 반모음에는 硬口蓋 과도음 [j], 軟口蓋 과도음 [w], 그리고 圓脣 과도음 [ɥ] 등이 있다.

> [j]　　you[juː], yet[jet], 옛날[jeːnnal]
> [w]　　way[wei], well[wel], 원숭이[wəːnsuŋi]
> [ɥ]　　불어 huit[ɥit], puis[pɥi], 귀[kɥi], 뒤[tɥiː]

5) 현대국어의 모음

현대 표준국어의 단순모음 음소는 아래의 9개로 보고 있으며, 여기에 길이의 韻素가 결합된다.

> 모음　이 에 애 아 어 오 우 으 어˙*1)
> IPA　 i e ɛ a ʌ o ɯ ɯ ə

이 중에서 /i, e, ɛ/는 전설모음, /ə, a/는 중설모음, /u, o, ʌ, ɯ/는 후설모음에 속한다. 후설모음 중 /u, o/와 전설모음 중 /ø, y/ 등은 원순모음이며, 그 나머지는 모두 평순모음이다.

발음될 때 혀의 높이에 따라 9개의 母音을 다시 분류하면 다음과 같다.

---

1) /ㅓ˙/는 半開母音 /ʌ/와 구별하여 半閉母音 /ə/를 표기한 것이다.

閉母音	i		ɯ u
半閉母音	e	ə	o
半開母音	ɛ		ʌ
開母音		a	

IPA의 기준에 따라 국어의 모음을 모음 사각도 위에 나타내 보이면 다음과 같다.

【표준국어의 모음사각도】

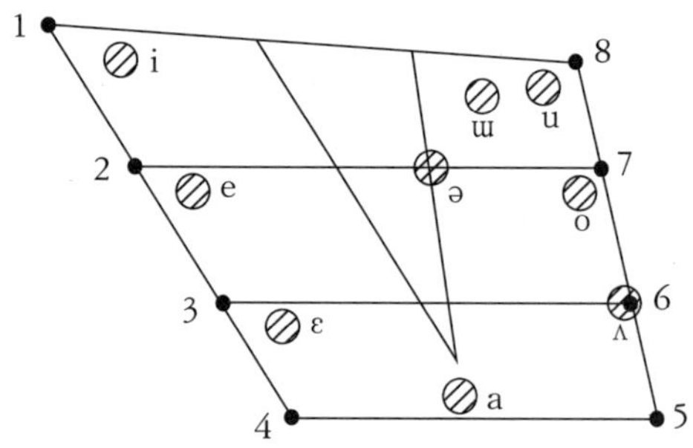

앞에 圖示한 母音四角圖를 근거로 하여 설명하기로 한다.

(1) /i/는 일차 기본모음 1번보다 조금 낮고 후퇴한 혀 위치에서 나는 소리이며, 이것이 길게 발음될 때보다 짧게 발음될 때 혀 위치가 다소 더 낮고 더 후퇴한 소리가 된다.

(2) /e/는 1차 기본모음 2번보다 조금 낮고, 후퇴한 혀 위치에서 발음 된다. 짧게 또는 약하고 짧게 발음될 때는 그보다 더 낮고 더 후퇴한 혀 위치에서 발음된다. 이보다 더 낮은 혀 위치로 발음하여 /ɛ/와 혼동되면 方言的이다.

(3) /ɛ/는 1차 기본모음 3번보다 조금 낮고, 조금 후퇴한 혀 위치에서 발음되며, 짧고 약한 경우에 다소 혀 위치가 높아진다. 이보다 혀 위치 가 좀 높아져서 /e/와 구별이 없어지면 방언적이다.

(4) /a/는 1차 기본모음 4번, 5번 중간쯤에서 소리나는 모음으로, 긴소리가 될 때에는 혀 위치가 다소 후퇴하며, 짧게 발음되면 위치가 다소 전진하고, 짧고 약한 경우에는 혀 위치가 다소 높아진다.

(5) /ʌ/는 2차 기본모음 6번에 거의 맞먹는 후설모음인데, 주로 짧은 소리에 쓰이나 긴 소리에 쓰일 때도 있다. 특히 말씨 리듬(speech rhythm)이나 情意的 관계로 長音化될 경우에 音質이 그대로 유지된다.

> "아홉, 열, 열하나……" [ahop, jʌːl, jʌrhana…]
> "일어 섯! " [irʌːsʌt],
> "널" ('너를'의 준말) [nʌːl]

/ʌ/를 약간 짧게 발음하면 혀 위치가 조금 높아지고 진전된다. 혀 위치를 좀 높이고 전진시켜 /ə/에 가깝게 되면 방언적이다.

(6) /o/는 1차 기본모음 7번보다 조금 낮은 혀 위치에서 발음되는 원순모음이며, 짧고 약하게 발음되면 원순의 정도가 다소 약화된다. 서북방언에서는 혀 위치가 훨씬 낮아서 1차 기본모음 6번에 접근한다.

(7) /u/는 1차 기본모음 8번보다 조금 낮은 혀 위치에서 발음된다. 짧고 약하게 발음될 때는, 혀 위치가 좀더 낮아지고 원순성의 정도가 좀 약화된다.

(8) /ɯ/는 2차 기본모음 8번보다 조금 낮고, 조금 전진한 혀 위치에서 발음되는 후설평순모음이다. 짧고 약하게 발음되면 혀 위치가 조금 더 낮아지고 전진한다. 경상도 방언에서는 이 소리가 제대로 발음되지 않고 /ə/에 가깝게 대치된다.

(9) /ə/는 2차 기본모음 7번에서 혀 위치가 전진한 모음 또는 중앙모음에서 조금 후퇴한 모음인데, 이것이 /ʌ/보다는 오히려 /ɯ/에 가까운 편이며, 실제로 無關한 사이의 말씨(familiar style)에서는 /ɯ/로 대치되기도 한다.

어른 어⊥: 른[ə:rɯn],   **없다** 업⊥: 따[ə:pt'a]

에서처럼 주로 긴소리에 쓰이나 더러 짧은 소리에도 나타난다.

처음 처⊥음[č͈ʰəɯm]   **부면장**(副面長) 부:면⊥장[pu:mjəɲɟaŋ]
눈병(~病) 눈뼝⊥[nunp'jəŋ]

청소년의 철자식 발음으로는 /ʌ/와 /ə/가 혼동되지만, 특히 단어 첫 음절같이 세게 발음되는 자리에서 /ʌ/와 /ə/의 정연한 구별은 표준발음의 큰 특징이 된다. 다만 /ə/가 짧고 약하게 발음될 때 語源이 의식되지 않으면 /ʌ/로 대용되는 경향이 있다.

현대국어에서 단모음 ö(IPA로는 ø)와 y를 발음하는 사람에게 더러 있는 듯하나 표준말 사용자 대부분은 각각 we와 wi/ɥi 로 발음한다.

5. 자음체계

자음(consonant)은 어원적으로 [con-(함께하다)+sonant(모음)]로서 모음을 동반해야만 비로소 음절을 이룰 수 있는 소리라는 뜻이다. 또한 자음은 調音樣式面으로 보아 구강에서 공기의 흐름을 일변하거나 방해하거나 완전히 차단하여 어떤 위치에서 성도를 수축함으로써 산출되는 소리다. 그리고 音節構成面으로는 音節主音을 이루지 못하는 음성이고, 音響面으로는 噪音(noice)에 속한다.

[1] 자음의 분류

자음은 전통적으로 조음 위치, 즉 조음점과 조음 방법, 즉 조음법에

따라 구분하고, 성대의 진동·폐쇄·개방하는 상태나 성대나 呼氣의
근원에 따라 분류하기도 한다.

1) 조음위치에 따라

(1) 양순음
두 입술에서 조음하여 내는 소리를 순음(labials) 또는 양순음(bilabials)
이라 한다. /p, b, p', p', m/ 등은 이에 속한다.

(2) 순치음
아래 입술을 앞 윗니에 대고 조음하는 소리를 순치음(labiodentals)이라
한다. /f, v, ɱ/ 등은 순치음이다.

(3) 치 음
혀끝이나 설첨을 앞 윗니에 대고 조음하는 소리를 치음(dentals)이라
한다. /θ, ð/ 등은 이에 속한다.

(4) 치조음
혀끝이나 설첨을 윗잇몸, 즉 치조에 대고 조음하는 소리를 치조음
(alveolars)이라 한다. /t, t', t', s, s', n/ 등은 치조음이다.

(5) 권설음
혀를 입천장 쪽으로 말아올려 내는 소리를 권설음(retroflex)이라 한다.
흔히 설첨과 경구개 사이에서 조음된다. /ʈ, ɖ, ɳ, ɭ, ʂ, ʐ/ 등은 이에 속한
다. 권설음 표시는 일반적으로 보조기호 [.]를 사용하여 나타낸다. 중국
北京官話(mandarin)의 권설파찰음은 유명하다.

(6) 경구개음

혀의 앞쪽 설면을 경구개에 대거나 접근시켜서 산출되는 소리를 구개음(palatals) 또는 경구개음이라 한다. /č, ɟ(ʤ), ɲ, ʎ, ç, j/ 등은 이에 속한다. 국어의 어머니[ʌmʌɲi], 달력[taʎʎʌk], 불어의 montagne[mɔtaɲ], 독일어의 ich[iç] 등은 그 예들이다.

(7) 연구개음

후설을 연구개에 대거나 접근시켜서 조음하는 소리를 연구개음(velars)이라 한다. /k, g, k', k', ŋ, x, ɣ/ 등은 이에 속한다.

(8) 목젖소리(口蓋垂音)

후설을 목젖에 대거나 접근시켜서 조음하는 소리를 목젖소리(uvulars)라고 한다. 폐쇄음 [q, G], 비음 [N], 마찰음 [X] 등은 이에 속한다. 목젖소리는 아랍어, 페르시아어 등에서 사용되며, 불어의 r 소리는 목젖소리로 발음되는 것이 보통이다.

(9) 인두음

설근 부근을 인두벽에 접근시켜서 어떤 구강 조음도 동반함이 없이 인두를 수축함으로써 산출되는 소리를 인두음(pharyngeals)이라 한다. 무성음 [ħ](barred h)와 유성음 [ʕ](ayn)는 대표적인 인두음이다. 아랍어와 코카서스(Caucasus)의 일부 언어에서 나타난다.

(10) 성문음

두 성대가 닫히거나 접근한 상태에서 조음하는 소리를 성문음(glottals)이라 한다. 폐쇄음 [ʔ]와 마찰음 [h], [ɦ] 등은 이에 속한다. 국어의 'ㅎ'은 성문음이다.[2]

---

[2] 중세국어의 성문음으로 'ㅇ'[ɦ](유성성문마찰음), ㆆ [ʔ](성문폐쇄음) 등이 있다.

2) 조음방법에 따라

조음 방법에 따른 분류의 하나로서 폐쇄의 정도와 비강 공명과 같은 소리의 변화에 따라 沮止音과 共鳴音으로 나뉜다.

(1) 저지음

공기의 흐름을 저지함으로써 발음되는 폐쇄음, 마찰음, 파찰음 등은 저지음(obstruents)이라 한다.

① 폐쇄음

聲道의 어느 위치에서 호기를 완전히 차단함으로써 산출되는 소리를 폐쇄음(stops) 또는 파열음(plosives)이라 한다. 예를 들면, 국어의 /ㅂ, ㄷ, ㄱ, ㅍ, ㅌ, ㅃ, ㄸ, ㄲ/ 등과 영어의 p, t, k(유기음), 불어의 p, t, k(무기음) 등은 폐쇄음이다. 영어 단어 pin[pʻin], bin[bin], time[tʻajm], dime[dajm], cane[kʻejn], gain[gejn] 등의 첫소리는 모두 이에 속한다.

② 마찰음

조음기관의 능동부를 고정부에 가까이 접근시키고, 그 사이로 기류를 통과시켜 협착된 통로에서 마찰되어 산출되는 소리를 마찰음(fricatives)이라 한다. 예를 들면, 국어의 /ㅅ, ㅆ, ㅎ/ 등과 /f, v, s, z, θ, ʒ, x/ 등은 마찰음이다. 영어 단어 fine[fajn], vine[vajn], thigh[θaj], thy[ðaj], seal[si :1], zeal[zi :1], ship[ʃip] 등의 첫소리는 다 마찰음이다.

③ 파찰음

공기의 흐름을 완전히 차단했다가 마찰 상태를 늦춤으로써 산출되는 소리를 파찰음(affricative)이라 한다. 그러므로 파찰음은 폐쇄음과 마찰음이 합쳐진 소리다. 예를 들면, 국어의 /ㅈ, ㅉ, ㅊ/ 등과 영어의 ts, ʤ, tz, dz 등은 파찰음이다.

(2) 공명음

성도를 저지하지 아니하고 성도의 모양을 변형함으로써 산출되는 통비음, 설측음, 설전음, 탄설음, 반모음 등을 공명음(resonants)이라 한다.

① 통비음

조음기관인 연구개를 내려서 입안(구강)을 막음으로써 호기를 코안(비강)으로 전환시켜 내는 소리를 비음 또는 통비음(nasals)이라 한다. 예를 들면, 국어의 /ㅁ, ㄴ, ㅇ/이나 m, n, ɲ, ŋ 등은 비음이다. 영어의 mad나 no의 첫소리나 ring의 끝소리는 비음이다. 비음은 원칙적으로 유성음이지만, smoke나 snow 등과 같이, 비음이 그 앞의 무성음의 영향으로 부분적으로 무성음화되는 경우도 있다.

② 설측음

지금까지 기술한 소리들은 모두 구강의 중앙으로 기류가 빠져나가면서 조음되는 소리인데, 설측음(laterals, '옆'의 뜻을 가진 라틴어 latus에서 유래됨)은 구강의 중앙부를 막아 혀 옆으로 호기가 나오면서 산출되는 공명자음이다. 예를 들면, 국어에서 음절 끝에 오는 /ㄹ/이나, l, ʎ, ɬ (무성음, 웨일즈語에서 널리 쓰임) 등은 모두 설측음이다. 영어의 l 소리는 입안의 막는 자리가 앞인가 혹은 뒤인가(이 때 혀의 뒤쪽을 약간 들음)에 따라 明音-l(clear-l)과 暗音-l(dark-l)로 나뉜다. 영어 단어 leap, late, last의 첫소리는 明音(clears)이고, law, loose의 첫소리는 暗音(darks)이다. 설측음 [l]과 설전음 [r]을 하나로 묶어 流音(liquid)이라고 한다.

③ 설전음

호기의 구강 통로를 여러 번 급히 폐쇄함으로써 조음되는 소리로서, 혀끝이나 목젖을 떨거나 굴려서 내는 소리를 설전음(trilled, rolled, vibrants)이라 한다. 설전음은 인두 수축이 1차적으로 중요하고, 혀끝과 목젖을 떨거나 굴리는 조음은 2차적이다. Bronstein(1960)의 말과 같이 인간언어의 자음 중에서 r 음은 아마도 가장 변질적인 자음일 것이다.[3]

영어의 red, rock, ride의 첫소리는 설첨음-r이고, dream의 r은 유성 설

---

3) Arthur J. Bronstein, *The Pronunciation of American English*, New York : Appleton Century-Crofts 1960, p.117.

첨 마찰음이고, trip의 r은 무성 설첨 마찰음이다. 그리고 불어 단어 rouge의 첫소리는 지속음 목젖소리-r이고, autre의 r은 무성 목젖 마찰음이다. 미국 영어 r은 일반적으로 j, w와 비교될 수 있는 과도음의 성질을 가지고 있어서 反轉과도음(retroflex glide)으로 간주된다. 스페인어 pero(그러나)의 r은 탄설음-r이며, 국어의 '르'이 모음 사이에서는 탄설음-r로 발음하며, '바람, 호루라기' 등을 예로 들 수 있다. 영국 영어 r도 모음 사이에서 탄설음-r로 발음한다(very). 탄설음의 음성기호는 [ɾ]이다.

이상에서 설명한 자음의 종류를 표로 나타내 보이면 다음과 같다.

【영어의 자음】

조음법＼조음점		양순음	순치음	치 음	치조음	경구개음	연구개음	성문음
폐쇄음	무성음	/p/ (pin)			/t/ (tin)		/k/ (coal)	
	유성음	/b/ (bin)			/d/ (din)		/g/ (goal)	
파찰음	무성음					/č/ church		
	유성음					/ǰ/ (judge)		
마찰음	평평한 무성음		/f/ (fine)	/θ/ (think)				/h/ (house)
	평평한 유성음		/v/ (vine)	/ð/ (this)				
	홈이 생긴 무성음				/s/ (seal)	/š/ (shoe)		
	홈이 생긴 유성음				/z/ (zeal)	/ž/ (azure)		
설 측 음					/l/ (life)			
비 음		/m/ (man)			/n/ (now)		/ŋ/ (sing)	
반 모 음		/w/ (water)				/j/ (yes)		

【국어의 자음】

조음법 \ 조음점		양순 (두입술)	치조(잇몸)	경구개 (센입천장)	연구개 (여린입천장)	성문 (목구멍)
자음 Cons-onat	폐쇄(닫힘) Stops	ㅂ[p,b] ㅍ[pʰ] ㅃ[p']	ㄷ[t,d] ㅌ[tʰ] ㄸ[t']		ㄱ[k,g] ㅋ[kʰ] ㄲ[t']	ㅇ[?]
	파찰 (터짐갈림) affricate			ㅈ[č] ㅊ[čʰ] ㅉ[č']		
	비음(콧소리) Nasal	ㅁ[m]	ㄴ[n]	ㄴ[ɲ]	ㅇ[ŋ]	
	설측(혀옆) Lateral		ㄹ[l]	ㄹ[ʎ]		
	탄설 (혀두들김) Flapped		ㄹ[ɾ]			
	마찰(갈림) Fricative		ㅅ[s] ㅆ[s']	ㅅ[ʃ] ㅆ[ʃ']		ㅎ[h]
	반모음 Semivowel	우, 오[w]		이[j] 우[ɥ]		

6. 음 소

우리는 언어를 이루는 원료로서 말소리의 특성을 될 수 있으면 간명하게 기술하려고 한다. 이론적으로는 인간이 발음할 수 있는 음의 수는 무한하다. 그러나 실제로 이 가능한 모든 음을 다 사용하는 언어는 없지만, 한 언어사회에서 쓰이는 다양한 말소리의 모습이란 실로 놀라울 정도다. 그러나 언어학자들은 음성이라고 해서 모두가 다 의미를 분화시키지는 못한다는 사실을 알아냈다. 앞에서 이미 언급한 바 있는 pit, spit, lipstick 등에 사용된 /p/는 각각 유기음 [p'], 무기음 [p⁻], 내파음 [p˺]이라는 특징을 지니고 있다. pit에서의 p는 [p'](혹은 [pʰ])로서 유기음이지만, 만일에 유기음이 아닌 무기음 [p](혹은 [p⁻])로 대치해도 단어의 의미 면에서는 아무 상관이 없다. 그러나 /p/의 유성음인 [b]로 대치하면 그 결과는 bit라는 별개의 단어가 되어 의미의 변화를 가져온다. 그러면 영어 화자들이 왜 이와 같이 유기음 [pʰ]와 무기음 [p⁻]와 같은 氣(aspiration)의 유무에 따른 두 변이음은 동일음으로 받아들이고, 무성음 [p]와 유성음 [b], 즉 聲(voice)의 유무에 따른 두 변이음은 동일음으로 인정하지 않는 것은 무엇 때문인가. 정상적인 영어 사용의 실제에서 氣의 유무로는 의미를 구별하는 辨別的(distinctive) 차이를 이루지 못하지만, 성의 유무는 변별적이어서 영어 사용자에게는 서로 다른 별개의 음으로 인식된다(이와 같은 현상은 한국어 母話者의 인식과는 완전히 상반되는 것이다). 더구나 유기음 [p']와 무기음 [p⁻]와 같은 /p/의 변동음(variants)은 단어 내의 그 위치에 따라 음성적 특징이 자동적으로 결정되는 것이므로, 일반적으로 동일한 위치에는 나타나지 않는다. 그러나 p와 b는 동일한 위치에도 나타난다. 이와 같이 두 음이 서로 동일한 위치에 나타나면, 그 두 음은 대립적(contrast)이기 때문에 다른 단어가 된다(예컨대 pit에서 bit로, rip에서 rib로 바뀐다). 그러므로 영어에서 /p/와 /b/는 별개의 音素(phoneme)가 되고, 이와는 반대로 [p'](혹은 [pʰ]), [p⁻], [p˺]와 같은 변동음은 음소 /p/의 變異音(allophone)이 된다. 이들 변이음들은 상호 배타적인 위치에 놓이므로, 다시 말하면 이들 변이음은 정상적인 상황에서 서로 다른 변동음의 위치에 놓이지 않으므로, 이들을 위치적 변동음(positional variants)이라 하고 상호 相補的 分布(complementary distribution)에 있다고 말한다.

  Roberts(1956)의 말과 같이, 음소란 꼭 한 음성만은 아니다. 이는 오히려 유사음들의 집합으로서 그들 상호간에 다소의 차이는 있지만, 개별 언어의 토박이들에게는 똑같은 소리로 인식되는 소리다. 만일 母話者들이 여러 유사음을 같은 소리로 듣는다면, 그 소리들은 그들에게 있어서는 동일음이며 그들은 한 음소를 이루는 것이다.4) 이와 같이 음소는 실제로 발음되는 음성과는 구별되는 것으로, 객관적 말소리인 음성에 비하여 개별언어의 화자들이 같은 음이라고 인식하는 여러 유사음의 집합을 말한다. 그러므로 음소는 여러 변이음들의 관계에 의해서만 존재하는 추상적 개념이다. 영어의 음소 /p/는 실제에 있어서 [p'], [pʰ], [p̄], [p] 등과 같은 변이음에 의해서 존재한다. 결국 음소는 변별적 음성자질의 최소 단위라고 정의할 수 있다.5)

7. 음 절

음성의 결합으로 나타나는 음운론의 단위에는, 음조에서 오는 억양단락(intonation group)과, 숨을 쉬거나 중간에 약간의 休止를 두는 숨마디, 즉 氣息단락(breath group)과, 소노리티의 굴곡에서 오는 音節단위가 있다.

[1] 음절의 개념

鳴音度(sonority)가 높은 음절 主音이 되는 모음을 중심으로 단락을 이룬 최소의 음성연쇄를 음절(syllable)이라 한다. 음절은 단 한번의 공기 방출로 산출되는 音聲群으로서 언어의 심리적 실재인 인식단위이다.

---

4) Roberts, Paul, *Patterns of English*, New York: Harcourt Brace Jovanovich, 1956, p.223 참조.

5) Bloomfield, Leonard, *Language*, New York: Henry Holt & Company, 1933, p.79, "a minimum unit of distinctive sound-feature"

[2] 음절구조

　음절은 세 부분으로 이루어진다. 음절 頂點音(peak)과 음절 頭音(onset)과 음절 末音(coda) 등으로 이루어진다. 음절두음은 정점음 앞에 오는 분절음이고, 정점음은 음절을 이루는 음절주음, 즉 모음과 같은 성절음을 말하며, 음절말음은 정점음 뒤에 위치하는 분절음을 이른다. 국어의 '말'[mal]에서 [m]은 음절두음이고, [a]는 정점음이며, [l]은 음절말음이다. 영어 단어 do[duː], go[gou] 등은 음절두음은 있으나 음절말음이 없고, aid[eid], it[it], out[aut] 등은 음절말음을 가지고 있으나 음절두음이 없다. 음절말음이 없는 음절을 開音節(open syllablr) 또는 非抑止性(unchecked)이라 하고, 음절말음이 있는 음절을 閉音節(closed syllable) 또는 抑止性(checked)이라 한다. 영어 단어 stop[stɑp]은 음절두음으로서 [st]와 음절정점인 [ɑ]와 음절말음으로서의 [p]로 이루어진 단음절어다. 한 음절의 정점과 말음을 음절핵(syllable core)이라 이른다. 영어 단어 stop은 위와 같은 음절구조를 갖는다.

【음절 구조】

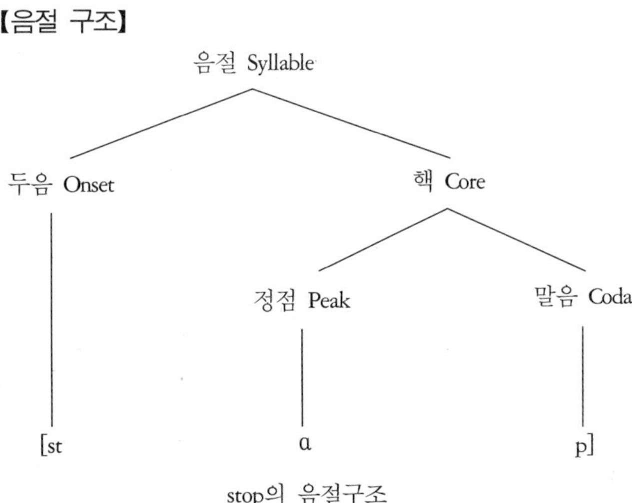

stop의 음절구조

개별언어들은 그들이 가지고 있는 음절의 유형에 있어서 많은 차이가 있다. 그 차이 가운데 어떤 것은 음절 두음과 음절말음에 주어지는 언어 특유의 제약을 가지고 있다.

1) 음절말음의 제약

한국어를 비롯한 많은 언어들은 음절말음이 없는 개음절어를 갖는다. 하와이말과 같은 언어는 오직 개음절어뿐이다(예컨대, la '아니'). 그러므로 하와이말에서 각 음절은 모두 모음으로 끝난다. 일본어에서도 대부분의 음절은 개음절이고, 폐음절은 아주 제한되어 있다(shika '사슴', ni '荷', kisen '기선' 등). 그러나 한국어를 비롯한 많은 언어들은 개음절과 폐음절을 겸하여 가지고 있다. 음절말음을 가지고 있는 경우도 1개에서 4개에 이르는 子音群 음절말음이 있다(예를 들면, sixths [siksθs]).

한국어에서 허용되는 음절말음의 유형은, 모음으로 끝나는 개음절과 자음으로 끝나는 폐음절을 겸하여 가지고 있다. 현대국어에서 음절말음에 올 수 있는 자음은 [k, n, t, l, m, p, ŋ] 등 7자음이다.

2) 음절두음의 제약

개별언어들은 음절두음의 유형에 있어서도 역시 차이가 있다. 어떤 언어에 있어서는 모든 음절에서 음절두음을 갖는다(예컨대, 퀼레트어 'Quileute', 퓨짓 살리어 'Puget Salish' 등). 그러나 대부분의 언어는 음절두음이 없는 음절도 가지고 있다. 하와이말에서 ahi(불), ola(인생) ; 일본어에서 aoku(푸르다), aimasu(만나다) ; 핀란드어에서 on(이다), iso(큰) ; 영어에서 of, angry ; 국어에서 '입, 앞, 옷' 등은 음절두음이 없는 예다. 음절두음을 가지고 있는 경우도 1개에서 3개에 이르는 자음군을 가진 예가 있다(예, 영어 단어 split, spray, scream 등).

한국어에서 허용되는 음절두음 제약은, 우선 음절두음이 없이 모음으로 시작되는 음절이 있다(예, '입, 옷, 앞' 등). 그리고 음절두음이 있을 경우에는 반드시 한 개의 자음으로 시작된다(예, '강, 손, 차' 등). 또한 음절 두음을 이루는 자음은 18자음이다(예, k, t, p, s, č, m, n, l, h, k', t', p', s' č, kʰ, tʰ, pʰ, čʰ 등). 그 밖에 語頭의 음절두음으로 r, n 등은 i나 j(y)의 앞에 올 수 없다(예, *료리, *녀자 등). 그리고 현대국어에서 어두의 음절두음으로 l, ŋ 등이 올 수 없는 음절두음 제약이 있다.

[3] 한국어의 음절구조

하나의 음절은 하나 또는 그 이상의 음소로 이루어지며, 成節音을 중심으로 앞이나 뒤에 非成節音이 배열된다. 특히 국어에서 성절음은 모음뿐이고 자음이 성절 분절음으로 사용되는 경우가 없다. 자음과 반모음은 항상 비성절음이다.

국어의 음절은 한 모음으로 이루어진 것(V), 그 모음 앞에 한 자음을 가진 것(cV), 모음 뒤에 한 자음을 가진 것(Vc), 그 앞뒤에 자음을 가진 것(cVc) 등이 있다.

(1)	V	아, 어, 오
(2)	sV	야, 여, 요
(3)	Vc	앞, 얼, 옷
(4)	sVc	약, 왕, 열
(5)	cV	다, 소, 너
(6)	csV	겨, 과, 돼
(7)	cVc	집, 감, 돗
(8)	csVc	별, 광, 됐
(9)	Vs	의

8. 운 소

본래 운소(prosody)라는 술어는 전통적으로 시를 분석하는 데 사용하는 운율구조(metrical structure) 또는 詩作法(versification)의 뜻으로 사용되었던 운율학(metrics)의 용어였다. 언어학에서 사용하는 운소도 일반적으로 말소리의 운율적 구조에 관한 연구를 포함한다. 이와 같이 언어의 운율적 특성에 관련시켜 광범한 의미로 사용되고 있다. 그러나 언어학에서 사용하는 협의로서의 韻素는 다음의 두 가지에 관한 연구에 한정된다. 첫째로, 음절에 관계되는 音長, 强勢, 聲調 등에 관한 연구와, 둘째로 음성적 구절과 문장에 관련된 抑揚에 관한 연구를 말한다. 학자에 따라서는 운소를 超分節素(suprasegmentals)라는 용어를 사용하기도 한다. 운소의 조건에서 가장 중요한 것은, 적어도 그것이 語義의 분화에 쓰이는 변별적 자질에 속하는 운율을 지칭할 때 사용된다는 점이다.

[1] 음량 · 음장

분절음의 상대적 길이를 음량(quantity) 또는 음장(length)이라 한다. 어떤 분절음은 실제적으로 그 음을 산출하기 위하여 다른 음보다 더 길게 발음한다. 전형적으로 緊張모음은 弛緩모음보다 더 길게 발음하며, 低母音은 高母音보다 더 길게 발음하고, 이중모음은 단모음보다 더 길어진다. 그러나 이러한 분절음의 길이를 운소라고 하지는 않는다. 말소리의 상대적 길이가 개별언어들에서 단어의 의미를 변별할 때에만 지칭된다. 분절음의 상대적 길이, 즉 음장에는 모음의 음장과 자음의 음장이 있다.

1) 모음 음장

모음은 그 발음하는 길이가 상대적으로 길거나 혹은 더 짧은 형식으로 나타난다. 영어와 같은 언어에서는 모음의 상대적 길이가 단어의 의미변별에 별로 중요시되지 않지만, 국어를 비롯하여 독일어와 같은 언어는 모음의 상대적 길이가 매우 중요한 구실을 한다. 특히 독일어에 있어서는 모음의 상대적 길이가 철자상에 반영되고 있으며, 이를 바탕으로하여 다른 단어와 구별한다. Staat(국가, 정부)/Stadt(도시), Rose(장미)/Rosse(馬), Beten(사탕무)/Betten(침대), Ruhm(영광)/Rum(럼酒) 등에서와 같이 전자는 후자보다 긴 모음을 갖는다.

한국어에서도 말[馬]/말:[言], 눈[目]/눈:[雪], 밤[夜]/밤:[栗], 발[足]/발:[簾], 방화(防火)/방:화(放火), 사과(沙果)/사:과(謝過) 등에서와 같이, 후자의 모음은 전자의 모음보다 상대적으로 긴 모음이다.

2) 자음 음장

자음도 모음과 같이 상대적으로 길거나 짧은 형식을 나타내기도 한다. 이와 같은 자음의 상대적 길이를 자음 음장(consonant length)이라 한다. 스웨덴語 [t'a:k'](지붕)/[t'ak':](고맙다)나, 에스토니아語 kino(극장)/kinno(극장으로) 등은 자음의 상대적 길이, 즉 자음 음장으로 의미를 구별한다. 특히 에스토니아語에서는 짧은소리, 긴소리, 아주긴소리 등과 같은 자음의 3가지 음장이 있다.6) 예컨대, [lina](亞麻)/[lin:a](도시의)/[lin::a](그 도시의).

3) 음장표시

분절음의 음장 표시는 음장 분절음 다음에 장음 기호 [:]를 한다. 장음 a는 [a:]로, 장음 n은 [n:]로 표시한다. 또한 두 개의 분절음을 이어써서 장음을 나타내기도 한다. 즉, [aa]=[a:], [nn]=[n:]

4) 음박 · 모라

음박은 라틴어의 mora에 해당되는 말로 음절을 발음하는 음장의 단

---

6) Clarence Sloat et al., *Introduction to Phonology*, Prentice-Hall, Inc., 1978, p.47 참조.

위를 말한다. 음절이 소리의 마디, 즉 청각적 단위인 데 비하여 음박 (mora)은 시간의 마디, 즉 시간적 단위가 된다. 음절은 어느 언어에서도 존재하는 현실적 단위이지만, 음박은 제한된 언어에 한하여 존재하는 가상적 단위에 속한다. 분절음의 상대적 길이에 있어서 일반적으로 1음 박 이하를 短音이라 하고, 2음박 이상을 長音이라 한다.

5) 음장언어

분절음의 상대적 음장을 변별적 자질로 가지는 언어를 음장언어(chrone language)라 하고, 이러한 음장을 音長素(chroneme)라고 한다.[7) 현대 국어 는 모음의 길이로 語義가 분화되는 최소대립어가 많다.

6) 음절시간 리듬

한국어는 다른 언어(특히 영어)와는 달리 음절의 音量(quantity), 즉 음절 의 상대적 길이를 잘 나타내야 발화의 흐름이 잘되어지는 音節時間 리듬 (syllable timed rhythm)의 언어에 속한다. 영어와 같은 개별언어는 발화의 흐름이 일정한 강세시간 리듬(stress timed rhythm)을 가지고 있어서 강세 리듬을 바로 나타내야 발화의 흐름이 잘되어 유창한 말로 인식된다.

[2] 강 세

단어나 구절 안에서 음절의 상대적 顯著度(prominence)를 강세(stress)라 고 한다. 영어를 비롯한 많은 언어에서 단어를 이룬 어떤 음절은 다른 음절보다 상대적으로 특출한 강세를 갖는다. 영어의 경우, 다음과 같은 예는 강세의 위치에 따라 단어의 품사가 달라지는 경우다. 즉 pérmit(허 락)/permít(허락하다), ínsert(삽입)/insért(삽입하다), ímport(수입)/impórt(수입하다),

---

7) D. Jones, *Phoneme*, 1962, p.121 참조.

súbject(주제, 복종하는)/subjéct(복종시키다) 등은 그 대표적인 예다. 그리고 스페인어의 canto(나는 노래한다)/cantó(그는 노래했다)나, 이태리어 parlo(나는 말한다)/parlò(그는 말했다) 등은 강세의 유무로 동사의 형태를 구분하는 예다. 이와 같이 단어나 구절에서 다른 음절보다 현저도가 큰 음절을 강세언어(stressed)이라 하고, 이 강세 음절로 語義를 변별하는 언어를 强勢言語(stress language)라 이른다. 영어의 음절은 소리가 상승하는 音高(pitch)와 소리가 증가되는 音强(loudness) 그리고 음장(length) 등의 결합에 의하여 강세를 이루는 언어라 하겠다.8)

체코어나 헝가리어 등은 언제나 강세의 위치가 첫음절에 고정되어 있는데, 이 강세는 語義를 분화하는 변별적 자질의 기능이 없다.

전통적으로 강세표시는 揚音부호 []나 抑音부호 []와 같은 강세부호를 사용하며, 또한 부호 대신 숫자를 사용하는 방법도 있다.

제1강세　　[＇], [¹]
제2강세　　[＾], [²]
제3강세　　[＼], [³]
제4강세　　[˘], [⁴]

강세에는 영어, 산스크리트어, 그리스어 등과 같이 강세 위치가 일정하지 않은 可變的 강세(variable stress)와 핀란드어, 체코어 항가리어 등과 같은 제1강세가 항상 단어의 첫음절에 놓이는 固定的 강세(fixed stress)가 있다. 고정적 강세는 한 發話에서 독립 단어의 수를 가리키는 정점적 기능(culminative function)을 제공할 뿐 아니라 단어의 처음과 끝을 표시하는 경계적 기능(demarcative function)과 관련되어 있다.

---

8) Fry, Dennis, "duration and intensity as physical correlates of linguistic stress", *Journal of the Acoustical Society of America* 27(1955), 765-68 참조.

[3] 성 조

音高(pitch)는 언어에 따라서 서로 다른 구실을 한다. 동일한 분절음의 연쇄라도 상대적으로 상이한 음고로 발음하면 여러 가지 다른 의미를 가지게 될 수도 있다. 이와 같이 낱말의 뜻을 분화하는 변별적 기능을 가진 음의 고저, 즉 음고의 변이(pitch variation)를 聲調(tone)라 하고, 이와 같이 성조가 낱말의 뜻을 변별하는 데 사용하는 언어를 聲調言語 (tone language)라 이른다. 그리고 성조 구별의 단위를 聲調素(toneme)라 하는데, 두 개의 단어가, 음소는 동일한데 의미가 서로 다를 경우 강세나 그 밖의 외적 조건을 배제하여 그 차이가 오직 음고의 대립에 기인할 경우, 이 대립의 최소단위에 음소론적 의미를 부여하여 이 단위를 성조소라 지칭하는 것이다.9)

성조의 기능은 강세의 그것과 아주 다르다. 성조에는 정점기능과 區劃(경계) 기능이 없다. 성조는 단어의 처음과 끝을 표시해 주지 않는다. 제1의 음고는 한 단어에서 한 음절 이상에 걸쳐 나타날 수도 있다. 트위語에서 kúkú(통증), sísí(곰)과 같이 한 단어 내의 두 음절은 모두 고음 성조다.

1) 성조표시

성조 표시도 강세 표시와 비슷한 揚音부호 ['], 抑音부호 [`], 복합부호 [ˇ] 등의 성조부호를 사용한다. 그리고 숫자를 사용하기도 한다.

두 가지 성조체계를 가진 경우, 트위語와 같이 高調와 低調의 두 가지 성조만을 가진 언어는 양음부호 ['] 하나만으로 표시한다. 즉, 고조에만 양음부호를 하고, 저조에는 무표로 한다.

---

9) Kenneth L. Pike, *Phonemics*, Ann Arbor: The University of Michigan Press, 1976, p.105 참조.

고조—고조	pápá	훌륭한
저조—고조	papá	아버지
저조—저조	papa	종려나무 부채

　세 가지 성조체계를 가진 경우, 요루바(Yoruba)말과 같이 고조, 저조, 중조의 세 가지의 성조체계를 가진 언어는 揚音부호와 抑音부호만으로 나타낸다. 고조는 양음부호 [′], 저조는 억음부호 [ˋ], 중조는 부호 없이 무표로 표시한다.

고조	kán	깨뜨리다
저조	kàn	도달하다
중조	kan	(맛이)신

　네 가지 성조체계를 가진 경우, 중국 官話(Mandarin Chinese)와 같이 4성계 체계를 가진 언어는 1성인 고조는 무표, 2성인 상승조는 [′], 3성인 하강-상승조는 [∨], 4성인 하강조는 [ˋ]로 표시한다.

고조(high)	[1]	[ma]	媽(어머니)
상승조(rising)	[2]	[má]	麻(삼), 痲
하강-상승조(fall-rise)	[3]	[mǎ]	馬(말)
하강조(falling)	[4]	[mà]	罵(꾸짖음)

2) 한국어의 성조

　15세기 국어와 경상도 방언 혹은 함경도 방언에는 聲調가 있는 것으로 알려져 있다. 또한, 15세기 국어는 저조와 고조의 두 平板調를 聲調素로 하는 성조언어였다고들 말한다. 저조는 平聲이라 하여 방점 표시를 하지 않았으며, 고조를 去聲이라 하고 방점 하나를 찍어 이를 표시했다. 上聲은 저조와 고조의 복합으로서 두 점을 찍어 표시했다.

<平聲>	<去聲>	<上聲>
불(臂)	·플(蠅)	:말(語)
비(梨)	·비(舟)	:돌(石)
서리(霜)	·서리(間)	:눈(雪)
뫼(진지)	·말(斗)	:움(芽)

성조의 연결에 있어서는

·짜(地) + ·이·라 → ·짜히·라
·몸(身) + ·으·로 → ·모ᄆᆞ·로

에서와 같이 高調의 3연속을 피하는 경향이 있으며,

부텨 + ㅣ(去聲) → 부:톄
너(汝) + ㅣ(去聲) → :네

에서와 같이 평성과 거성이 합하면 상성이 되었다. 이와 같은 현상은 상성이 평성과 거성의 복합임을 말해 주고 있다. 이 상성이 오늘날 표준어에서 보통 장음으로 실현되고 있다.

오늘날 경상도 방언에서는 음의 고저만으로 변별되는 최소 대립어가 존재하고 있으니, 오늘날 국어의 일부 방언에 성조가 존재하고 있음을 말해주고 있다.

말(斗) / 말(馬)
초(燭) / 초(酵)
기(耳) / 기(旗)
피(血) / 피(稷)

등은 모두 고저와 저조로 어의를 구별하고 있다.

[4] 연 접

발화 내부의 한 단어(혹은 형태소)에서 다른 단어로 이행하는 소리의 양식이나, 하나의 발화에서 다른 발화에 이행하는 음의 이행방식을 연접(juncture)이라 한다. 연접에는 內部連接과 句末連接이 있다.

1) 내부연접

한 단어에서 다른 단어로 이행하는 음의 이행방식을 내부연접(internal juncture)이라 한다. 가령 영어의 a name(이름)과 an aim(목적)은 음의 연속이라는 점에서는 둘다 [əneim]으로서 구별되지 않는다. 그러나 a name은 [ə+neim](/+/는 개방연접 기호임)이고, an aim은 [ən+eim]으로서 어디에 개방연접이 오느냐에 따라 전혀 뜻이 달라진다. 이와 같이 두 형태소나 단어 사이를 띄지 않고 연결하는 연접을 閉鎖연접(close juncture)이라 하고, 단어 사이에 약간의 休止를 두어 띄어진 연결로 이행하는 연접을 開放연접(open juncture, plus transition)이라 한다. 이 때 /+/는 하나의 連接音素로서 두 단어 사이에 연접음소 /+/가 나타남으로써 앞의 것과 구별되는 것이다.

> 밤낮/밤+낮, 큰집/큰+집, 나눈다/난+운다, 자란다/잘+안다
> I scream/ice+cream, a nice man/an+ice man, a tease/at+ease nitrate/night+rate

개방연접보다 약간 길게 쉬는 長休止가 있다. 예컨대 "아니, 놀고 있다"와 같이 '아니'와 '놀고'의 사이를 개방연접 이상의 장음지의 여부에 따라 문장의 뜻이 전혀 달라진다. 아와 같이 장휴지로 이어지는 연접을 休止連接(pause juncture)이라 하여 개방연접과 구별한다. 이 휴지연접의 韻素표시는 /→/로 표시한다. 다음의 예들은 휴지연접으로 문장의 뜻이 달라지는 경우이다.

<table>
<tr><td>┌ 키가 큰→형의 친구</td><td>┌ 나는→철수와 영호를 때려주었다.</td></tr>
<tr><td>└ 키가 큰 형의→친구</td><td>└ 나는 철수와→영호를 때려주었다.</td></tr>
<tr><td>┌ 그녀의→옷에 대한 관심</td><td>┌ 늙은→신사와 부인이 정답게 앉아있다.</td></tr>
<tr><td>└ 그녀의 옷에 대한→관심</td><td>└ 늙은 신사와→부인이 정답게 앉아있다.</td></tr>
</table>

국어 正書法에서는 개방연접을 띄어쓰기로, 휴지연접을 문장부호 쉼표로써 어절 경계를 나타낸다.

2) 구말연접

발화의 끝에 덧붙여지거나 어구의 마지막에 얹혀져 발음되는 억양을 句末연접(terminal juncture) 또는 구말억양(termination), 구말곡선(terminal contour)이라고도 한다. 이 구말연접은 문장의 敍法양식을 나타내는 隱示的 標識이기도 하다. 국어의 경우, 顯示的 문장의 종결양식은 종결어미에 의하여 나타내지만 구말연접은 구말억양으로써 문장의 서법양식을 나타낸다. 다음 문장에서 구말억양은 변별적 자질의 구실을 한다.

<pre>
  2   3   1
John is my friend ↓   하강연접(단순한 서술)

  2   3   4
John is my friend ↑   상승연접(놀란 질문)[10]

  2   3
John is my friend →   평조연접(다음 말이 계속되기 전의 중단 상태)
</pre>

---

10) 의문문이라고 해서 모두 상승연접은 아니다. who, where, what, why와 같은 wh-의문사로 인도된 의문문은 흡사 平敍文처럼 발음하는데, 소리가 좀더 낮은 平調로 떨어진다. 이와 반대로 yes-no 의문문은 오히려 중단된 발화처럼 되어 역시 평조로 끝난다.

3) 하강연접

구말음절을 서서히 약하게 하여 침묵으로 끝나는 구말연접을 下降연접(falling juncture)이라고 한다. 하강연접의 운소표시는 / ↓ / 또는 /#/로 표시한다. 경험을 통하여 아는 斷定이나 단순한 서술을 나타낸다.

4) 상승연접

구말음절을 약간 끄는 것은 전자와 같지만 소리의 音勢가 지속되다가 갑자기 중단되고 音高가 예리하게 상승되는 구말연접을 上昇연접(rising juncture)이라 한다. 상승연접의 운소표시는 / ↑ / 또는 / ‖ /로 표시한다. 추정을 통하여 아는 의문이나 놀란 의문 등은 끝의 음조가 상승한다. 의문문에서도 질문의 초점이 어디·언제·누구·왜 등에 놓이면 상승되지 않고, 의문을 나타내는 말에 놓이면 상승억양이 된다.

5) 평조연접

구말음절을 길게 끌고 음고를 그대로 지속하는 구말억양을 平調연접(level juncture)이라 한다. 평조연접의 운소표시는 /→/ 또는 [|]로 표시한다. 평조연접은 화자의 말이 똑 떨어져 끝나지 아니하고 청자의 반응을 기다리거나 다음 말이 계속되기 전의 상태를 나타낸다.

6) 단절연접

구말음절에 강세가 지속되다가 갑자기 상승하면서 중단되는 구말억양을 斷絶연접이라 한다. 단절연접은 명령의 뜻을 나타내며 운소표시는 / ↕ /로 표시한다.

일어서 ↕   빨리 와 ↕   가시오 ↕   Get out ↕

등에서와 같이 청자에게 요구하는 직접적인 명령이나 화자의 느낌을 표현하여 청자의 행위를 중단시키려는 욕구적 기능에 속한다.

9. 변별적 자질

앞에서 개략적으로 설명한 음성에 관한 전통적인 체계는 음운론을 이해하는 데 기초가 되며 또한 필요한 것이다. 그러나 음운규칙을 공식화함에 있어서는 말소리에 관하여 다른 방법으로 설명하는 것이 때로는 더 효과적일 경우가 있다. 언어학자들은 분절음을 음성기호가 실제 그대로 나타나는 최소 음성단위로 기술하지 않고, 말소리의 속성이나 자질의 복합체로 기술한다. 이른바 辨別資質로 나타내 보인다.

[1] 변별자질의 개념

음운론에서 말하는 변별자질이란, 어떤 음성요소가 다른 음성요소로부터 구별하는 데 필요한 음운상의 특징을 말한다. 다시 말하면, 한 음성형식을 단지 그것만의 차이에 의하여 다른 음성형식과 구별시켜 주는 음운적 특성을 변별자질(distinctive feature) 혹은 示差的 특성이라 한다. 가령 국어의 /ㅌ/을 /ㄷ/과 구별시켜 주는 [有氣性]이나, /ㅁ/과 /ㅂ/을 구별시켜 주는 [鼻音性] 등이 이에 속한다. 변별자질은 말소리를 산출하는 동안 성도에서 동시적 조음활동의 하나를 기술한다. 즉 음성특성을 가리키는 조음자질(articulatory feature)을 기술한다. 음성이 입술에서 조음된 것([p, b, m] 등과 같은 순음)이거나, 연구개를 올려서 내는 소리(구강음)이거나, 성대 진동을 동반하여 만들어지는 소리(유성음)이거나, 또는 이러한 동작의 결합으로 이루어진 소리(유성폐쇄음)일 수도 있다.

[2] 양분자질법

조음자질은 음성부류가 가지고 있는 고유한 성질을 의미한다. 그 자질 중에는 완전히 독립적인 것도 있고, 반면에 상호관련된 것도 있다. 특히 주의해야 할 것은 후자의 경우(예컨대, 유성음과 무성음, 비음과 구강음 등), [유성]이라는 자질을 가진 [b]에 대하여 [p]가 무성이라고 할 경우 [p]가 단지 [+무성]이라는 자질을 가지고 있다는 사실뿐만 아니라 [유성]이라는 자질을 가지고 있지 않음(즉, [-유성])을 암시하고 있는 것이다. 마찬가지로 [비음]인 [m]에 대하여 [b]가 [구강음]이라고 하는 것은, 결국 [b]가 [-비음]이라는 사실을 의미하는 것이다. 유성과 무성, 비음과 구강음은 각각 서로 對를 이루어 한쪽이 긍정이면 반드시 다른 한쪽이 부정이 된다. 어떤 음이 [무성]이면 결국 그 음이 유성이 아니라는 [−유성]이 된다. 그리하여 이들 짝이 되는 자질을 각각 단일한 항목에 모아, 그 항목이 나타내는 특징 쪽을 플러스(+), 이와 상대되는 특징 쪽을 마이너스(−)로 표시한다.

이와 같이 변별자질을 단지 두 개의 二値(+와 −) 중 어느 하나만을 갖도록 양분하는 이치적 방식을 兩分자질법(binary feature system)이라 한다. 유성음인 [b]는 [+유성], 무성음인 [p]는 [−유성]으로 기록한다. 마찬가지로 [m]은 [+비음], [b]는 [−비음]기술한다. 변별자질과 그 소리값은 일반적으로 음성기호처럼 꺾쇠묶음 [ ]으로 표시한다.

[3] 변별자질의 이점

변별자질의 이점은 음운학자들이 오랫동안 알고 있었던 사실을 논하는데 편리한 방법을 제공해 준 점이다. 즉, 말소리는 그것이 지닌 속성 중 어느 것이 고려되었는가에 따라 여러 가지 다른 방법으로 서로 묶어 群集을 이룰 수 있다는 것이다. 예를 들면, 앞에서 보인 바와 같이 두

입술에서 만들어진 [p, b, m] 등을 [+순음]이라는 하나의 변별자질로 묶을 수 있는 점이 그 한 예다. 또한 변별자질을 사용하지 않고 각각의 분절음을 써서 음운현상을 기술하려면 여러 개의 규칙을 각각 기술해야 되는 번거로움이 있다. 그러나 변별자질을 사용하여 기술하면 그 규칙을 간단 명료하게 나타낼 수 있다. 예를 들면 국어의 有聲音化 규칙 "무성음 [p, t, k]는 유성음 사이에서 각각 유성폐쇄음 [b, d, g]로 발음된다"를 변별자질을 사용하지 않고 기술하면 다음 (1)과 같이 된다.

$$(1) \quad p \rightarrow b \ / \ [+유성]\_\_\_\_\_[+유성]$$
$$t \rightarrow d \ / \ [+유성]\_\_\_\_\_[+유성]$$
$$k \rightarrow g \ / \ [+유성]\_\_\_\_\_[+유성]$$

이와 같이, 적어도 3개의 규칙을 필요로 한다. 그러나 변별자질을 사용하면 다음의 (2)와 같이 간명하게 기술된다.

$$(2) \quad \begin{bmatrix} -지속 \\ -유기 \\ -긴장 \end{bmatrix} \rightarrow [+유성] \ / \ [+유성]\_\_\_\_\_[+유성]$$
$$\quad (p,t,k) \qquad\qquad (b,d,g)$$

[4] 주요 변별자질

세 개의 변별자질, 즉 [자음성], [공명성], [성절성]은 주요한 음성부류를 산출하는 데 상호작용을 한다. 첫째, [자음성]이라는 자질은 자음과 모음을 구별하기 위하여 사용한다. [+자음성]은 모음과 반모음으로부터 자음을 변별한다. [−자음성]은 모음을 비롯하여 반모음 등을 가리킨다. 둘째, [+공명성]은 모음, 반모음, 비음, 설측음, r-음 등을 가리킨다. 폐쇄음, 마찰음, 파찰음 등은 [−공명성]이다. 모음과 반모음은 [+공명성]

과 [−자음성]이다. 세 번째 자질인 [성절성]은 음절을 이루는 데 중심이 되는 분절음을 말하며, 모음은 [+성절성]이고 그 밖의 음은 [−성절성]이다. 그러나 영어나 일본어 등에서는 자음이 [+성절성]이 되는 경우도 있다.

  [자음성]과 [성절성]이라는 두 자질을 사용하면, 다음과 같은 네 가지의 음성부류를 구별할 수 있다.

  [+자음성, −성절성]   p, t, k, b, d, g 등과 같은 眞子音
  [−자음성, +성절성]   a, e, I, o, u 등과 같은 모음
  [−자음성, −성절성]   j, w, ɥ 등과 같은 반모음을 가리킴.

  [자음성]과 [성절성]이라는 두 자질은 네 가지 음성부류를 구별하는 구실을 한다.

  [−자음성, +성절성] 모음   [+자음성, +성절성] 성절자음
  [+자음성, −성절성] 자음   [−자음성, −성절성] 반모음

참고로 국어의 모음과 자음의 변별자질 명세를 보이면 다음과 같다.

【국어의 모음자질】

	i	e	ɛ	ö	ə	a	ɯ	u	o	ʌ
高位性	+	−	−	−	−	−	+	+	−	−
低位性	−	−	−	−	−	+	−	−	−	−
前位性	+	+	+	+	−	−	−	−	−	−
後位性	−	−	−	−	−	−	+	+	+	+
圓脣性	−	−	−	+	−	−	−	+	+	−

【국어의 자음자질】

	p	pʰ	p'	b	t	tʰ	t'	d	č	čʰ	č'	ɟ	k	kʰ	k'	g	s	s'	h	m	n	ŋ	l	w	j	ɥ
子音性(consonantal)	+	+	+	+	+	+	+	+	+	+	+	+	+	+	+	+	+	+	+	+	+	+	+	-	-	-
鼻音性(nasal)	-	-	-	-	-	-	-	-	-	-	-	-	-	-	-	-	-	-	-	+	+	+	-	-	-	-
持續(continuant)	-	-	-	-	-	-	-	-	-	-	-	-	-	-	-	-	+	+	+	+	+	+	+	+	+	+
粗擦性(Strident)	-	-	-	-	-	-	-	-	+	+	+	+	-	-	-	-	+	+	+	-	-	-	-	-	-	-
沮止性(obstruent)	+	+	+	+	+	+	+	+	+	+	+	+	+	+	+	+	+	+	+	-	-	-	-	-	-	-
前方性(anterior)	+	+	+	+	+	+	+	+	-	-	-	-	-	-	-	-	+	+	-	+	+	-	+	-	-	-
舌頂性(coronal)	-	-	-	-	+	+	+	+	+	+	+	+	-	-	-	-	+	+	-	-	+	-	+	-	+	+
高位性(high)	-	-	-	-	-	-	-	-	+	+	+	+	+	+	+	+	-	-	-	-	-	+	-	+	+	+
低位性(low)	-	-	-	-	-	-	-	-	-	-	-	-	-	-	-	-	-	-	+	-	-	-	-	-	-	-
後位性(back)	-	-	-	-	-	-	-	-	-	-	-	-	+	+	+	+	-	-	-	-	-	+	-	+	-	-
圓脣性(rounded)	-	-	-	-	-	-	-	-	-	-	-	-	-	-	-	-	-	-	-	-	-	-	-	+	-	+
有氣性(aspirated)	-	+	-	-	-	+	-	-	-	+	-	-	-	+	-	-	-	-	+	-	-	-	-	-	-	-
聲門性(glotal) (喉頭緊張性)	-	-	+	-	-	-	+	-	-	-	+	-	-	-	+	-	-	+	-	-	-	-	-	-	-	-

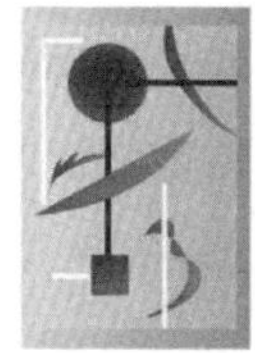

제4장 언어의 형태구조

1. 형 태

[1] 형태의 개념

하나의 형태소가 문맥에 따라 실제 語形으로 나타날 때 그 어형을 형태(morph)라 한다. 다시 말하면 형태는 형식과 의미가 같은 최소의 分節 기호를 말한다. 그런데 '의미가 같다'라는 말의 기준은 막연한 것으로 상당한 폭이 있는 말이다. 이에 반하여 '형식이 같다'라는 말은 명료한 것이다. 예를 들면, ear of the corn에서 ear와 '귀'라고 하는 ear, 그리고 foot of mountain에서의 foot와 '발'이라고 하는 foot는, 형식은 같은데 의미는 전혀 다르다. 반면에 [iréjs]와 [iréjz](철자는 erase '삭제하다')는 의미는 같은데 형식이 다르다. books, bags, boxes의 복수를 나타내는 어미 [-s, -z, -iz]는 서로 다른 형식이다. 과거를 나타내는 {-ed}는 [-t, -d, əd]로 바꾸며, 국어의 {-속}도 분포에 따라 [sok, soŋ] 등으로 꼴바꿈하는 일이 있다. {값}의 [kap, kam], {밭}의 [pat, pat', pač', pan] 등은 각각 형태에 해당된다.

다시 말하여 하나의 형태소가 문맥에 따라 실제 어형으로 나타날 때 그 어형을 형태라고 할 수 있으나, 그 형태의 어형과 의미가 동일한 최소의 분절기호이어야 한다. 예를 들면, 말(馬)[mal]과 말(言)[ma :l]은 어형은 같지만 의미가 다르기 때문에 동일 형태소가 아니다. "말을 잘 한다"의 '말'과 "말을 잘 탄다"의 '말'은 서로 상이한 형태라고 할 수 있다. 또한 "밥을 먹다"의 '먹-'[mʌk], "밥을 먹는다"의 '먹-'[mʌŋ], "밥을 먹이다"의 '먹-'[mʌg]은 모두 {먹-}이라는 점에서 동일한 형태소이지만 동일 형태는 아니다. 한 형태소에서 변이한 異形態(allomorph)가 되는 것으로 이들은 모두 '먹다'라는 동사의 어간이기 때문에 의미는 같지만 최소 분절기호(즉, [mʌk, mʌŋ, mʌg])가 서로 다르게 된다.

形態는 하나 이상의 분절음으로 이루어지며, 형태에 대조를 이루는 소리는 單音, 異音, 音素 가운데 단음과 대조를 이룬다. 요컨대 형태와 단음, 이형태와 이음, 형태소와 운소는 각각 대조를 이룬다.

[2] 형태의 분석

형태의 분석은 형태소론(morphemics)에서 중요한 구실을 한다. 발화를 분석하여 형태를 형태소로 구분하고, 그 형태소의 목록을 귀납하는 것이 형태소론의 중요한 소임이기 때문이다.

형태분석의 원리는, 그 형태가 서로 같은지 다른지를 식별하는 비교에 있다. 예를 들면 '읽는다'의 형태분석에 있어서 '읽는다, 읽었다, 읽는군 ; 먹는다, 먹었다, 먹는군'을 비교하면, '읽는다'를 '읽-는-다'와 같이 세 개의 형태로 분석할 수 있음을 쉽게 알 수 있다. 그러나 다음과 같은 경우는 단순한 비교만으로는 형태분석이 어려운 경우도 있다.

  (1) 내(나의), 네(너의), 해(하여), 돼(되어)
  (2) 멥쌀, 송아지, 강가, 볍씨, 찹쌀

　　(3) 꽃 피다(꽃이 피다), 밥 먹다(밥을 먹다), 학교 가다(학교에 가다)

　　(1)은 형태소 중복으로 交替形이 한 음소의 경우로서 각 형태로 끊어지지 않는다. 형태는 한 음소 이상이어야 하므로 그대로 한 형태가 될 수밖에 없다. 이러한 형태를 混合形態(portmanteau morph)라고 이른다.

　　(2)는 형태 자체가 아무 의미를 가지고 있지 않은 경우다. 이와 같은 경우는 그것이 아무 의미도 없으므로 형태라고 할 수 없다. 이와 같이 의미를 가지고 있지 않은 형태를 虛形態(empty morph)라고 한다.

　　(3)은 형태가 생략된 경우다. 그러나 형태가 비록 零이지만 의미가 여전하므로 그것은 하나의 형태로서 自由變異를 이루고 있다. 이와 같은 형태를 零形態(zero morph)라 하고 그 기호를 ø(fai)로 표시한다.

　　또한 형태분석에 있어서 Hockett(1954)가 문법적 기술의 모형으로 제시한 방법의 하나로 IA방식(item and arrangement)이 있다.[1] 이 분석방법은 不連續의 원리, 즉 형태소는 원칙적으로 각각 분리할 수 있는 형태에 의하여 구현된다는 원리의 입장에서 구성요소(item)의 배열을 기술함으로써 구조가 명백해진다고 생각하는 입장이다. 예를 들면, 영어 단어 teachers를 IA방식에 의하여 분석하면 다음과 같다.

의 미	(가르치다)	(동작주)	(복수)
형태소	{teach}	{-er}	{-s}
	↕	↕	↕
형 태	/t'iː ʧ/	/ə/	/z/

　　이와 반대로 IP방식(item and process)은 특정한 형태를 기저형으로 설정하고, 거기에 형태론적 과정을 통하여 여러 가지 형태가 생긴다는 이론의 입장에서 분석하는 방식이다. 그 형태론적 과정에는 첫째, 특별한

---

1) C. F. Hockett, "Two Models of Grammatical Description", Word 10, 1954, pp.210-233 참조.

형태소가 주위의 형태소를 변화시키거나, 둘째 기저형끼리의 상호작용
에 의하여 별도의 형태를 만들어 내는 것 등이다. 예를 들면, 영어 단어
men은 형태소 {man}의 기저형 /mæn/에 복수형 형태소가 작용하여 /æ/
→/e/라고 하는 모음 변화를 일으키고, 또한 took와 taken은

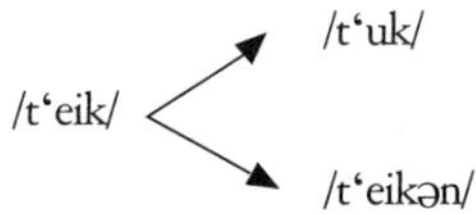

이라고 하는 각기 1회의 과정으로 설명된다. 이와 같이 IP방식은 不連續
의 원리를 부정한다. 이 밖에도 WP방식(word and paradigm)이 있는데,
불연속의 원리를 인정하지 않은 점에서 IP방식과 동일하다. 단어의 내
부 구조를 밝히기 위한 방법으로 語形變化系列을 사용하는 점에서 특색
이 있다.

  영어에서 cranberry라는 말은 berry의 일종이므로 이것을 cran과 berry와
의 둘로 나누면 berry 쪽은 단독의 낱말로나 strawberry, raspberry boysen-
berry 등의 일부라 해도 같은 형식과 의미를 나타내는데, cran 쪽은 동일
한 형식과 의미를 가지고는 다른 곳에 나타나지 않는다. cranberry와
berry와는 의미가 다르므로, 이 때의 cran은 무의미한 것은 아니다.
cranberry에서 cran과 같은 구성요소를 유일구성소(unique constituent)라고
한다. 유일구성소를 하나의 형태로 나누는 것을 'cranberry원칙을 인정한
다'고 말한다. 예를 들면, 영어 단어 the, this, that, these, those, them, thus
등을 비교하면 /ð/라고 하는 공통 요소를 가지고 있어 이것은 '무엇을
지시한다'는 공통의 의미를 가지고 있다. 그러므로 cranberry의 원칙을
인정하면, this는 /ð+is/, that는 /ð+æt/라고 하는 두 개의 형태로 이루어
진 것이 된다. 이와 같이 형태는 하나 이상의 음소로 이루어진 것이다.

2. 형태소

[1] 형태소의 개념

형태소(morpheme)는 의미의 최소단위다. 형태소는 단어보다 더 상세하고 명확한 언어단위로서 더 작은 의미단위로 분석할 수 없는 최소 의미단위다. 단어와 구절은 형태소로 이루어진다. 하나의 형태소는 더 이상의 의미단위로 분석할 수 없다. '말, 옷, 다리, 바늘'과 같은 단어는 단일 형태소로 이루어졌다. '읽기, 들것, 웃음' 등은 두 개의 형태소로 구성된 단어들이다. 만일에 하나의 형태소가 음운단위와 일치한다 해도 그것은 우연일 뿐이다. 어떤 형태소는 한 음절의 일부분만으로 구성되기도 한다. boys의 어말음 {-s}나 '삶'의 어말음 {-ㅁ}은 그 구체적인 예들이다. 한 개의 형태소로 이루어진 단어에도 '입, 코, 귀' 등과 같이 단일음절 형태소로 구성된 단어도 있고, 어떤 것은 다음절 단일 형태소로 구성된 단어도 있다(예컨대, '수수께끼').

形態素에 대한 몇 사람의 정의를 열거하면 다음과 같다.

① 형태소는 최소의 형식으로서 더 이상 有意味 형식으로 분석할 수 없는 형식이다.<Bloomfield, 1957, p.57.>

② 다른 어떤 형식과도 音이나 의미가 부분적으로 유사하지 않은 언어형식을 단순형식 또는 형태소라 한다.<Bloch-Trager, 1942, p.54>

③ 하나 이상의 음소로 이루어져, 그 언어로 반복되어 나타난 형을 가진 부분(recurring patterned partials)은 문법적 분석의 기본요소로서 이들을 형태소라 한다.<Trager, 1949, p.5>

④ 형태소는 반복되어 나타나는 음소의 연결 및 그 분류로서, 다른 연결 및 부류와 대립되는 것이다.<Hill, 1958, p.88>

⑤ 형태소란 언어의 발화로서 개개의 의미를 갖는 최소의 요소다.
<Hockett, 1958, p.123>

⑥ 둘 이상의 형태가 동일한 의미를 가지고, 非對立的 분포를 이루며,
그 환경을 합친 것이 유일하지 않은 경우 하나의 형태소가 된다.

<Hockett, 1957, p.241>

여기서 '非對立的'이란 말은 相補性과 自由變異를 포함하는 말이다.

이상에서 구조주의 언어학자들이 정의한 바와 같이, 형태소는 의미를 가진 최소의 文法單位로 하나 또는 여러 개의 음소에 의해 표시되며, 그 이하의 의미단위로 분할할 수 없는 언어단위를 말한다.

[2] 형태소의 식별

형태소의 분석과 식별(identification)은 발화에 나타나는 형태들의 대조에 의하여 가능하다.

(1) 사람은 밥을 먹는다.

한국어의 토박이라면 적어도 /사람-은 밥-을 먹-는다/라고 쉽게 나눌 수 있을 것이다. 이것도 물론 다른 발화 또는 형태들과의 直觀的 혹은 잠재적 대조분석의 결과로 이해된다. 그런데 여러 자료를 접할 때 분석 가능성의 여부, 또는 많은 異形態들과 상이한 형태들 사이의 구분 등 어려운 문제가 항상 수반된다. 예를 들면, 예문 (1)에서 '먹는다'를 분석할 때, '먹-는다'로 분석하느냐 혹은 '먹-는-다'로 하느냐도 문제가 된다. 보다 합리적인 형태소의 식별을 위해서 다음과 같은 일반원리가 사용된다.

첫째, 두 형태가 서로 같은 의미를 가지고 있고, 동일한 音素形狀 (phonemic shape)을 가졌을 때 동일 형태소로 묶는다. 여기에서 '같은 의미'라는 말은 엄격히 말해서 불합리한 말이라 생각된다. 의미가 똑같은 둘이나 그 이상의 형태란 생각할 수 없기 때문이다. '의미가 같다'라고 하는 객관적 기준이 문제가 된다. 근본적으로 의미의 문제가 객관화되기

는 어렵거니와 이에 대한 해결방법도 확립되지 못한 실정이다. Nida(1978)
는 '같은 의미'를 공통된 의미적 示差性(common semantic distinctive)이라
하여 상대적 측면에서 규정을 하지만, 한계구분의 모호성은 해결되지
않는다.

  (2) 제발 그만 먹어라.
  (3) 제발 그만 웃어라.

 위 예문에서 {-어라}는 명령형이라는 같은 의미를 가진 형태이며, 音
素形狀도 같기 때문에 '먹어라'와 '웃어라'의 {-어라}는 같은 형태소가
된다.
 둘째, 의미는 같되 음소현상이 다른 경우, 그 차이가 음운적으로 규정
된 것이고 상호간에 상보적 분포를 보이면 이들은 동일 형태소의 이형
태이므로 같은 형태소가 된다.

  (4) 네가 손을 잡아라.
  (5) 동생이 가방을 들어라.

 위의 예문에서 {-아라}와 {-어라}는 명령형 종결어미라고 하는 동일
한 의미를 가진 것이지만 音素形狀이 서로 다르다. 곧 {-어라}와 (-아라}
의 차이는 음운적으로 규정된 것으로서 {-아라}는 선행 음절의 모음 [a]
(양성모음)의 다음에 분포되었다는 음성환경에서 규정된 것이며, {-어라}
는 [ɯ](음성모음)의 다음에 분포되었다는 음성환경에서 오게된 음운적
이형태들이다. 이 두 형태는 분포가 상보적이기 때문에 상호 교체될 수
없는 동일 형태소의 이형태들이다. 예문 (4)의 {-가}와 (5)의 {-이}도 역
시 음운적 조건에 의한 동일 형태소의 이형태들이다.
 셋째, 두 형태가 의미는 같고 음성형상이 다르지만 그 차이가 형태적
조건에 의한 것이고 상호 상보적 분포일 때, 그들이 동일한 구조적 계
열이면 이들은 동일 형태소다.

(6) 너도 열심히 공부하여라.
(7) 너도 빨리 끝마치고 오너라.
(8) 너도 조심해서 잘 가거라.

{-아라∽-어라}와 동일한 명령의 뜻을 표시하는 형태에 (6)~(8)의 {-여라, -너라, -거라} 등이 있는데, 이들은 어간 '하(爲)-, 오(來)-, 가(行)-'에 붙는 어미들이다. 그런데 이러한 어간에 {-아라∽-어라}가 연결될 수 없는 음운론적 조건은 발견되지 않는다. '가(行)-, 하(爲)-, 오(來)-'와 같이 [a] 음으로 끝나는 '차(蹴)-, 파(掘)-'의 다음에서는 {-아라}가 쓰이고, '오(來)-'와 같이 [o] 음으로 끝나는 '보(見)-' 다음에도 {-아라}가 쓰이는 것이다. {-여라∝ -너라∝ -거라}가 쓰이는 조건은 음운적으로는 설명되지 않고, 어간의 종류에 따라 달리 선택되는 形態的 조건의 이형태다. {-너라}는 동사 어간 '오-' 또는 이것이 후행하는 합성어간과 같은 한정된 형태에만 결합된다. 이것은 앞의 다른 형태들과 相補的이어서 교체될 수 없다. 그러나 이들은 모두 용언의 명령형 종결어미라고 하는 동일 구조계열에 속하므로 동일 형태소가 된다.

그러면 다음 문장을 최소 의미단위로 분석해 보자.

Yesterday John ran away with the baker's younger daughter.

① yesterday는 분명히 yester와 day로 구성되어 있다. 앞의 yester는 독일어 gestern에 해당하는데, yesterday와 같은 결합에도 일어나지만 day만 독립적으로 사용된다. It is a good day for swimming이나 The last day of the month 등이 그 예다.

② ran away의 경우에 화자 자신은 ran과 away가 예컨대 He ran two miles와 The bird flew away와 같은 다른 문맥 속에서 독립적으로 사용될 수 있다. 그러나 away라는 단어를 사려보면 a-라는 요소는 aground, ashore, around, aloft 등의 형식으로 일어날 수 있으므로 a-는 별도의 요소로 보고 away를 a-와 way라는 두 부분으로 구성되었다고 할 수 있다.

③ 정관사 the와 전치사 with는 각각 단어로 간주한다.

④ baker's라는 말은 어미 -s를 없애면 baker라는 형태만 남는다. 그래도 이 말의 기본적 의미에는 변화가 없다. 이 경우 [z]라고 발음되는 s의 효과란 단지 Mary's new hat, my wife's relatives, children's corner, what in heaven's name 등의 경우처럼 所有에 관하여 baker를 구체적으로 자세히 말해주고 있을 뿐이다(s 앞에 아포스트로피는 소유를 나타내주는 s로서 복수를 나타내는 s와 다르다는 것을 나타내는 데 도움이 될 뿐이다). baker's의 s는 belonging to라는 뜻을 가진 소유격 s이다. 명사에 붙는 경우에만 이 뜻을 갖는다.

baker는 다시 bake와 -er로 나눌 수 있다. -er은 builder, singer, dancer, caterer 등과 같이 '동사에 의해 표현되는 행위를 수행하는 사람'이라는 뜻을 가진 말로 다른 말에서도 많이 나타난다. 따라서 baker's라는 어형은 세 가지 요소, 즉 bake+er+s의 결합으로 이루어진 것이다. 이들은 모두 의미를 가지고 있는 형태소이지만 bake만이 단어로서 홀로 사용 가능하다.

⑤ 영어를 모국어로 사용하는 사람이면 누구나 younger는 young와 -er로 구성되었음을 쉽게 알 수 있다. young는 He is young man이나, This tree is quite young 등과 같은 발화에서 일어날 수 있고, -er은 prettier, finer, wilder, longer 등의 말에서 자주 볼 수 있기 때문이다. 이 -er 앞에서 말한 -er과는 달리 비교급으로 쓰인 -er이다.

⑥ daughter라는 단어는 daught와 -er로 분석할 수 있다. 그러나 daught라는 요소는 daughter라는 단어에서만 사용되고 -er도 확실히 baker나 younger에서의 -er과 같지 않다. daughter의 -er은 father, mother, brother, sister와 같이 가족관계를 나타내 주는 말이다. 그러나 daught-가 daughter에서 그것이 지니고 있는 뜻을 가지고 다른 문맥에서 나타나지 않는 것처럼 fath-, moth-, broth-, sist-라는 어형도 father, mother, brother, sister에서만 사용된다.

Yesterday John ran away with the baker's younger daughter는 다음과 같이 14개의 최소 의미단위로 구성되어 있음을 알 수 있다.

yester+day+John+ran+a+way+with+the+bake+er+s+young+er+daughter

형태소 기호는 일반적으로 { } 안에 넣어 표시한다. 예를 들면, '읽기'는 형태소 {읽-}과 {-기}로 이루어졌다. {-기}는 '듣기, 짓기, 달리기, 보기' 등에서 나타나는 名詞化 표지다. '짓밟히다'는 {짓-}(강세표지), {밟-}(어근), {-히-}(피동접사), {-다}(어말어미) 등 네 개의 형태소로 구성된 단어다. 형태소 사이의 구획은 전형적으로 #로 나타낸다. # 표시는 외부연접(external juncture)이라 이른다. '뛰기'는 '뛰#기'로, '웃음'은 '웃#음'으로 표시하여 형태소 경계를 나타낸다. 붙임표 '-'는 의존관계를 나타낸다. 붙임표가 있는 형태소는 의존형태소이고, 붙임표가 없는 형태소는 자립형태소를 나타낸다(예컨대, {말}).

[3] 형태소부류

형태소는 自立性의 여부, 構造的 관계, 分布上의 성격 등에 따라 여러 가지 종류로 나뉜다.

1) 자립성에 따라

형태소는 자립성(stability), 分立性(isolability)의 여부에 따라 자립형태소와 의존형태소로 나뉜다.

(1) 자립형태소

앞의 문장에서 예로 보인 바와 같이 day, John, ran, bake, daughter 등은 실제로 독립된 단어로 사용할 수 있는 형태소다. 이와 같이 다른 형태소에 붙지 않고도 자유스럽게 독립적으로 사용될 수 있는 형태소를 자립형태소(free morpheme)라 하고, {day}, {수수께끼} 등과 같이 표시한다.

(2) 의존형태소

boyish(boy+ish), manly(man+ly), unpredictable(un+ predic+able), 믿아들(믿+아들), 먹었다(먹+었+다)에서 '-ish, -ly, un-, -able, 믿-, 먹-, -었-, -다' 등과 같이 다른 형태소에 부착되지 않고는 홀로 나타날 수 없는 형태소를 의존형태소(bound morpheme)라 한다. 의존형태소는 다음과 같이 표시하여 자립형태소와 구별한다. 즉, {-ish}, {un-}, {믿-}, {먹-}, {-었-}, {-다}

2) 구조적 관계에 따라

단어 형성상의 기능 내지 형태소 배합상의 특징적 기능으로 형태소를 분류하여 添加형태소와 代置형태소로 구분한다.

(1) 첨가형태소

어기(base)에 첨가되는 分節接辭를 첨가형태소(additive morpheme)라 한다. 분절접사(segmental affix)에는 어기 앞에 첨가되는 前接형태소(pre-morpheme)와, 어기 뒤에 첨가되는 後接형태소(post-morpheme), 그리고 어기 중간에 첨가되는 中接형태소 등이 있다. 예를 들면, ungentlemanliness에서 un-은 어기전접(pre-base)이고, -li, -ness 등은 어기후접이다.[2] 그리고 아랍어 katab(he wrote)은 어기 k-t-b (write)에 중접형태소가 첨가된 예이다.

> (1) 올-벼, 짓-밟다, 믿-아들, 숫-총각
> (2) 사람-들, 선생-님, 깨끗-이, 공부-하다

위의 예 (1)에서 {올-, 짓-, 믿-, 숫-} 등은 전접형태소이고, 예 (2)에서

---

2) Archibald A. Hill, *Introduction to Linguistic Structures*: From Sound to Sentences in English, New York: Harcourt, Brace & Co., 1958, p.124 참조.

{-들, -님, -이, -하다} 등은 후접형태소다.

(2) 대치형태소

'맛(味) : 멋(美)', '낡다(古) : 늙다(老)', '남다(餘) : 넘다(越)', '더(加) : 다(盡)', '작다(크기) : 적다(분량)', '나(我) : 너(汝)' 등과 같이 모음의 교체로 인하여 의미가 분화되거나, '졸졸 : 줄줄, 단단 : 딴딴' 등과 같이 음성상징에 있어 어감의 차이를 分化한다. 이 경우에 音素代置 그 자체를 하나의 형태소라 보게 되는데, 이러한 형태소를 代置형태소(replacive morpheme)라 이른다. 영어 단어에서 어기의 모음변화를 내포한 형태소 교체의 예는 men, women, mice, geese와 같은 복수형과 shrunk, led, swam, found와 같은 과거 시제형 등이 있다. 이와 같은 현상을 내부 모음변화(internal vowel change) 또는 語幹變容(symbolism)이라 하여 별도로 다루기도 한다.

3) 분포상의 성격에 따라

분포상의 성격에 따라 형태소를 語基형태소, 派生형태소, 屈折형태소 등으로 나뉜다.

(1) 어기형태소

실질적 의미, 즉 어휘적 의미를 가지고 있는 어근(root)이나 어간(stem)을 이루는 형태소를 語基형태소(base morpheme) 또는 實質형태소(full morpheme)라 이른다. 다음 문장을 살펴보자.

돼지들이 올벼를 짓밟아 놓았다.

이 문장의 통사적 성분은 '돼지들이 / 올벼를 / 짓밟아 / 놓았다'와 같이 네 개의 성분으로 이루어졌다. 그런데 이들 네 개의 성분들은 각각 세 개씩의 형태소로 구성되어 있다. 곧, {돼지-들-이}, {올-벼-를}, {짓-밟-아}, {놓-았-다}와 같다. 그러나 이 형태소들은 그 의미 내용의 성질이 다르다. {돼지}, {벼}, {밟-}과 같은 형태소는 그 의미가, 다른 형태소에 비하여 구체적인 것으로서, 이러한 형태소는 한자로써 그 뜻을 각각 표시할 수 있다. 돼지(豚), 벼(稻), 밟-(踏)과 같은 형태소들은 각각 중심적인 관점을 나타내며, 어근이나 어간을 이루는 형태소다. 어기형태소에는 {돼지, 벼}와 같이 체언어기가 되는 자립형태소가 있고, {밟-, 놓-}등과 같이 {-아, -았다}와 같은 문법요소가 붙지 않고는 자립할 수 없는 용언어기가 되는 의존형태소가 있다.

(2) 접사형태소

위의 예문에서 {-들, 올-, 짓-}과 같은 형태소는 단어의 기본개념을 어휘적으로 확대시키는 파생적 요소들이다. 이 형태소들은 항상 어근(root)형태소에 붙어서 添意的, 造語的 직능을 하는 접사형태소들이다. 이와 같은 파생적 요소의 형태소를 派生형태소(derivational morpheme) 또는 接辭형태소라고 한다. 파생형태소, 즉 접사에는 접두사, 접미사, 접요사 등이 있다. 접두사(prefix)는 '올-벼, 짓-밟다' 그리고 're-write, im-possible' 등과 같이 어근의 앞에 첨가된 접사로서, 접두사를 첨가하는 과정을 접두사 첨가(prefixation)라 이른다. 접미사(suffix)는 '돼지-들, 먹-이' 그리고 'man-ly, boy-s' 등과 같이 어근의 끝에 첨가되는 접사를 말하며, 접미사가 첨가되는 과정을 접미사 첨가(suffixation)라고 한다. 접요사(infix)는 어근의 모음이나 자음 사이에 첨가되는 접사를 말하며, 접요사가 삽입되는 과정을 접요사 첨가(infixation)라 한다. 예를 들면, 아랍어 k-t-b(쓰다, 書)라는 三字어근(triliteral root)에서 파생된 katab(그가 썼다), kitab(책), katib(작가) 등은 접요사 첨가의 예다.

파생형태소, 즉 파생접사의 주요 기능은 다음과 같다.

　① 어기의 실질적 의미를 분화한다.
　② 어기와의 배합이 불규칙적이다.
　③ 분포상의 제약이 심하다(어기의 대치가 부자유스러운 점).

④ 어기의 문법범주(품사)의 전성이 가능하다.
⑤ 어기와의 밀착성이 강하다.

(3) 굴절형태소

앞의 예문에서 {-이, -를, -아, -았-, -다}와 같은 형태소는 그 의미 내용이 다른 형태소에 비하여 한층 추상적이다. 어기에 붙어서 어간이 나타내는 관념 사이의 관계라든가 또는 문장 전체의 의미내용에 대한 어떤 판단 형식을 결정함과 같은 문법적 의미를 가지고 있음이 특징이다. 이들이 소속하는 어기형태소에 긴밀히 종속되어 있는 점은 접사형태소와 같다. 이와 같이 어기의 끝에 붙어서 어기의 문법적 의미를 부여하는 형태소를 屈折형태소(inflectional morpheme)라 이른다. 굴절형태소에는 {-이, -를}과 같이 체언에 붙는 조사류 형태소와 {-아, -았-, -다}와 같이 용언에 붙는 어미류 형태소가 있다. {-았-}은 용언 어기에 붙어서 문법적 의미(時相)를 나타내는 先語末어미(prefinal ending) 형태소다. 영어의 굴절접사는 數(number) (baker와 bakers, man과 men 등), 人稱(person) (I love와 he loves), 時制(tense) (dream과 dreamed, sing과 sang), 所有(possession) (baker와 baker's), 比較(comparison) (pretty와 prettier와 prettiest)와 같은 문법적 관계와 樣相(aspect)을 나타내는 標識의 구실을 한다.

굴절형태소, 즉 굴절접사(inflectional affix)는 다음과 같은 특징을 가지고 있는 형태소다.

① 명사나 대명사의 격변화와 같은 체언의 曲用을 나타낸다.
② 용언 어기의 문법적 기능을 분화시킨다.
③ 용언 어기와의 배합이 규칙적이다.
④ 분포가 광범위하다(어간 대치가 자유스러움).
⑤ 용언 어기의 문법범주, 즉 품사의 전성이 불가능하다.
⑥ 용언 어기와의 밀착성이 약하다(파생접사에 비해서).

이상에서 알 수 있는 바와 같이 굴절접사는 활용과 곡용어미를 지칭한다. 그런데 국어에서 {-었-}(시제), {-(으)시-}(존칭) 등은 굴절접사들이며, {-이-, -히-}(사동, 피동) 등은 문법적 의미로 보아 굴절접사인데, 분포상의 제약이나 불규칙성들을 보아 다분히 파생접사의 성격을 띠고 있어서 흔히 파생접사로 처리된다.

　영어를 중심으로 파생접미사와 굴절접미사의 대조적 특징을 살펴보기로 한다.

【파생접미사와 굴절접미사】

	파생접미사	굴절접미사
(1) 相對的 　　位置	1) 어근에 밀착됨. [어근+파생접미사] 예 clean-li-ness	1) 파생접사의 뒤에 위치함. [어근 + 파생접미사 + 굴절접미사] 예 boy-ish-ness-es
(2) 語順 　　變化	2) 품사의 변화가 가능함. 예 man (n) manly　(a) manful　(a) manfully(ad)	2) 품사를 바꾸지 않음. 예 work(v) worked (v) works　(v) working (v)
(3) 接尾辭 　의 重複	3) 주어진 단어에서 두 개 이상의 파생접미사 사용이 가능함. 예 man-ful-ly, con-cervat-ion-ist-ic-al-i-ty	3) 굴절접미사는 구조를 폐쇄하는 것이 특질이므로 원칙적으로 주어진 단어에서 한 개의 굴절어미가 사용됨. 예 kind-ness-es
(4) 接尾辭 　의 數量	4) 영어의 경우 파생접사의 수량이 많다.	4) 굴절접사의 수량은 파생접사에 비하여 적다.
(5) 呼應 　(一致) 　관계	5) 호응관계를 표시하지 아니한다. 예 The tiger was shotdown. The tigress was shotdown.	5) 호응관계를 표시한다. 一致가 보임. 예 The cow is grazing. The cows are grazing.

(4) 어형변화계열

주어진 어기의 파생·굴절에 따른 일련의 어형변화를 어형변화 계열 (paradigm)이라 한다. 어형변화 계열에는 파생 변화계열과 굴절 변화계열이 있다. 派生法(derivation)에 의하여 공통의 어기를 포함하는 일련의 관련된 어형변화 목록을 派生변화계열(derivational paradig m)이라 한다. 다음은 공통 어기('man'과 '아들')를 갖는 일련의 단어들, 즉 파생변화계열의 예다.

<pre>
           manly   아들   맏아들
           mannish   외아들
    man   manful   양아들
           manliness   아드님
           manikin   믿다   믿음
           superman   미쁘다
                                미덥다
</pre>

굴절법(inflexion)에 의하여 공통 어기를 포함하는 일련의 어형변화 계열을 屈折변화계열(inflexional paradigm)이라 한다.

<pre>
           boy's   works
    boy   boys   work   worked
           boys's   working
</pre>

라틴어를 공부한 사람이면 누구나 곡용과 活用에 익숙해 있을 것이다. 예를 들면, 라틴어 명사 amīc(친구)의 격변화 amīcus(주격), amīcī(속격), amīcō(여격), amīcum(목적격) 등은 曲用변화계열(declensional paradigm)이고, 동사 어기 am-(사랑하다)의 활용형 amō, amās, amat, amāmus, amātis, amant 등은 활용변화계열(conjugational paradigm)이다. 이들의 변화는 인칭, 수, 시제, 법, 태 등의 개념을 나타낸다.

[4] 이형태의 교체

형태소는 때때로 다른 문맥 속에서 상이한 表面표시를 갖는다. 한 형태소의 교체된 여러 가지의 표면표시를 형태소의 異形態(allomorph)라 이른다. 음운론의 중요한 목표 중의 하나가 이형태의 교체를 설명하는 데 있다. 이것은 어느 정도 가능한 각개의 표면표시를 음운규칙에 의해서 기저표시에 관련시킴으로써 알아낼 수 있다.

이형태를 이루는 조건에는 음운적 조건과 형태적 조건 등이 있다.

1) 음운적 조건

이형태의 교체가 형태소에 대한 언급 없이 순수한 음성적 근거에서 설명할 수 있을 때 이 교체형을 음운적 조건(phonological condition) 또는 자동적 교체(automatic alternation)라 하고, 동일한 형태소가 상이한 음성 환경에 의하여 달라지는 이형태를 음운적 조건의 이형태(phonological condition allomorph)라고 한다. 이 경우에 기호 ∽를 사용하여 음운적 조건임을 나타낸다.

    (1) 영어의 경우

        {-S$_1$ }   명사의 복수접미사

             hats [hæts]   [s] (비치찰무성자음 뒤)

             dogs [dogz]   [z] (비치찰유성자음 뒤)

             churches [tʃəːrtʃəz]   [əz] (치찰음 뒤)

        {-S$_2$ }   屬格형태소(굴절접미사)

             John's [ǰanz]   [z]

             Jack's [ǰæks]   [s]

             George's [ǰɔrǰəz]   [əz]

        {-S$_3$ }   동사의 3인칭 단수(현재) 굴절접미사

             hits [hits]   [s]

             holds [houldz]   [z]

catches [kæʧəz]　　　　　　[əz]　[ɨz]

과거시제 형태소는 선행하는 음을 바탕으로 예언할 수 있는 3가지 음성적 표현을 가지고 있다.

{-D}　과거시제 형태소
　　　called [kɔld]　　　　[d] (/d/를 제외한 유성자음 뒤)
　　　laughed [læft]　　　 [t] (/t/를 제외한 무성자음 뒤에서)
　　　started [sta:təd]　　 [əd] 또는 [ɨd] (치조폐쇄음 /t/나 /d/ 뒤
　　　　　　　　　　　　　　　　에서)

(2) 한국어의 경우
국어에서 음운적 조건의 이형태의 예를 들면 다음과 같다.
　　{-는∽-은}　主題化 표지 형태소
　　　　나는, 너는, 그는　　　　　　　　{-는} (모음 다음에}
　　　　사람은, 사랑은, 아들은　　　　　{-은} (자음 다음에)
　　{-이∽-가}　主格標識 형태소
　　　　우리가, 소가, 비가　　　　　　　{-가} (모음 다음에)
　　　　산이, 물이, 사람이　　　　　　　{-이} (자음 다음에)
　　{-를∽-을}　目的格 표지 형태소
　　　　나를, 너를, 여자를　　　　　　　{-를} (모음 다음에)
　　　　밥을, 물을, 국을　　　　　　　　{-을} (자음 다음에)
　　{-음∽-ㅁ}　名詞形 어미 형태소
　　　　먹음, 닫음, 잡음　　　　　　　　{-음} (자음 다음에)
　　　　멈춤, 섬(서다), 감(가다)　　　　{-ㅁ} (모음 다음에)
　　{-은∽-ㄴ}　冠形詞形 어미 형태소
　　　　읽은(책), 먹은(음식), 잡은(고기)　{-은} (자음 다음에)
　　　　간(사람), 본(사람), 탄(버스)　　{-ㄴ} (모음 다음에)
　　{-을∽-ㄹ}　冠形詞形 어미 형태소
　　　　읽을(책), 먹을(음식), 잡을(고기)　{-을} (자음 다음에)
　　　　갈(사람), 올(사람), 탈(사람)　　{-ㄹ} (모음 다음에)

이들 형태소를 구분 짓는 환경에서는 상호 배타적이어서 동일 환경 내에서 이형태간 상호 교체를 일체 불허한다. 이와 같은 분포를 상보적 분포(complementary distribution)라 한다. 분포란 어떤 성분이 실현될 수 있는 위치의 총체(totality of position)를 뜻한다.

2) 형태적 조건

어떤 이형태의 분포는 음운적으로 설명할 수 없는 것이 있다. 일련의 특별한 형태소에만 교체가 일어나는 경우가 있다. 이와 같이 이형태가 이러한 방법으로 분포되었을 때, 이 교체형을 형태적 조건(morphological condition) 또는 非自動的 交替라 하고, 형태에 따라 달라지는 이형태를 형태적 조건의 이형태(morphologically conditioned allomorph)라고 한다. 그리고 기호 ∝ 를 사용하여 {-었-∝-였-}와 같이 표시한다.

    (1) 영어의 경우

    {-S} 명사의 복수형태소

child	children	/ən/
ox	oxen	/ən/
sheep	sheep	/Ø/
aircraft	aircraft	/Ø/
man	men	/æ/→/ɛ/
foot	feet	/u/→/i/

    {-D} 과거시제 형태소

sit	sat	/i/→/æ/
sing	sang	
ring	rang	
meet	met	
read [ri : d]	read [red]	/i/→/ɛ/
sleep	slept	/i/→/ɛ/+/t/
keep	kept	
leap	lept	

⑵ 한국어의 경우

{(-어∽-아)∝(-여/-러)}　부사형어미 형태소

먹어, 입어, 보아

하여, 일하여, 노래하여　　　　　　{하-} 어간 다음에

이르러, 푸르러, 누르러　　　　　　{이르(至)-,누르(黃)-,푸르(靑)-}

　　　　　　　　　　　　　　　　　어간 다음에

{(-어라∽-아라)∝(-여라/-거라/-너라)}　명령형어미 형태소

먹어라, 입어라, 보아라, 잡아라

하여라, 일하여라, 노래하여라　　{하(爲)-} 어간 다음에

가거라, 돌아가거라, 들어가거라　{가(去)-} 어간 다음에

오너라, 돌아오너라, 들어오너라　{오(來)-} 어간 다음에

{(-었-∽-았-)∝(-였-/-렀-)}　과거시제 형태소

먹어다, 입었다, 살았다

하였다, 일하였다, 노래하였다　　{하-} 어간 다음에

이르렀다, 푸르렀다, 누르렀다　　{이르-,푸르-,누르-} 다음에

　　이상과 같이 두 형태의 의미가 같고 音素形狀(phonemic shape)이 다르지만 그 차이가 형태적 조건에 의한 것이고 상호 상보적 분포일 때, 이들은 동일 형태소가 된다.

[5] 형태소론

　　형태소(morpheme)의 설정과 단어의 내부구조를 이룬 형태소의 배열을 연구 대상으로 하는 언어학의 한 분야를 형태소론(morphemics)이라 한다. 음소(phoneme)의 설정과 그 배열을 다루는 음소론(phonemics)의 대가 되는 명칭이다. 음성학(phonetics)과 음소론을 하나로 포괄하여 음운론(phonology)이라고 총칭함과 같이, 形態音素論(morphonemics)과 形態素論을 포괄하여 形態論(morphology)이라고 총칭한다.

[6] 형태론의 하위부문

형태론은 단어(또는 어형)의 내부구조를 연구 대상으로 하는 언어학의 한 부문이다. 語形(word form)을 形成素(formative)로 구분하고, 그 개별 형태소의 형성에 대하여 설명한다.

광의의 형태론에서는 形態音素論을 포함시키고, 협의의 형태론에서는 屈折형태론과 語彙형태론(語形成)으로 하위분류하여 연구한다. 어형성(word-formation)은 다시 派生과 合成(또는 構成體)으로 나뉘는데, 派生은 접사첨가에 의하여 새로운 어휘소를 형성하고, 합성은 두 개 혹은 그 이상의 잠재적 어간으로부터의 새로운 어휘소 형성에 관심을 갖는다. 파생은 때때로 語類維持 파생과, 語類變化 파생으로 나뉘는데, 어류유지 파생은 그들을 형성하고 있는 語基와 동일한 품사의 새로운 어휘소의 파생을 말하며, 반대로 어류변화 파생은 어기와 다른 품사의 어휘소를 산출하는 것이다. 또한 합성은 결과적 합성(resultant compound)의 품사에 따라 하위분류한다(예컨대 합성명사, 합성동사 등). 그리고 의미기준에 따라 분류하기도 하는데, 外心的(excentric), 內心的(endocentric), 竝立的(appositional) 등이 그것이다. 이상에서 말한 형태소의 하위부문을 圖示하면 다음과 같다.3)

【형태음소론】

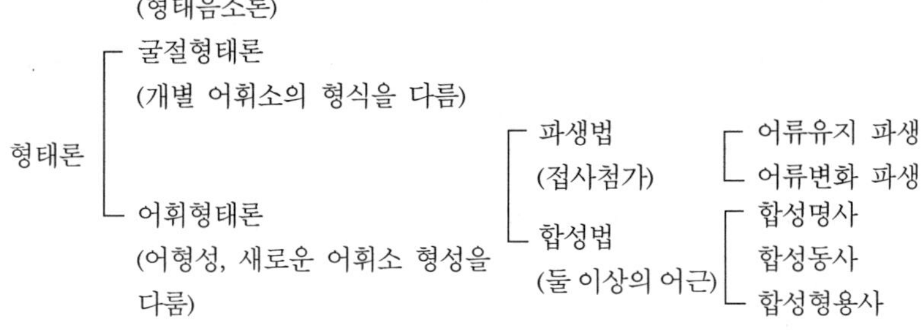

---

3) Laurie Bauer, *English Word-formation*(1983), pp.33-34 참조.

3. 형태음소

[1] 형태음소의 개념

동일한 형태소에 속하는 음소의 部類(class)를 형태음소(morphoneme)라 한다. 예를 들면 복수를 나타내는 동일 형태소의 이형태인 음소부류 /-s, -z, -əz/(예: cats, dogs, foxes)는 형태음소다. 또한 예컨대, knife라는 표준형태소(normal morpheme)는 복수형 어미가 첨가되면 knives가 되는데, 이 때 동일한 형태소 {knife}에 속하는 음소부류인 /f, v/는 형태음소가 된다. 그리고 만일에 음소부류인 /f/와 /v/의 대표형으로서 임의로 /F/를 택하면, 이 F까지도 형태음소라 부른다.

국어의 형태소 {속}과 {값}의 형태음소를 살펴보기로 한다.

<blockquote>
속 — 속(속이), 송(속마음), 쏙(맘속), 쏭(물속밑)
값 — 값(값이), 갑(값도), 감(값만), 깝(책값), 깜(책값만)
</blockquote>

위에서 이형태 {속, 송, 쏙, 쏭}은 어두에서 /ㅅ/과 /ㅆ/의 대립을 보여주고, 어말에서 /ㄱ/과 /ㅇ/의 대립을 보여준다. 이형태 {갑, 감, 깝, 깜}은 어두에서 /ㅂ/과 /ㅁ/의 대립을 보여주고 있다. /ㅅ/과 /ㅆ/, /ㄱ/과 /ㄲ/, /ㅂ/과 /ㅁ/ 등은 각각 동일한 형태음소가 된다.

이와 같이 각 형태소의 이형태들간에 대응되는 부분에서 상호교체되는 음소를 하나로 묶어 形態音素라 한다.[4]

---

4) The interchange of phonemes or component in corresponding sections of the variant members of each morpheme can then constitute a class a class called a morphophoneme. <Harris, 1951, p.362>

We group together into one morphophoneme the phonemes which replace each other in corresponding parts of the various members of of a morpheme. <Harris, 1951, p.224>

[2] 형태음소적 변화

앞에서 이미 언급한 바와 같이 이형태는 주변의 음성환경에 의하여 조건지어지고, 이로 인하여 그들의 분포에 대하여 예언할 수도 있다. 그러나 한편으로 음운적 요인의 관점에서 그 출현을 예언할 수 없는 형태적 조건의 이형태도 있다. 이와 같이 동일 형태소가 일정한 조건 밑에서 變異하는 이형태의 음성적 형태상의 변화를 形態音素的 변화(morphonemic change) 또는 형태음소적 變動(morphonemic alternation)이라 한다.

형태음소적 변화는 철자에 반영되기도 하고 반영되지 않을 수도 있다.

綴字에 반영된 경우 : life(명사)—live(형용사), safe(형용사)—save(동사), knife(단수)—knives(복수), 집(안)—지(붕), 솔(밭)—소(나무), 믿(음)—미(쁘다) 등과 같다.

發音만 변동되는 경우 : house[haus](명사)—house[hauz](동사), móno-graph—monógraph-er—monográph-ic. {속} ∽ /sok/(속), /sog/(속이), /soŋ/(속만), /s'ok/(책쪽), /s'oŋ/(책속만) 등을 들 수 있다.

1) 연성

형태소의 발음이 그 형태소가 위치한 환경에 따라 달라지는 현상을 連聲 또는 샌디(sandhi)라고 한다. 다시 말하면, 형태소와 형태소 또는 단어와 단어가 연결 배합될 때, 연접되는 형태소들 사이에서 音素變動이 생겨 연성현상이 생기는데, 이와 같이 연접되는 音의 변동을 sandhi(連聲)라 한다.

sandhi라는 말은 본래 범어로서 sam-dadhāti(합하다, 통합하다)의 명사형으로서 '연결, 결합'의 뜻을 가진 말이다.

2) 연성의 유형

combination과 putting together의 뜻을 가지고 있는 sandhi 현상에는 內的 連聲과 外的 連聲이 있다. 문장을 이루고 있는 단어 또는 복합어의 구성요소 사이에서 일어나는 音의 변화를 외적 연성(external sandhi)이라 하고, 단어의 派生 또는 名詞 動詞의 屈曲에 있어서 語基(어근, 어간)와 접미사 사이에서 생기는 音의 변화를 내적 연성(internal sandhi)이라 한다. 특히 불어의 경우 il est pauvre/ilɛpoːvr/(he is poor)에서처럼 est라는 어형은 자음 앞에서 (또는 고립해서) 일어날 때 /ɛ/로 발음되지만, 모음으로 시작되는 단어 앞에서는 il est aimé /ilɛtɛme/(he is loved)에서처럼 /ɛt/로 발음된다. 이와 같이 개별 단어내에서가 아니라 단어 사이의 연접에서 생기는 연성현상이므로 전자에 속하는 예가 된다. 후자와 같이 단어를 이루고 있는 형태소 배합과정에서 생기는 연성현상은 주로 형태음운론의 연구 대상이 된다.

영어의 예로서 a cow에서 a가, an old cow에서는 an으로 나타나며, 또한 I like him에서 him이 [him]이나 [im]으로 발음되는데, 부정관사 a가 an으로 나타나는 것은 자동적으로 정해지므로 强制的 連聲(compulsory sandhi)이라 이르고, him이 [him]으로 발음되거나 혹은 [im]으로 발음되는 것은 스타일에 의해 정해지므로 隨意的 連聲(optional sandhi)이라 이른다.

3) 연성규칙

형태소와 형태소, 또는 단어와 단어가 연결 배합될 때 연성 현상이 생길 경우, 기저형 A와 B가 서로 어울려서 파생되는 수정형 F의 규칙을 連聲規則(sandhi rule)이라 한다. 이를 기호로 나타내 보이면 다음과 같다.[5]

$$A + B \rightarrow F$$

[3] 형태음소론

형태음소론(morphonologie)이라는 용어는 Trubetzkoy(1939)의 「음운론의

---

5) P.H. Matthews, *Morphology* (1974), p.102 참조.

원리」(Grundzüge der Phonologie)에서 '形態音韻論에 대한 管見'이라는 제목으로 형태음운론의 성격, 연구분야, 형태음운론 연구의 필요성 등에 대한 의견을 피력한 데서 비롯되었다. 그는 형태음운론을 다음과 같이 정의했다. 즉, '형태음운론은 언어의 音韻手段의 형태론적 적용에 관한 연구'라고 말하고, 형태음운론의 세 가지 연구부문을 제시했다. (1) 형태소의 음운론적 구조에 관한 연구, (2) 형태소가 형태소 배합에서 겪는 配合的 음성변화에 관한 연구, (3) 형태론적 기능이 수행하는 음성변동에 관한 연구 등이다.

미국의 구조언어학자들은 주로 形態音素論(morphnemics)이라는 명칭을 사용하였으며, 형태음소론의 특징을 다음 두 사람의 定義로 대변할 수 있다.

> 형태음소론은 동일 형태소의 變動形狀(alternant shapes)에 나타나는 對應 音素間의 변동을 연구한다(Bernard Bloch, Language 23, 1947).
> 형태음소론은 형태소와 音素形狀(phonemic shapes)의 모든 모습(phase)을 포함하여 연구한다. 즉, 변동의 대표적인 形狀(shapes), 유형(type) 환경요인 (음운적·문법적), 즉 하나의 변동 혹은 그 이상으로 나타나는 형태소의 여러 변동을 야기하는 요소에 관한 연구다(Charles F. Hockett, Language 26, 1950).

이상에서 언급한 내용을 요약하면 다음과 같다. 형태음소론은 형태소가 서로 결합하여 단어(혹은 어절)를 이룰 때 형태소의 이형태간의 音素的 變異(phonemic variation)를 연구 대상으로 하는 형태론의 한 분야다.

[4] 국어 정서법과 형태음소론

주지하는 바와 같이 현대국어의 정서법은 형태음소론적 체계에 근거를 둔 표기법이다. 예를 들면, 음운론적으로는 이른바 中和과정이라고 하는 음운현상 때문에 모두 /낟/으로밖에 소리나지 않음에도 불구하고 '낟(穀), 낫(鎌), 낮(晝), 낯(面), 낱(個)' 등과 같이 서로 다른 固定形으로 표기하는 것은 형태음소론적 체계의 일면을 보여주는 것이다. 또한 '부엌, 값'이라는 명사는 /ㅋ/이나 /ㅄ/ 소리가 실현되지 않는 자리에서도 고정적 받침으로 표기하는데, 이도 역시 형태음소론적 체계에 근거한 것이다.

부엌	부엌~/부억/	값	값~/갑/
	부엌도~/부억또/		값도~/갑또/
	부엌안~/부억안/		값만~/감만/
	부엌문~/부엉문/		값어치~/갑어치/

그러나 모든 한글 표기에 있어서 형태음소적 원리에 일관하고 있지 않다. 예를 들면, 불규칙 용언의 어간 중에 고정형을 포기하는 것도 있다.

形態音素的	○	×
곱 다 (麗)	곱 고 곱 지 곱습니다	고우니 고 와 고 운
듣 다 (聽)	듣 고 듣 는 듣 지	들 어 들 은 들어도

국어 정서법에서 형태소론적 조건에 참여하는 음소 또는 음소 결합들 가운데 어느 하나가 추상적 단위에 외형상으로 일치함으로써 그로부터 나머지 음소 내지 음소 결합들이 음운규칙에 의하여 설명될 수 있을 때 형태음소론적 고정형을 취하고 음운규칙에 의하여 설명될 수 없는 것은 고정형을 취하지 않음을 알 수 있다.

본질적으로 音素的 체계인 한글에 의한 현대국어의 정서법은 부분적으로 형태음소론적 체계에 접근하고 있는데, 음운론적으로 동일한 형태

소에 서로 다른 視覺的 기호를 사용하고 있는 것은 국어 정서법이 형태
음소론적 체계에서 비롯된 것일뿐 아니라 한자와 일맥상통하는 일면이
라 하겠다. 한글은 表音文字이지만 정서법은 거기에 表意文字的 특성까
지 겸해 있음을 알 수 있다. 요컨대 현대국어의 正書法은 형태음소론적
체계에 근거를 둔 表記法이다.

4. 단 어

언어에 있어서 건축용 벽돌이라고 할 수 있는 音素는 의미의 단위인
形態素나 그보다 더큰 의미의 단위인 單語(word)로 결합된다.

단어의 개념에 관해서는 오랜동안 언어이론의 중요한 문제로 다루어
져 왔다. 그러나 이에 대한 정의는 매우 구구하다. 별로 신통한 정의를
내리지 못하고 있다. 왜냐하면 '단어'라고 하는 용어는 개별언어의 화자
들이 사용하는 언어에서의 語彙項目을 기준으로 정의했기 때문에 그 정
의는 단어 전체의 범위를 포괄하지 못한 것이다.

그러나 단어를 정의하는 어려움에도 불구하고, 단어는 우리의 언어생
활에서 매우 친근한 언어단위이며 널리 알려진 말이다. 글을 쓰지 못하
는 화자들이 단어를 더 작은 단위로 나누지 못하지만 '단어와 단어'의
문장을 되풀이하는 데는 어려움이 없다.[6]

또한, 단어가 어떤 종류의 언어적 실재가 된다고 생각되는 이유로서
이것이 이루어지는 形態論的 조건은 단어내에서 이루어진다는 것이다.[7]

예를 들면 영어의 불규칙 복수형은 해당 단어에서 결정되면, 단어에
서 발생하는 것으로 단일어 ox에 -en을 접미하여 복수형을 만든다. 영어

---

6) E. Sapir, *Language*, London: Harvest(1921), p.34 참조.
7) P.H. Matthews, *Inflectional Morphology* (1972), p.99.

의 형용사 비교급에 있어서도 같은 현상을 볼 수 있다. 즉, 비교급의 개별 단어 more로 나타낼 경우도 반드시 비교가 되는 형용사의 앞에 놓이고(예, more curious), -er로 표현할 경우에는 비교가 되는 형용사의 끝에 온다(예, curiouser). 또한 핀랜드語나 터키語와 같이 母音調和의 특징을 가지고 있는 단어들에 있어서 그 범위가 단어내에 한정하고 있음을 알 수 있다. 그리고 아이스란드語나 폴란드語와 같이 固定强勢를 가지고 있는 언어들에서 그 기능 중의 하나는 고정 강세가 단어의 경계를 정하는 것이다. 아이스란드語에서 강세는 항상 단어의 첫음절에 오므로 강세음절은 새로운 단어의 표시이기도 하다. 이러한 모든 요소들은 단어를 하나의 단위로 지정할 수 있는 요소들이다.

그러나 어떤 언어의 경우에는 단어라고 하는 언어형식이 따로 없는 말도 있다.[8] 그러므로 단어를 보편성 있게 정의하기란 거의 기대하기 힘드는 일이다. Matthews(1972)가 "단어란, 母話者가 단어라고 생각하는 것이다"라고 정의한 것을 제외하고는 말이다. 그러나 이와 같은 정의는 언어분석에 있어서 별로 가치가 없는 것이다.

[1] 단어의 개념

여기에 단어에 대한 정의를 전통언어학・구조언어학・변형 생성 언어학에 근거를 둔 대표적인 몇 가지 정의를 소개하면 다음과 같다.

① 단어는 궁극적으로 독립된 意味單位(sense-unit)다. <H. Sweet, 1898>

---

8) 아메리칸 인디언 파이우트語(Paiut) [wï・to・kuchum・punku・rügani・yugwi・va・ntü・mü](그들은 앉아서 검은 황소를 칼로 자르려고 한다) <Sapir, 1921:30> (여기에서 사용된 중간점은 단어의 요소를 구별하는 데 도움을 주기 위한 것임) 이 전체가 하나의 단어다.
에스키모語 중에서 [a:wlisa・ut・issʔar・si・niarpu・ŋa] (나는 알맞은 낚시줄을 찾는다)도 하나의 단어이며, 터키語 [ev・ler・in・de](그들의 집에서)라든가, 라틴어 regebam(나는 지배자였다) 등도 하나의 단어다.

② 단어는 轉位 가능한 最小記號(minimal permutable unit)다.

<L. Hjelmslev, 1928>

③ 단어는 최소 자립형식(minimal free form)이다.

<L. Bloomfield, 1933>

④ 단어는 형태의 앞뒤에 休止가 있고, 그 형태의 중간에 휴지가 올 수 없는 문장의 일부다.　　　　　<C.F. Hockett, 1958>

⑤ 일정한 문법적 기능을 담당하는 일련의 音群과 일정한 意味와의 결합(association)이다. <A. Meillet, 1952b>

⑥ 단어는 통사론의 요소로서 最小記號(minimal signs)가 된다.

<M. Aronoff, 1976>

⑦ 단어는 문장에서 轉位 가능한 의미 단위로서 더 이상 분할할 수 없는 最小自立語를 말한다.　　　　<Hans Marchand, 1969>

⑧ 단어는 形態的 단어(morpheme), 語彙的 단어(lexeme), 意味的 단어(sememe)로 나뉜다.　　　　　<Lamb, 1969>

⑨ 단어는 비순환적 음운규칙이 적용되는 層位에 대하여 부여되는 명칭이다.　　　　　<Chomsky-Halle, 1968>

　이상의 定義 가운데 ①~⑥의 내용을 포괄하고 있는 것은 ⑦이라 할 수 있다. 즉, 단어는 첫째 언어의 의미 단위(meaningful unit of speech)이며, 둘째 더 이상 작은 단위로 分割할 수 없는 最小自立語(the smallest independent, indivisible)이며, 셋째는 문장에서 轉位가 가능한 것(susceptible of transposition in sentence)이 단어의 요건이다.

　한편 ⑧과 같이 단어의 개념을 나누어 생각하면, 예컨대 table과 tables는 두 개의 상이한 形態的 단어이지만 동일한 語彙的 단어가 되고, table 1(the book on the table)과 table 2(the table in the book)는 서로 다른 두 개의 意味的 단어가 되고, 동일한 語彙的 단어라고 규정할 수 있다. 또한 ⑨와 같은 단어의 정의는 음운론적 관점으로서, 단어는 다음과 같은 단어 경계에 둘러싸인 요소들, 즉 #를 두 개씩 갖는 요소들이 된다.

　(a) s[#X[# (b) #]X#]s (c) #]X[# 예컨대, ##the#book##was#in#an #unlikely##place## 와 같은 구절에서 단어는 the book, was in an unlikely, place 등 셋이 된다.

[2] 단어의 분류

단어는 단어의 구조에 따라 單純구조와 複合구조로 구분되며, 복합구
조는 다시 派生구조와 合成구조로 나뉜다.

1) 단일어

'말, 개, 집, boy, beauty' 등과 같이 파생이나 복합과정이 없는 단순구
조의 단어를 단일어(simple word)라 한다.

【단어의 구조】

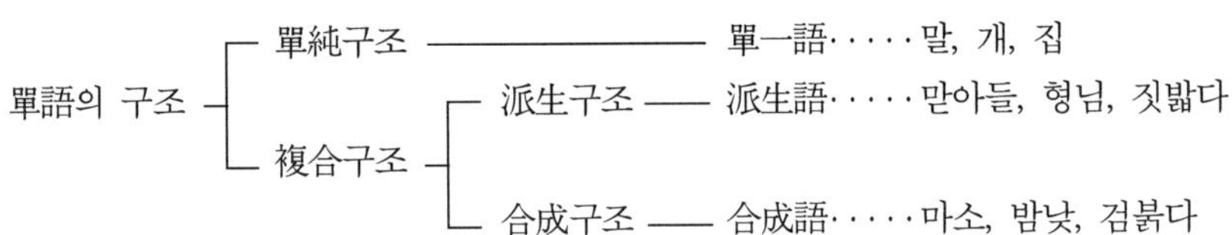

2) 파생어

'맏아들, 선생님, 짓밟다, beautiful, teacher' 등과 같이 語基(어근)에 접사
가 첨가하여 파생구조로 이루어진 단어를 派生語(derived word, derivatives)
라 한다.

3) 합성어

'마소, 소나무, 검붉다, schoolboy, self-taught' 등과 같이 둘 이상의 단어가
결합하여 복합구조로 이루어진 단어를 合成語(compound word, compounds)라
한다.

5. 단어형성

　단어의 형성을 확증할 수 있는 규칙은 어떠한 주어진 언어에서 단어로 생각하기에 달린 것이다. 앞에서 설명한 에스키모語에서 단어는 아마도 統辭규칙에 의하여 형성된 것으로 생각하는 것이 옳을 것이다. 터키語와 라틴語에서 인용한 예들은 통사규칙으로 단어의 형성을 고찰할 것이 나니라 통사적 요인에 따른 규칙으로 설명하는 것이 옳을 것이다. 또한 어떤 것은 語形成이라는 타이틀을 가지고 설명할 수 없는 것들도 있다.

　語形成이란 말은 전통적으로 언어구조를 이해하기 위하여 유용한 것이기는 하나 단어라고 지칭할 수 있는 모든 것을 다 어형성규칙으로 설명할 수는 없는 것이다.

[1] 어형성의 개념

　새로운 말을 여러 가지 방법으로 造語하는 것을 단어형성(word-formation) 또는 語形成이라 한다. 어형성을 고찰할 경우, 이때에 語 또는 단어라고 하는 말은 語彙項目으로서의 단어를 말한다. 새로운 事物이 생기고 이에 대한 개념이 형성되면 그들을 단어로 표현할 필요가 생기게 마련이다. 이러한 경우 기존하는 단어의 의미를 확장하기도 하고, 외국어를 借用하거나 新語를 造語하기도 한다.

　한편, 어형성은 새로운 사물을 신어로 표현함에 그치지 않고 이미 있는 명칭을 달리 표현하기도 한다. 다시 말하면 표현방법을 재구성하기도 하기도 한다. 예컨대, 형용사로 표현했던 것을 명사로 표현하거나, 긴 語形을 짧게 고쳐서 표현하기도 한다.

　어형성은 단어의 구성, 語構造(word-structure)에 초점을 두는 것이 아니라 단어의 형성과정에 초점을 둔다. 어형성은 단어의 내부구조를 분석하여 語基·接辭 등의 구성요소를 추출하고 그들의 결합방식을 기술하는 共時的 연구보다는, 새로운 단어(新語)를 여러 가지 방법으로 조어하는 造語法을 연구 대상으로 한다. 그러므로 어형성의 연구는 단어의 형성과정을 역사적으로 설명하는 通時的 연구를 중시한다. 그러면서도 창조적이라는 점에서 屈折形態論과 다른 것이다.

[2] 어형성법

어떠한 自然語라도 어휘 증가의 원칙을 가지지 않은 언어는 없다. 인간의 사상이나 문화의 향상은 물론 물질 문명의 발달에 따라 어휘가 증가하는 것은 당연한 이치다.

근본적으로 어휘를 造成하는 방법에는 세 가지 유형이 있다. 첫째로 기존의 어떤 말을 이용하지 않고 새로운 語根을 창조하는 방법(root creation)과, 둘째로 이미 기존하는 단어나 형태소를 이용하여 新語를 조어하는 방법, 그리고 외국어의 요소를 借用하는 방법(borrowing) 등이다.

1) 어근창조

기존의 어떠한 단어나 형태소와 같은 造語要素를 이용하지 않고 전혀 새로운 단어를 조어하는 語形成을 語根創造(root creation)라고 한다. 어근창조는 소리를 직접 모방하는 擬聲(onomatopoeia)과 音象徵(sound symbolism)이 대부분이다.

baa (매애, 양의 울음소리)	bow-wow (멍멍, 개 짖는 소리)
mew (야옹, 고양이 울음소리)	cock-a-doodle-doo (꼬끼오, 닭울음)
ding-dong (땡땡, 종소리)	flip-flap (퍼덕퍼덕, 덜컥덜컥)
glimmer (가물가물)	

그리고 의식적으로 붙인 고유명사라든가 특히 상품 이름으로 자주 사용하는 조어법이다. 예를 들면, Esso, Kodak, Nylon, Jell-α(제리 商標) 등이 그것이다. 그리고 미국의 유머作家(G. Burgess)가 만들었다는 말로서 blurb(新刊書 표지에 인쇄된 自讚 문장)도 이러한 부류에 속하는 語形成法이다.

2) 기존 조어요소를 이용한 어형성

이미 기존하는 단어나 형태소를 사용하여 새로운 말을 조어하는 語形成 과정에는 派生法, 合成法을 비롯하여 反復, 語幹變容, 逆成, 混成, 省略 등 여러 가지의 造語過程이 있다.

(1) 파생법

自立이든 依存이든 어기에 접사가 첨가하여 新語를 造語하는 현상을 派生(derivation)이라 하고, 이 파생의 과정을 派生法 또는 接辭添加(affixation)라고 하며, 파생법에 의하여 이루어진 단어를 派生語(derived word, derivatives)라 한다.

파생의 유형을 첫째 파생의 母體가 되는 어기형태소의 自立性 여부에 따라, 둘째 파생접사가 어기에 첨가되어 어기의 품사를 유지 혹은 변화시키는가에 따라, 셋째 접사첨가의 위치에 따라, 넷째 混種性의 여부에 따라 유형 분류하여 개괄하기로 한다.

① 파생의 모체가 되는 어기형태소가 자립형태소인가 혹은 의존형태소인가에 따라 1차 파생과 2차 파생으로 나뉜다.

㉠ 1차 派生 : 파생의 모체가 되는 어기형태소가 의존형태로서 의존형태인 어기에 접사첨가되는 파생이다.

con-ceive	de-ceive	re-ceive
anima-al	anim-ate	anim-ism
먹-이	깨끗-하다	반듯-하다

ⓛ 2차 派生 : 파생의 모체가 되는 어기형태소가 자립형태소로서, 이 자
  립형식인 어기에 접사첨가되는 파생법을 말한다.

en-able	en-close	en-list
act-ive	act-or	ect-ress
선생-님	맏-아들	지혜-롭다

② 접사첨가로써 어기의 품사를 유지하는가 혹은 변화시키는가에 따
라 語類維持파생과 語類變化파생으로 나뉜다.

㉠ 語類維持派生 : 어기에 파생접사가 첨가되어도 어기의 품사가 바뀌지
  않고 그대로 유지되는 파생을 어류유지파생(class maintaining derivation)
  이라 한다.

dis-continue	dis-count	dis-trust
boy-hood	man-hood	neighbour-hood
짓-밟다	애-쬫다	휘-감다
부채-질	떡-보	잠-꾸러기

㉡ 語類變化派生 : 어기에 파생접사를 첨가하여 어기의 품사를 변화시
  키는 파생을 어류변화파생(class changing derivation)이라 한다.

(名→動)	en-courage	en-dander	en-slave
	사랑-하다	일-하다	
(動→名)	love-er	runn-er	teach-er
	먹-이	읽-기	
(名→形)	care-ful	girl-ish	child-less
	지혜-롭다	변덕-스럽다	
(形→名)	warm-th	good-ness	similar-ity
	검-정	검-둥이	
(形→動)	real-ize	sharp-en	simpl-ify
	높-이다	낮-추다	
(動→形)	read-able	sleep-y	forget-ful
	믿-업다(미덥다)	믿-브다(미쁘다)	

③ 어기와 결합하는 접사의 위치에 따라 接頭파생, 接尾파생, 接中파생 등으로 나뉜다.

　㉠ 接頭派生 : 어기에 접두사가 첨가하여 파생어를 이루는 접사첨가의 과정을 접두파생(prefixation)이라 한다.

(a) un-happy(形)　　　co-author(名)　　　co-exist(動)
　　dis-count(動)　　　민-머리(名)　　　짓-밟다(動)
(b) be-head(名→動)　　dis-bar(名→動)　　en-rich(名→動)
　　be-little(形→動)　　a-flame(名→副)

　(a)의 접두사는 품사 결정 능력이 없는 접두사(non-category determining prefix)로서 添意的 기능을 하며, (b)의 접두사는 품사 결정의 능력이 있는 접두사(category determining prefix)로서 역시 첨의적 기능을 한다. 한국어의 접두사는 품사 결정 능력이 없다.

　㉡ 接尾派生 : 어기에 접미사가 첨가하여 파성어를 이루는 파생법을 접미파생법(suffixation)이라 한다.

(a) man-hood(名)　　　dark-some(形)　　　inner-most(形)
　　선생-님(名)　　　좁-다랗다(形)
(b) teach-er(動→名)　　달리-기(動→名)　　girl-ish(名→形)
　　남자-답다(名→形)　　simpl-ify(形→動)　　넓-히다(形→動)
　　good-ness(形→名)　　검-정(形→名)

　㉢ 接中派生 : 어기에 接腰辭(infix)가 첨가하여 파생어를 이루는 접사첨가를 접중파생(infixation)이라 한다.

어　기　　　　　k—t—b (write)
접중파생　　　　katab (he wrote)
　　　　　　　　kitab (book)
　　　　　　　　katib (writer)

接中辭는 어기의 모음이나 子音群 안에 삽입된다. 비록 Hockett와 같은 일부 언어학자들은 語中母音變化(예컨대, men은 語基 m—n에 굴절형태소 e가 삽입된 것이라 함)를 접중사로 해석하기도 했으나, 영어나 한국어에서 접중사라는 것은 찾아볼 수 없다.

접중사는 많은 언어에서 규칙적인 文法的 裝置로서 사용된다. 전형적인 예가 아랍어인데, 아랍어는 소위 三字語根(triliteral roots)이라고 하는 3개의 자음군으로 나타나는 어기가 많은 것이 특징이다. 예를 들면, 앞에서 보인 k-t-b(write)라는 어기에서 katab(book), katib(writer) 등의 단어 형성이 가능하다. 그러나 아랍어가 모두 접중파생만으로 운용되는 것은 아니다. 예를 들면, yiktib(he writes), tiktib(she writes), katabt(I wrote), katabit (she wrote), yaktubu(he will write), yuktaba(it will be written) 등과 같이 접두사와 접미사가 3개의 자음으로 된 어기에 첨가될 수 있기 때문이다. 모음 사이에 또는 모음과 자음 사이에 삽입되는 접사는 필리핀에서 약 300만의 사람들이 말하고 있는 일로카노(Ilocano) 말에서 그 용례를 볼 수 있다.

<table>
<tr><td>어기형</td><td>panaw(go)</td><td>kita(sight)</td></tr>
<tr><td>접중파생</td><td>pumanaw(he goes)</td><td>kinita(thing seen)</td></tr>
<tr><td></td><td>pimmanaw(he went)</td><td></td></tr>
</table>

④ 混種性의 여부에 따라 파생법의 유형을 설명하기도 한다.

두 가지 이상의 다른 언어에서 기원한 相異한 언어의 요소에 의하여 造語된 말을 混種語(hybrids)라 하고, 두 가지 이상의 相異한 언어 요소로 어형성된 파생어를 混種派生語(hybrid derevatives)라 한다. 혼종파생어에는 어기가 外來語源인 경우와 접사가 외래어원인 경우가 있다.

(a) 外來語源인 어기에 접사가 첨가되는 파생법

접두파생	(E+F)	un-easy	be-tray	mis-fortune
	(E+L)	un-prepare-d		
접미파생	(F+E)	champion-ship	plain-ness	fool-ish
		defence-less	delight-ful	
	(F+E+E)	assure-d-ly		
	(Gk+E)	Bishop-food	monopolize-d	

국어의 예로서 '强-펀치, 洋-담배, 데이트-하다' 등은 이에 속한다.

(b) 本來語에 外來語源의 접사를 첨가하는 파생법

접두파생	(F+E)	demi-god	dis-burden	re-tell
	(L+E)	super-man		
	(Gk+E)	anti-rust		
접미파생	(E+F)	eat-able	ship-ment	short-age
		steward-ess		
	(E+L)	flirt-ation	talk-ative	
	(E+Gk)	Britic-ism	woman-ize	oil-pap

국어의 예로는 외래어원의 접미사 '-的'(-tic에서 비롯됨)이나 '-化' 등을 접미하는 예, 즉 '우리的, 우리化, 마음的' 등이 이에 속한다.

(2) 합성법

기존의 둘 또는 그 이상의 단어나 어기가 결합하여 새로운 新語를 조어하는 현상을 合成(composition)이라 하고, 이 합성의 과정을 合成法(compounding)이라 한다. 즉, 합성법은 둘 또는 그 이상의 어기가 새로운 단어의 독립된 形式類(form class) (品詞)를 이루는 조어법을 말한다. 이와 같이 새로운 어휘 단위로 이루어진 단어를 合成語(compound word, compounds) 또는 복합어라 한다.

| oil-paper | black-bird | green-house | hot-house |
| 앞-뒤 | 오르-내리다 | 돌아-가다 | 큰-집 |

합성에 단어형성은 게르만語族의 특징이기도 하다. 그것은 현대 독일어에서 잘 예증된다.9)

합성어의 특징을 영어를 중심으로 살펴보면 다음과 같다.

첫째로, 각 단어는 오직 하나만의 제1강세를 가지므로 합성어도 하나의 제1강세만을 가지며, 강세를 가질 때는 앞의 어기에서 갖는다.

blúe-grass   géntle-man   ráil-road   bláck-bird

이 기준에 따르면, 흔히 합성어로 간주되는 다음의 단어는 합성어에서 제의된다. 즉, íce créam, pêa gréen, pêa sóup 등.

둘째로, 역시 발음 기준으로서 强勢기준 외에 합성어에서는 본래의 발음과 달라지는 것이 원칙이다. 예를 들면, géntle màn과 géntle-man은 강세 위치도 달라지지만 [mæn]과 [mən]이라는 발음의 차이가 생긴다.

break-fast [brékfəst]   (←[breik] [fɑ:st] 혹은 [fæst])
fore-castle [fouksl]   (←[fɔ:r] [kɑ:s] 혹은 [kœsl])
two-pence [tʌpəns]   (←[tu:] [pens])

셋째, 構成素의 위치 기준을 들 수 있다. 통사적 구성요소의 상대적 위치는 비교적 자유스러운데, 합성어의 구성소의 위치는 고정되어 있다.

bread-and-butter (cf. I want some bread and butter/ I want some butter and bread)
to house-keep (cf. to keep house)

넷째, 不分離性의 기준이다. 통사적 구성소 사이에는 다른 언어를 삽입시킬 수 있는데 반하여 합성어는 삽입이 불가능하다. 예를 들면, 통사

---

9) 현대 독일어에서 Donaudampfschiffartsgesellschaftskapitän(captin in the Danube steamship company)와 같은 말하기 거북한 말(crack-jaw)을 만들어 낼 수 있다.

적 구성인 black-birds라는 합성어에는 십입이 불가능하다.

다섯째, 의미에 관한 기준으로서 둘 또는 그 이상의 어기가 결합될 때 전체 의미가 부분 의미로는 논리적으로 추측하기 힘든 것이 보통이다. 예를 들면, dark-room(暗室)이라는 합성어는 단지 dark room(어두운 방)이 아니라 사진 현상을 위해 특별히 만들어진 장소를 말한다.

합성의 유형은 첫째, 결합된 두 어기가 自立어기인가 혹은 依存어기인가에 따라, 둘째로 결합된 두 어기의 성분 사이에 나타나는 관계에 따라, 셋째 主要語를 포함하고 있는가 혹은 없는가에 따라, 넷째 합성어를 이룬 구성요소가 單純語인가 혹은 複合語인가에 따라, 다섯째 品詞에 따라, 여섯째 混種性에 따라 유형 분류된다.

① 합성된 두 어기가 자립어기인가 혹은 의존어기인가에 따라 統辭的 합성과 非統辭的 합성으로 나뉜다.

㉠ 統辭的 合成 : 합성된 둘 또는 그 이상의 구성요소의 결합방식이 통사론에서 다루는 두 自立형식의 결합과 같이 합성된 것을 통사적 합성(syntactic composition)이라 한다.

(形+名)	black-bird	blue-stocking	high-brow
	white-caps		
(動+名)	break-fast	blotting-paper	looking-glass
	falling-star		
(動+副)	check-up	come-back	drive-in
	set-up		
(名+副+名)	father-in-law	son-in-law	

국어의 예로서 '산돼지, 눈물, 집터, 큰물' 등은 이 부류에 속한다.

㉡ 非統辭的 合成 : 합성된 두 어기가 의존형식이거나 독립된 요소로 쓰일 때도 전체 의미가 다르게 합성되는 것을 非統辭的 합성(asyntactic composition)이라 하고 이러한 합성법으로 이루어진 단어를 非統辭

的 합성어(asyntactic compounds)라 한다.

play-ground
fire-proof
electro-magnet

out-cry
frost-bitten

broad-cast
home-sick

국어의 예로서 '오가다, 검푸르다, 나들이, 오르내리다' 등이 이에 속한다.

② 합성된 두 어기의 성분 사이에 나타나는 관계에 따라 여러 유형으로 나뉜다.

㉠ 並列的 合成 : 대등한 자격을 가진 두 어기가 하나의 어휘 단위로 합성하는 것으로, 두 어기 사이에 '~과' 라는 접 속의 뜻을 가지고 있는 병렬적 관계의 합성이다.

마소(말[馬]+소[牛])　　손발(손[手]+발[足])
앞뒤(앞[前]+뒤[後])　　오르내리다(오르다[昇]+내리다[降])
나달(날[日]+달[月])

㉡ 修飾的 合成 : 두 어기의 배합관계가 수식과 피수식, 主從의 관계로 결합하는 有屬관계의 합성을 말한다.

물굽이　　물소　　안집　　소나무　　속옷　　나아가다

㉢ 融合的 合成 : 두 어기가 결합하여 두 어기의 뜻이 어울려 아주 다른 뜻으로 融合하여 각 어기의 原義를 잃어버리고 새로운 어휘적 의미를 이루는 합성법을 말한다. 융합적 합성어(amalgamated compounds)의 예를 들면 다음과 같다.

밤낮(늘, 항상)　　나들이(외출)　　손위(年長)
큰집(宗家)　　돌아가다(죽다)

③ 두 어기가 결합하여 합성어의 품사를 결정하는 어기, 즉 의미의 중핵을 이루는 主要語(head word)를 포함하고 있는가 혹은 포함하지 않았는가에 따라 內心的 합성과 外心的 합성으로 나뉜다.

㉠ 內心的 合成 : 主要語를 포함시키는 것을 내심적 합성(endocentric com- position)이라 하고, 이와 같은 합성법으로 이루어진 합성어를 내심적 합성어(endocentric compounds)라 한다. 예를 들면, dump-truck과 같은 합성어는 truck이 主要語이고 dump는 수식어(modifier)이므로 內心的 합성어에 속한다.

㉡ 外心的 合成 : 의미의 中核을 이루는 主要語를 포함하지 않은 합성을 외심적 합성(exocentric composition)이라 하고, 이러한 합성법에 의하여 조어된 합성어를 외심적 합성어(exocentric compounds)라 한다. 예를 들면, pick-pocket(소매치기)는 pocket의 일종이 아니며, paper-back(엷은 종이 표지를 한 염가의 책)은 back의 일종이 아니고 a book having a flexible paper biding을 뜻하는 합성어다.

④ 합성어를 이룬 단어가 단순어(simple word)인가 혹은 복합어(파생·합성)인가에 따라 基本的 합성과 副次的 합성으로 나뉜다.

㉠ 基本的 合成 : 합성어를 이룬 두 어기가 단순어인 결합관계를 기본적 합성(primary composition)이라 하고, 이러한 조어법으로 이루어진 단어를 기본적 합성어(primary compounds) 또는 强合成語(strong compounds)라 한다.

       bed-room   suger-cane   sea-sick
       school-bus

㉡ 副次的 合成 : 합성어를 이룬 구성소가 파생어나 합성어로 이루어진 단어를 부차적 합성어(secondary compounds) 또는 弱合成語(weak compounds)라 한다.(house-keeping, drinking-water, dishwasher-proof 등). jack-in-the-box나 son-in-law와 같은 弱合成語라고도 하는데(Bergsten, 1911), 일반적으로 이와 같은 합성어를 그룹 합성어(group compounds)(Sweet,

NEG)라 한다.

⑤ 합성어의 품사에 따라 체언류, 용언류, 부체언류, 부용언류, 독립
언류 등으로 나뉜다.

합성명사	book-club	bath-room		tooth-ache
	손발	열쇠		곱슬머리
합성대명사	him-self	이것	어느것	그이
합성형용사	snow-white	손쉽다	검붉다	철없다
합성동사	window-shop	뛰놀다	여닫다	잔걸음치다
합성부사	some-where	제각기	밤낮	앞서
합성감탄사	al-though	웬걸	예따(여기 있다)	

⑥ 두 가지 이상의 상이한 언어에서 기원한 구성요소에 의하여 조어
된 말을 混種語(hybrid compounds)라 한다.

■ 영어의 경우 ■

E+F	black-guard	book-reviewer	knight-errant
	life+jacket		
F+E	laundry-man	pleasure-ground	round-about
L+E	motor-man		
It+E	opera-house	piano-school	
Sp+E	mosquito-net	negro-land	negro-head
Dutch+E	dock-yard	sketch-book	
Heb+E	mari-gold		
Jap+E	geisha-girl		
L+Gk	bi--cycle		
Gk+L	tele-vision		
L+F	juxta-position		

■ 국어의 경우 ■

㉠ 설주(설[立]+柱), 문설주(門+설[立]+柱), 싸전(쌀+廛), 밑변(밑

[底]+邊), 약밥(藥+밥), 양색시(洋+색시), 색종이(色+종이), 창살(窓+살), 된장(된+醬), 간장(간+醬), 고추장(고추+醬), 물통(물+桶), 앞문(앞+門), 들창(들[擧]+窓), 장김치(醬+김치)

ⓒ 오뎅집(オデン+집), 구두주걱(クツ+주걱), 찹쌀모찌(찹쌀+モチ), 노랑구두(노랑+クツ), 새우뎀뿌라(새우+テンプラ<포,tempora>), 다다미방(タタミ+방), 세비로洋服(セビロ<civil clothes의 civil의音譯>+양복), 전기다마(電氣+タマ)

ⓒ 찐빵(찐+pão<포>, pan<서>), 털자케트(털+jacket), 우승컵(우승+cup) 커피잔(coffee+잔), 즈봉끈(jupon<프>+끈), 고무신(gomme<프>+신), 계란빵(계란+pan), 잉크병(ink+병), 깡통(can+桶), 깡패(gang+牌), 양담배(洋+tobacco<포>)

(3) 반복법

어떤 어기의 일부 또는 전부를 반복하는 形態論的 과정을 反復(reduplication) 또는 重疊이라 하고, 반복에 의하여 조어된 단어를 反復語(reduplicative word, reduplicatives) 또는 疊語라 이른다.

하와이어	holo(달리다)	holoholo(산책하거나 말타러 가다)
	lau(일)	laulau(푸성귀 꾸러미)
	muʔu(잘라버리다)	muʔumuʔu(옷자락이 없는 까운)
말레이어	orang(사람)	orang-orang(사람들)
영 어	papa, gee-gee, puff-puff, mamma, ding-dong,	
	bow-wow, zig-zag, whimsy-whamsy, ping-pong,	
	flim-flam, willy-nilly	

반복에는 完全反復(total reduplication)과 部分反復(partial reduplication)이 있다.

다음은 국어의 反復語 유형을 보인 것이다.

① 집집, 곳곳, 가지가지, 종종, 출렁출렁, 깡충깡충, 덜거덕덜거덕
② 울긋불긋, 얼룩덜룩, 알쏭달쏭, 아롱다롱, 울뚝불뚝, 울긋불긋

③ 끝끝내, 샅샅이, 잔잔누비, 더더구나, 떵떵그렇다, 덩덩그렇다
④ 끄르륵거리다, 삐드득거리다, 오도독소리, 보더덕거리다, 파다닥거
　리다
⑤ 아차차, 애개개, 쿵더덕, 후닥닥, 데그르르

위의 예에서 ①과 ②는 全稱反復의 예로서 ①은 완전히 동일한 同音 語基가 반복되는 同音疊語이고, ②는 두 어기의 자음이나 모음이 약간 다르게 결합되는 類音疊語의 예로서 동음첩어의 변형이다. 다음으로 ③, ④, ⑤는 部分反復의 예로서, 중첩되는 위치에 따라 語頭첩어, 語中첩 어, 語末첩어로 구분되는데, ③은 어두첩어, ④는 어중첩어, ⑤는 어말 첩어의 예를 보인 것이다.

(4) 어간변용

어기를 어떠한 특징의 방법으로 변화시킴으로써 새로운 단어를 만들 어 내는 형태론적 語幹變容(symbolism)이라 이른다.[10] 예를 들면, 영어에 서 fight/fought, sit/sat, meet/met, build/built, send/sent 등과 같이 어떤 모음 이나 자음을 변화시킴으로써 단어를 산출해 내는 것이다.

(5) 역성법

類推的 水平化(analogical leveling)의 과정에서 생기는 현상으로서, 일견 접미사와 같이 보이는 요소를 가진 단어가 역사적으로 오래 동안 존재 하는 경우, 그 요소가 접미사로 오해하여 그 상상적인 접미사를 제거함 으로써 새로운 단어를 산출해 내는 語形成을 逆成法(back formation) 또는 逆派生(back derivation)이라 한다. 예를 들면, 명사 editor(편집자)로부터 edit(편집하다)라는 동사가 파생된 것과 같다. editor라는 단어는 언뜻 보기 에는 동사 어기 edit에 명사-행동자 접미사(noun-agent suffixes) -or가 첨가 된 파생어로 생각하기 쉬운데, 사실 editor는 파생어가 아니다. 실제로

---

10) C. Sloat et al., *Introduction to Phonology*, Prentice-Hall, 1978, p.128.

-or는 이 단어에서 빠뜨릴 수 없는 어기의 일부인 것이다. 마치 butcher, butler, peddler의 -er이 baker, player, driver에서의 -er과는 아무런 관계가 없는 것처럼 editor에서의 -or은 행위자를 나타내는 접미사가 아니다. editor에서의 -or을 접미사로 오해하여 그 상상적인 접미사 -or을 제거(subtraction)함으로써 새로운 단어 edit를 만들어낸 것이다.

일반적으로 역성법에 의하여 조어된 말은 本來語의 품사와 달라지는 것이 보통이다. 다음에 열거한 ①은 명사에서 역성된 것이고, ②는 형용사에서, 그리고 ③은 부사에서 역파생된 것이다.

①	auditor	audit(청강하다, 회계감사하다)
	beggar	beg(빌다, 구하다)
	cobbler	cobble(구두 수선하다)
	difficulty	difficult(어려운, 곤란한)
	editor	edit(편집하다)
	house-keeper	house-keep(살림살이하다)
	loafer	loaf(게으름 피다)
	peddler	peddle(行商하다)
	swindler	swindle(속이다, 사기치다)
	typewriter	typewrite(타자치다)
②	dizzy	dizz(현기증)
	greedy	greed(욕심)
	lazy	laze(게으름 피다)
	peevish	peeve(안달하다, 짜증나게 하다)
③	darkling	darkle(어두워지다)
	groveling	grovel(아첨하다, 기다)

매우 생산적인 역성법의 하나로서 語末 -ion을 제거하는 예가 있다.

combustion	combust(燃燒하다)
donation	donate(기증하다, 기부하다)
emotion	emote(감정을 나타내다)
intuition	intuit(直觀으로 알다)

oration	orate(연설하다)
orientation	orientate(적응시키다)
resurrection	resurrect(부활하다)

(6) 단축법

둘 이상의 음절로 이루어진 단어의 일부를 생략하는 어형성을 短縮 (clipping) 또는 省略(shortening)이라 한다. 품사는 바꾸지 않으며 일반적으로 非格式的(informal)인 경우에 이루어진다. 단축에 의하여 이루어진 단어를 단축어(clipped word) 또는 토막말(stump word)이라고도 한다(Jespersen, 1922, 169p).

단축어는 단어의 생략된 나머지 부분에 따라 3가지 유형으로 나뉜다. 즉, 語頭부분만 남기고 기타 부분을 생략한 것, 어두부분을 생략하고 語末부분만 남은 것, 그리고 어두와 어말부분을 생략하고 중간 부분만 남은 것 등이다.

①	advertisement	ad(광고)
	Benjamin	Ben
	examination	exam
	fanatic	fan
	laboratory	lab(labo)
	photograph	photo
	professional	pro
	zoological garden	zoo
②	omnibus	bus
	violincello	cello
	telephone	phone
	airplane	plane
	tobacco	bacco(baccy)
③	influenza	flu
	refrigerator	fridge
	Elizabeth	Liz
	detective	tec

이 가운데 ①이 가장 생산적이고, ③은 비생산적이다.

(7) 약어법

단축법과 비슷한 것으로 略語(acronym) 또는 字母語(Alphabet word)라고 하는 語形成이 있다. 고유명사나 구절을 구성하고 있는 文字를 모아 약어를 만드는 것이다. 어원이 분명하지 않은 OK를 제외하고는 모두 명사로서, 역시 품사가 바뀌지 않는다.

약어의 종류를 유형별로 나누어 열거하면 다음과 같다.

① 記錄上의 略語
  ㉠ 단어의 頭文字를 취하는 경우 : n(=noun), p.(=page), Av(=avenue)
  ㉡ 단어의 어두와 어말의 문자를 취하는 경우 : Mr.(=Mister), pt.(=part), Va.(=Virginia)
  ㉢ 단어의 어두와 어중 문자를 취하는 경우 : cf.(=confer), dpt. (=department), bldg.(=building), TV(=television)
② 單語形成上의 略語
  ㉠ 라틴어의 略語 : No.(=numero), p.m.(post meridiem), e.g.(=exempli gratia), A.D.(=Anno Domini)
  ㉡ 語群 또는 합성어의 어두 문자를 나열 : M.P.(=Military Police), M.A. (=Master of Art), HQ(=Headquarters), BBC(=British Broadcasting Corporation), Y.M.C.A.(=Young Man's Christian Association)
  ㉢ 어두 문자가 모여 하나의 단어처럼 읽혀지는 頭文字 : UNESCO[junéskou] (=United Nations Educational and Scientific Organization), GATT [gæt] (=General Agreement on Tariffs and Trade), radar [réidər] (=radio detecting and ranging)
  ㉣ 기타 어원의 略語 : OK, SOS 등.
    略語의 표기는 원칙적으로 생략부호를 함이 원칙적이나 관용에 따라 HQ, BBC, UNO 등과 같이 생략부호를 하지 않는 것도 있다. 그리고 略語의 복수표시는 -s를 첨가하는 경우와, 's를 첨가하는 경우와, 's를

하는 경우, 그리고 문자를 중복시키는 경우 등이 있다.

Drs. (=Doctor), Nos. (=Numbers), vols. (=volumes), Profs.(Professors), MSS (Manuscripts) ; G.I.'s(병사들), IOU's(차용증서) ; pp. (=pages), ll. (=lines), ff. (=and the following pages), nn. (=nouns), adjj. (=adjectives)

(8) 혼성법

형태와 의미가 유사한 두 단어의 일부가 결합하여 새로운 단어를 형성하는 어형성을 混成(blending) 또는 혼효(混淆, portmanteau)라 하고 이와 같이 두 단어의 일부, 즉 短縮形끼리 합성된 결합어를 混成語(blending word) 또는 合縮語(telescoped word)라고 한다.

American Indian	Amerindian
Europe and Asia	Eurasia
Oxford Cambridge	Oxbridge
smoke fog	smog
smoke haze	smaze
slang language	slanguage
television broadcast	telecast
cinema panorama	cinerama
stagnation inflation	stagflation
breakfast lunch	brunch
slip glide	slide
motor hotel	motel

(9) 기타 조어법

간단히 언급해야 할 두 가지 다른 단어의 源泉이 있다. 첫째, 새로운 것을 나타내기 위하여 고유의 이름을 사용하는 것과, 둘째로 개인이 단어의 생성에 작용하는 역할이 그것이다.

고유명사의 전환에 관해서는 특히 전기의 분야에서 측정 단위를 나타내기 위해서 사용되는 과학자들의 이름을 들 수 있다. 예컨대 ohm(독일 물리학자 Georg S. Ohm), watt(스코틀랜드 발명가 James Watt), volt(이태리人 Alessandro Volta), ampere(프랑스人 Andé-Marie Ampère) 및 faraday(영국 화학자이며 물리학자인 Michael Faraday) 등. 姓이 보통명사로 바뀐 것으로 bloomers, bowler, mackintosh 및 cardigan 같은 의복과 또한 davenport, pullman, shrapnel, zeppelin 및 sandwich 같은 잡다한 말을 포함한다.

人名은 또한 동사로도 사용된다. 잘 알려진 말로서 boycott(명사로도 사용된다) 한다는 것인데, 이 말은 1880년 아일랜드의 Land league에 의한 Boycott 대위의 처형을 기념하는 것이고, lynch는 버지니아 大農場主 Captain William Lynch를 딴 것인데, 이 사람은 재판 없이 군중 활동에 의해서 극형에 처하는 관습을 시작한 것으로 생각된다. 이 두 동사는 영어로부터 여러 언어에 파급되어, 예컨대 불어의 boycotter, lyncher, 이태리어의 boicottare, linciare 및 독일어의 boykottieren, lynchen이 되었다. 흔히 접미사 -ize는 pasteurize(프랑스 세균학자 Louis Pasteur), macadamize(스코틀랜드 技師 John MacAdam), mesmerize(오스트리아 의사 F.A. Mesmer) 및 tantalize(그리스의 신화적 존재, 영원한 굶주림과 갈증의 벌을 받은 Zeus의 아들 Tantalus에서 근원됨)에서 보는 것처럼 고유명사에 부가될 수 있다.

장소 이름도 고유명사를 보통명사로 전환시키는 경향에서 벗어나지 못했다. 일반적으로 그들은 주어진 지방에서 맨 처음 제조되었거나 판매된 제품의 이름과 관련되어 있다. 섬유 이름 중에서 calico(인도의 Calicut에서 온), cashmere(Kashmir에서 온), damask(Damascus에서 온), madras(인도의 Madras에서 온), gauze(팔레스티나의 Gaza에서 온), jersey(Jersey라는 섬에서 온) 등이 있다. 많은 치즈 이름이 또한 場所名으로 알려져 있다. 예를 들면, camembert, cheddar, edam, gorgonzola, limburger, parmesan 등을 들 수 있으며, 새 물건에 이름 붙이는 이 계통의 보다 많은 예는 bourbon, champagne, sauterne, sherry(스페인의 地名 Jerez de la Frontera에서 온), morocco, panama, suede(스웨덴의 佛語名), tabasco, tuxedo 등이다.

단어의 생성은 익명적이므로 생성자의 이름을 알 수 없다. 비록 이따금 누군가가 일반적인 수락과 총애를 맞는 새 말을 제안하지만, 아무도 누가 먼저 어떤 말을 만들어 냈는지 확실히 모른다. 그런데 blurb라는 말은 미국의 문학자 Gelett Burgess가, 출판업자가 가끔씩 表紙에 프린트하는 과장되고 지나치게 열광적인 광고를 나타내기 위해서 만들어낸 것이다. 텍사스 출신의 前 연방의원 Maury Maverick가 워싱턴 官界의 호화롭고 복잡한 特殊用語를 나타내기 위해서 gobbledygook라는 말을 만들었다고 한다.11)

---

11) Paul A. Gaeng, *Introduction to the Principles of Language*, 1971, pp.121-122 참조.

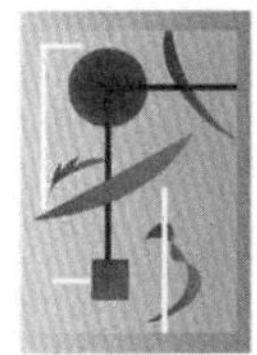

제5장 언어의 통사구조

1. 통사론의 개념과 성격

L. Ben Crane 외 『An Introduction to Linguistics』에서 모든 언어에는 일부 단어 구조가 허용될 수 있고 의미가 있으며, 통사론(syntax)은 단어들이 구나 문장을 형성하도록 결합되는 방식으로 나타나 통사의 연구는 단어, 그리고 절의 규칙적인 형태와 관계를 연구하는 것이라고 했다. Noam Chomsky(1957)는 『Syntactic Structures』에서 전에부터 내려오는 통사 연구에 변혁을 시도해 왔으며, 지금도 그의 연구 방법은 통사론의 연구 방법을 지배하고 있다.

統辭論(syntax)이란 그리스어 suntaxis(putting together)에서 어원된 말로 '함께 배열하다'(a setting out together), 혹은 '나열하다'(arrangement)란 의미로 사용되었다. 즉, 통사론이란 언어요소의 결합을 뜻하는 말로 단어나 형태소를 線條的 질서를 가지고 배열하여 상호관계에서 하나의 통일된 의미를 구성하는 것이다. Saussure와 Bloomfield를 중심으로 한 구조주의 언어학이 무의미 단위의 음운론을 중시하고 문장론을 경시해 왔으므로 구조주의 언어학자들에게 문장의 정의는 실제적 문제가 되었다. 왜냐하면 한 문장 그 자체는 정의 자질이 되는 아무것도 가지지 않고 있음을 발견했기 때문이다. 결국 그들은 문어보다 구어로 작업하는 것이 더 좋다고 믿었기 때문에, 한 문장은 주요 휴지 사이에 있는 말의 연속이라는 매우 개략적이고 애매한 정의를 내렸다. 그러다가 20세기 중반 Chomsky를 중심으로 한 변형·생성문법에서 유의미적 단위로 문장을 중시하면서 통사론은 매우 중시되었다. 변형문법 학자들은 문장이란 모국어 화자들이 알고 있는 것이라고 정의하였다. 다시 말하면, 문장은 직관적으로 인식되는 것으로 어떤 정의도 필요하지 않았다. 그러나 문장을 연구 대상으로 일정한 통사적 규칙의 구조유형을 연구하는 것이 통사론의 주요한 임무이며, 통사부문은 각각의 문장에 대하여 의미적으로 해석되는 深層構造와 음성적으로 해석되는 表層構造를 이루고 있다.

2. 전통적인 연구방법

문장 분석의 최종 목적은 한 문장을 이루는 단어들과 구 사이의 관계를 이해하는 것으로 가장 잘 알려진 분석형태는 1950년대까지만 해도 Reed-Kellogg 문장도해(sentence diagram)이다. Reed-Kellogg 그림은 매우 단순하며 이것은 다소 유용한 문장 내의 관계표시를 제공한다.

    (1) The small boy saw the black dog
    (2) The small boy   ‖   saw the black dog
    (3) boy   ‖   saw ‖   dog
    (4) The small \   \ the black

(1)의 예문에 대해 한 문장이 (2)의 예문처럼 주부와 술부로 이루어지며, 이것은 (3)처럼 주어+목적어+서술어의 주요 문장성분으로 구성된

다. 그리고 관사와 형용사 등 수식하는 모든 단어는 이들이 수식하는 단어 아래에 놓인다. Reed-Kellogg의 문장 도해는 너무 단순하여 보다 복잡한 문법의 다양성을 다룰 수 없다. 따라서 전통문법의 단순성으로 인해 규칙과 실제 사이에는 모순이 생겼다. 예를 들면, 전통문법 규칙의 하나로 수동태의 동사는 직접 목적어를 취하지 않는다고 명시했다.

The man was given a car

위의 문장에서, given은 명백하게 수동태이며 목적어를 취한다. 이에 대해 전통주의 학자들은 car는 직접 목적어와 간접 목적어와는 다른 목적어의 문법범주인 '보류목적어'라고 설명함으로써 그 문제를 해결했다. 수동태 동사에 대한 규칙을 재평가하기보다는 이 규칙을 보존하는 데에 도움이 되는 인위적 구별을 제시한 것이다.

과학적 전통문법(scientific traditional grammar)은 근대의 實證論에 입각한 근대언어학을 바탕으로 1850년대 이후의 歷史・比較언어학과 1890년대 이후의 說明・理論언어학을 계승하여 과학문법・이론문법의 성격을 띠었으므로 學問문법, 學問傳統문법, 歷史・學問문법이라고도 한다.

과학적 전통문법, 즉 과학문법의 모델은 H. Sweet(1891)에서 비롯하여 O. Jespersen(1909~49)에 이르러 그 정점에 달했다. 스위트는 『A New English Grammar』에서 문법을 고어나 외국어 습득을 목적으로 하는 실용문법과, 과학적 연구를 목표로 하는 언어과학으로 나누고 있는데, 그는 언어연구를 언어의 기술이라는 레벨에서 언어과학이라는 차원으로 끌어 올려 과학적 연구를 해야 함을 주장했다. 과학적 연구라는 말은 문법이 취급하는 사실이나 현상을 관찰 분류하여 그 결과를 질서 정연하게 기술함에서 비롯되는 것으로 이러한 문법을 스위트는 기술문법이라고 했다. 언어현상의 기술이 끝나면 다음으로 그 언어현상이 생기게 된 이유를 찾으려는 언어현상의 설명을 구하게 되는데 이러한 목적을 가진 문법을 설명문법이라고 한다.

문법은 다른 과학과 같이 일반원리에 의해 통솔되는 언어현상을 취급하며 고립적 현상은 어휘론에서 다룬다. 그리하여 문법을 語形變化를 다루는 語形論(accdence)과 構文論(syntax)으로 나누고 있다.

구문론은 문법형식에 있어서의 의미와 기능을 설명하고 있다. 또한 음운론을 문법에 포함시키는가에 대해서는 분명히 말하지 않았으나 NEG의 일부에서 음운론을 다루고 있는 것으로 보아 음운론을 문법의 한 부분으로 포함시켰음을 알 수 있다.

Sweet는 문법연구의 목적을 형식과 의미의 관계를 연구함에 있다고 했다. 그가 말한 의미는 문법체계가 이론범주나 관계개념에 대하여 가지고 있는 대응관계를 이른다. 그는 통사론의 분야를 두 부분으로 나누어 문법형식을 중심으로 그 용법을 설명하는 방향, 예를 들면 屬格이라든가 假定法의 의미와 기능을 기술하는 분야를 形式구문론(fomal syntax)이라 하고, 한편 진술이라는 문법범주가 어떠한 형식에 의하여 표현하는가를 기술하는 분야를 論理구문론(logical syntax)이라 했다. 그리하여 形式구문론의 연구, 곧 문법형식의 機能과 意味를 기술하고 이것이 완료되면 이론구문론의 작업으로 나아가는 것이다. 그의 문법론은 형식 중심의 태도로 일관되어 있다. 문법을 연구하는 경우 기술적 관점과 역사적 관점으로 나누는 것이 중요하며, 문법을 연구하는 최초의 목적은 언어사실의 관찰을 배우는 것이며, 언어사실이 어떻게 있으며, 언어발달의 초기의 단계에 있어서 그것이 어떻게 있었느냐 따위가 아니다. 언어에 있어서 역사적 관점이 우세하게 되면 일반적인 考古취미의 文獻學으로 타락하게 된다고 했다. 알맞은 역사적 연구는 그것대로의 역사적 가치를 가지고 있다는 것이다. 요컨대, Sweet는 문법의 본질적인 특징은, 문법이 음성학의 기초에 기반하는 일이라고 하면서 음성면의 배려를 강조했다.

다음으로 Jespersen(1860-1943)은 문법의 주요 분야를 형태론과 구문론이라 하여 전자는 형식에서 의미로, 후자는 의미에서 형식으로 향하는 연구라고 주장했다. 그러나 형태론이나 구문론에서도 각각 형식에서 직접 의미로 혹은 직접 의미에서 형식으로 향하는 것이 아니다. 예를 들면, 형태론은 동일한 음성형식을 가지고 있는 형식을 일관하여 취급하는데, 그들이 어떠한 의미를 가지고 있는가를 논함이 아니라, 그것이 어떠한 문법기능과 대응하고 있는가를 다룬다. 예를 들면, {-s}는 복수어미, 屬格, 동사의 3인칭 단수로서의 기능을 가지고 있다.

한편 구문론도 직접 의미에서 형식으로 향함이 아니라, 형태·형식어·단어의 위치 등을 포함한 형식을 기초로 해서 설정된 구문범주를 중심으로 하여 두 방향으로 기술되는 것이다. 하나의 방향은 구문범주의 하위범주가 어떠한 형식과 대응하고 있는가를 연구한다. 예를 들면, 數라고 하는 단수 복수가 어떠한 음성형식과 대응하고 있는가를 문제로 한다.

Jespersen(1924)에서 형식·기능·의미의 각 개념을 어떻게 규정하고 있는가를 살펴보자. 영어의 경우 handed에서 ed는 하나의 형식이며, 과거 시제라는 구실을 기능이라 하고, 과거시제를 나타내는 의미를 가지고 있다고 한다. 개념의 문제도 인간사고에는 공통의 보편적 개념범주의 존재를 인정하고 언어외적 개념과 언어내적 개념을 구분하고 있다. 예를 들면, 과거 현재에 있어서의 非現實 未來 一般時 등은 언어와는 독립하여 보편적으로 인정되는 개념범주이므로 언어외적 개념이라 이름하고, 간접화법에 있어서 시제 일치의 호응에 터전한 과거시와 특정 언어표현에 종속되고 있으므로 이것을 언어내적 개념이라고 했다.

형태론에서 형식을 중심으로 그에 대응하는 기능을 기술하고, 구문론에 있어서는 기능을 중심으로 하여 이에 대한 형식과 의미를 기술하는 문법기술의 틀을 가지고 있음을 보아 형식 기능을 중심으로 하고, 의미에도 십분 주의를 집중하는 태도를 취하고 있다. 특히 Jespersen은 종래에 취급한 방법의 모순과 철저하지 못함을 비판하고, 이에 대치할 방법으로서 언어 構成素인 形式面(outward form[略:O])과 意味面(inward meaning[略:I])의 표리관계를 취급하여 형식면에서 의미면으로 향하는 O→I를 형태론이라 하고 의미면에서 형식면으로 향하는 I→O를 구문론이라 지칭했다. 이 방법에 의하면 동일 언어현상이, 방향이 역으로 되는데 2회 취급하는 것이 된다. 예를 들면, 접미사 {-s}는 음성적으로 [s, z, iz]의 음가를 갖고 기능으로서는 첫째로 명사의 복수 어미, 둘째로 명사의 屬格어미, 셋째로 명사의 3인칭 단수 현재를 나타내는 어미로서의 기능을 가진다고 한다면 형태론의 입장이 되고, 명사의 복수형은 ① [s, z, iz], ② 모음변이(mutation), ③ 零形式(Ø), ④ 外來複數形으로 나타난다고 설명하는 것은 구문론의 방법일 것이다.

이와 같은 그의 시도는 결국 성공적이었다고 말하기 어렵다. MEG 7권 가운데 1권은 음운론이며, 나머지 6권 가운데 형태론은 6째 권뿐으로 나머지 모두가 構文論이다. 그러나 구문론의 부분은 종래의 전통적인 구문론과 같은 것이며 I→O라는 점에 유의한 것으로는 생각되지 않는다. 또한 형태론에 있어서도 단지 단어나 접사의 형태를 논한 것뿐으로 단어결합에 기초한 문법범주나 문장구조의 O→I와 같은 연구는 전혀 취급하지 않고 있다. 다만 종래의 형태론과 구문론의 벽을 뚫고 새로운 조직으로 시도한 것은 구조문법에서 변형문법에 이르게 하는 새로운 문법관 내지는 언어관의 선구가 된 것이라 생각된다.

이상에서 말한 Sweet와 Jespersen 문법의 공통적 지향점은 과학문법의 특징이기도 하다. 그 공통점을 요약하면 다음과 같다.

① 라틴문법에서의 탈각(脫却)
② 음성언어의 중시
③ 논리학에서의 해방
④ 의미보다 형식을 더 중시함
⑤ 규범성에서의 탈피와 방기(放棄)의 경향
⑥ 언어란 인간의 교섭·협동하는 수단이라는 관점에서 역사적으로 타락하지 않고 변천 발전하는 것이며, 인간사회의 協約的(conventional) 약속이므로 인위적으로 수정 개선해 나아갈 수 있다고 보았다.
⑦ 문법이란 언어의 사실과 현상에서 관찰된 규칙이며, 그러한 까닭을

반드시 考證 설명해야 한다는 이론문법적 성격을 띠고 있다.

어쨌든 과학문법 학자라고 불리는 사람들이 팽배한 자료를 수집하여 이것을 정리하고 해설을 가한 공적은 매우 크다. 예를 들면, 수집자료(corpus)가 유일한 연구대상이 아니라고 주장했던 N. Chomsky까지도 그 공적을 인정하고 있다.

3. 구조주의 연구방법

구조문법은 경험주의 언어관에 입각한 構造主義 언어학의 한 분야로서 철저하게 共時的 記述 태도를 지닌 記述文法이다. 경험론의 언어관에서 언어구조는 선천적으로 결정되는 것이 아니며, 언어는 전적으로 경험을 통해서 습득된다고 주장한다. 따라서 인간은 언어습득을 위해서 특별하고 선천적인 능력을 가지고 있지 않다는 것이다. 이 점이 합리론의 언어관과 근본적으로 다른 점이다. 우리가 습득하고 배우는 언어의 구조는 모두 우리가 어렸을 때 받은 훈련의 덕택이다. 언어의 관점에서 볼 때 우리는 空白의 石板(blank slate)에서부터 시작되는 것이다. 이 공백의 석판에 최종적으로 쓰이는 언어체계는 無의 상태에서 구축되며, 그 구조는 경험에 의해서만이 결정되는 것이다. 그래서 언어는 마치 우표 수집이나 포크를 사용하는 방법을 습득하는 것처럼 문화적 被傳達사실이라 본다.1)

그들은 언어의 음성체계에 최대의 역점을 두고 의미나 통사론에는 비교적 무관심한 입장에 있었다. 이와 같이 음성체계에 역점을 둔 데에는 몇 가지 이유가 있다. 선행하던 역사언어학의 전통은 언어의 음성체

---

1) Ronald W. Langacker, *Language and It's Structure*, 1968, p. 235.

계에 관심을 가지고 이에 의존하고 있었기 때문에 기술언어학자들은 이 경향뿐만 아니라 음성체계 속에서 규칙성을 발견하려는 경향까지도 이어받았다. 특히 미국의 구조언어학의 경우 잘 알려지지 않은 세계의 미지의 언어, 특히 아메리카 인디언 언어에 대한 기술에 지대한 관심을 가지고 있었다. 미지의 언어를 연구할 때 언어학자들이 행하는 최초의 작업은 말의 표기법을 고찰하는 일이었다. 여기에다 先行主義 심리학의 강력한 영향을 받게 된 것이다. 외부에서 볼 수 있는 모든 행동만이 심리연구의 확실한 증거라고 주장하는 그들은 음성체계에 역점을 두고 의미나 통사와 같은 추상적 영역을 무시하는 경향이 있었다.

그리고 구조문법은 언어요소의 분포상황을 기준으로 해서 문법범주를 세울 것을 주장했다. 기술언어학에서 사용하는 分布(distribution)는 개별언어의 구조상에 나타나는 음소·형태소·단어 등 요소 배열의 總和를 지칭한다. 곧 형태소의 분포는 그것에 나타날 수 있는 모든 문맥과의 총화이다. 문맥 속에서 일어나는 요소들의 배합방식의 특징, 곧 유형규칙을 분석하는 것이 그 개별언어가 지니고 있는 구조를 해명하는 단서가 된다.

그리고 언어구조는 음운구조, 형태구조, 통사구조 등이 계층을 이루어 이들은 다시 상호 간의 유기적 관계를 가지고 전체를 통일적으로 구성하고 있다. 그리고 이들은 개별언어마다 특수성을 나타낸다. 따라서 구조문법은 관념적 영역으로부터 벗어나 객관적 언어분석에 기초를 두고, 분석 자료는 자연상태에 놓여 있는 음성언어로서, 이것을 정확하게 기술해야 한다고 주장한다. 모든 언어규칙은 現地調査로 사람의 입에서 나온 話語를 기술분석한 것이므로, 음성자료가 그 구조를 스스로 표시한다고 믿는다. 현실적 발화의 객관적 기술로 음성·의미·문법구조까지 설명하려고 한다. 화어의 음운에서부터 형태소와 구문의 차례로 기술하며, 분류상 의미기준을 배제하는 원칙에서 형식기준을 삼는다. 그래서 품사분류까지도 부정적인 태도로 임하게 된다.

그러나 이와 같이 자연적인 상황하에서 수집된 언어자료에 언어체계의 모든 것이 나타났다고는 보장할 수 없으며, 현실적 발화의 객관적인 기술만으로 충분한 분석자료가 될 수 없다. 문자언어의 자료, 母話者의 언어감각, 언어분석자의 예측도 모두 여기에 포함해서 자료로 삼지 않으면 안 된다. 그리고 直接構成要素(immediate constituents)의 상대적 양분법은 언어구조의 계층적 분석에 유용하고, 특히 구문분석에의 적용은 통사적 기술의 필수적 방법으로 인정되고 있다.

[1] 구조분석

구조주의 학자들은 관심있는 언어의 용례를 수집하여 그 언어의 규칙적인 구조를 어떻게 사용할 것인가라는 관점에서 기술하려고 시도하였다. 이는 일종의 기술적 접근법으로 각 언어의 구조를 밝히려는 오늘날의 여러 시도의 매우 중요한 기초가 되고 있다. 이 기술적 접근법의 한 유형으로 構造的 分析(structural analysis)이 있다.

    (1) The (   ) ate a banana.

위 예문에서 ( )에 들어갈 단어는 man, boy, girl, monkey 등 많은 단어가 들어 갈 수 있다. 이 문법 범주에 들어갈 명칭은 명사(Noun)이다. 그렇다고 car, table, wall 등 모든 명사가 다 적합한 것은 아니다. 명사 중 유정명사만이 가능하다. 이는 'ate'라는 동사를 만족시킬 수 있어야 하기 때문이다.

이러한 구조적 분석을 보다 체계적으로 나타낼 수 있는 것이 직접 구성성분 분석인 直素分析(immediate constituent analysis)이다.2)

---

2) 문장을 이루고 있는 구성요소를 구성성분이라 하고, 형태소라는 최소 구성요소 외의 구성요소를 구성체라 한다. 그리고 구성체 안에서 유기적인 연결로 직접

(2) 가. The monkey ate a banana

나. The monkey + ate a banana

다. The + monkey

라. ate + a banana

마. a + banana

(2)의 문장 (가)에서 전체 문장의 직접구성성분은 (나)처럼 주부와 술부가 되고, 주부인 The monkey의 직접구성성분은 (다)가 된다. 그리고 술부인 ate a banana의 직접구성성분은 (라)가 되며, a banana의 직접구성성분은 (마)가 된다.

(2)의 문장은 (3), (4), (5)처럼 다시 분석될 수 있다.

(3) 가. The monkey ate a banana

나. The monkey ‖ ate a banana

다. The │ monkey ‖ ate a banana

라. The │ monkey ‖ ate │ a banana

마. The │ monkey ‖ ate │ a │ banana

(4) 가. S(sentence)

나. NP(noun phrase) + VP(verb phrase)

다. Art(article) + N(noun) + VP

라. Art + N + V(verb) + NP

마. Art + N + V + Art + N

(5) (((The) (monkey)) ((ate) ((a) (banana))))

[2] 직소분석의 특성과 방법

구조주의 문법의 統辭部門은 直素文法(immediate constituent grammar)

구성요소를 직접구성성분이라 한다.

이 중심이 된다. 구조언어학자들은 발화(utterance)의 구조적 모형을 이루는 構成素, 즉 문장 成分(constituents)에 관심을 기울였으며, 문장은 단어들의 의미적 배열(meaningful arrangement)로서 문장성분의 문법의 구조적 배열임을 역설했다. 이 문장성분은 단어가 되거나 단어의 결합인 구절(phrase)이 된다.

1) 구성체와 구성소

두 개 이상의 단어(혹은 형태소)가 결합하여 하나의 문장성분을 이루게 되면, 그 결합체는 하나의 構成體(construction)가 된다. 예를 들면,

<table>
<tr><td>아름다운</td><td>꽃 이</td><td>많 이</td><td>피었다</td></tr>
<tr><td>①</td><td>②</td><td>③</td><td>④</td></tr>
</table>

라고 하는 발화 전체는 하나의 구성체이며, ②~④, 곧 '꽃이 많이 피었다'도 마찬가지로 하나의 구성체다. 그러나 ②~③, 곧 '꽃이 많이'는 두 요소 간에 직접적 관계가 없기 때문에 구성체가 아니다. '꽃'은 하나의 단어에 불과하므로 역시 구성체가 아니다. '꽃이'는 통사론의 레벨에서는 구성체가 아니지만, 별도의 레벨에서 {꽃}과 {-이}라는 두 형태소가 결합되어 이루어진 구성체다.

이와 같이 언어단위들의 집합인 발화, 즉 문장을 구성하고 있는 구성요소를 構成素 또는 구성성분(constituents)이라 한다. 다시 말하면 구성소는 무언가 그 요소보다 큰 구성체의 일부를 말한다. 그러므로 위 예문의 ①~④는 각각 문장을 이루는 구성요소로서의 어절이고, ①과 ②, 그리고 ③과 ④는 구절이라는 구성소다. 그러나 ②③, 곧 '꽃이 많이'는 구성소가 아니다. 왜냐하면 ②와 ③의 連語는 유기적인 연결관계, 즉 關係概念(relational notion)이 성립되지 않기 때문이다. 두 요소가 긴밀한 상로 관계성을 가질 때에만 구성소로서의 가치를 갖는다. 또한 문장이라고

발화 전체도 구성소가 아니다. 그 발화 전체가 그 일부가 될 수 있는 큰 구성체가 없기 때문이다. 그러므로 가장 작은 최소의 구성요소 이외의 구성소는 모두 구성체며, 가장 큰 구성체 이외의 구성체는 구성소다.[3]

2) 직소분석

「고운 꽃이 많이 피었다」라는 문장의 성분은 '고운 꽃이'라는 主部와 '많이 피었다'라는 述部로 이루어지고, 주부는 다시 관형어(고운)와 주어(꽃이)로, 술부는 다시 부사어(많이)와 서술어(피었다)로 이루어진다. 이와 같이 이들 구성소는 서로 다른 자격과 성질을 가지고 문장을 구성하고 있으며, 각 구성소 사이에는 문장을 이루는 레벨의 차이, 즉 일정한 계층(hierarchy)을 이루고 있다. 하나의 문장을 이루고 있는 구성소는 하나의 구성체 안에서 직접관계의 성분으로서 참여하고 있으므로, 이들 두 구성소를 直接成分(immediate constituent, IC) 또는 직접 구성소라고 한다. 어떤 발화의 구성체를 구성하고 있는 직접관계의 두 구성소를 이르는 말이다.

그리고 「고운 꽃이 많이 피었다」라는 문장에서 '고운, 꽃이, 많이, 피었다'와 같이 통사면으로 볼 때 그 이상 분석할 수 없는 구성소를 終端構成素(ultimate constituent)라 이른다. 그러나 「고운 꽃이 많이 피었다」라는 문장은, 처음부터 종단구성소로 분석되는 것이 아니다. 구성소 간에는 그 결합에 있어서 친소의 정도에 차이가 있으므로 다음과 같이 2단계에 걸쳐 직접성분으로 나뉜다.

> 1단계 : 고운 꽃이 | 많이 피었다.
> 2단계 : 고운 ‖ 꽃이 | 많이 ‖ 피었다.

이와 같이 하나의 구성체를 계층에 따라 차례로 양분해서 종단구성소

---

3) H. A. Gleason, *An Introduction to Descriptive Linguistics*(1961), p.113. "All but the smallest constituents are constructions and all but the largest constructions are constituents"

에 이르는 분석을 直素分析(immediate constituent analysis, ICs)이라 한다.

영어의 예로서 The rebellious students walked to the dean's office라는 문장은 다음과 같이 5단계에 걸쳐 직소분석된다.

제 1 단계 : The rebellious students | walked to the dean's office
제 2 단계 : The | rebellious students | walked | to the dean's office
제 3 단계 : The | rebellious | students | walked | to | the dean's office
제 4 단계 : The | rebellious | students | walked | to | the | dean's office
제 5 단계 : The | rebellious | students | walked | to | the | dean's | office

3) 직소분석의 방법

직소분석의 방법에는 분석식, 종합식, 환치식, 상자식, 괄호식, 樹枝式 등이 있는데 구조문법에서의 대표적인 직소분석은 다음과 같다.

① 분석식 직소분석

분석식은 대단위에서 시작하여 소단위쪽으로 차례로 兩分하는 직소분석이다. 이 분석법은 L. Bloommfield(1933)에서 비롯하여, K. L. Pike(1943), R. Wells(1947), C. C. Fries(1952), F. Hockett(1958)등에서 시도했던 분석법이다.

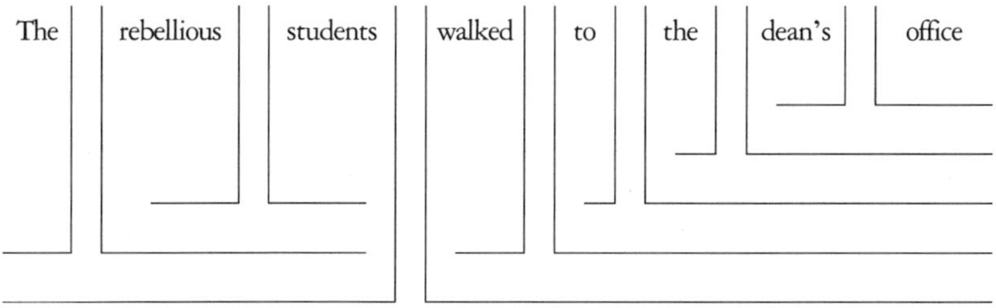

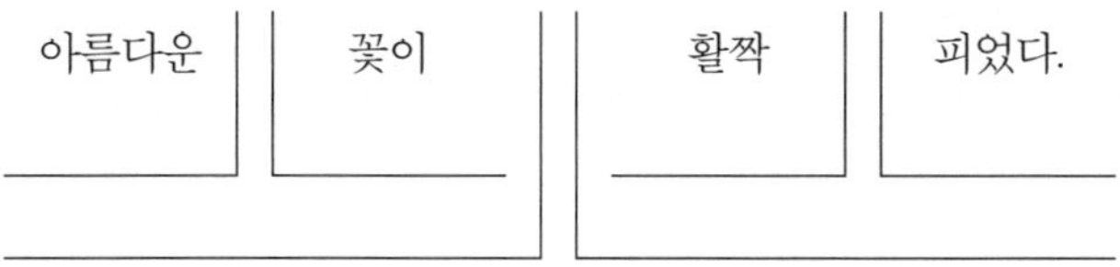

The	rebellious	students	walked	to	the	dean's	office

아름다운	꽃이	활짝	피었다.

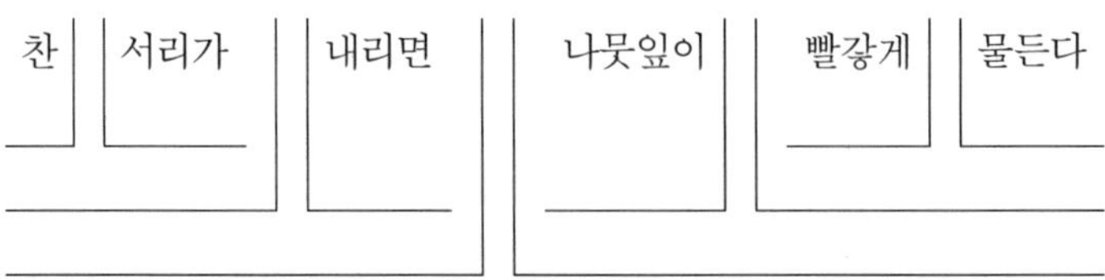

② 종합식 직소분석

종합식은 소단위의 결합에서 시작하여 대단위에 이르는 종합법으로 일찍이 Z. Harris(1951)의 『Methods in Structural Linguistics』, E. A. Nida(1960) 의 『A Synipsis of English Syntax』등에서 사용한 직소분석이다.

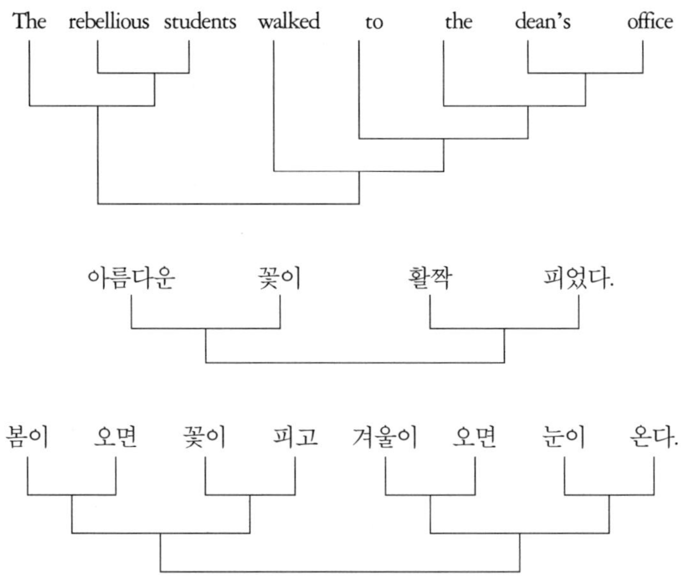

③ 환치식 직소분석

환치식 또는 代置式은 소단위에서 대단위 쪽으로 양분하는 점에서 종합식과 같으나, 분석 항목수를 줄이어 핵심어로 대치한다는 점에서 다르다. 아래와 같이 7항목에서 6항목, 4항목, 2항목으로 직소분석한다.

The	rebellious student	walked	to	the	dean's	office
The	rebels	walked	to	his		office
The	rebels	walked	there			
They		walked				

그	아름다운	꽃이	뜰에	많이	피었다.
그	꽃이		뜰에	피었다.	
꽃이			피었다.		

직소분석의 한계성은 두 가지 관점에서 지적되고 있다.

첫째는, 이상에서 본 바와 같이 分析을 위하여 設定한 기준 가운데 의미가 고려되지 않았다는 점이다. 의미적 고려없이 분석이 가능한 경우는 거의 없다. 다시 말하면, 의미를 고려해야만 비로소 분석이 가능한 경우가 많다는 것이다. 결국 직소분석은 문법적 의미를 전제로 하고 있어 어떠한 언어형식의 直接構成素는 그 언어형식의 문법적 의미를 표시함에 불과하다. 다시 말하면, 직접분석은 언어형식의 문법적 의미를 발견하기 위한 過程(discovery procedure)으로서는 불충분한 것이다. 더욱이 이 문법적 의미를 발견하는 과정으로서 부족하다는 것은 비단 직소분석에 한정된 말이 아니며, 직소분석을 정식화하고 일반화한 변형문법의 句節構造(phrase structure) 부문에도 해당되는 말이다.

둘째로 지적되는 것은, 同形異意構造(constructional homonymity) 내지는 구조적 모호성(structural ambiguity)에 관한 문제이다. 앞에서 본 바와 같이 「늙은 신사와 부인」은 동형이의구조의 일례다. 두 개의 다른 의미에 따라 서로 다른 직소분석을 해야 한다. 이와 같은 동형이의구조는 직소분석으로 가능하다고 할 수 있으나, Flying planes can be dangerous에서는 직소분석으로 불가능하다. 왜냐하면, 이 문장은

(1) To fly planes can be dangerous.(Someone flies planes : 비행기를 날리는 일)

(2) Planes that are flying can be dangerous.(Planes are flying : 날고 있는 비행기)

(3) Planes that fly can be dangerous.(Planes fly : 模型비행기와 대비가 되는 실제로 나는 비행기)

와 같이 3가지 다른 의미를 가지고 있는데, 直素分析으로는 이를 반영할 수 없고, 어떠한 의미를 가진 경우에도 다음과 같이 同一型을 취하고 있다.

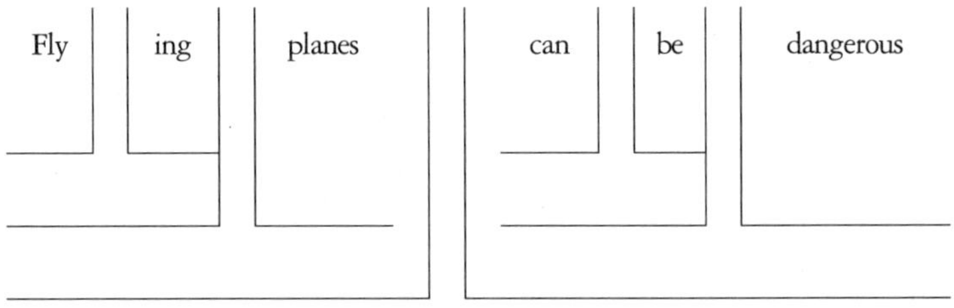

직소분석의 한계는, 곧 이와 같은 분석법을 기본원리로 하는 구조언어학의 한계이기도 하다. 이와 같은 한계성을 극복하기 위하여 직소분석을 보다 定式化하고 變形이라는 부문을 첨가하여 일반화한 것이 變形生成의 이론이기도 하다.

4. 변형-생성론 연구방법

구조주의자들은 주로 자료를 수집하고 관찰된 문장형태를 기술하는데에 관심이 있었다. 대조적으로 Chomsky와 變形生成 문법학자들은 화자가 그의 언어의 문장에 대해 알고 있는 것에 관심이 있었다. 즉, 그 사람이 전에 결코 듣지 못했던 문장을 만들어 내고 해석할 수 있는 무의식적인 능력에 관심을 두었다. Chomsky(1957)는 『Syntactic Structures』에서 언어는 본질적으로 修辭學的이라 하고 언어란 문장의 유한적, 또는 무한적인 집합이라고 제시하였다. 사람은 언어를 사용하면서 수없이 많은 문장을 만들어 사용하고 이해한다. 그러나 의사소통 상황에서 그것이 말이건 글이건 간에 제한된 지식과 경험을 바탕으로 하기 때문에 이를 보다 효율적으로 이해할 수 있는 제한된 규칙이 필요하다. 문장을 생성하는 규칙에 관한 지식과 말을 하고 이해하는 데에 쓰이는 이 지식의 사용을 구별하기 위해서는 변형문법의 성격 및 言語能力과 言語遂行의 개념을 이해하는 것이 필요하다.

[1] 변형문법의 성격

變形·生成文法은 合理論에 입각한 生成理論을 바탕으로 한 문법이다. 과거의 구조주의가 기계적으로 언어자료를 수집·분석하는 기계주의(mechanism)적인 경향을 띠고 있는데 대한 강한 반발로 등장한 문법이론이다. 주로 구조주의 문법의 결점에 대한 대응으로 統辭研究의 새로운 분석방법으로 등장한 이론이다.

1957년 미국 MIT공과대학 언어학 교수 Noam Chomsky에 의하여 출판된 『Syntactic Structure』는 변형문법이 알려지게 된 최초의 저서다. 이 문법이론은 언어구조의 형식화된 일반이론을 수립하려는 데 목표를 두었다. 인간의 내부에 숨겨져 있는 무한한 언어생성의 능력을 기술하려는 것이다. 언어 사용자는 과거에 이미 들은 문장뿐만 아니라 전혀 들어보지 못한 새로운 문장까지도 생성해 낼 수 있는 창조적인 언어활동 능력을 갖추고 있다는 것이다. 이는 인간의 내부에 잠재해 있는 언어생성 機制에 의한 것으로, 변형문법은 바로 이러한 인간의 능력을 일련의 순서 있는 규칙의 체계로써 정립하려고 한다. 따라서 설명 방법도 과거의 구조문법의 방법과는 달리 역순이다. 과거의 방법은 주로 음운에서 형태로, 그리고 형태에서 통사로의 해명에 접근해 갔으나 변형문법에서는 통사적 사실에서 출발하여 의미론적 혹은 음운론적인 해석에 접근하려고 한다.

구조주의자들은, 사람이 말하고, 쓰고, 읽는 문장을 수집한 언어자료를 관찰하고 분석 기술하는 일에 중점을 두고 있는데 반하여, 변형문법에서는 이러한 자료들을 관찰 기술하는 일에 관여하지 않는다. 발화들을 하나의 문장이라고 가정할 때, 이 모든 문장을 규명하는 일에 착수도 못할뿐더러 그러한 모형을 통한 연구는 문장의 구조에 관한 불완전한 정보를 제시하기 때문이다. 언어학의 과제는 단순한 기술이어서는 안 되며, 발화의 모형을 분석 기술하는 언어학적 조작을 초월하여 발화의 추상적 음성표시, 통사표시, 의미표시 등을 부여하는 언어이론이다.

Chomsky(1957)는, 언어분석의 목표는 개별언어의 문법적 문장을 비문법적인 문장으로부터 구별하고, 문법적인 문장의 구조를 보이는 데 있다고 말했다. 따라서 문법이라는 것은 문법적인 문장만을 생성하고, 비문법적인 문장은 절대로 생성하지 않는다는 일련의 규칙을 제시하였다.

그러면 文法的인 것과 非文法的인 것의 기준은 무엇이며, 또한 문법은 어느 정도 의미에 의존하고 있는 것인가. 우리가 일상 사용하는 말 가운데, 수돗물을 그릇에 받다가 물이 넘쳐 흐를 때 수도 꼭지를 잠그라는 말을 '수돗물 꺼라'고 하는 말을 종종 듣는다. 또는 *'선생님이 오시래'라고 한다면, 이는 이러한 문장을 사용하는 일부의 화자들에게 통용될지는 모르지만, 이상적인 화자들에게는 비문법적 문장이 된다. *손톱이 장성한다, *손톱을 길다 등은 모두 비문법적이다. 왜냐하면 이러한 구문은 어느 母話者도 사용하지 않기 때문이다. '문법적'(grammatical)이란 말은 흔히 말하는 의미, 즉 일반적 해석으로서의 有意的이라는 말과는 다르다. 개별언어의 母話者는 그들의 머릿속에 내재하고 있는 일련의 규칙, 말하자면 內部的 文法(internal grammar)을 간직하고 있어 이를 통하여 어떤 문장이 문법적인가 혹은 비문법적인가를 판별할 수 있는 것이다. 곧 변형문법 학자들은 문법적이라는 술어의 의미를 개별언어의 모화자들에 의해 정식으로 사용되는 구조로써 한정시키고 있다. 모화자인 토박이들이 전에 듣도 보지도 못한 문장들로 말하고 또 알아들을 수 있다는 것은 주어진 상황에서 언어를 실제로 구사하고 운용하는 言語遂行(performance)에 기인됨을 알게 되었다.

문법은 화자와 청자가 지니고 있는 이러한 生得的인 언어능력을 설명 기술하는 데 목적이 있다고 주장한다.[4]

[2] 언어능력과 언어수행

언어학적 기술은 母話者가 그 개별언어에 관하여 가지고 있는 지식을 얼마나 정확하게 나타내고 추상화하느냐에 따라 기술의 타당성이 이루어진다고 말한다. 그러나 모화자의 지식이라 해도 반드시 等質的이거나 동일하지 않다. 그 가운데는 다른 방언이나 또는 다른 언어의 혼합이 있을지도 모른다. 그 실제의 운용에 있어서 흔히 혼합적이다. 이와 같은 혼합적인 것을 배제하고 등질적인 것이 되지 않고는 과학적인 기술이 불가능하다. 따라서 '理想化'라고 하는 것이 문제가 되는 것이다. 곧 현실에 산재하고 있는 다종다양한 화자가 아니라 이상적 화자의 지식을 문제로 하는 것이다. 완전히 등질적인 언어사회에서 그 언어를 완숙하게 알고 있으며, 그 지식을 운용할 때 기억의 제한, 주의나 홍미의 轉移, 그리고 誤用 등을 걱정할 필요가 없는 이상적인 화자의 지식을 言語能力(linguistic competence)이라 하고, 이와 반대로 실제의 장면에서 그 능력이 운용되는 것을 言語遂行(performance)이라 한다.[5]

변형문법은 합리론에 근거하여, 어린이가 말을 배우게 되는 것은 인

---

4) Noam Chomsky, *Aspects of the Theory of Syntax*, Cambridge, Mass : M. I. T Press, 1965, p.4.
5) chomsky(1965 : 3) 참조.

간에게 선천적으로 언어능력이라고 하는 先得的(a priori) 능력이 있기 때문이라고 보고 있다. 합리론의 견해에 따르면, 언어경험의 기능은 언어를 형성한다는 것보다 오히려 생득적인 언어능력을 활동하게 하는 일이다. 모든 가능한 언어체계의 靑寫眞은 모든 어린이가 갖고 태어나는 선천적인 神經장비의 일부가 된다. 그러므로 학습의 역할은 최소한도이다. 어린이는 자기의 주위에서 쓰이는 언어를 다른 가능한 인간언어로부터 구별해 주는 구조상의 세부적인 부분을 배우기만 하면 된다. 자기가 이미 소유하고 있는 언어체계의 골격에 살을 부치기만 하면 되는 것이다. 따라서 언어의 대부분은 유전적으로 전해진다. 따라서 표면상 구별되는 지엽적인 구조상의 세부적인 요소가 환경의 영향을 바탕으로 해서 습득되는 것이다.

그러므로 언어학의 당면 과제는 이 언어능력을 해명해 내는 데 있다. 이 문제에 대한 해명이 없이는 언어수행의 문제에 집착해도 큰 성과를 기대할 수 없다. 앞에서 말한 '理想化'라고 하는 것은 하나의 과학적 방법이다. 이 이상화의 조건이 만족되는 정도에 있어 언어수행은 언어능력의 반영에 무한히 접근해 가는 것이다. Katz(1966)는 이러한 능력은 실제의 언어수행의 배경에 있는 心的 實在이며, 이와 같이 관찰할 수 없는 실재물을 가정하여 관찰 가능한 현상을 이론적으로 체계화하는 일은 다른 과학에서도 사용되고 있는 정당한 방법이라고 했다.6) 언어능력은 인식적 존재이지 심리적 존재가 아니지만, 言語遂行은 심리적인 문제와 관련을 맺고 있는 것이다.

직접 관찰되는 것을 중시하여 기계주의(mechanism)적인 경향이 강한 미국 구조주의가 철학적 思辨을 받아들이지 않은 데 반하여, 변형·생성이론은 합리론적 정신주의로 내달았다. 심적 존재를 고려하지 않고서는 언어학의 본질적 부분이 제거되는 것과 같다고 생각함으로써 이상적

---

6) Jerrold J. Katz. *The Philosophy of Language*, New York & London: Harper & Row, 1966, p.182.

인 화자는 有限한 일련의 규칙에 의하여 無限한 새로운 문장을 생성할 수 있다고 생각하게 된 것이다.

그는 책과 연필을 가졌다.

라는 문장에서처럼 「와 / 과」나 또는 「그리고」 등으로 명사를 이어, 긴 문장을 만들 수 있고, 혹은 수식어를 사용한다든가 구절을 연결하는 등 여러 방법으로 긴 문장을 만들 수 있다. 그런데 현실의 발화는 항상 有限의 길이밖에 없다. 따라서 현실의 발화를 수집하고 이를 분석 기술하는 것만으로는 불충분하며 이상적인 화자의 능력 곧 언어능력을 생각하는 일이 필요하다는 것이다.

언어능력과 언어수행의 구분은 이미 Saussure가 langue(언어체계)와 parole(언어사용)로 구별한 이래로 여러 가지 명칭·의미·배경 등을 가지고 여러 사람에 의해 언급되었다. Karl Bühler의 Sprachgebilde(언어형성체)와 Sprechhandlung(발화행동), Trubetzkoy의 언어형성체와 발화행위(Sprechakt), Hochett의 system 혹은 pattern과 structure 등이 그것이다.

한 언어의 기초를 이루는 규칙들이 무엇이며, 이 규칙들은 한 언어의 문장을 만들어내기 위해 어떻게 함께 작용하는가를 결정하는 일을 알아내야 한다. 언어능력의 모형은 통사, 음운, 의미 등 세 가지 주요한 부분을 가지는데, 이 중 통사가 중심을 이루며, 음운과 의미는 해석적이다. 이는 문장들이 주로 통사부에서 형성된다는 것을 의미하며, 이 규칙들이 통사부에서 나오는 산물에 작용해서 그것에 음을 주고 의미를 주기 위해 작용하는 것이다.

【변형문법의 통사구조】

기저부(base component)는 문장을 위하여 구성성분 구조를 제공하는 구절구조규칙(phrase-structure rule)을 포함한다. 구성성분 구조는 단순히 여러 가지 통사 단위들이 결합되는 방식이다. 기저부는 또 어휘부(lexicon)를 포함하며 여기에는 어떤 단어가 어떤 구조에 삽입될 수 있는지를 표시한다. 기저부의 출력은 한 문장의 의미의 바탕을 표현하는 深層構造(deep structure)라 불리는 표현(term)의 나열이다. 이 심층구조를 표면구조로 변화시키는 규칙은 변형부(transformaton)이다. 이에 表面構造(surface structure)는 기본적으로 몇 개의 의미규칙과 음운부에 대한 입력으로 쓰인다. 따라서 심층구조는 문장의 본질적 의미를 표현하는 하나의 추상적 수준으로 생각하고 표면구조는 말할 때 들리는 실제의 문장에 해당한다고 생각할 수 있다.8)

---

7) 남기심 외(1977:77-78)은 구절구조규칙 → 어휘삽입전구조 → 어휘삽입규칙 → 심층구조 → 변형규칙 → 표면구조로 보아, 어휘삽입 전과 후로 나누어 설정했다.
8) 이기동 외 역(1998:151-152) 참조.

[3] 구성성분 구조

한 문장의 뜻은 그 문장을 구성하고 있는 형태소들의 뜻에 의해서 결정된다. '침팬지가 바나나를 먹었다.'는 '침팬지+가+바나나+를+먹+었+다'로 7개의 형태소가 일정한 순서로 결합되어 이루어진 문장이다. 문장 속의 형태소들은 개별적으로 결합하여 문장을 직접 구성하는 것이 아니고 몇 개씩 결합하여 더 큰 성분을 이루고, 이 구성성분들이 또 결합하여 보다 큰 구성성분을 형성하는 계층구조인 구성성분 구조(constituent structure)를 이루어 하나의 문장이 된다.

樹型構造圖(structural tree-diagram)는 한 문장의 통사적 분석은 그 구성성분들의 계층구조로만 충분하지 않아 그 문장을 구성하는 구성성분들의 문법적 형태를 밝혀주어야 하는데, 이를 나타내는 그림을 수형구조도 또는 句節標識(phrase marker)라 한다.

[4] 구절구조 규칙

문장의 구조를 수형구조도로만 나타내기보다는 화살표에 의한 다시 쓰기 규칙으로 바꾸어 쓸 수 있다. 즉, S → NP + VP로 나타낼 수 있는데, 이를 구절구조규칙이라 한다. 그리고 이 구절구조 규칙은 문장의 통사구조를 규정해 주는 역할을 한다.

1) 기호

(1) 가. NP→ArtN

　　나. NP→Art(Adj)N

　　다.

$$NP \rightarrow \begin{bmatrix} ArtN \\ pronoun \\ PN \end{bmatrix}$$

위에서 화살표(→)는 '～로 이루어진다'를 의미한다. 그리고 (나)처럼 소괄호(　)는 수의적이다. 즉, (가)는 The car, (나)는 The red car의 명사구로 될 수 있지만, red는 형용사로 냐포시킬 수는 있지만, 반드시 포함시키는 의무적인 것은 아니다. 명사구는 일반명사만이 나니라, 대명사나 고유명사도 포함된다. 따라서 (다)는 이 3가지를 모두 중괄호 [　]로 묶을 수 있다. 이는 3가지의 각각의 규칙을 설정할 수 있지만, 하나의 괄호 기호로 묶은 것으로 어느 하나만을 선택할 수 있다.

S	(sentence)	문장
V	(verb)	동사
NP	(noun phrase)	명사구
VP	(verb phrase)	동사구
Art	(article)	관사
Det	(determine)	한정사
Aux	(auxiliary)	보조성분
Adj	(adjective)	형용사
Adv	(adverb)	부사
PP	(prepositional phrase)	전치사구
Prep	(preposition)	전치사
Vs	(verb stem)	동사 어간
SE	(sentence ending)	문장 어미
T	(tense)	시제
SM	(subject marker)	주어 표지
OM	(object marker)	목적어 표지

2) 구절구조 규칙

(1) VP → V (자동사 : 뜨다, 사라지다, 일어나다, 흐르다 등)

가. 물이 흐른다.
나. S → NP + VP = NP + V
다.

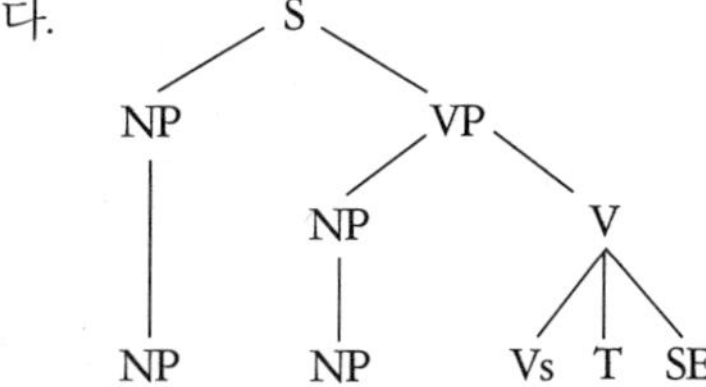

(2) VP → NP + V (타동사 : 술을 마신다, 노래를 부른다, 숙이를 기다린다)

가. 영수가 노래를 불렀다.
나. S → NP + VP = NP + (NP + V)
다.

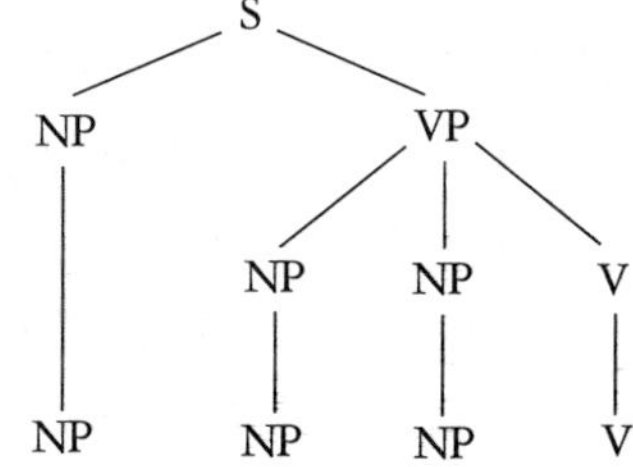

(3) VP → NP + NP + V (영희에게 책을 주었다, 친구에게 선물을 보냈다)

가. 선생님은 학생들에게 국어를 가르친다.
나. VP → NP + NP + V(학생들에게 국어를 가르친다)
다.

(4) V → Vs ＋ T ＋ SE(먹＋었＋다)

　① T → (Present, Future, Past)　먹는다, 먹겠다, 먹었다
　② SE → Dec(Declarative : 서술형)　　먹는다
　　　　　Int(interrogative : 의문형)　　먹니
　　　　　Imp(imperative : 명령형)　　먹어라
　　　　　Prop(propositive : 제안형)　　먹자

(5) NP → Det ＋ N(determiner : 한정사)　이 집, 그 사람
(6) NP → Art ＋ N(article : 관사)　　　하나의 바나나

3) 어휘삽입 규칙

구절구조 규칙에 형태소를 삽입시켜 수형구조도를 만들어 내는 규칙 (lexical insertion rule)을 어휘삽입 규칙이라 한다.

앞의 구절구조규칙에 형태소를 삽입하는 것을 보이면 아래와 같다.

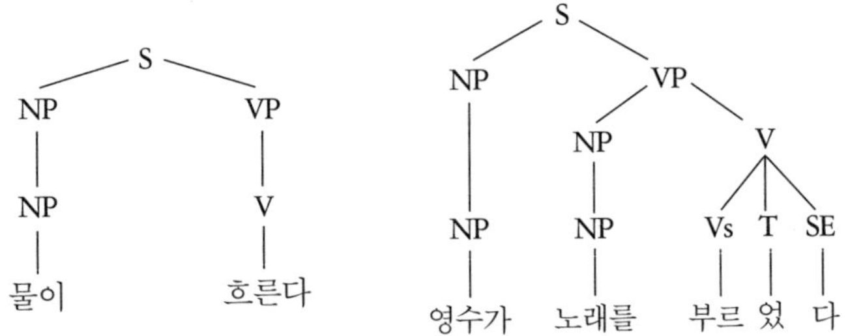

[5] 심층구조와 표층구조

변형문법은 심층구조(deep structure)라 일컫는 基底구조를 각 문장에 부여한다. 전통문법에서의 「理解된 要素」(understood element)라고 하는 개념과 유사하다. 예를 들면, "일어서!"라는 短型文에 주어가 포함되어 있다는 주장과 비슷하다. 변형문법에서는 基底구조의 개념을 문장마다 적용시키며 전통문법보다 더 추상적인 형태로 그것을 표현하고 있다.

구절구조 규칙(phrase structure rule)에 의해 생성된 核文과 변형에 의해 이루어진 보다 복잡한 문장 사이의 차이를 통하여(예컨대, '고양이가 쥐를 잡았다'와 '쥐가 고양이에게 잡혔다'와 같이) 변형문법 학자들은 모든 문장에 심층구조와 표층구조가 있다는 사실을 알아내게 되었다. 한 문장의 심층구조는 그 문장의 의미 해석을 결정하는 데 필요한 정보를 다 가지고 있는 데 반하여, 표층구조는 변형규칙이 적용된 문장이 통사적 음운적으로 나타난 실제의 표현 형식이다. 예를 들면,

(1) 쥐가 고양이에게 잡혔다.
(2) 고양이가 쥐를 잡았다.

에서 예문(1)은 표층구조이고, 예문(2)는 基底구조의 문장이라 할 수 있다.

위의 圖示와 같이 변형문법은 보편적이고 추상적 언어체계를 기술하기 위하여 문법에 심층구조와 표층구조라고 하는 추상형식의 裝置(device)를 설정하고 있다.

문법적인 문장은 기본적으로 두 성질을 지니고 있는데, 하나는 문장의 의미이고 또 다른 하나는 문장의 표현형식이다. 심층구조는 의미정보를 제공하는 장치이므로 문장의 의미는 심층구조에 의해서 정해진다. 표층구조(surface structure)는 심층구조에 포함된 의미정보를 실제로 나타내 보이는 전달형식이므로 문장의 형식은 표층구조에 의해 정해진다. 곧 표층구조는 변형에 의하여 심층구조에서 생성되는 것이다. 따라서 심층구조는 '구절구조 규칙 + 어휘삽입 규칙(주어표지, 목적어 표지 없음)'이며, 변형규칙은 심층구조를 표면구조로 바꾸는 규칙이 된다. 예를 들면 '이 신사(가) 저학생(에게) 책(을) 보내었다.'를 구절구조규칙에 어휘삽

입규칙 → 심층구조, 그리고 이 심층구조에 변형규칙을 가하면 ① 이 신사가 저학생에게 책을 보냈다. ② 이 신사가 책을 저 학생에게 보냈다. ③ 저 학생에게 이 신사가 책을 보냈다. ④ 저 학생에게 책을 이 신사가 보냈다. ⑤ 책을 이 신사가 저 학생에게 보냈다. ⑥ 책을 저 학생에게 이 신사가 보냈다.

　구절구조 규칙의 문제점 중 하나는 문장을 생성할 때 구성소의 어순을 너무나 고정시키려는 점이다. 예를 들면, 앞에서 제시한 구절구조 규칙에 따라서 부사는 항상 문장의 끝에 오게 된다. 이것은 아래의 첫 번째 문장을 생성할 때에는 순조롭지만 두 번째 문장은 어떻게 해서 생성되는지 살펴볼 필요가 있다.9)

(3) George helped Myrna yesterday.
(4) Yesterday George helped Myrna.

　이러한 구성소의 '이동'을 이루기 위해서는 구절구조 규칙에 의하여 생긴 구조내의 요소의 위치를 변경 또는 이동하는 일련의 규칙이 필요하다. 이러한 규칙을 변형 규칙(transformational rule)이라 이른다. 변형규칙이 이루어지는 과정은 기본적으로 수형도의 일부에서 '나무'의 '가지'를 취하여 그것을 다른 부분에 접목하는 활동이다. 여기에 예시한 것은 이동 변형의 한 예이다.

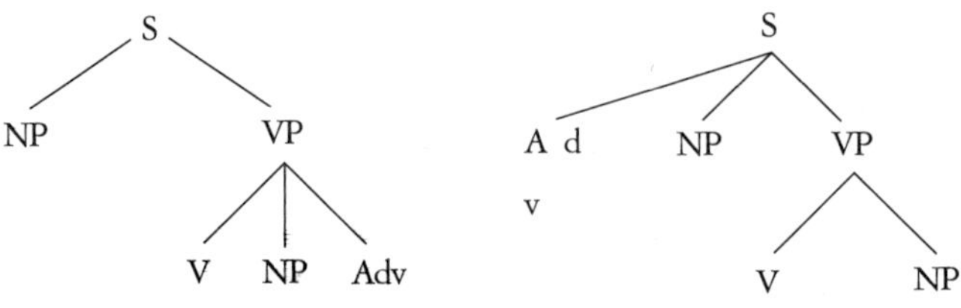

---

9) George Yule(1985:86-88) 참조.

이동을 행하려면 물론 어떠한 구성소를 어디에서 어디로 이동할 수 있는가를 정해야 한다.

변형 규칙의 필요성을 나타내는 설득적인 증거의 하나는, 영어의 문장 구조에서 매우 작은 요소의 이동의 예를 수반한다. 다음 문장은 여러 가지 면에서 상당히 유사하다.

> (5) Doris picked up the magazine
> (6) Doris picked the magazine up.

이들 문장은 모두 동사-불변화사 구문(동사-pick, 불변화사-up)을 포함하고 있으며, 불변화사는 분명히 동사로부터 잘라 떼어 놓을 수 있다. 또한, 상술한 구절구조 분석으로는 각각 다른 두 개의 수형도를 창출해야 한다. 그러나 직관적으로 이들 두 문장은 하나의 단일한 기저구조에서 근원한 것으로 생각한다.

> (5)는 NP V Particle NP
> (6)은 NP V NP Particle

여기에 어휘를 삽입하면 아래와 같다.

(5)

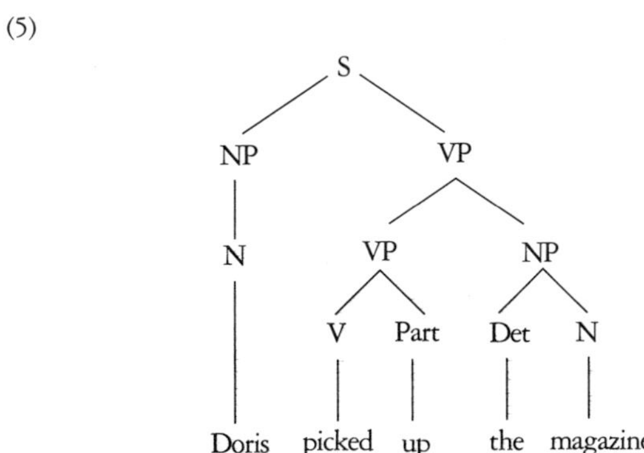

(6) ´

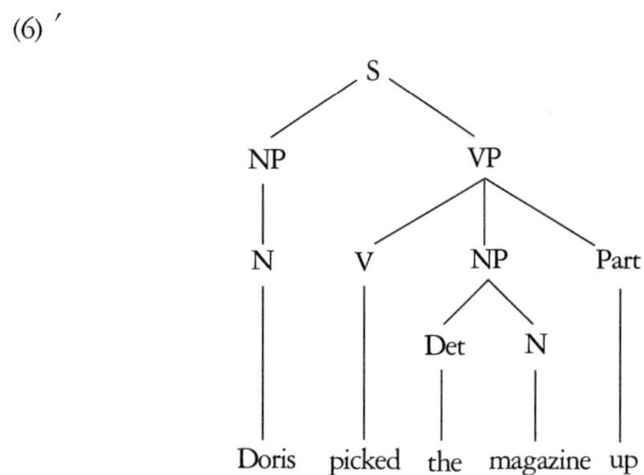

　위 두 문장은 단일한 기저구조에서 생긴 '표면적' 변종이라 할 수 있다. 이것은 별로 대수롭지 않은 것으로 생각되겠지만, 이러한 변형 규칙에 의한 분석은 이전의 통사분석으로는 다루기 힘든 많은 문제를 해결해 주었다. 변형은 의미를 바꾸지 않는 범위 내에서 하나의 구조를 다른 구조로 만들기 위해서 어떤 요소를 첨가, 삭제, 또는 변경하는 것을 말한다.

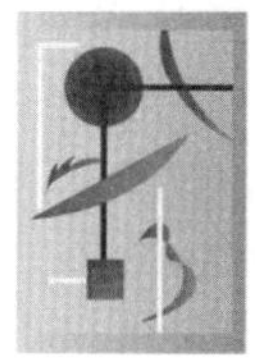

제6장 언어의 담화구조

1. 담화의 구성과 기능

의사소통의 과정을 중심으로 실제 사용된 언어에 대해서 더 정확히 이해하려면, 말소리, 단어, 문장 등의 단위보다 더 큰 단위, 즉 문장들이 모여서 이루는 언어가 사용되는 狀況이라든가 場面까지도 고려해야 한다. 이렇게 실제 언어의 사용에서 문장들이 이루어지는 단위를 이야기, 곧 談話(discourse)라 이른다.

담화(이야기)는 화자와 청자를 중심으로 문장이 실현되는 구체적인 脈絡의 단위로서 실질적 의미나 기능을 파악하는 데 필요한 단위다. 즉, 사물을 말이나 글로 나타내는 행위가 둘 이상의 연속된 문장으로 이어졌을 때, 이 연속체를 담화라 하고, 담화의 구조분석을 談話分析(discourse analysis)이라 한다.

담화의 문법상의 특징은 앞에 오는 문장과 관련시켜야만 기능과 의미가 분명해지며, 그 문장이 나타나는 장면이나 그 문장을 말하는 사람의 생각에 따라 의미가 달라지기도 한다. 예를 들어 '나는 영길이와 복동이를 때려주었다.'((1) 나 혼자서 두 사람 모두 때렸다. (2) 내가 영길이와 힘을 합쳐서 복동이를 때렸다)는 중의적 의미가 된다. 또한, 주어 목적어가 자주 생략된다. 이는 우리말 문장구조의 중요한 특징이기도 하다.

[1] 담화와 장면

말하는 이와 듣는 이를 중심으로 이루어지는 이야기의 장면에는, 화자와 청자 이외에 이들이 존재하기 위한 시간적, 공간적인 조건이 필요하다. 이를 이야기의 場面이라고 한다. 그리고 이야기의 상황은 다양한 현실 세계를 장면으로 하여 성립된다.

우선, 말하기의 경우 ① 화자와 청자가 한 공간에서 마주보며 이야기하는 狀況, ② 화자는 존재하지만 청자는 존재하지 않는 獨白의 狀況, ③ 화자와 청자가 모두 참여하면서도 전화 통화의 경우처럼 동일 공간에 존재하지 않는 狀況으로 구성된다.

글의 경우 ① 글을 쓴 이는 결정되어 있지만, 독자는 누구라고 결정되지 않은 경우의 狀況 ② 글을 쓴 이와 독자가 위치하는 공간이 서로 다른 상황이 일반적이다.

[2] 담화의 구조

1) 발화

한 덩어리의 이야기를 구성하는 단위로서, 앞에서 공부한 '문장'과 대개 일치한다. 이야기는 發話들이 연결되어 이루어진다.

2) 담화의 구조

담화는 여러 개의 발화들이 연결되어 이루어지지만, 발화가 이어졌다고 하여 이야기가 되는 것은 아니다. 발화의 연속체가 이야기로 되려면 일정한 구조를 가지고 있어야 한다.

　① 내용면에서 하나의 주제로 통일되어야 한다.
　② 형식면에서 발화의 내용들을 연결시킬 수 있는 언어형식을 갖추어
　　야 한다. 발화내용의 연결형식으로 '그것은, 그리고'와 같은 연결사
　　를 적절히 사용하여 발화의 내용을 자연스럽게 연결해주는 일, '이,
　　그' 와 같은 指示語의 적절한 사용, '그래서, 그리고' 등의 접속부사
　　는 이야기의 내용을 연결시킬 뿐만 아니라, 내용 사이의 관계를 형
　　성하는 데도 중요하게 사용된다.

2. 장면에 따른 표현과 이해

[1] 장면에 따른 표현

1) 원근에 따른 표현

언어에는 화자와 청자로부터의 거리에 따라 사물, 장소, 동작, 상태
등을 지시하는 다양한 표현법이 존재한다. 국어에는 이러한 遠近에 따
른 표현법으로 指示語 '이, 그, 저'의 용법이 있다.

　① '이' — '이것, 이이, 여기, 이렇다, 이 책' (화자 가까이에 있는 사물
　　에는 지시어 '이')
　② '그' — '그것, 그이, 거기, 그렇다, 그 책' (청자 가까이에 있는 사물
　　에는 지시어 '그')
　③ '저' — '저것, 저이, 저기, 저렇다, 저 책' (장면 내에 있으면서 화자
　　와 청자로부터 멀리 있는 사물을 나타내는 지시어 '저')

2) 높임 관계에 따른 표현

담화 장면과 관련되는 표현의 하나로서, 높임 관계에 따라 적절한 표

현을 사용하는 일이 매우 중요하다. 국어에서는 높임 관계가 사물의 이름이나 가리키는 말 이외에도, 동작이나 상태의 표현에도 나타난다. 높임의 표현은 용언의 활용형에도 필수적으로 반영된다. 주체높임을 나타내는 선어말 어미 '-시-'와 상대높임을 나타내는 종결어미가 사용된다. 용언의 활용형에도 필수적으로 반영된다. 따라서 선어말 어미 '-시-'로 표현되는 주체높임과 종결어미로 실현되는 상대높임은 모두 이야기의 장면을 고려하여 선택된다. 국어의 평서문, 의문문, 명령문, 청유문 등의 문장 형식은 다시 높임의 수준에 '해라체, 하게체, 하오체, 하십시오체, 해체, 해요체' 등으로 갈라져 매우 다양하게 실현된다.

【격식체와 비격식체】

격식체(의례적)	비격식체(비의례적)
해라체(아주낮춤) 하게체(예사낮춤) 하오체(예사높임) 하십시오체(아주높임)	해체(두루낮춤) 해요체(두루높임)

3) 심리적 태도를 나타내는 표현

이야기의 場面에 의해 결정되는 표현법으로 화자의 '심리적 태도를 나타내는 표현법'도 있다. 사건의 사실 여부에 대한 화자의 심리적 태도가 반영된 표현들이 있다.

① '순이 지금 집에 있어.' ('순이가 집에 있다'는 사실을 명확히 알고 있기 때문에 사용한 것으로, 특별한 태도를 발견하기 어렵다)
② '순이는 집에 있지.' ('-지'가 사용된 발화는 화자가 그 사실을 분명히 알고 있거나, 혹은 확실히 알지는 못해도 그 말이 사실이라는 확신이 있을 때 사용)
③ '순이가 지금도 집에 있네.' ('-네'가 사용된 발화는 화자가 직접 관찰을 통하여 처음으로 알게 된 사실을 표현하는 데 사용됨)

④ ‘순이가 집에 있구나.’ (‘-구나’는 직접적인 관찰이 없이 깨닫게 된
   사실에도 쓰일 수가 있다)
⑤ ‘순이는 지금 집에 있겠어.’ (사실이 확인되지 않은 불확실한 推測표
   현으로 시간표현인 ‘-겠-’을 비롯하여 ‘-ㄹ 것이다’, ‘-ㄴ 모양이다’,
   ‘-ㄴ 것 같다’ 등이 사용된다)
⑥ ‘순이는 집에 있는 모양이야.’(추측 표현)
⑦ ‘순이는 집에 있는 것 같아.’ (추측 표현)
⑧ ‘순이는 집에 있을 거야.’ (추측 표현)

또한, 사건에 대하여 가지는 심리적 태도는 결국 화자의 판단과 깊은
연관을 맺고 있으며, 그 판단에 따라 종결어미가 선택된다. 이를 보더라
도, 말하는 이야말로 이야기의 장면에서 가장 중요한 요소임을 알 수
있다.

4) 성분 생략 표현

문장의 성분에는 必須성분(주어, 서술어, 목적어, 보어)과 附屬성분(관형어,
부사어 등)으로 이루어진다. 필수 성분은 생략될 수 없는 성분이지만, 실
제의 담화 場面에서는 생략되는 일이 많다. 성분 생략의 표현형식은 이
야기에 나타나는 현저한 특징의 하나다. 담화에서는 주어나 목적어 등
을 표시해 주는 격조사가 흔히 생략될 뿐만 아니라 주어와 서술어까지
도 생략될 수 있으며, 화자나 청자를 가리키는 표현도 흔히 생략되는데,
이는 주어로서 필수 성분에 해당되는 것이다. 그리고 국어의 발화에는
관용적으로 주어가 생략된 표현으로 굳어졌거나 주어가 무엇인지 알기
어려운 발화들이 있다. 또한, 담화에 생략 형식이 많은 것은, 이야기가
장면이나 맥락 속에서 존재하기 때문이다. 담화에서는 표현하려고 하는
정보가 장면이나 맥락의 도움을 받아 전달될 수 있거나 보충될 수 있기
때문에 불필요한 생략이 가능하다.

[2] 장면에 따른 이해

실제 발화의 장면에서, 발화는 주어지는 여러 가지 정보에 따라 끊임없이 재해석된다. 말하는 장면에 관한 지식을 포함하여 발화의 내용에 관련된 모든 지식이 이 해석에 관여한다.

① 대명사가 사용된 발화는 장면이 주어지지 않으면 발화 그 자체만을 가지고는 정확한 해석을 내릴 수 없다. 다음의 예문에서 '나'는 '말을 한 사람'이라는 해석까지는 가능하지만 구체적으로 누구인지를 알 수 없다. '이것'은 화자 가까이에 있는 사물이라는 해석까지는 가능하지만 그 이상은 알 수 없다. 이 발화는 이야기의 장면에 대한 지식을 가지고 해석할 때에 비로소 말한 사람이 누구인지, '이것'이 가리키는 것이 무엇인지 알게 된다.

내가 이것을 만들었어.

② 다음의 문장에서는 대명사가 무엇을 가리키는지 쉽게 알 수 있다. 민희의 발화에 사용된 '거기'라는 대명사의 구체적 대상은 수희의 발화의 내용에 의해서 '학교 교문 앞에 있는 식당'으로 해석된다. 이 장면에서 수희의 발화는 민희의 발화를 해석하기 위한 언어적 脈絡이 되고 있다.

수희 : '나는 어제 학교 교문 앞에 있는 식당에서 순이하고 점심을 먹었어.'
민희 : '거기서 영옥이를 만났니?'

③ 장면뿐만 아니라, 이미 알고 있는 지식에 의해 발화의 해석이 결정되는 경우도 있다. 발화의 해석은 이처럼 듣는 사람이 지니고 있는 정보를 바탕으로 하여 이루어지기 때문에, 매우 다양하게 확대되어 말하는 사람이 의도하지도 않았던 해석을 내리게 되는 경우도 있다. 따라서 화자가 의도했던 내용과 청자가 해석한 내용이 일치하지 않게 되는

경우도 흔히 있다. 이러한 문제는 인간의 意思疏通 과정에서 발생되는 근본적인 어려움의 하나이기도 하다.

> 기영 : '너, 오전에 어디 있었니?'
> 민수 : '도서관에 있었어.'
> 기영 : '그럼 어제 들어온 책은 정리했겠구나.'

3. 담화분석

[1] 담화분석의 명칭과 연구서

담화분석은 상용면에서 언어의 분석이다. 이러한 언어의 분석으로는 크게 담화분석(discourse analysis)과 텍스트분석(text analysis)으로 나눌 수 있다. 담화분석의 용어는 주로 音聲言語(spoken language)에, 텍스트 분석은 文字言語(written language)에 적용된다. 그러나 그 발화에 의한 구조에 어떤 일정한 한계선이 있는 것이 아니라, 문자에 의한 구조에까지 넘나듦이 있어서 애매모호성을 지닌 용어상의 문제가 있다. 따라서 '담화분석'이라는 명칭을 음성언어의 제한적인 틀에 맞추어서만은 안 될 것이다. 독일을 기점으로 시작된 텍스트 연구는 영국, 미국 등에서 활발하게 전개되었지만 국어에서 이 분야에 관심을 갖게 된 것은 최근의 일이며, 따라서 국어 담화에 대한 연구가 매우 빈약한 상태이다. 다행히 제6차 교육과정에서 학교문법에 '이야기'를 제시하고 있기는 하지만, 용어 문제나 이론적 근거 등 여러 가지로 부족하여 학교 현장에서 담화분석을 적용하기가 어렵다.

음성언어에 의한 담화연구에 역점을 둔 입문서로 Coulthard(1977)와 Stubbs(1983), 표준적 교과서로는 Brown & Yule(1983a), 결속에 관한 것으로는 Halliday & Hasan(1976), 발화종목에 관한 것으로 Hymes(1964), 含意에 관한 것으로는 Levinson(1983), 회화의 양식에 관한 것으로는 Tannen(1984)이 있다. 그리고 전문화된 연구법에 관해서는 Sinclair & Coulthard(1975), de Beaugrande Dressler(1981) Sanford & Garrod(1981) Gumperz(1982)가 있다.

[2] 담화분석의 개념

아직도 담화분석 용어의 설정과 그 개념에 대한 정의가 뚜렷하게 제시되고 있지 못하는 실정이다. 인간의 언어전달은 대체로 직접 주고 받는 의사소통의 전달과 문자로 인한 독백적 전달이 있다. 따라서 자연스럽게 발생하는 음성언어와 어느 정도 의도성이 가미되는 문자언어에 대한 분석이 있는데, 일반적으로 전자를 담화에 연결시켜 Spoken discourse 라 하고, 후자를 텍스트에 접맥시켜 Written text라 하는데 이의가 없다. Michael Stubbs(1983)는 담화는 節, 文章 이상의 언어구조를 연구하는 것으로 담화분석은 사회적 문맥에서의 언어사용, 특히 화자 간의 상호작용이나 대화를 다루게 되는 것이라고 언급했다.[1]

Morgan & Sellner(1980)는 담화의 속성으로 세 가지를 들었는데, 언어적 형식으로 담화의 통사적 구조를 이루는 언어적 요소와 그들의 관계로 이루어져야 함을 제시하였다. 따라서 담화는 문장보다 큰 단위로 언어의 최고 단위이며 音聲化된 것으로 상호 의사소통 체계인 작용의 언어이다.[2] 다시 말해서 담화는 하나의 이야기가 되는 셈이다. 즉, '이야기'는 學校文法에 새로 들어온 개념으로서 한 문장이 실현되는 구체적인

---

1) 담화 분석은 언어, 행위, 그리고 지식과 장면이 함께 나타나는 것이다. 즉, 언어가 사회적 상호작용에서 서로 의사가 소통되려면 화자와 청자 사이에 지식과 推定이 있어야 하며 언어와 상황과의 관계도 또한 긴밀한 관계이어야 한다.

2) Holliday(1978:130)는 텍스트를 작용의 언어로 규정하였다.그것은 발화나 문자에 의해서 실현된다. 또한, 참가자들의 어떤 수효를 내포할지 모른다. 심지어 어떤 公的인 논쟁은 어느 통합체 단위와 규칙의 종류를 갖는다고 제시하였다.

場面으로 앞 뒤 문장의 덩어리를 말한다. 이른바 담화가 되는 것이다. 사물을 말이나 글로 나타내는 행위가 둘 이상의 연속된 문장으로 이어졌을 때, 이 연속체를 담화라 하고 담화의 구조분석을 담화분석이라 할 수 있다. '이야기'를 문장이 쓰이는 실질적 맥락, 즉 '말하는 이+[문장(주어+서술어)]+말 듣는 이'의 관계로 파악했다.

결국 담화분석이란 화자와 청자 간에 주고 받는 의사소통의 언어구조라 말할 수 있다. 따라서 절이나 문장 등 문법상이나 구조상의 단위는 이제 언어연구에 있어 절대적이거나 최고의 단위가 아니기에 실질적 脈絡만 가지고는 안 된다. 예를 들어 철수가 영희에게 도움을 청하기 위해서 접근하여 "당신은 참 아름답습니다."라고 발화했을 때에, 문맥에 나타난 문장의 의미만으로 해석할 수는 없다. 때로는 선행의 담화나 수행되는 행위의 담화나 나아가 사회적 문맥과 발화자의 심리적인 것까지도 생각해야 하는 것이다. 결국, 청자와 화자 간의 주고 받는 상호 의사소통 체계의 언어구조로 단순한 회화뿐만 아니라 스피치, 강의 등을 수반하는 상호 의사소통 체계인 음성언어(Spoken language)를 담화라 하고 이 담화의 구조를 담화분석이라 한다.

[3] 담화분석과 유사용어

담화와 텍스트의 용어 사용에 있어서 매우 애매하고도 복잡다단한 언어적 성질이 있는 것 또한 사실이다. 보다 구체적인 것은 뒤에 언어의 기능에서 논하겠지만 Van Dijk(1977)는 텍스트를 담화 속에서 실현되는 抽象的 이론의 구조라고 하였다. 환언하면 談話에 대한 텍스트에의 관계는 發話에 대한 문장에의 관계와 같다. Holliday(1978)는 이와 같은 구별을 지적하여 텍스트라는 용어를 사용하고 있으며, 언어에서 말하고 있는 것은 텍스트에서 실현된다고 했다. Michael Stubbs(1983)는 담화분석이라는 용어를 중요한 이론적 이유보다도 편의상 이유에서 다른 용어보다 좋다고 생각했다. 텍스트 분석이라는 용어도 나쁘지는 않으나, 이것은 Van Dijk의 연구에서 잘 표현되는데, 특정 유럽의 전통적인 것에서 행해지는 연구이기에 적절하지 않다고 생각했다. 또한, 유사한 용어로 會話分析(conversational analysis)은 Sacks의 연구에서 유래되는 民族社會學的 연구의 의미를 지니고 있다. 會話는 가장 기본적인 것으로 언어의 가장 일반적인 용법이며, 이 이유만으로도 체계적인 연구를 할 만한 가치가 있는 일상생활의 보편 현상이다. 그러나 회화분석의 용어도 보다 형식적인 음성(Spoken)언어와 문자(Written)언어의 연구를 생략하는 것으로 나타내기에는 너무 편협적일 수 있다. 특히, 담화와 텍스트의 용어 사용과 의미 문제도 보다 구체적으로 다룰 필요성이 있기에 다음 항인 담화분석의 영역과 연구부문에서 자세히 살펴볼 것이다.

[4] 담화분석의 영역과 연구부문

담화의 연구가 무제한적인 영역으로 시작해 다른 분야에까지 침투하기 때문에 우리는 그것에 대해 논의해야 할 필요성을 가져야만 한다. 그것은 담화분석을 해석하기 위한 독자에게 직접적인 흥미를 가질 수 있도록 하며, 統辭論과 音韻論의 특징을 이해시키기 위해서도 그렇다.

우선, 담화분석은 기술적인 구조주의 언어학자들에 의해 방법론적인 것으로 출발했다. 즉, 그들은 언어학의 기본적이고도 입문적인 지식을 명백히 推定해 왔고, 가능한 공식적인 논쟁의 세부적인 항목을 피하려고 했으며, 일반적으로 받아들일 수 있는 形式主義에 의해 主唱된 문제에 대한 선호함을 강조했다. 따라서 意思疏通 과정의 중심적인 화자와 필자의 견해에 관심이 있음을 주장해 왔다. 여기서 화자와 필자는 主題와 前提를 지닌 사람이며 언급하는 사람이다. 이에 반해 청자와 독자는 해석하고 추론을 끌어내는 사람이다. 담화분석 연구는 가급적 그 해석에 대한 각자의 개인적인 연구를 피하도록 노력해 왔다. 그리고 담화분석은 한편으로는 언어학 형태의 연구와 그것들의 분배의 規則性을 내포하고, 또 다른 한편으로는 사람들이 정상적으로 듣고 읽는 것의 감각을 만들므로 거기에서 추출되는 해석의 일반적인 原理思考를 내포한다. 따라서 담화분석에 대한 언어학적인 연구를 통해서 사람들이 의사소통하는데 어떻게 언어를 사용하는지 조사하고, 특별히 연설자가 그의 연설에 어떻게 언어학적인 메시지를 구성하는가, 그리고 연설이 그것들을 해석하기 위해 언어학적인 메시지에 어떻게 작용하는가를 조사해야 한다.

그러나 일차적인 관심은 언어의 형태들이 의사소통하는 데 어떻게 사용하는가를 설명하는가에 있다. 이것은 바로 기술적인 언어학자들의 전통적인 관심이기도 하다. 따라서 담화분석은 언어의 분석으로 담화분석자들이 공식적인 연구로 오랜 전통을 갖는 동안 헤아릴 수 없는 많은 문법을 명시화했다. 또 다른 부문으로 기능적인 연구인 傳達作用(tranactional)의 기능과 相互作用(interactional)의 기능이 있다. 이에 Brown & Yule(1983)을 참고로 다음 하위항에서 제시하고자 한다.

1) 전달작용의 기능

언어가 實際的이거나 提案的인 정보로 전달되어 온 것으로 '전달적인 언어'라 부른다. 그리고 우선적으로 이 기능적인 언어에서 추정하는 것을 화자 혹은 필자가 먼저 충분한 정보전달을 한다. 이러한 상황에서 언어는 1차적으로 메시지 지향의 목적으로 사용된다. 즉, 일반적으로 문자언어가 일차적인 전달작용의 목적으로 사용되며 그것의 목적은 정보전달의 기능에 있다. 그리고 이러한 정보전달의 사용가치는 다음과 같다.

　　첫째, 문화적 신화적 이야기에서 잘 나타나며
　　둘째, 언어의 능력이 다른 종류의 문화를 발전시킬 수 있다고 믿으며
　　셋째, 문자언어가 철학, 과학, 문학과 같은 문화들의 어떤 범위 내에서 발전하며
　　넷째, 이러한 발전은 언어사용을 통한 정보전달에 대한 능력에 의해 가

능성을 만들며

　다섯째, 언어학자, 언어철학자 그리고 정신분석 언어학자 등에 의해 주로 전개된다.

2) 상호작용의 기능

　음성으로 발화되는 표현의 기능으로 상호 의사소통에 의해 특징되는 이야기에 해당된다. 이러한 기능은 사회적 관련과 개인적인 태도를 표현하며, 정보전달의 기능이 아닌 하나의 사회적 관계를 야기시키는 친교적 기능이라고도 할 수 있다. 담화분석자는 화자와 청자의 역할관계 및 대화에서의 성질상 변화와 특성 등 모든 국면의 축적된 연구를 내포한다. 사회논리학자, 사회언어학자는 사회적인 관련을 성립시키고 유지하기 위해 관심을 갖는다.

3) 담화와 텍스트

　담화분석의 영역과 연구부문을 제한시켜서 나타내면 음성과 문자로 나눌 수 있다. 그리고 이 둘 모두는 일종의 텍스트적 양식이라 할 수 있다. 여기서 우리는 담화와 텍스트라는 용어의 혼란이 있으므로 어떤 설명이 필요하다.

　텍스트는 作用의 언어로서 발화나 문자에 의해 실현될 수 있다. 물론; 여기에는 일련의 단순한 文章連鎖로서의 텍스트가 아닌, 통합적, 유의적 총체로서의 성격을 지니고 있어야 한다. 그리고 그것은 인간의 의사소통을 목적으로 하는 기본체계를 유지하는 것으로 결국 담화 속에서 구체화되는 抽象的 이론의 구조물이기에 담화(spoken text)와 텍스트(written text)라 명명할 수 있는 것이다. 사실 담화와 텍스트라는 용어 사이에 어떤 뚜렷한 경계선을 그을 수는 없다. 그러나 구별을 한다면 음성언어에 의한 대화 대 문자언어에 의한 텍스트의 차이로 제시할 수 있다. 다시 말해 담화가 텍스트가 비상호적 獨白, 즉 音聲發話된 말을 문자화시킨 표현양식이라면, 담화는 음성으로 발화된 말로 상호작용의 의사소통 기능의 양식이라 할 수 있다.[3] Widdowson(1979)은 表層語彙(surface lexis), 문법, 명제전개(propositional development)로 인지될 수 있는 '텍스트의 結合構造'(textual cohesion)와 발화행위의 구조 사이에서 작용하는 '담화의 통합성'(discourse coherence)을 구별했다. 그러나 여기서 언어적 형태와 명제 사이의 표층 결합구조와 기능적인 결합성 구조 사이의 구별은 물론 중요하지만 텍스트나 談話 둘 모두 작용될 수 있음이 분명해진다. 기본적인 문제는 언어의 흐름을 認知할 수 있는 통합체나 연결체를 — 이것이 구조적이든 의미론적이든 기능적이든 — 설명하는 일이다. 이외에 Van Dijk(1977)는 담화에 대한 텍스트는 발화에 대한 문장과 같은 관계로 보았으며, Halliday(1978)는 언어의 이야기가 텍스트에서 실현되는 것으로 보아 각각 텍스트와 담화의 구별을 제시하였다. 고영근(1990)은 양자를 대립적인 것으로 보지 않고 관찰적인 담화가 추상적인 텍스트에 포함될 수 있다고 보았다. 결국 텍스트와 담화는 그 개념에 대한 차이가 없다. 유파와 학자에 따라 텍스트를 사용하거나 담화를 사용한다. 아니면 둘 모두를 사용하기도 하는데 같은 뜻으로 사용하는 경우가 많다.

4. 담화의 해석과 구성요소[4]

　한 개별언어의 기술에 집중할 때, 일반적으로 그 언어에 사용된 형식과 구조 등을 정확하게 표시하는 일에 많은 관심을 갖게 된다. 그러나

---

3) Stubbs(1983:9-10)는 텍스트와 담화의 이와 같은 모호성은 매일 사용하는 일상적인 담화에서도 나타난다고 했다. 예를 들어 강의는 하나의 전체적인 사회적 활동으로 관련시킬 수 있거나 또는 단지 주된 음성 텍스트나 그것의 문자화로 관련시킬 수도 있다는 것이다. 학술논문도 마찬가지로 청중을 위해 어떤 의미를 음성으로 읽어서 전달하는 의미이기도 하지만 그것을 인쇄화해서 전달할 수도 있는 애매성을 지니고 있다는 것이다

4) George Yule(1985:104-114) 참조.

우리는 언어 사용자로서 단지 형식과 구조가 올바른가 올바르지 않은가를 구분하는 것만이 아니라, 그 이상의 많은 것을 구분할 수 있다. 신문의 표제에 'Trains collide, two die(死車衝突, 二人死亡)'라는 단편적 표현에 대할 때, 예컨대 두 구절 간에 인과 관계가 있다고 생각하고, 그 내용을 올바로 해석할 수 있다. 또한 여름에 상점 입구에 'No shoes, no service'라는 게시물을 보았다면, 두 구절 간에 조건관계가 성립됨을 알고, 그 내용을 올바르게 이해할 수 있다(만약에 구두를 신지 않았으면, 서비스를 받지 못합니다). 더구나 영어의 '규칙'(rule)에 위반된다고 생각되는 문장을 대했을 경우에도, 그것에 대하여 정확하게 대처할 수 있다. 다음의 예는 사우디아라비아 학생이 영어로 쓴 수필에서 발췌한 것으로 잘못된 곳이 많지만, 나름대로 이해할 수 있다.

MY TOWN

My natal was in a small town, very close to Riyadh capital of Saudi Arabia. The distant between my town and Riyadh 7 miles exactly. The name of this Almasani that means in English Factories. It takes this name from the peopl's carrer. In my childhood I remember the people live. It was very simple, most the people was farmer.

우리 마을

내가 태어난 곳은 작은 마을로서, 사우디아라비아의 수도 리야드에 근접되어 있다. 우리 마을과 리야드와의 거리는 7마일 정도이며, 이 알마사니라는 이름은 영어의 factories(공장)이라는 뜻이며, 이 이름은 마을 사람들의 食業에서 취한 것이다. 내가 어렸을 때, 사람들의 생활을 기억하는데, 생활은 매우 단순했으며 대부분의 사람들이 농민이었다.

위의 예문에서 비문법적인 문장을 담고 있는 언어에 어떻게 반응하는가에 대하여 흥미로운 사실을 알게 된다. 단순히 문장이 비문법적이기 때문에 거절한 것이 아니라, 그것을 어떻게 이해할 것인가 힘쓴다는 사실이다. 독자는 화자가 무엇을 전하려고 했는지 납득할 수 있는 해석

을 얻도록 노력한다(실제로 대부분의 사람은 '우리 마을'이라는 글을 쉽게 이해
할 수 있었다고 말한다). 이러한 이해하려는 노력(동시에 이해되어야 한다는 생
각), 그리고 어떻게 그것을 완수할 것인가 등이 담화연구에서 검토되는
중요한 열쇠가 되고 있다. 해석을 진행하거나, 메시지를 해석할 수 있도
록 언어의 형식이나 구조에 관한 지식에 의존하며, 우리는 언어 사용자
로서, 그 이상의 지식을 가지고 있다.

[1] 결속작용

예를 들어 복수의 문장으로 이루어진 텍스트에는 어떤 종류의 구조
가 있고, 그 구조는 단순 문장의 구조와는 전혀 다른 이질의 요인에서
구성됨을 알고 있다. 이들 요소 중에 어떤 것은 결속작용(cohesion)이라
부르는 것이 있는데, 이는 텍스트 안에 존재하는 결속과 연계를 의미한
다. 이러한 결속의 유형이 다음의 텍스트에서 확인할 수 있다.

> My father once bought a Lincoln convertible, He did it by saving every penny
> he could. That car would be worth a fortune nowadays. However, he sold it to
> help pay for my college education. Sometimes I think I'd rather have the
> convertible.

> 아버지는 전에 링컨 오픈카를 산 적이 있다. 그는 돈을 조금씩 저축하여
> 샀는데, 그 자동차는 지금으로 따지면 매우 값진 것이다. 그러나 아버지는
> 내 대학 등록금을 지불하기 위하여 그 당시 팔아버렸다. 나는 때때로 대학
> 보다 이 오픈카를 갖는 것이 좋았을지도 모른다고 생각한 적이 있다.

여기서는 대명사의 사용에 의하여 결속이 이루어지는데, 대명사는 같은
인물이나 사물의 지시를 연속하는 데 사용된다. 즉, father-he-he ; my-my-I ;
Lincoln-it 등과 같은 결속이 이루어진다. 또한 Lincoln convertible-that car-the
convertible과 같은 어휘적 결속도 보인다. 더욱 광범하게 보이는 결속은

어느 의미적 공통요소를 공유하고 있는 언어에 의하여 형성되는 결속이다. 예를 들면, bought-saving penny-worth a fortune-sold-pay 는 '金錢'이라는 의미적 공통요소에 의하여 결속되어 있으며, 또한 once-nowadays-sometimes는 '시간'이라는 의미적 공통요소에 결속되어 있다. 또한 However라는 접속사가 있는데, 이 접속사는 선행하고 있는 것과 후속하고 있는 것과의 관계(역접관계)를 표시한다. 앞의 4가지 문장에는 시제가 모두 과거이며, 이 점에서 4가지의 사건 간에 결속이 이루어지고 있다. 마지막 문장의 시제는 현재 시제를 나타내고 있어 이 사건의 시제가 앞의 4가지와 다름이 지적된다.

  텍스트의 이러한 결속관계를 분석하면, 작가가 진술하려는 내용이 어떻게 구성되어 있는가를 분명하게 제시하며, 또한 문장이 잘 쓰였는가 혹은 잘못 쓰였는가를 판단하는 데 중요한 요인이 된다. 또한 자주 지적되는 것은 결속을 형성하는 방법이 언어에 따라서 다르기 때문에 텍스트를 번역할 때에 유의해야 한다. 그러나 결속만으로는 독해의 이해가 충분하지 않다. 즉, 문장과 문장 사이에 많은 연결이 있음에도 불구하고, 해석이 곤란한 텍스트를 용이하게 만들어내기가 어렵다. 다음의 자료에는, Lincoln-the car ; red-that color ; her-she; letter-a letter 등의 결속이 보이지만 이해하기가 힘들다.

  My father bought a Lincoln convertible. the car driven by the police was red. That color doesn't suit her. She consists of three letters. However, a letter isn't as fast as a telephone call.

  나의 아버지는 링컨 오픈카를 구입했다. 경찰관이 운전하는 자동차는 붉은 색이었다. 그 색은 그녀에게 어울리지 않는다. she라는 단어는 3글자로 이루어졌다. 그러나 편지는 전화만큼 빠르지 않다.

  위의 예에서 명백하게 알 수 있는 것은, 보통의 텍스트를 해석할 때 경험하는 '결속관계'는 단지 단어와 단어의 결속만에 근거하지 않는다는 것이다. 이외에도 의미를 취하여 결속되는 텍스트와 의미를 취하지 않는 텍스트를 구별함과 같이 무엇인가 다른 요인이 있다고 생각된다. 이러한 요인을 통상적으로 일관성(coherence)이라 이른다.

[2] 일관성

일관성의 개념에 있어서 중요한 열쇠는 언어 중에 존재하는 것이 아니라 인간 중에 존재하는 것이다. 읽거나 듣거나 한 것을 '이해하는'(make sense) 것은 바로 인간인 것이다. 인간은 여러 가지 일을 해석할 때에 현실세계의 경험과 모순 없는 해석을 하려고 노력한다. 실제로 읽은 것을 이해하는 능력은 현실세계를 지각하거나 경험한 것을 이해하는 데 사용하는 광범위한 능력의 일부분이라고 생각한다. 대부분의 사람은 위에서 인용한 자료를 읽을 때, 텍스트를 내용적으로 모순이 없는 현실세계의 상황이나 경험에 '적합하도록'(fit) 노력할 것을 생각한다. 이러한 노력을 오래 계속하면, 서로 다른 요소를 일관된 해석으로 통합하는 방법을 찾을 수 있다. 그렇게 하려면, 당연히 텍스트 안에 있는 많은 '틈새'(gaps)를 메우기 위한 작업을 행해야 한다. 더구나 문장으로는 실제적으로 표현되지 않은 의미는 결속을 창출하지 않으면 안 된다. 이러한 과정은 '이상한'(odd) 텍스트를 이해하려고 할 때에만 한정되는 것이 아니며, 담화를 해석하는데, 어떠한 방법으로든 항상 포함되는 것으로 보인다.

실제로 이러한 일이 무심결의 회화를 해석할 때에 나타난다. 대부분이 확실히 언명되지 않은 회화의 주고받음에 이러한 일이 더해진다. 놀랍게도 회화라는 복잡한 과정이 간단하게 이루어진다고 생각되는 것도 서로 상대가 의도하고 있는 것을 용이하게 예상할 수 있기 때문이다. 다음은 그 좋은 예로서, Widdowson(1978)에서 인용한 것이다.

  낸시 : That's the telephone(전화요)
  론   : I'm in the bath(욕실에 있어)
  낸시 : O.K.(알았어요)

  단편적인 이 담화에는 결속의 끈이 될 만한 요소가 아무것도 없다. 그러면 어떻게 해서 상대가 말한 것을 이해할 수 있도록 실현되는 것인가? 물론 표현된 문장 중의 정보를 사용하는 것이지만, 이를 정확하게 이해하려면 그 이상의 무엇인가가 관련된 것이라 생각한다. 이러한 유형의 주고받는 말을 명백히 이해하는 것은, 화자가 회화 중에 수행한 관습적 행위(convention action)가 큰 역할을 한다는 사실이다. 발화행위(speech act)의 연구에서 그 개념에 대한 도움을 구하면, 위의 짧은 회화를 다음과 같은 방법으로 특징지을 수 있다.

  낸시는 론에게 어떤 행동을 수행하도록(전화 받기를) 요청한다.
  론은 그 요청에 응하지 못하는 이유를 진술한다.
  낸시는 이해하고 행동을 수행한다(전화의 상대에게 사실을 전함).

  여기에 진술한 것이 실제로 회화에서 일어날 수 있는 분석으로서 올바르다면, 언어의 사용자는 분명히 단순한 '언어지식'과는 다른, 회화의 주고받음에 관한 제법 많은 지식을 갖고 있는 것이 된다. 이러한 지시의 諸相을 밝히려는 노력이, 담화분석의 분야에 있어서 큰 관심의 대상이 되고 있으며, 그 연구자의 수도 매년 증가하고 있다.

[3] 발화종목

  회화나 그 밖에 다른 발화종목(예컨대, 토론, 면담, 여러 종류의 토의) 참가에 관한 테마를 언어학적으로 탐구해 가면, 인간의 발음이나 행동이 상이한 환경에 따라 여러 가지로 다양한 것을 알 수 있다. 이러한 다양성의 원인을 기술하기 위해서는 우선 몇 가지의 기준을 염두에 둘 필요가 있다. 예를 들면, 화자와 청자(혹은 청중)의 역할이라든지, 양자의 관계(즉, 친한 사람인가 낯선 사람인가, 젊은 사람인가 늙은 사람인가, 신분이 같은 사람인가 다른 사람인가 등)를 분명히 해야 한다. 이와 같은 모든 요인은 말의 내용 및 표현방법에 영향을 미치게 된다. 회화의 화제가 무엇이며, 그 회화가 어떠한 장면이나 문맥에서 일어나고 있었는지 등에 대하여 기술해야 한다. 그러나 이러한 요인이 잘 기술되었다고 해도, 회화의 구조 그 자체에 대해서는 충분히 분석되었다고 말할 수 없다. 우리는 어느 특정문화에 속하는 언어 사용자로서 회화 행위에 관한 매우 정교한 지식을 가지고 있어야 한다.

[4] 회화의 상호작용

영어의 회화는 둘 이상의 사람이 서로 영어로 말을 교환하는 행위라고 말할 수 있다. 대부분의 경우, 한번에 말을 하는 것이 한 사람뿐이며, 말과 말 사이의 공간이 생기는 것을 피하려고 한다(그러나 다른 문화에서는 반드시 그렇지는 않다). 만약에 두 사람 이상의 참여자가 동시에 말을 하려고 할 때는 그 중의 한 사람이 말을 중단하게 된다. 다음의 예에서 보듯이 B가 도중에 끼어들어 말했기 때문에, A는 B의 말이 끝날 때까지 말을 중단하고 기다리고 있다.

```
A : Didn't you ┌ know wh-
               [
B :            └ But he must've been there by two
A : Yes but you knew where he was going
```

(A : 모르고 있었나요 누구인지. B : 그는 2시까지 여기에 있었어요.

　A : 그래요, 그가 어디에 갔었는지 알고 있었군요.)

※ 위에서 기호 [는 동시진행의 회화가 시작된 곳을 나타내기 위하여
　편의상 사용한 것이다.

　대개의 경우, 회화의 참가자들은 화자가 끝났음을 표시할 때까지 기다린다. 일반적으로 종료점(completion point)으로 나타낸다. 말의 ‘종료’(complete)를 나타내는 데 여러 가지 방법이 사용된다. 예를 들면, 상대에게 질문을 한다든가, 구절이나 문장의 통사구조상의 끝나는 곳에 큰 休止를 둔다든가 하는 방법을 택한다. 한편 청자의 입장에 있는 참가자들이 다음에 말을 하고자 하는 바를 암시하는 데도 여러 방법이 사용된다. 예를 들면, 회화 도중에 짧은 소리를 내어 반복하거나 몸짓이나 얼굴의 표정으로 말하고자 하는 것을 신호한다.

　담화의 이 분야에 있어서 몇 가지 흥미있는 연구는 회화의 참가자들에서의 ‘무례함’(rudness, 다른 사람이 말하고 있는 도중에 중단시키고 끼어드는 경우)이나, 소심함(shyness, 자기 차례가 올 것을 기다리고만 있다가 말할 기회를 놓치는 경우)이라고 하는 것이 원인이 되기도 한다. ‘무례한’ 사람이나 ‘소극적인’ 사람들은, 말의 교체 방법에 관하여 보통 사람과는 약간 다른 방책을 취하고 있음에 불과하다. ‘長廣舌’(long-winded)의 화자나 ‘발언권을 독점하는’(holding the floor) 연설자나 정치가들이 남용하는 방책은, 보통 종료점이 생기는 것을 매우 피하려 한다. 이러한 방책은 적잖이 사용되고 있다. 예컨대, 실제로 말을 하면서도 계속 말하려는 것을 결정해야 할 때에 이 방책이 사용된다. 종료점은 대개의 경우, 문장의 완결과 휴지에 의하여 지시되는 것으로 기대되고 있지만, ‘차례를 딴 사람에게 양보하지 않는’(keep the turn) 방법은, 이러한 방책이 함께 일어남을 피하는 것이다. 결국 문장의 끝에 휴지를 놓지 아니하고, 그 위에 and then(그래서)이나 so(그러므로), but(그러나) 등의 접속사를 사용하여 문장이 끝나는 것을 피하는 것이다. 휴지를 넣으려면 메시지가 분명히 불완전한 곳에 휴지를 두어, 그것도 er, em, uh, ah 등과 같은 망설임의 표지를 채운다. 다음의 예는 휴지가 놓이는 위치가 동사 및 전치사의 앞이나 뒤에 위치하고, 문장의 끝에는 오지 않는다.

A : that's their favorite restaurant because they … enjoy french food and when they were … in France they couldn't believe it that … you know that they had … that they had had better meals back home

A : 저 프랑스 요리점은, 요리가 맛이 있기 때문에 그들이 마음에 들어 하는 곳이다. 그들이 … 프랑스에 있었을 때는, 그들이 생각하지 못했는데 … 그들은 … 자기 나라 쪽이 더 맛있는 식사를 하고 있었던 것이다.

또한 다음의 예는, 화자 A가 처음에 약간 주저한 뒤, 교체의 가능성이 없어졌으므로 천천히 休止를 채우고 있다.

A : well that film really was … ⌈ wasn't what he good at
B :   ⌊ when di-
A : I mean his other … em his later films were much more … er really more in the romantic style and that was more what what he was … you know … em best at doing
B : So when did he make that one
A : 아, 저 영화는 정말로 ⌈ … 그가 좋아하는 것은 아니다.
B   ⌊ 언제 …
A : 그가 별도의 … 저 … 그의 더 새로운 영화는 … 정말로 더 낭만적인 스타일로서 그러한 것이, 그가 … 음 … 좋아하는 것이다.
B : 그래서, 그가 그러한 것을 만들었나?

이러한 방책 자체는 결코 마음에 들지 않는다거나 '횡포한'(domineering) 것이라고 생각할 것은 못된다. 이들 방책은 많은 사람들의 회화에 많이 보이는 것이며, 어느 의미에서 회화를 진전시키는 중요한 일부가 되고 있다. 이러한 미묘한 신호를 실마리로, 말의 순서를 교체해 가며, 언어를 통한 사회적 접촉이라는 복잡한 일에 교섭하고 있는 것이다. 실제로 회화적 담화에서 주목할 만한 특징 중의 하나는, 담화가 실로 원활하게 협조적으로 행해져야 한다는 것이다. 이 관찰은, 실제로 회화에 관한 한 원리로서 定式化되고 있다.

[5] 협조의 원리

대부분의 회화에서 기본적 전제는 회화에 참가하는 사람들이 실제로 서로 협조적이라는 것이다. 이 원리를 협조의 원리(co-operative principle)라 이르며, Grice(1975)에 의하여 4가지의 공리와 함께 처음으로 협조의 원리를 다음과 같이 진술하고 있다. "당신이 참여하고 있는 회화에 대하여 그 발화의 시점에서 회화의 목표와 방향을 수용하면서 이바지하라." 이 원리를 지원하고 있는 것이, 다음의 4가지 公理이다.

> 量의 公理 : 필요로 하고 있는 것만큼의 정보의 양만을 전하고, 그 이상도 그 이하도 전하지 아니한다.
> 質의 公理 : 그릇된 것이라고 생각하는 것이나 증거가 결여된 것은 말하지 아니한다.
> 關係의 公理 : 화제와 관련된 내용만을 말한다.
> 方法의 公理 : 명확하고 간결하며 질서있게 말한다.

물론 경우에 따라서 협조의 원리가 잘 운용되지 않을 것으로 생각하는 회화의 교환을 경험할 수도 있다. 그러나 협조의 원리는 회화할 때 누구나 품고 있는 통상적 기대의 일반적 기술로서, 이 원리는 우리가 자주 들을 수 있는 특징적인 방법을 설명하는 데 많은 도움을 준다. 예를 들면, 회화 중에서 Well, to make a long story short(자, 긴 이야기를 짧게 하려면) 이나 I won't bore you with all the details(나는 모든 세부적인 이야기 하는 것을 지루하지 않게 할 것이다)라는 표현이 많이 사용되는데, 이것은 양의 공리를 의식하고 있음을 보이는 것이다. 또한 질의 공리의 중요성을 의식하고 있는 것은, 말을 시작하기 전에 As far as I know(내가 알고 있는 한에서는)라든가 Now, correct me if I'm wrong(만일 잘못이 있으면 고쳐 주시고)이나, I'm not absolutely sure but…(너무 자세한 것은 말할 수 없지만…)라고 하는 표현이 사용되고 있는 데서도 엿볼 수 있다. 또한 무엇인가를 보고할 때, '~을 알고 있다'가 아니라 '~라고 생각한다'라든가, '~이라 느껴진다'('확실한'이 아니라) '있을 수 있다'라든가, '~있음직하다'('~임에 틀림없다'가 아닌), '~인지도 모른다'라든가 '가능성이 있다'와 같은 주의 깊은 말이 사용되는데, 이것도 질의 공리를 의식하고 있는 현상이다. 따라서 John is ill(존은 병중이다)이라고 하는 경우와, I think it's possible that John may be ill(존은 병중일지도 모른다고 생각한다)이라고 하는 양자 간에는 차이가 있다. 전자와 같이 말하기는 그렇게 진술할 만한 충분한 근거가 있음을 추정할 수 있다.

질문에 대한 답이 표면적으로 보면, 답으로서 부적절하다고 생각되는 일이 있다. 그러나 회화의 경우에 협조의 원리가 적용되면, 정말로 그것을 어떻게 해석할 것인가를 알게 될 때가 있다. 다음과 같은 대화의 일부를 살펴보자.

> 캐롤 : Are you coming to the party tonight?
> 로라 : I've got an exam tomorrow
> (캐롤 : 오늘 밤 파티에 가니? 로라 : 내일 시험이 있어.)

로라의 대답은 글자 그대로 캐롤의 질문에 대한 대답이 아니다. 로라는 '예'라든가 '아니오'라고 말하지 않고 있다. 그러나 캐롤은 직접 '아니오'나 '아마 못 갈거야'를 의미하는 것처럼 해석할 수도 있다. 그러면 어떻게 해서, 이 문장에서 逐語的인 의미와는 다른 것으로 이해되는 것인가? 그것은 적어도(최소한) 부분적으로 로라가 회화의 공리를 따르면서 '관련 있는'(relevant)말을 하며, 필요한 '정보를 알리는'(informative) 것을 표현하고 있음을 전제로 하기 때문이라고 생각한다(이 점을 이해하기 위해서는 로라가 달리 "장미꽃이 붉구나"라고 답했을 경우에, 캐롤의 반응을 상상해 보면 좋을 것이다). 답이 관련된 정보를 내포하고 있다면, 캐롤은 추론을 활동시켜 '내일 시험'이라고 하는 것은 관습적으로 생각하여 '오늘저녁 공부해야 함'을 含意하고 있으며, '오늘밤 공부한다'는 의미는 오늘밤 파티에 참석할 가능성이 없음을 판단하게 한다. 따라서 로라의 답변은 단순히 내일의 행동에 대한 진술이 아니라, 오늘 저녁의 행동에 대한 함의(implicature), 즉 부수적으로 전하는 의미를 함축하고 있는 것이다.

여기에서 주목할 것은, 로라의 진술에서 회화상의 함의를 밝히기 위해서는 회화의 참가자에 의하여 공유하고 있다고 생각되는 예비지식(시험, 공부, 파티 등에 관한 지식)을 활용해야 한다는 점이다. 담화의 해석에서 예비지식이 어떻게 활용되는가의 문제는 최근에 많은 관심을 가지고 있는 연구 테마의 하나이다.

[6] 사전지식

이 예비지식의 사용법에 대해서 Sanford & Garrod(1981)가 좋은 사례를 제시하고 있다. 다음과 같은 두 문장부터 살펴보도록 한다.

> John was on his way to school last Friday.
> He was really worried about the math lesson.
> (존은 지난 주 금요일 학교에 가는 길이었다. 그는 수학 수업에 대하여 매우 걱정하고 있었다.)

이들 문장을 읽은 대부분의 사람은, 존이 아마도 학생이라고 생각하고 있다. 이러한 정보는 문장 속에서 직접적으로 언급되지 않은 것이므로, 이것은 추론(inference)이라 이를 수 있다. 다른 독자는 또한 다른 추론을 가지고 있어, 존이 걷고 있다거나, 버스를 타고 있다고 볼 수도 있다. 이들의 추론은 분명히 우리 문화에 있어서 '通學'(going to school)에 관한 관습적인 지식에서 생긴 것이다. 그러나 존은 수영을 하고 있다든가 혹은 보트를 타고 있다는 해석은, 현실적으로 말할 수 없는, 물리적으로 있을 수 없는 해석은 아니지만, 그렇게 해석하는 사람은 아무도 없다. 이러한 추론에서 흥미로운 것은, 그 추론은 일시적이며 개연적인 해석으로 다루어지며, 그 뒤의 정보와 잘 부합하지 않으면, 쉽게 포기되고 만다는 점이다. 위의 두 문장에 다음 문장이 후속된다.

> Last week he had been unable to control the class.
> (지난 주, 그 반을 통제할 수 없었다.)

이 문장을 읽으면 대부분의 독자는, 실제로 존은 학교의 교사로 판단하게 된다. 그리하여 대부분의 사람은, 존이 자동차로 학교에 출근한다고 생각한다. 그 뒤에 다음의 문장이 계속된다.

> It was unfair of the math teacher to leave him in charge.
> (수학선생이 그에게 수업을 맡긴 것은 부당한 일이다.)

갑자기 존은 학생 신분으로 되돌아가 '교사'라는 추론은 파기된다. 마지막으로 제시된 문장은 놀라운 사실을 담고 있다.

> After all, it is not a normal part of a janitor's duties.
> (결국, 그것은 수위의 통상의 임무가 아닌 것이다.)

물론 이러한 텍스트에서 진술된 내용으로 한번에 한 문장씩 나타내는 제시 방법은 현실적으로 부자연스런 것이다. 그러나 위에서 본 추론의 경우는, 우리가 읽을 거리의 해석을 행할 때, 문자로 쓰인 이상의 정보를 활용하면서 해석을 '조립'(build)하는 방법을 시사적으로 보인 것이다. 우리는 대개 어떻게 될 것인가 하는 예측(기대)에 근거하여, 텍스트가 진술되고 있는 것을 실제로 창작하고 있을지도 모른다. 이러한 현상을 기술하기 위하여 많은 연구자는 圖式形(schemata)이라는 개념을 사용한다. 도식형은 기억 속에 존재하고 있어서 여러 가지 환경 밑에서 활성화되어, 체험한 것을 해석하는 데 사용되는 관습적인 지식구조라고 생각한다. 아주 알기 쉬운 예로, 누구나 'Restaurant'에 대하여 몇 가지의 도식형을 가지고 있다. 그 도식은 불가피하게 다음과 같은 담화를 해석하는 데 사용된다.

> Trying not to be out of the office for long. Andrea went into the nearest restaurant, sat down and ordered a sandwich. It was quite crowded, but the service was fast, so she left a good tip when she had to rush back to work.

> 회사를 오래도록 비워둘 수 없기 때문에 앤드리아는 제일 가까운 레스토랑에 가서 자리에 앉아 샌드위치를 주문했다. 매우 혼잡스러웠으나, 빨리 갖다 주었으므로 팁을 많이 놓고 급히 일자리로 돌아갔다.

'Restaurant'의 도식형에 근거하여, 이 짧은 텍스트에서는 간단하게밖에 진술되지 않은 장면이나 사건에 대하여 많은 것을 말할 수 있다. 예를 들면, 텍스트에는 명시되어 있지 않지만, 앤드리아는 문을 열고 레스토랑에 들어갔다든가, 거기에는 탁자가 있었다든가, 그녀는 샌드위치를 먹었다든가, 대금을 지불했다는 등의 일을 상정할 수 있다. 텍스트에 기록되었던 것을 기억해 내 보려는 경우에도, 위에서 상상한 것과 유사한 정보가 떠오르는데, 이것도 도식형이 존재하고 있음을 증명하는 것이다. 이 사실은 또한 읽을 거리의 이해가 기록되어 있는 어구나 문장에서 직접적으로 생기는 것이 아니라, 이미 읽은 것에 관한 心中에서 創出한 해석에서 생김을 나타내는 것이다.

담화해석의 본질에 관한 이러한 견해는 자연언어의 처리에 컴퓨터를 이용하려는 연구에 강한 영향을 미치고 있다. 언어에 의한 커뮤니케이션에는 언어 이외의 세계에 실제로 막대한 사전지식이 필요함을 알아왔기 때문에 중대한 과제의 하나는, 어떻게 해서 이러한 지식을 컴퓨터에 부여하는가에 있다.

제7장 의미론

1. 의 미

언어는 형식적인 音聲과 내용적인 意味라고 하는 양면이 있으며, 이들은 개별언어에서 일정한 관계를 가지고 언어기호를 이룬다.

意味라는 말은 항상 다음과 같은 二項關係로 사용된다. 즉,

「A의 의미는 B다」　　　(the meaning of Ais B)
「A는 B를 의미한다」　　(A means B 혹은 I mean B by A)

Saussure는 A에 해당되는 것을 signifiant(記標), B에 해당되는 것을 signifié(記意)라 하고, 이 두 가지가 결합하여 하나가 된 것을 記號(signe)라고 하였다. 언어는 대표적인 기호 가운데 하나다.

[1] 의미의 개념

意味를 정의한다는 것이 그리 쉬운 일은 아니다. 일찍이 Ogden과

Ricgards(1949)가 공저한『意味의 意味』(The Meaning of Meaning) 제9장에서 여러 가지 의미의 개념을 다음과 같이 정리하여 제시하고 있다.1)

(1) 內的 特性, (2) 다른 사물에 대한 독자적인 분석이 불가능한 관계, (3) 사전에서 단어에 붙인 내용들, (4) 단어의 內包, (5) 本質, (6) 대상에 투사된 활동, (7) 지향된 사건·의도, (8) 어떤 체계 중의 사물의 위치, (9) 사물이 우리의 장래 경험에 끼치는 실제적 결과, (10) 진술에 포함되거나 함축된 이론적 결과, (11) 사물에 의해 일어나는 정서, (12) 선택된 관계에 의해 실제상 기호와 결부된 것, (13) 자극이 기억에 미치는 효과나 얻어진 연상, 어떤 일의 기억적 효과가 결합한 다른 일, 기호가 관계되는 것으로 해석되는 사물, 사무이 암시하는 것 등, (14) 기호(상징)의 사용자가 실제로 지시하는 것, 지시하고 있어야 할 것, 스스로 지시하고 있다고 믿는 것 등, (15) 기호의 해석자가 지시하는 것, 스스로 지시하고 있다고 믿는 것, 사용자가 지시하고 있다고 믿는 것 등이다.

意味의 개념이 물론 이것만도 아니겠지만, 이러한 다양한 개념이 있을 수 있다는 것은 意味를 定義하는 일이 얼마나 어려운가를 알 수 있는 충분한 단서가 된다. 구조언어학의 관점에서 보면, 의미는 단어의 분포와 배합에 근거를 두고 단어가 사용되는 문맥의 총체로서 풀이한다.2)

[2] 의미의 삼부문

Ogden & Richards(1923)의 의미의 기본삼각도(basic triangle)에서 도시해 보인 指示物(referent)과 思想 또는 指示(thought or reference) 그리고 記號 (symbol)를 의미의 삼부문(three components of meaning)이라 이른다.

---

1) Ogden, C.K. & Richards, I.A., The Meaning of Meaning, London: Kegan Paul, 1949.
2) Paul Roberts, Understanding English, New York : Harper & Row, 1958, p.361.

【의미의 기호 삼각형】

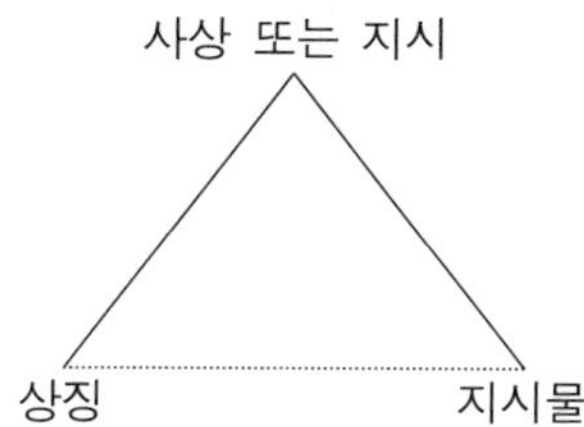

言語記號의 성격을 설명하는 방법으로 이 意味의 基本三角圖가 많이 인용된다. 이 삼각형은 지시물(사물)과 사상·지시(개념), 그리고 기호(형태)와의 관계를 나타내고 있다. 實線은 직접적 관계를 나타내며, 점선은 간접적 관계를 나타낸다. 사물(지시물)과 개념(사상·지시)의 사이는 직접적 관계가 성립되며, 개념과 형태(기호)와의 사이도 직접적 관계가 성립되지만, 사물과 기호와의 관계는 간접적 관계, 즉 이들의 관계는 개념을 통해서만 연결되는 것이다. 다시 말하면, 언어는 사물과 형태가 직접 연결되지 않고, 그 중간에 개념(사상·지시)이 매개 역할을 하고 있다는 것이다.

'사람'[sa:ram]이라는 음성기호, 즉 형태와 지시물로서의 사람이라는 대상과의 관계는 전적으로 임의적이며 협약적이다. 그래서 점선으로 표시되는 것이다.

2. 여러 가지 의미 유형

[1] 중심적 의미와 전이적 의미

언어형식은 때때로 둘 이상의 의미를 지니게 되는데, 어떤 기본적인 의미가 있고 그것이 변하여 조금씩 다른 의미도 가지게 된다.

1) 중심적 의미

한 言語社會 내에서 話者들이 공통적으로 인식하며, 傳達의 기본조건이 되는 基礎的 意味(basic meaning)를 中心的 意味(central meaning) 또는 基本的 意味(primary meaning)라고 한다. 이 기본적 의미는 언어습득에 있어서 가장 먼저 배워야 하고, 언어전달과 이해에 있어서 기초가 되는 의미이다. 단어를 정의하기 위하여 환기될 때 가장 유력시되는 의미이므로 辭典에서 제일 먼저 제시하는 의미가 이 중심적 의미다. 예를 들면 국어 단어 '머리'(頭)와 '손'(手)의 중심적 의미는 '목 위가 되는 부분', '사람의 팔목에 달린 부분'이다. 영어 단어 'lemon'의 중심적 의미는 '운향과에 속하는 과일 중의 하나'가 된다. 그 밖의 의미는 副次的 意味, 즉 轉移的 意味다.

2) 전이적 의미

기본적 의미를 기초로 하여 주변에 나타나는 의미로서 때로는 주어진 장면에 따라 개인적 색채를 지니며 기본적 의미를 벗어나 독자적 의미를 지니게 되는데, 이와같은 副次的 意味를 전이적 의미(transferred meaning) 또는 周邊的 意味(marginal meaning)라고 한다. 이들은 주로 특정한 문맥에서 이루어지는 전이적 의미이므로 文脈的 意味(contextual meaning)라고도 한다. 사전에서는 예문으로 의미를 밝히는 일이 많다.

다음의 그림은 국어 단어 '머리'와 '손'의 기본적 의미와 주변적 의미를 도시한 것이다.

【'머리/손'의 의미 양상】

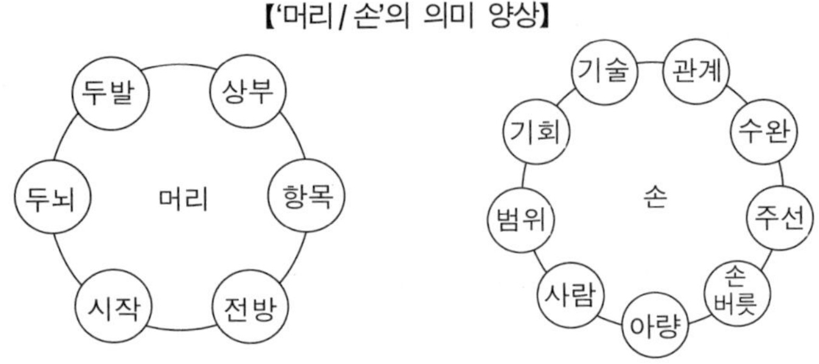

전이적의미, 즉 非中心的 意味는 종종 隱喩法(metaphor)으로 표현된다. 은유는 한 사물에 1차적 의미로 사용되는 어구가 다른 쪽의 사물에 적용되는 비유법이다. Richards가 정의한 바와 같이, 은유는 元觀念(tenor)과 補助觀念(vehicle)의 결합으로 等價의 섬광적 조명을 일으켜 새로운 의미를 형성하는 것이다. 하나의 관념과 대상을 설명하거나 혹은 그 특질을 묘사하기 위해서 다른 대상을 환기하는 것이 특징이므로 이것은 단어 적용의 확장을 의미하는 것이다. 국어에서 "너는 여우다", "저놈은 곰이다"와 같은 표현이나, 영어의 foot of a hill(산기슭), head of pin(핀 머리), arm of chair(의자의 팔걸이), neck of a bottle(병목), daybreak(새벽), nightfall(해거름), a horse of another color(전혀 다른 일)과 같은 표현이 그것이다. 이와 같은 은유적 확장은 모든 언어에 공통된 것으로, 이들 없이 언어는 아마도 무미건조할 것이다. 이 隱喩的 表現은 사람들의 의사소통에 있어서 생동적이고 발랄하며 흥취를 돋우어 준다. 직접적이고 단조로운 표현보다 이 은유적 표현은 훨씬 다채롭고 효과적인 표현인 것이다.

[2] 외연적 의미와 내포적 의미

어떤 말을 사용할 때, 그 말이 제시하는 직접적인 특정 의미가 있고, 또한 그 말이 내포하는 암시적 의미가 있게 마련이다. 口語나 문어를 막론하고 흔히 그것을 사용하는 話者나 聽者가 본래의 개념적 의미에 추가하여 여러 가지 心理的인 聯想이 환기된다. 어떤 말의 암시는 마치 우리의 지시영역을 채색하는 특수한 보충적 가치(supplementary value)이므로 外延과 內包의 구별을 짓는다.

1) 외연적 의미

어떤 말을 사용할 때, 그 말이 제시하는 직접적 사물의 특정한 의미, 즉 객관적으로 검증 가능한 실제에 관련되는 의미를 외연적 의미

(denotative meaning) 또는 明示的 意味라 한다. 가족관계의 father나 mother 라는 단어는 옛날부터 오늘날까지 의미변화가 별로 일어나지 않는다. 아들이나 딸에 대한 부모의 관계를 갖는 남성으로서의 '아버지'와 여성으로서의 '어머니'는 객관적으로 검증 가능한 실재적 의미인 것이다.

"Boys will be boys"라는 문장에서 첫 번째의 boys는 단순히 소년의 일반적 부류에 속하는 외연적 의미를 나타내고 있다. 논리학에서 사용되는 외연(extension)은 주어진 개념 p를 만족하게 하는 개체의 집합을 p의 외연이라 한다. 다시 말하면 개념이 적용될 사물의 범위를 표시하는 이 범위의 전체를 개념의 외연이라 한다. 예를 들면, '붉다' 라고 하는 개념의 외연은 붉은 것의 집합인 것이다.

2) 내포적 의미

구체적 개인으로서의 아버지와 어머니는 시대에 따라 달라질 뿐만 아니라 같은 시대에서도 개인에 따라 언어의 실천적 의미는 다르게 마련이다. 예를 들면, '병원'이라는 단어에 대한 반응은, 병원에서 오랜동안 고생을 해 본 사람과 병원과는 거리가 먼 사람에 있어서 많이 다르다. 즉 주어진 단어와 관련되는 사람들 개인에게 연상되는 개인적 영감은 感情的 內包(affective connotation)를 갖게 마련이다. 이와 같이 화자나 청자가 지닌 단어 주변의 보충적 가치에 관한 의미를 內包的 意味 (connotative meaning) 또는 暗示的 意味라 한다. 앞에서 예로 든 예문 "Boys will bi boys"에서 두번 째의 boys는 첫번째의 boys와는 달리 화자가 특수한 문맥에 있어서 담으려는 성격의 boys이다. 그것은 '순진무구한 아이들'일 수도 있고, '버릇없는 아이들'일 수도 있다. 外延이 자신의 입을 손으로 막고 '이것'이라고 지칭할 수 있는 것이라면, 內包는 눈을 가리고도 어떤 말을 머리 속에서 생각했을 때 상기되는 것을 뜻한다. 어떤 언어형식의 내포적 의미란, 결국 그 언어형식이 어떤 외적상황에서 사용되었는가, 다시 말하면 어떤 장면에서 어떤 사람에 의해 사용되었는가 하는 것과 관련되는 부차적 의미요소가 되는 것이다. 그러므로 내포적 의미는 時代·社會·世代·性 등의 차이에 따라 상이하게 다른 경우가 많다.

　論理學에서 말하는 내포는 주어진 개념을 만족시키는 모든 성질을 그 개념의 내포라고 정의한다. 그러므로 외연이 넓어질수록 내포가 좁아진다고 할 수 있다.

[3] 어휘적 의미와 문법적 의미

어휘구성의 단위인 單語는 形態素로 이루어진다. 형태소 가운데 語根이나 語幹을 이루는 實質 形態素는 대체로 語彙的 意味를 가지며 屈折接辭와 같은 형태소는 문법적 의미를 가지고 形態素 配合을 이룬다.

1) 어휘적 의미

일반적으로 단어를 이루고 있는 실질형태소의 의미를 어휘적 의미(lexical meaning)라고 한다. Fries(1952)에 의하면 類語(class word)의 사전적 의미는 명료한 것으로 그 단어에 관련되어 있는 문법적 의미와 확실히 구별되는데, 機能語(function word)에 있어서는 어휘적 의미와 문법적 의미와의 구별이 어렵다고 하면서, 의미를 다음과 같이 분류했다.[3]

【총체적 의미 양상】

총체적 의미 ─┬─ 언어적 의미 ─┬─ 어휘적 의미
(total meaning) │　(linguistic meaning) │　(lexical meaning)
　　　　　　　　 │　　　　　　　　　　　 └─ 구조적 의미
　　　　　　　　 └─ 사회적 의미　　　　　　(structural meaning)
　　　　　　　　 　 (social meaning)

---

3) Fries, Charles C., The Structure of English : An Introduction to the Construction of Eoglish Sentences, New York: Harcourt, Brace & Co. 1952.

Bloomfield(1933)는 어휘적 의미를 '문자대로의 의미' 또는 '본격적 의미'라는 말로 사용하고 있으며[4], Stern(1931)은 한 번에 한 번 사용되는 發話에서 언어실천의 의미를 실제적 의미(actual meaning)라 하고, 이에 상대되는 언어소재의 의미를 어휘적 의미라고 규정하고 있다.[5]

2) 문법적 의미

어휘적 의미에 상응되는 의미로서 記述言語學에서는 이를 構造的 意味(structural meaning)라고도 한다. 발화 전체의 의미는 어휘적 의미만을 가지고 이해할 수 없다. 발화 중에 문법적 수단으로 사용된 의미와 또한 그 발화에 관련된 사회적 문법적 의미를 알아야 한다. 예를 들면, The man has given the boy the money라는 문장에서 man, give, boy, money와 같은 단어의 뜻을 알고 있어도 발화 전체의 의미는 알지 못한다. 기능어인 the, has, 語形 -en, 句形 have -en, 語順 등이 나타내는 의미도 알아야 한다. 이와 같은 문법적 수단을 나타내는 의미를 문법적 의미(grammatical meaning) 또는 구조적 의미(strucrural meaning)라고 한다.

전통문법에서는 名詞, 動詞, 形容詞, 副詞 등은 문장을 구성하는 개념으로서의 어휘적 의미를 나타내며, 前置詞, 接續詞, 동사의 時制, 相, 敍法 등의 문법범주는 문장을 하나의 전체 의미로 통합하는 구실을 하는 문법적 의미를 갖는다고 했다. Martinet나 Lyons 등은 더 범위를 넓혀 문법적 의미를 (1) 전치사, 접속사 및 격, 시제, 양상 등의 문법범주(범주적 의미), (2) 주어, 목적어 등의 문법기능의 의미(기능적 의미), (3) 音調 등의 의미까지를 포함시켰다. 그러므로 이들의 관점에서 보면, 實辭나 형용사 동사도 어휘적 의미만이 아니라 문법적 의미를 가지고 있는 것이 된다.

---

4) Bloomfield, Leonard, Languagem New York : Holt, 1933.

5) Stern, Gustaf, Meaning and Change of Meaning with Special Reference to the Enhlish Languagen Göteborg : Wettergren & Korber, 1931.

3. 의미의 구조

意味의 構造는 단어 자체의 레벨에서 成分分析과 意味微分, 어휘의 레벨에서 意味場, 그리고 문장의 레벨에서 어떤 문장이 의미적으로 관련되어 이루어지는 談話 등을 대상으로 하는 구성체를 말한다.

[1] 성분분석

단어의 의미는 음성이나 형태의 경우처럼 명확하지 않으나 어떤 조건이나 성분에 의해 성립되는 構成體임을 알 수 있다. 구성체로서의 단어의 의미를 의미성분으로 분석하는 작업을 成分分析(componential analysis)이라 한다. 즉 성분분석은 분석 대상인 단어가 하나의 구조로 되어 있고 그 구조 속에 어떤 의미 성분들이 내재해있다는 가정으로부터 출발한다. 성분분석은 낱말의 의미, 특히 槪念的 意味(conceptual meaning)의 분석을 주로 하여 의미구조를 기술하는 하나의 방법이다. 예를 들면, 「소녀」라는 단어는 [+생물][+인간][+여성][−성인] 등과 같이 기술된다. [+생물]은 [+인간]에 의해 제시되는 剩餘資質이므로 생략하기도 한다. father와 mother는 어버이(親)라는 점에서 서로 일치하지만 [남성]과 [여성]이라는 점에서 구별된다. father와 son은 [남성]과 [직계]라는 점에서 공통되지만 [1世代上]과 [1世代下]라는 점에서 서로 다르다. father와 uncle은 [남성]이며 자기(화자)보다 [1세대상]이라는 점에서 공통이지만 한쪽은 [직계] 한쪽은 [방계]라는 점에서 구별된다. 이상의 결과로 father의 의미는 [남성], [1세대상], [직계]라는 의미성분이 추출된다.

성분분석의 효용은 단어의 의미구조를 분명히 하고 부적격문이나 쓸데없이 긴 용장문(冗長文) 등의 원인을 지적할 수 있다는 점이다. 예를 들면, X is uncle of Y라는 문장 구조에서

    A & B (PARENT X & C)& C(PARENT Y) & X MALE <A와 B는 X와 C의
어버이이며, C는 Y의 어버이이고, X는 남자>
    또는 A & B (PAPENT C & D) & C(PARENT Y) & X(MARRIED D) & X
MALE <A와 B는 C와 D의 어버이이며, C는 Y의 어버이, 그런데 X와 D가
결혼하고 있으며, X는 남성>

이라고 성분분석될 때, 만일 X=my wife이면, wife의 성분의 하나는 [−남
성]이므로 <X는 남성>이라는 성분에 위반된다. 이 의미성분분석의 방
법은 Katz & Fodor(1963)에 의해 심층 연구되었다.

[2] 의미미분

Osgood(1957)을 시작으로 하여 심리학자들이 개발한 단어 의미의 객관
적 측정법으로서, 표면적으로 다양한 각 단어의 의미를 몇 개의 因子로
환원하는 의미 측정법을 意味微分(semantic differencial)이라 한다. 단어의
의미를 구별하는데 필요한 차원을 몇 개 선정하고 각 차원에 대하여 양
극이 될 두 개의 항, 예컨대 happy-sad, hard-soft, slow-fast를 취하고 주어
진 단어의 좌표를 7단계로 나눈 각 차원에서 평가함으로써 구하고, 이
와 같은 몇 개의 좌표에 의하여 구성되는 의미공간(semantic space)의 차
이에 따라 각 단어의 의미의 차이를 측정하려는 것이다. 이와 같은 측
정법은 서로 명백히 다른 단어이면서도 그 차이를 명확히 기술하기가
곤란한 類義語 등을 잘 설명할 수 있다. 그리고 동일한 단어에 대하여
개인 사이에 어떤 차이가 있는가, 또한 동일한 개념의 단어에 대하여
다른 국민들 사이에서 어떠한 차이가 있는가 등이 수량화된 형태로 나
타난다. 그러나 이 방법으로 측정된 의미는 개념적 의미가 아니라 주로
내포적, 연상적 의미에 국한된다.

[3] 의미장

단어는 단독으로 그 가치를 발휘하는 것이 아니라 그 단어와 관련된 몇 개 단어와의 상관 속에서 가치를 지니게 된다. 어느 단어를 중심으로 하여 類義語와 多義語를 비롯하여 그 단어와의 有緣關係, 對應關係 등에 근거하여 각 단어의 위치를 정하여 어휘를 조직화할 수 있다. 이와 같이 주어진 단어를 중심으로 하여 그것과 서로 영향관계를 미치는 범위를 의미장(semantic field)이라 한다. 의미장에는 「춥다-차다-따뜻하다-덥다」와 같은 어형계열적 장(paradigmatec field)과 「찬 우유」와 같이 단어의 통합적 관계에서 나타나는 통합적 장(syntagmatic field) 등이 있다. '찬'과 '우유'라는 단어 간의 통합관계는 가능하지만 '추운'과 '우유'와의 통합관계, 즉 *「추운 우유」는 불가능하므로 비문법적이다. 이와 같이 어떤 단어의 의미장을 면밀하게 기술해 보면 대의어로서의 확장, 上下位의 의미장, 의미장의 重層化, 組織化 등을 이룰 수 있다. 그 결과 단어와 단어와의 관계가 분명해지며 각 단어의 의미장에서의 위치가 분명해지며, 어휘구조를 조직적으로 파악할 수 있게 된다. 이와 같은 방법은 語義, 用語의 類似 · 相對 · 相關의 것을 모아, 이들 하나하나를 전체의 질서 속에서 파악하려는 것이며, 어휘구조를 밝히는 데 좋은 방법이기도 하다. 그러나 이와 같은 의미의 연쇄 · 대응을 정확하게 기술하기 위해서는 개별 단어의 어의 · 용법이 명확하지 않으면 안 된다. 이 의미장의 이론은 Trier(1932)와 Weisgerber(1953) 등에 의하여 체계화되었다.[6]

[4] 의미소

의미론의 기본단위를 意味素(sememe)라 한다. Joos(1958)의 구조언어학

---

6) Trier, J., Sprachliche Filder, Zeitschrift für Deutsche Bildung 8, 1932.
   Weisgerber, L., Vom Weltbild der Deutschen Sprache, 1953.

적 의미론에서는 음운론:음소, 형태론:형태소, 의미론:의미소와 같은 비
례항을 인정하고 意味論의 최소기본단위로서 意味素(sememe)를 설정했다.

【'음운론 / 형태론 / 의미론'의 단위 대응 양상】

phonology (음운론)	morphology (형태론)	semantics (의미론)
phone (단음)	morph (형태)	seme (單意)
phoneme (음소)	morpheme (형태소)	sememe (의미소)
allophone (이음)	allomorph (이형태)	alloseme (異意味)

　　의미를 갖는 최소의 언어단위인 형태소는 문맥에 따라 다양한 의미를
갖지만, 이들 의미의 기본단위가 sememe이고, 이 기본단위를 구성하고
있는 성원은 일정한 구성을 가진 이의미의 체계를 이루고 있는 것이다.
예를 들면, code(규율)라는 의미소는 그 용법에 따라 異義素로 변이한다.

```
                  ┌─ the criminal coed (형법)          <법전>
code 《규율》 ─┤  the moral code    (도덕률)         <규약>
                  └─ the Morse code   (모르스신호)      <신호>
```

　　《 》안의 의미는 의미소이고 < >안의 의미는 이의소가 된다.

[5] 어휘소

　　의미와 직결되는 단위로서 形態素보다 높고 單語보다 낮은 의미단위
를 語彙素(lexeme)라 한다. 의미와 직결되는 단위라 함은 그 구조상 형태
소와 단어의 양면이 있다는 뜻이 된다. 대개 형태소의 형태와 같으나
다만 합성된 단어의 경우에는 단어의 형태와 같기 때문이다. 따라서 어

휘소가 의미와 직결된 단위임에 대하여 형태소는 의미와 유리된 단위이며, 단어도 의미와 직결되지 않은 단위라 하겠다. 이 단어와 어휘소와 형태소 등 삼자의 관계를 다음과 같이 비교할 수 있다.

單語의 의미는 형태소의 의미의 합성이며, 구절이나 문장의 의미는 단어의 의미와 문법적 의미와의 합성이라고 말할 수 있다. 그런데 understand라는 단어는 분명히 {under-} 와 {-stand} 라는 각각의 의미소 <아래로>와 <서다>의 합성이 아니라, <이해하다>라는 하나의 의미를 갖는다. put up with라는 慣用句는 세 단어가 합하여 전체 의미인 endure(견디다)라고 하는 별개의 他動詞의 의미를 갖는다. 형태소와 단어만으로는 기술할 수 없다. 慣用的 意味(idiomatic meaning)라는 것을 인정해야 한다.

Lamb(1964)은 이러한 난점을 해결하기 위하여 형태소가 직접의미로 결합함을 피하고 중간에 어휘소라는 단위를 도입해야 한다고 주장한 바 있다. 그의 의견에 따르면 cranberry, understand, put up with 등은 각각 1개의 어휘소이며 각 어휘소를 구성한 구성요소 cran, berry ; under, stand ; put, up, with 등은 각각 하위단계에 속하는 단위인 형태소로서, 이미 전체 의미와는 직결되지 않는다. 그러나 under는 <아래로>라는 의미를 가진 별개의 의미소이며, 역시 stand도 <서다>라는 의미를 가진 어휘소다. 이들은 일대일의 관계로 형태소인 {under-} 와 {-stand} 에 대응하는 것이다. 다음은 그 대응관계를 보인 것이다.

【'의미소/ 어휘소/ 형태소'의 대응 양상】

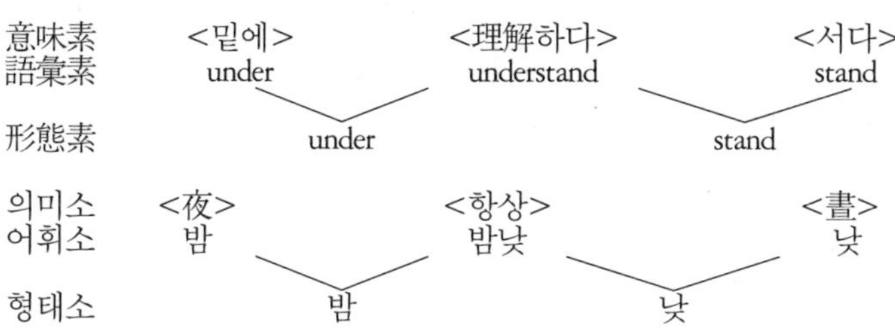

이른바 성층문법(stratificational grammar)에 따르면 understand는 2개의 형태소, 1개의 단어, 1개의 어휘소이며, put up with는 3개의 형태소, 3개의 단어, 1개의 어휘소다. 동일 어휘소의 변이형을 異語彙(allolexeme)이라 한다. 그런데 어휘소로써만 의미론적 단어인 의미소가 실현될 수 있다는 成層文法的 견해도 문제가 있다. 俗談을 한 어휘소로 보는 것과 같은 새로운 난제가 남는다.

[6] 다의어

한 단어가 기본적 의미 외에 부차적 의미를 하나 이상 가지는 것을 多義(polysemy) 또는 多義性이라 하고, 다의성의 단어를 多義語라고 한다. polysemy는 [GK. polús <many>+sême<sign>]에서 유래된 말로 단지 한 가지의 의미만을 가지는 단의(monosemy)의 대가 된다. 예를 들면, table이라는 단어는 a book on the table(책상 위의 책)에서와 같이 가구로서의 책상의 뜻과, a table in the book(책의 목차)에서와 같이 사실 또는 모양의 배열이라는 뜻으로 사용하고, turn the tables(형세를 역전시키다)에서는 국면이나 형세의 뜻으로 사용되는 다의어에 속한다.

대부분의 단어는 다의성을 가진다고 할 수 있다. 다의는 의미해석의 重義性을 나타낼 때도 있으나 대부분의 경우는 문맥에 따라 語義가 결정된다. 현실세계는 다양하고 무한히 발전하는데, 그것을 표현하는 언어형식은 有限하므로 언어의 重意 현상은 당연한 것이다.

하나의 명칭에 여러 개의 의미가 연합된 多値現象(plurivalence)은 여러 가지의 과정에 의하여 이루어진다.

(1) 적용방법의 차이에 따라 다의현상이 생긴다. 단어는 문맥에 따라 서로 상이한 相을 제시한다. 어떤 것은 일시적인 것으로 그치지만, 어떤 것은 영속적인 의미상의 뉘앙스를 지니며 발전한다. 그리하여 마침내 의미의 차이가 심해져 동일어의 다른 의미로 간주된다. 이는 通時的 문

제로서 중심적 의미와 부차적 의미의 교체 변동과 관계된다.

(2) 의미의 특수화는 다의성을 조장하는 요인이 된다. 예컨대, operation 이라는 단어는 군사·경제·수학·의학 등에 따라 작전·업무·연산·수술 등과 같이 의미가 특수화된다. 이와 같이 일반사회에서 쓰이던 단어가 특수한 사회환경에서 쓰일 때 의미가 특수화되어 多義를 낳게 된다.

(3) 또한 比喩的인 표현이 다의현상의 원인이 된다. 예를 들면, '눈이 멀다'에서의 눈(目)이 '사랑에 눈이 멀다(분별력), 부드러운 눈(모양·태도), 까막눈이(文盲)'와 같은 예나, '서리맞다(피해), 벼락이 떨어지다(심한 꾸지람), 필요는 발명의 어머니(생산의 존재)' 등은 비유적 표현에 의한 다의성의 예다.

(4) 외국어의 영향으로 本來語의 의미가 변하여 옛뜻과 새뜻을 아울러 지니게 되어 다의현상이 생긴다. 예를 들면, 불어 parlement은 '이야기하는 것'(동사 parler '이야기하다')을 의미하고, 나아가 '법정'의 뜻으로 사용되었으나 뒤에 영어 parliament의 영향으로 의회의 뜻으로 사용하게 된 경우가 그것이다.

(5) 특수사회의 專門用語나 固有名詞가 일반적인 용어로 사용되어 다의현상이 생기기도 한다. 예를 들면, 姜太公은 人名이었던 것인데 '낚시꾼'을 지칭하게 되고, 클랙슨(Klaxon)은 자동차 경적의 제조회사의 이름, 상품명 등이었던 것이 '경적'이라는 보통명사로 쓰이고, 바바리(Burberry)는 원래 회사 이름이며 또한 그 회사의 제품을 지칭했던 것인데, 레인코트, 스프링 코트, 장교용 정복의 겉옷 등 여러 가지 뜻으로 쓰이게 되었다.

(6) 婉曲表現도 다의현상의 원인이 된다. 婉曲法(euphemism)은 타부(taboo)나 말하기를 꺼리는 사회적 禁忌表現을 하게 될 때에 나타나는 것으로, 화자의 마음 속에 불안감을 자아내는 개념과 연결될 때 이러한 표현으로 기울어지게 된다. 따라서 완곡표현은 불쾌한 것을 연상하거나

魔力을 가진 사물을 언어와 동일시함으로써 생기는 禁忌의 대상이 되는 말에 대하여 이러한 聯合을 단절시키기 위하여 표현대상을 再命名하는 것이다.

예를 들면, 복수의 여신 퓨어리스(Furies)를 유메니디스(Eumenides, 'the well desposed ones')라 하고, 안개가 많은 위험한 바다인 Black Sea(흑해)를 Euxine Sea('the sea favorable to strangers')라고 하는 것이나, 性·生理·疾病·죽음 등의 말을 완곡하게 돌려 표현하는 것이 그 예다.

이상의 원인을 근거로 하여 다의어의 유형을 국어를 중심으로 살펴보면 다음과 같다.

첫째, 類似觀念에 의한 다의어가 있다. 여기에서 말하는 유사성이란 形象作用 또는 성격상의 유사성이다. 예컨대, '실'(絲)은 가늘고 길다는 공통적 형상에서 '실고추, 실뱀장어, 실개울, 실국수, 실고기' 등의 단어가 파생되었다. 이와 같은 예는 형상의 유사성에서 轉用된 다의어다. '두꺼지집'(스위치함)도 형상의 유사성에서 온 말이다.

作用이나 職能의 유사성에서 온 다의어로서 '다리'(脚)에서 온 '책상다리, 걸상다리, 상다리, 안경다리' 등이나, '눈'(目)에서 온 다의어 '새눈이 돋아나다(싹), 저울눈, 눈금(표시한 금), 그물눈(網目)' 등은 이에 속한다.

둘째로, 具象的 의미가 抽象的 의미를 나타내는 다의어가 있다. 예를 들면 '국물'이라는 구상명사가 '국물도 없다'에서는 '이득'이라는 추상명사로 쓰이고, 味覺을 나타내는 맛이 '짜다'라는 말이 '점수가 짜다, 짜게 굴다'에서와 같이 '인색'이라는 추상명사로 쓰이는 경우가 그것이다. '시집살이 맵다 한들, 그는 구린 데가 있다, 마음씨가 부드럽다' 등도 이에 속하는 예들이다.

셋째로, 隣接觀念에 의해 성립되는 다의어로서 空間的·時間的·因果的 인접관념이 주변적 의미를 파생하는 경우다. '초파일(음력 4월 8일), 안성맞춤, 바지저고리' 등은 이에 속한다.

[7] 유의어

동일한 언어에서 동일하거나 유사한 의미와 용법을 가지는 것을 類義 (synonymy) 또는 類義性이라 하고, 유의성을 가진 단어를 유의어(synonym) 라고 한다. synonym이라는 용어는 [Gk. sun <together>＋ōnoma<name>]에 서 유래된 것으로 같은 뜻을 가진 단어임을 말해 준다. 그러나 순수하 게 동일한 의미나 용법이란 있을 수 없고, 다만 정도의 차이가 있을 뿐 이다. 어느 쪽에 중점을 두느냐에 따라 동의어 또는 유의어라고 한다.

1) 동의어

꼭같은 의미와 용법을 가진 이형태의 단어를 동의어라고 할 수 있다. 그러나 이와 같이 의미와 용법이 완전히 같아서 어떠한 환경에서도 자 유롭게 換置되는 순수한 동의어는 의미론의 연구대상이 되지 않는다. 예 를 들면, 호열자(虎列刺)와 콜레라(cholera), 맹장염과 시사이티스(caecitis), 庭 球와 핑퐁(ping-pong), 蹴球와 사커(soccer) 등이 그것이다. 의미론에서 말 하는 synonym은 이와 같은 동의어가 아니라 유의어 쪽이다.

2) 유의어

앞에서도 언급한 바와 같이 유의어란 개념적 의미가 유사한 단어를 지칭하는 말로서 유의어에는 두 가지 종류가 있다. 첫째, 어느 환경에서 는 等價語로서 대치 가능한데 다른 환경에서는 교체가 불가능한 유의어 가 있다. 예를 들면, 영어 단어 high와 tall은 유의어로서 a high mountain, a tall moutail이라는 문맥에서 교체가 가능하지만, he is high와 he is tall 은 같은 환경에서 상호 교체가 불가능하다. 이들은 서로 다른 쪽으로 사용된다. 또한 leap와 jump는 개념적의미(도약하다, 뛰다)는 같지만 '땅을 박차고 뛰어 오르다'의 의미로 jump는 가능하지만 leap는 불가능하다. 국어의 예로서 '소변과 오줌, 위와 밥통, 전과 앞' 등은 이 부류에 속하는 유의어들이다.

소변이 마렵다 / 소변을 보다 / *소변을 싸다
오줌이 마렵다 / *오줌을 보다 / 오줌을 싸다
십년 앞(미래) / 십년 전(과거)   역앞 / 역전
쟤는 밥통이다 / *쟤는 위장이다   소의 밥통 / 소의 위장

둘째로, 개념적 의미는 같은데 감정요소를 달리하는 유의어가 있다. 영어 단어의 예로서, begin-commence, freedom-liberty, hide-conceal, foe-enemy 등의 유의어를 들 수 있는데, 앞의 것은 古代英語系 단어로서 친밀감을 갖게 하고, 뒤의 것은 라틴어계 단어로서 참신한 느낌을 갖게 한다(그러나 foe-enemy는 예외로서 본래어의 foe가 優雅語가 된다). 국어의 예로서 한자어와 고유어로 대응되는 유의어는 개념적의미는 동일한데 감정요소를 달리하는 경우가 있다. 앞의 고유어보다 뒤의 한자어가 예의 바르게 느껴진다. 예컨대, 나이-春秋 · 연령, 술-藥酒, 집-宅, 동생-弟氏, 이름-姓銜, 똥구멍-肛門 등이 그것이다. 고유어 중에도 앞의 말이 예사말이고, 뒤의 말이 속된 느낌을 주는 동의어들이 있다. 머리-대가리, 배-배때기, 입-주둥이, 얼굴-낯짝, 목-모가지, 눈-눈깔, 코-코빼기 등이 그것이다.

3) 환치법

유의어의 동의성과 유의성, 또는 미세한 의미를 구별하기 위하여 주어진 문장에서 유의어를 서로 대치하는 방법을 換置法(substitutive)이라 한다. 예를 들면, 유의어 '기쁘다-즐겁다'의 의미적 차이를 구별하기 위하여 환치법을 사용함으로서 '기쁘다'는 내부에서 외부로 희열의 감정이 솟아남을 나타내고, '즐겁다'는 외부의 요인이 마음에 만족을 줌으로써 희열이 속으로 젖어들게 하는 느낌을 나타냄을 알 수 있다.

기쁨을 감추지 못했다.   내일은 즐거운 소풍이다.
*즐거움을 감추지 못했다.   *내일은 기쁜 소풍이다.

4) 동의충돌

동의어는 우리의 의식구조 속에 하나의 의식집단을 형성하며, 이들은 서로 유추나 감량현상과 같은 영향의 授受關係를 가진다. 특히 동의어의 경우는 동의충돌을 일으켜 마침내 분화하거나 한쪽이 퇴화 사멸한다. 기존의 어휘체계에 외래요소가 들어오게 되면 여기에 새로운 의미질서가 형성되는데, 우선 기존의 의미질서에 변혁이 생기며, 새로운 의미분화와 대립이 형성된다. 예를 들면, 본래어 '푸르다'는 한자어 '靑·綠·籃·碧' 등의 유입과 함께 green, blue 등 구별의 필요성이 등장하게 되어 기존의 의미질서에 변혁을 가져오게 되었다. 또한 한자어의 유입으로 고대국어 이래 이에 대응하는 고유어의 사멸 내지는 퇴화를 가져왔다. 근래에 이르러 서구 외래어의 유입으로 역시 고유어의 퇴화를 초래하게 되었다. 몇 가지 국어의 예를 들면 다음과 같다.

(1) 퇴화의 경우
　① 외래요소의 유입으로 고유어가 驅逐되어 死語가 되었다.
　　肺―부아　　臟―애　　江―가람　　門―지게
　　壁―바람　　千―즈믄
　② 외래요소의 유입이 있었으나 본래어에 밀려 외래어가 자리를 잡지 못한 경우도 있다.
　　집―家　　　눈―眼　　　입―口　　　밥―食
　　코―鼻　　　낯―面　　　몸―體　　　손―手
　　어머니―母　아버지―父
　③ 의미가 서로 혼성되는 경우도 있다.
　　빵·떡→빵떡　　　　　　마메·콩→마메콩
　　외가·집→외가집　　　　바람·벽→바람벽
　　매화·꽃→매화꽃　　　　역전·앞→역전앞
　　배트·방망이→배트방망이　석유·기름→석유기름
　　진부령·고개→진부령고개

(2) 공존의 경우
  ① 원래는 동의어였던 것이 차차 새로운 의미질서 속에 동화되면서
    의미분화가 극대화하여 유사어로 변한 것이 있다.

    갓—모자(帽子)   담뱃대—파이프(pipe)
    가슴—흉곽(胸廓)   숨통—기관(氣管)
    손가방—핸드백(handbag)   국—수우프(soup)
    붓—필(筆)

  ② 외래요소의 유입으로 본래어와의 位相的對立을 이루고, 가치 기
    준의 수준면에서 向上·低下·竝立의 경향으로 공존하는 경우
    도 있다.

<향상> 여관—호텔(hotel), 건물—빌딩(building), 뒷간—변소(便所)
        이—치아(齒牙), 술—약주(藥酒), 불고기집—그릴(grill)
<저하> 부인—마담(madame), 숙녀—레지(lady), 소년—뽀이(boy),
        발—족(足)
<병립> 난로—스토브(stove), 탁자—테이블(table), 잔—컵(cup),
        공책—노우트(note), 병따개—오프너(opener)

[8] 반의어

두 단어의 의미가 반대관계에 있을 때 반의(antonymy) 또는 반대성에
있다고 말하고, 반의관계에 있는 단어를 反義語(antonym)라 한다. 반의는
동의, 즉 synonym의 역의 개념으로 대립적 식별의식을 토대로 나타나는
말이다. 동의어는 특별한 제한 없이 3개 이상의 유의를 가질 경우가 있
는데, 반의는 반드시 1대 1의 반의관계를 가지고 나타난다. 참고로 영어
단어 large의 동의어(synonym), 유사어(analogue), 반의어(antonym), 대립어
(contrastives) 등을 열거해 보이면 다음과 같다.

synonym : big

antonym : small

analogue : vast, immense, enormous, huge, mammoth, colossal, gigantic, tremendous, prodigious, monumental, stupendous, monstrous, inoudinate, excessive, exorbitant, extreme, immoderate, extravagant

contrastives : little, diminutive, tiny, wee, minute, slight, sender, slim, thin

반의어는 동의어와 정면으로 대립되는 말이며, 대립어는 유사어와 대립되며 경우에 따라서 반의어로도 쓰인다. 이들 대립의 관계를 도시하면 다음과 같다.

【'동의어 / 반의어 / 유사어 / 대립어'의 대립 관계】

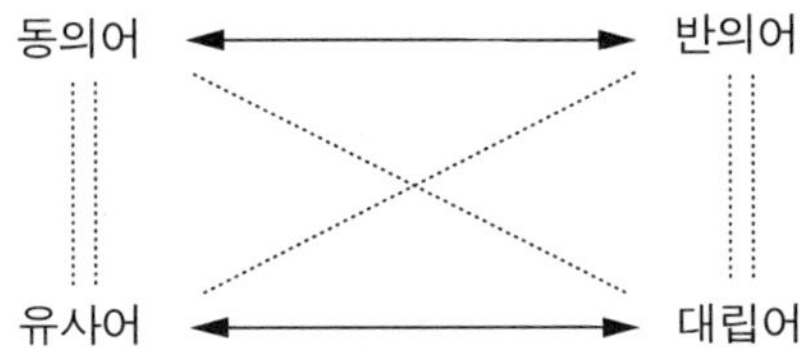

흔히 반의어는 대립어와 否定語(negatives)와의 구별이 분명치 않은 경우도 있고, 반의어의 양상도 개별언어에 따라 특징적으로 나타난다. 예를 들면, 국어에 있어서 '알다'의 반의어는 '모르다'이지만, 영어에 있어서는 반의어 자리에 부정어가 온다. 국어에서 '알다'와 '있다'는 상대적 개념으로 인식되지만, 영어에서 know와 is는 절대적 개념으로 인식되기 때문이다. know/know not (do not know), is/is not(isn't)

반의어는 상대적 개념으로 파악될 때만 가능하다. 물론 상대적 개념이란 기준 설정에 따라 달라진다. 예컨대, 아버지(父)/아들(子), 아버지(父)/어머니(母)는 각각 세대와 성에 따른 상대어(혹은 반의어)가 될 수 있지만 '아들'의 측면에서 보면 '아버지'와 '어머니'는 자기를 낳고 길러준 '어버이'라는 점에서 유사어가 될 수도 있다.

상식적으로는 非兩立關係(incompatibility)도 반의로 생각하기 쉬운데, 반의와는 다르다. 영어 단어 ask/answer의 경우, 두 단어의 관계는 행동에 있어서 시간적으로 전후관계에 해당되는 것으로 ask(질문) 한다고 해서 반드시 answer(대답)이 있는 것은 아니다. 양자의 관계는 기대의 관계에 불과하므로 엄밀하게 반의라고 할 수 없다.

[9] 반의의 유형

반의는 몇 가지 유형으로 나뉘는데 상보적반의 · 단계적반의 · 관계적반의 등이 그것이다.

1) 상보적 반의

이쪽이 아니면 저쪽이라고 자동적으로 정해지는 반의로서 원칙적으로 양극만 있고 그 중간, 즉 이쪽도 저쪽도 아닌 중간 상태가 없는 양극적 상보적관계가 성립되는 반의를 상보적 반의(complementary antonymy) 또는 배타적 관계의 반의라고 한다.

present—absent	male—female
married—single	dead—alive
move—stop	겉—속
기혼—미혼	생존—사망

Lyons(1968)가 말한 논리적 상보관계의 반의도 절대적 구별이 아니다. 앞에서 예로 든 male/female의 경우만 해도 중간항인 中性을 인정할 수 있다. 예를 들면, "남자같은 말괄량이 여자다", "살아 있다기보다 죽었다고 함이 좋을 것이다"와 같이 '남성—중성—여성'과 같은 중간항이 있는 경우는 완전한 반의라 할 수 없고, 모순(contradictory)이 라는 범주에 속하고, 상보적 二項만을 가진 경우 反對(contraty), 즉 반의에 속한다.

2) 단계적 반의

앞에서 설명한 상보적 반의와는 달리 二項 사이의 명확한 경계선이 존재하지 않고, 양극간의 연속적 정도의 차이가 존재하는 반의관계를 단계적 반의(graded antoymy)라고 한다. Sapir가 말한 이른바 可階性(gradability)은 이에 속한다.

large—small	long—short	thick—thin
hot—cold	fast—slow	beautiful—ugly
크다—작다	높다—낮다	넓다—좁다
늙다—젊다	많다—적다	착하다—악하다

위의 예에서와 같이 단계적 반의는 비교와 결부된다. 주어진 발화마다 일정한 기준(norm)이 존재하고, 이 기준에 따라 상대적으로 단계를 이룬다. 예를 들면, That elephant is large라는 표현은 지시물인 코끼리의 전체적인 평균적 크기가 기준이 되며, Elephants are large라는 표현에서는 인간을 포함한 동물 일반, 즉 코끼리의 한 단계 높은 상위의 평균적 크기가 표준이 된다. 그리고 The sequoia is a large tree라는 이른바 總稱文의 기준은 식물이라는 상위범주의 평균적 크기가 기준이 된다. 아이들이 This cake of mine is small! 이라고 불평하는 표현에서는 기대하고 있었던 크기가 기준이 된다. 이와 같이 norm이라는 기준은 다분히 주관·상황에 따라 달라진다. 새끼 코끼리는 큰 코끼리에 비하여 작지만, 쥐에 비해서는 엄청나게 크다. 큰 쥐는 쥐로서는 큰 쥐이지만 코끼리에 비하면 엄청나게 작다.

단계적 반의에서 높은 쪽을 나타내는 항은 원칙적으로 多義的이고, 無標的이며, 非含蓄的이다.

How big is it?	It is small.
How higi is it?	It is three feet high.
How wide is it?	It is four yards wide.

이 때의 '크다, 높다, 넓다' 등은 각각의 단계적 의미를 함축하고 있지 않다. '작다, 낮다, 좁다'의 의미까지를 포함하는 다의성을 지니고 있다. How long is it?라는 질문은 Is it long or short?라는 질문도 포함하기 때문에 정도가 높은 쪽을 나타내는 말은 다분히 無標的(unmarked)임을 알 수 있다. 이에 반하여 정도가 낮은 쪽을 나타내는 말은 원칙적으로 정도가 낮다는 의미를 전제로 하기 때문에 有標的(marked)이라 할 수 있다. 그러므로 How short is it?, How small is it?, How narrow is it? 등은 유표적 질문이 된다.

또한 '높이, 깊이, 길이, 크기, 넓이' 등과 같은 형용사의 명사형은 척도의 全域을 가리키므로 中立的(neutral)이 되는 특성을 가지고 있다.

3) 관계적 반의

어떤 중심점을 상정하여 서로 다른 方向性을 나타내는 반의관계를 관계적 반의(relational antonymy)라고 한다. Palmer(1976)의 관계적 반대 (relational opposition)나 Lyons(1968)의 逆意性(converse) 등이 여기에 속한다. 이들의 공통적인 성격으로 관계적이라는 특성을 지적할 수 있다.

관계적 반의에는 동일한 것을 반대의 관점에서 보는 것과, 相互規定的 으로 성립되는 반의관계와, 공간적 위치로서 성립되는 반의관계가 있다.

buy—sell	lend—borrow	go—come
dress—undress	tie—untie	
parent—child	husband—wife	teacher—pupil
above—below	front—behind	north—south

[10] 동음이의어

한 언어 내에서 발음이나 철자는 동일하나 뜻이 다른 둘 또는 그 이상의 말을 이루는 것을 同音性(homonymy)이라 하고, 동음성으로 이루어진 단어들을 동음어 또는 동음이의어(homonym)라 한다. 동음어, 즉 homonym의 어원은 [GK. homōs(same)＋ōnoma(name)]에서 유래된 말이다. 동음어는 발음이 동일하고 의미가 다른 同音同綴異義語와 철자가 동일하고 의미가 다른 同音同綴異義語로 나누기도 한다.

【동음성의 유형】

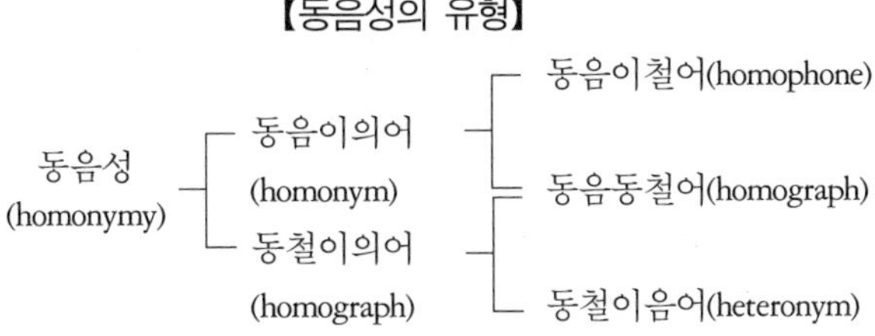

homonym, homophone, homograph, heteronym과의 관계를 도시하면 다음과 같다.

【'동음이의어 / 동음이철어 / 동음동철어 / 동철이음어'의 관계】

	발음	철자	의미	
pomophone	○	×	×	homonym
homograph	○	○	×	homonym
	×	○	×	heteronym

○＝同, ×＝異

1) 동음이철어

철자는 다른데 발음이 같고 의미가 다른 동음어를 同音異綴語(homophone)라 한다. 예를 들면, meet－meat, foul－fowl, great－grate, lesson－lessen, night－knight, rite－right-write, 몫-목, 입-잎, 낫-낮-낯-낱 등이 여기에 해당된다.

2) 동음동철어

철자와 발음이 같으면서 의미가 다른 동음어를 同音同綴語(homograph)

라 한다. 예를 들면, bear, blow, fair, mail, pole, port, rear. 대망[tae:mang](待望, 큰 구렁이), 사과[sa:k'wa](四科, 史科), 말[mal](타는 말, 되는 말) 등이 여기에 해당된다.

3) 동철이음어

철자는 같은데 이음 이의인 동철어를 同綴異音語(heteronym)라 한다. 예를 들면 다음과 같다.

bow	[bou] 활(弓)	lead	[li:d] 이기다
	[b며] 경례하다		[led] 납(鉛)
tear	[tiə] 눈물	row	[rou] 列(줄)
minute	[mínit] 分	prayer	[prɘə] 빌다
	[mainjú:t] 微小한		[preiə] 비는 사람
적다	[čkt'a] 記錄하다	묻다	[mutt'a] 埋
	[čə:kt'a] 少量-		[mu:tt'a] 問
방화	[paŋhwa] 防火	물감	[mulgam] 감의 종류
	[pa:ŋhwa] 放火		[mulk'am] 染料
대가	[tɘ:ga] 大家	사과	[sagwa] 沙果
	[tɘ:k'a] 代價		[sa:gwa] 謝過

4) 구문적 동음성

하나의 표현에 대하여 서로 다른 의미로 사용되는 것은 단어뿐 아니라 문장의 측면에서도 나타난다. 문장을 구성하고 있는 개개의 어휘적 의미는 명확한데, 문장 전체의 의미는 일반적으로 결정할 수 없는 경우가 많다. 예를 들면, Flying planes can be dangerous라는 문장에서 Flying planes는 적어도 3가지 의미로 사용된다.

    ① some flies plnes (비행기를 날리는 일)
      To flu planes can be dangerous.

② planes are flying (날고 있는 비행기)

　　planes that flying can be dangerous.

③ planes fly (모형비행기와 대비되는 실제로 나는 비행기)

　　planes that fly can be dangerous.

이상의 예와 같이 하나의 문장이 두 가지 이상의 뜻으로 사용되는 것을 構文的 同音性(constructounal homonymity) 또는 구문적 동음이의라고 한다. 이와 같은 모호문은 생성문법에서 심층구조가 표층구조로 변형하는 규칙 도입의 중요한 근거로 삼고 있다.

[11] 관용어구

단어가 결합하여 하나의 의미적 단위를 이루는 특별한 종류의 표현 형식을 관용어구(idioms)라 한다. 다시 말하면 관용어구, 즉 이디엄은 하나의 의미적 단위로 결합된 일련의 단어를 말한다.

1) 관용어구의 특징

① 이디엄의 대부분은 개별언어의 原話者들의 전통·습관·생활환경·사고양식·풍물사정 등에 의하여 생성된 특유한 표현양식으로 문법이나 논리적으로 분석하기 어려운 의미적 단위다.

hit the sack (잠자리에 들다)
let off the hook (쏘아 올리다)
be well off (잘 되어가다)
beat a dead horse (쓸데없는 짓하다)
run out of something (다 써버리다)
catch up with someone (뒤따라 잡다)

② 이디엄이 가지는 統語的 결합은 그 구성요소의 의미만으로는 구

절 전체의 의미가 이해될 수 없는 특이한 의미구조를 가진 표현형식으로, 이디엄을 이룬 개개 단어의 의미와는 별도의 의미를 나타낸다. 예를 들면, 중국어에서 馬上/mǎshàng/이라는 말은 '빨리'라는 뜻으로 쓰이는 하나의 이디엄이다. '말의 위'라는 단순한 구조적 의미로 사용된다면 이디엄이 될 수 없다. '마상'이라는 이디엄을 이룬 구조적 의미와는 달리 '빨리'라는 별도의 뜻으로 사용하기 때문에 이디엄이 되는 것이다.7) '말의 위'라는 평면적 의미와 '빨리'라는 이디엄의 의미는 다분히 有緣的이기는 하나 前者에서 後者의 의미를 추출할 수 없다는 특징을 갖는다.

> kick the bucket (물통을 걷어차다→죽다)
> fly off the handle (손잡이에서 떼다→욱하다, 냉정을 잃다)
> red herring (붉은 청어→남의 주의를 딴데로 돌리게 하는 물건)

　③ 이디엄은 그 구성요소가 되는 단어가 그 단어의 결합으로밖에 쓰일 수 없는 관용적 표현구조로 되어 있다. '독안에 든 쥐'라는 이디엄은 가능하지만 '독안에 든 고양이'라든가 '쥐덫에 든 쥐'와 같은 이디엄은 불가능하다. 왜냐하면 그러한 단어의 결합이 慣用되지 않았기 때문이다.
　④ 이디엄을 이루고 있는 하나하나의 형태소는 각각 독립된 의미소이면서 그들의 구성체인 이디엄 전체로서의 의미는 각 구성요소의 의미에 구속되지 않는 별도의 단일어의 성격을 띤 의미를 나타내는 구절이다. 그러므로 의미적으로는 새로운 의미소를 창조하는 입장에 선다.

> kick the bucket (＝die '죽다')　　　put up with (tolerate '참다')
> do away with (＝kill '없애다')　　　개밥의 도토리(＝소외)
> 누운 소 타기(＝손쉬움)　　　　　　새발의 피(＝적다)

---

7) Hockett C. F., A Course in Modern Linguistics, New York : The Macmillan, 1958, p.171 참조.

2) 관용어구의 유형

(1) 전체적·부분적 이디엄

① 전체적 이디엄 : 이디엄을 이루고 있는 개개 단어의 의미와는 거리가 먼 별도의 의미를 갖는 관용어구를 전체적 이디엄(total idioms)이라 한다. 영어에서 가장 일반적인 전체적 이디엄으로서 구절동사(phrase verb)가 있다. 구절동사에는 [동사＋부사＋전치사]로 이루어진 것이 있다.

make up (＝invent '날조하다')   give in (＝yield '굴복하다')

put down (＝quell '억누르다')   put up with (＝tolerate '참다')

do away with (＝kill '없애다')

② 부분적 이디엄 : 이디엄을 이루고 있는 한 단어는 일반적인 의미를 가지며, 그 밖의 부분은 그 말에 이어 특유의 의미를 갖는 관용어구를 부분적 이디엄(partial idioms)이라 한다.

red hair (붉은 머리)

white coffee (밀크 넣은 커피)

white people (백인)

raining cats and dogs (비가 억수같이 쏟아짐)

(2) 형태적·의미적 이디엄

① 형태적 이디엄 : 문법적으로나 논리적으로는 비문법적 비논리적 표현의 관용어구. 예 It's me

② 의미적 이디엄 : 문법적 구조는 정상적이지만 각 구성요소의 의미들을 그대로 결합해서는 전체적인 뜻을 이해할 수 없는 이디엄.

예 How do you do?

③ 형태 의미적이디엄 : 위의 두 부류의 특징을 다 가진 이디엄.

예 It rains cats and dogs(비가 억수같이 퍼붓다)

(3) 어형식·구형식 이디엄

① 어형식 이디엄 : 본래 두 개 이상의 단어가 한 단어 형식으로 굳어진 이디엄을 어형식 이디엄(lexical idioms)이라 한다.

> 예 knucklehead(바보), turncoat(배반자), 치맛바람, 주책없다, 돌아가다 등

② 구형식 이디엄 : 두 개 이상의 단어가 하나의 구절을 이루어 이디엄을 이룬 경우의 관용어구를 구형식 이디엄(phrase idioms)이라 한다.

> 예 문어 제 다리 뜯어 먹기, 쑥밭이 되다, build a castles in the air(공상에 잠기다) 등.

(4) 체언형·용언형 이디엄

① 체언형 이디엄 : 둘 이상의 단어가 통사적으로 결합하여 구절을 이루고 있는 이디엄 가운데 구절미말이 체언이나 명사형을 유지하는 이디엄을 체언형 이디엄이라 한다.

> 예 개밥에 도토리, 꿩 대신 닭, 긁어 부스럼, 수박 겉 핥기, 그림의 떡, 식은 죽 먹기 등.

② 용언형 이디엄 : 둘 이상의 단어가 통사적으로 결합하여 하나의 구절을 이루고 있는 이디엄 가운데 구절말에 서술어미를 취하는 이디엄을 용언형이디엄이라 한다.

> 예 눈 감아 주다, 바람이 나다, 들통이 나다 등.

4. 의미변화

[1] 의미변화의 개념

의미라고 하는 것은 지시물에 대한 사회 관습적 이미지이므로, 지시물이 변하든가 사회인들의 지시물에 대한 관심이나 연상이 변하면 의미

도 따라서 변하게 된다. 이와 같이 단어의 중심적 의미가 소실되고 새
로운 중심적 의미가 생기거나, 중심적 의미는 그대로 있고 부차적 의미
가 드러날 경우 발생되는 의미의 변화 현상이나, 중심적 의미의 편향적
사용으로 마침내 의미의 변화를 가져오는 현상을 의미변화(semantic
change) 또는 의미의 변화(change in meaning)라고 한다. 의미변화는 언어
변화의 일종으로서 형태변화의 對가 되는 명칭이다.

　　Whatmough(1957)는 의미변화의 성격을 다음과 같이 도표로 설명하고
있다.

【의미변화의 과정】

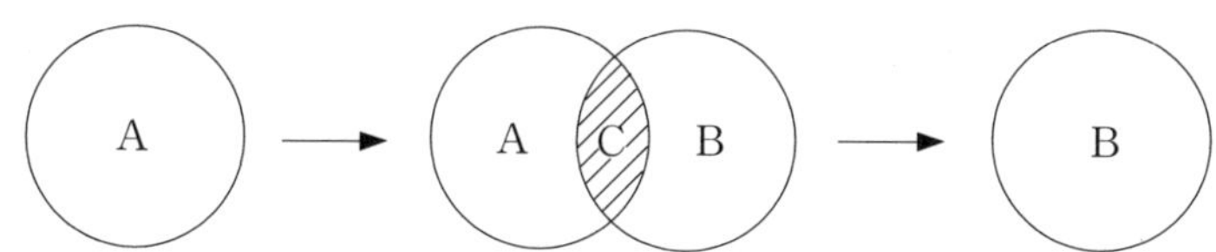

　　이는 A가 B로 의미변화하는 과정을 보인 것으로, C는 과도적 현상이
된다.

[2] 의미변화의 원인

Ullman(1962)은 의미변화의 원인을 아래와 같이 들고 있다.[8]

1) 언어적 원인

　　언어의 음운적·형태적·통사적 원인으로 인하여 의미가 변하는 것으
로, 예컨대 수식어의 의미가 피수식어에 흡수되거나 그 역의 관계가 원
인이 되는 경우(Holy Bible→Bible, capital city→capital)가 여기에 해당된다.

---

8) S. Ullman, Semantics : An Introduction to the Science of Meaning, Oxford : Blackwell,
　1962.

2) 역사적 원인

통시적 요인에 의한 의미변화로서, 과학·기술·제도·풍속 등의 변화가 명칭의 변화를 수반하지 않고 사물의 변화만 가져옴으로써 의미변화가 생기거나(차:人力車→自動車, 붓:毛筆→筆記道具), 異文化의 수용이 되는 경우이다(예, creation : 생식→창조).

3) 사회적 원인

일반사회와 특수사회 간의 언어 이동이 원인이 되어 나타나는 의미변화로서, 王政의 최고 책임자로서의 '王'이 제1인자의 뜻으로 사용되거나(暗算王, 鑛山王 등), 큰것의 뜻(왕방울, 왕거미 등)으로 사용되는 것은 의미의 일반화의 예이며, '物質'이 기독교 사회에서 金錢이나 捐補의 뜻으로 쓰이거나, '出血'이 특히 상인들의 사회에서 손해의 뜻으로 사용하는 것은 의미의 특수화에 해당된다.

3) 심리적 원인

화자들의 중심에 깊이 뿌리박고 있는 어떤 인식이나 경향에서 발생되는 의미변화로서 禁忌(taboo)는 심리적 원인에 의한 의미변화의 중요한 원인이 된다. 인간이 어떤 대상에 접근하는 것을 저지하거나 기피하는 행위를 taboo라 하는데, 이것이 언어에 반영되어 어떤 어휘나 표현을 쓰기 꺼려하여 그 대신 다른 어휘나 표현을 사용하게 된다. 여기에 사용되는 어휘나 표현을 禁忌語(taboo word)라고 한다. 금기어를 금사(禁詞)라고도 하는데 금기어는 일반적으로 婉曲法(euphimism)으로 사용되어 대용표현의 의미가 때때로 조절되는데, 이와 같은 과정이 의미변화의 원인이 된다. 예컨대, 손님(天然痘), 양공주(賣春婦), 뒤(肛門), 고추(陰根), 곡차(술) 등을 들 수 있다.

[3] 의미변화의 유형

의미변화의 패턴을 Waldron(1967)이 제시한 세 가지 모형을 중심으로 개관하면 다음과 같다.9)

1) 추이(shift)

通時的 의미변화의 하나로서 화자들이 지시물을 파악하는 방법의 차이에 따라 언어 내외적으로 의미변화가 생긴다. 추이적 의미변화에는 一般化, 特殊化, 轉移, 格上, 格下, 弱化 등이 있다.

(1) 일반화(generalization)

단어의 지시물의 범위가 넓어져 그 의미 내용이 많아지는 의미변화이다. 예컨대, bird(작은 새→새 일반), plant(苗木→植物), pipe(호각·피리→管) 등이 있다.

(2) 특수화(specialization)

단어의 지시물의 범위가 좁아져 그 의미 내용이 적어지는 의미변화다. 예컨대, deer(動物→사슴), hound(개→사냥개), fowl(鳥類→닭), corn(穀物→밀·옥수수·귀리), starve(죽다→굶어죽다) 등이 있다.

(3) 전이(transfer)

지시물 자체는 동일한데 그 파악 방법에 차이가 생기는 의미변화다. 예컨대, horn(피리에 사용하는 角→角을 재료로 하여 만든 피리), holiday(聖日→休日) 등을 예로 들 수 있다.

---

9) R.A. Waldron, Sense and Sense Develpment, The Language Librarym London : Andre Deutsch, 1967.

(4) 격상(amelioration)

사회적 평가가 낮은 사물에서 높은 사물로 격상하는 의미변화이다. 예컨대, minister(使喚→長官), den(도적의 소굴→아담한 私室), fond(미련한→애정깊은), marshal(從僕→육군·공군 고관) 등을 예로 들 수 있다.

(5) 격하(deterioration)

사물의 사회적 평가가 낮은 것으로 격하되는 의미변화이다. 예컨대, knave(소년→惡漢), villain(백성→惡黨), maid(少女→下女), silly(다행한·소박한→어리석은) 등을 들 수 있다. 완곡어법 가운데 기원적으로 換喩이지만, 사용되는 가운데 의미의 격하현상이 생긴다(예컨대, toilet).

(6) 함축적 의미의 발달

처음에는 함축적 의미였던 것이 점점 그 뜻이 명료해지면서 독립된 중심적 의미로 발달하는 의미변화이다. 예컨대, stagnant(흐르지 않는→침체한), worldly(세계적인→세속적인) 등이 여기에 해당된다.

(7) 약화

전에는 과장법으로 사용되었던 것이 사용되는 동안에 의미가 약화된 의미변화이다. 예컨대 awfully, frighfully, terribly 등이 있다.

(8) 문맥적 의미의 정착

예를 들면 an oriental pear이 처음에는 '東洋의 珍珠'라는 뜻으로 사용되었으나, 그 진주는 동시에 아름다운 빛을 발하므로 oriental이 '아름다운 광택'이라는 뜻으로 변화한 경우이다.

(9) 어휘체계에 의한 의미변화

예를 들면 feather는 원래 '깃털'이라는 뜻과 '펜'이라는 두 의미로 사용되었으나 pen이 차용되면서 feather의 '펜'이라는 뜻은 없어지고 '깃털'

의 뜻으로만 사용되는 경우다.

그 밖에 추측적 의미변화의 예로서, shoot의 의미변화는 그 대표적 예이다(권총을 쏘다→총을 쏘다→쏘아 죽이다). She shot it(쏘아 맞추다) She shot him(쏘아 죽이다)

2) 은유적 전용(metaphoric transfer)

은유는 두 지시물 사이에 공통점을 찾아내어 그것을 근거로 하여 A의 단어를 B의 지시물로 가리키는 데 사용되는 비유법이다. 은유적 전용은 본래의 의미가 병존하므로 통시적 변화라기보다는 공시적인 의미관계의 양상을 이르는 것이므로 (1)의 경우와는 다르다.

(1) 은유(metaphor)

단어의 의미에는 중심적인 것과 주변적인 것이 있는데, 그 어느 것이 공통적으로 취해지는가에 따라 기본적 은유와 주변적 은유로 나뉜다. press(누르다→강요하다), strike(때리다→마음을 아프게하다) 등은 기본적 은유의 예이며, goat(염소→호색가), chicken(닭,병아리→애송이,겁장이) 등은 주변적 은유의 예다. 본래 지시물이 인체의 일부일 경우에는 인체은유(anthropomorphic metaphor)라 이른다. 그리고 두 가지 이상의 감각분야에 얽혀 있는 은유를 공감각적 은유(syanesthetic metaphor)라고 한다.

예컨대, sweet(味覺→聽覺), loud(聽覺→視覺) 등이 있다.

(2) 추상화

예컨대, ground(地面→근거), chair(의자→地位), way(길→방향), tie(묶다→구속하다) 등이 있다.

(3) 구상화

예컨대, kindness(친절→친절한 행위), flow(흐르다→밀물 · 개울), music(음악→樂譜) 등을 들 수 있다.

3) 환유적 전용(metonymic transfer)

어느 단어의 지시물과 공간 혹은 시간적으로 근접하여 존재하는 지시물에 의미가 전이하는 경우를 말한다. 이렇게 해서 생긴 새로운 의미와 본래의 의미와는 의미적으로 아무 유사성이 없는 것이 보통이다. 이것이 앞에서 제시한 (1) (2)와 다른 점이다. 여기에서 사용한 환유는 넓은 뜻으로 제유를 포함하고 있다.

(1) 환유

① 공간적 근접관계에 의한 것 : 예컨대, dike(도랑→堤防·둑), dam(댐→댐의 물), board(食卓→식탁에 놓인 음식), Leicester(영국의 州 이름 '레스터'→羊의 일종), leghorn(이태리 항구도시→밀짚모자, 닭의 品種) 등이 있다. ② 시간적 근접관계에 의한 것 : 예컨대, go upstairs(2층에 올라가다→잠자다), wash hand(손씻다→用便보다), writing(기록하다→기록된 것), carving(조각하다→조각물) 등이 있다.

(2) 제유(synecdoche)

어느 사물의 전체를 표현하기 위하여 그것의 일부를 지칭하든가, 혹은 그 반대로 지칭하는 비유법이다. 예컨대, sail(돛→돛단배), breadwinner(빵값 버는 사람→한 가정의 벌이하는 사람, 財源), hand(손→일하는 사람), mouth(입→부양가족), shell(껍질→껍질을 가진 軟體動物), leaf(나무잎의 전체를 가리킴), hair(머리카락 전체를 가리킴) 등을 들 수 있다.

5. 의미론

[1] 의미론의 개념

의미론(semantics)은 언어의 의미에 관하여 연구하는 언어학의 한 분야로서, 어휘의 형식에 대한 의미의 연합관계·의미의 변화와 발전·비유적 용법 등을 구명하여 체계화하는 언어과학이다.

의미론의 명칭은 프랑스의 언어학자인 Bréal의 Sémantique (1889), Essai de Sémanteque(1897)에서 비롯되었다. 의미론, 즉 sémantique의 어원은 [GK. sēmainein(signify, mean)+sêma(sign)]로서 의미는 기호의 관계개념으로 다루어진다.

[2] 의미론의 유형

1) 어휘의미론

단어·어휘의 의미구조를 중심으로 연구하는 의미론을 어휘의미론(lexical semantics)이라 한다. 언어학자들은 의미의 최소단위를 밝히는 데 관심을 가졌기 때문에 초기의 언어학적 의미론은 대부분 어휘 중심의 의미론이었다. 어휘의미론을 체계적으로 정리한 대표적인 학자로 Ulmann(1951, 1962)을 들 수 있다. 그는 Saussure의 구조주의적 입장에서 단어의 의미체계를 분석했다. 단어의 의미를 그 단어가 속해 있는 언어체계 전체 속에서 밝히려 했고, 공시적 입장에서 단어의 본질·同意性·重義性 등을 기술하려고 노력했다.

어휘의미론의 중심적 영역은 同意·多義·同音異義·外延과 內包·反意·語彙場 등을 연구대상으로 한다. 종래의 의미론은 어휘의미론을 공시적 관점과 통시적 관점에서 많이 연구했다.

2) 형식의미론

논리학자들은 논증의 타당성 여부에 관심을 가졌기 때문에 논증의 단위를 이루는 명제 또는 문장의 진위조건의 정의에 역점을 둔 형식의미론을 발전시키는 데 공헌했다. 어떠한 문장이 어떠한 상황에서 참(眞)이 되거나 거짓(僞)이 되는가를 밝힌다. 이와 같은 진위개념·명제논리를 연구대상으로 하는 의미론을 형식의미론(formal semantics)이라 한다. 형식의미론에서는 同一律(law of identity), 矛盾律(law of contradiction), 排中律(law of dxcluded middle)과 같은 법칙을 분석하기 위하여 명제논리를 전개하는 것이다. 예컨대, p라는 기호가 어떤 자연언어의 문장을 대신한다고 가정할 때, p는 眞 또는 僞의 값을 갖는다. p가 '비가 온다'라는 문장을 가리킨다면, 지금 비가 오든가 오지 않든가 둘 중의 하나일 것이다. '비가 오지 않는다'라는 문장을 ~p로 표시한다면 p 또는 ~p라는 명제가 항상 성립하는 것은 배중률 때문이다.

형식의미론을 체계화한 학자는 폴란드의 논리학자 Tarski(1935)를 비롯하여, Lewis(1971), Montague(1973) 등이다.

3) 구조의미론

개별언어의 의미구조를 기술하는 의미론을 언어학적 의미론(linguistic semantics)라 이른다. 언어학적 의미론은 통시적 의미론과 공시적 의미론으로 크게 나뉘는데, 전자를 史的 意味論이라 하고 후자를 구조의미론(structural semantics) 또는 記述意味論(descriptive semantics)이라 한다. 다시 말하면 구조의미론은 언어의 의미구조를 공시적으로 분석기술하는 언어학적 의미론이다. 기술의미론은 이론적으로나 실천적인 면에서 의미의 靜的 체계를 연구하므로 靜態意味論(static semantics)이라고도 한다. 구조의미론은 주로 단어와 어휘의 의미구조, 통사적 의미구조의 분석 기술을 대상으로 한다. 의미의 기능적 분석이 중심 과제다.

4) 사적 의미론

언어의 의미구조를 통시적으로 연구하는 언어학적 의미론을 사적의미론(historical semantics) 또는 動態意味論(dynamic semantics)이라 한다. 사적의미론은 의미의 통시적 연구이므로 의미변화의 연구를 중심과제로 한다. 사적의미론의 영역은 의미변화의 '過程'으로서 의미 변화 현상 전반을 다루지 않는다. 의미변화 현상이나 의미변화의 결과에서 나타나는 다의·동의·동음이의 등은 정태적 연구로서 기술의미론에 속한다. 그러므로 사적의미론의 영역은 의미변화의 과정이 중심이 되며, 의미변화의 특성·원인·분류·의미론적 규칙 등을 대상으로 한다.

5) 철학적 의미론

언어의 의미는 근본적으로 애매 모호한 것이므로 철학적 인식이나 과학적 인식의 수단으로 부적당하다. 언어가 하나의 인식의 대상이 되려면 하나의 기호에는 하나의 의미만 있고, 하나의 의미에는 하나의 기호로만 나타내는 언어라야 한다. 다시 말하면 여러 개의 기호가 연결된 기호연쇄의 의미가 개개 기호의 의미의 총체가 되는 언어, 또한 누구나 어느 때나 사용해도 항상 동일한 언어라야 한다. 이러한 언어, 즉 說明言語(matalanguage)를 개발하여 이것을 조작해 나아가는 의미론이 철학적 의미론(philosophical semantics)이다. 그러므로 철학적 의미론은 記號論理學과 내용면에서 많이 중복된다. 표현상의 모순성이 없어야 하며, 그 내용이 실증 가능한 것이어야 한다는 극단적 입장을 취하기도 한다. 예컨대, '그는 나무에서 떨어졌다'는 실증 가능하지만 '그는 지옥에 떨어졌다'는 실증 불가능한 내용이므로 철학적 의미론에서는 배제된다.

철학적 의미론에서는 자연언어 L1을 對象言語(object language)라 하고, 대상언어를 분석하여 기술하는 언어 L2를 說明言語(metalanguage)라 한다. 이 밖에 철학적 의미론의 과제로는 언어와 인식론의 문제, 언어의 논리적 분석과 모호성의 문제, 指示的 의미와 明示的 의미, 用法(use)으로서의 의미, 번역과 의미의 문제 등이 있다.

6) 심리적 의미론

구체적 언어행동의 장에 있어서 언어의 의미를 연구대상으로 하는 의미론을 심리적 의미론(psychological semantics)이라 한다. 언어행동을 성립시키는 요인으로는 화자·청자·언어·말에 의해 지시되는 사물 등 네 가지가 있으며, 마지막으로 이들을 포괄하는 장면이 있다. 청자는 화자가 말하는 말의 의미를 이해하는 것으로만은 眞意를 이해했다고 할 수 없다. 그때에 어떠한 意圖에서, 사물의 어떠한 면에서, 어떠한 각도에서 말하고 있는가를 알아야 한다. 언어의 의미와 장면을 이해해야 하기 때문이다. 이와같이 意圖가 중요한 자리를 차지하고 있다는 점에서 심리적이라고 말할 수 있다.

7) 일반의미론

폴란드 태생 미국 언어학자 Korzybski(1933)에 의하여 창시된 의미론으로서 後段言語學(metalinguistics)과 중복되는 면도 있다. 언어는 사물의 기초에 불과하므로 인간의 언어에 그 이상의 힘을 인정하려는 심리가 있다. 이 심리는 언어를 사물 그것과 동일시하여 '말=지시물'이라는 착각이 생긴다. 이와 같은 예는 言靈思想·忌詞·禁忌(taboo)·命名·民間語源(folk etymology) 등에 보인다. 인간의 이러한 심리를 逆用하면 언어의 마술에 의하여 사물의 실태를 은폐하고 잘못된 판단을 하도록 만들기도 한다. 과대선전, 모략활동 등이 그것이다. 기호와 지시물은 다른 것으로서 기호의 배후에는 여러 가지 상이한 레벨의 무수한 사물이 있음을 잊어서는 안 된다. 이러한 관점에서 인간심리의 이러한 맹점을 잡아내고 그 救濟策을 연구하는 운동이 전개되기도 했다. 말이나 기호를 심사숙고해서 현실에 입각하여 적절히 사용할 수있도록 훈련함로써 환경이나 다른 사람에 관한 반응의 방법을 개선하고, 타인과의 마찰과 긴장을 완화시키도록 하며, 말의 呪術에서 벗어나기 위한 연구 등은 일반의미론의 중심 과제이기도 하다. 현실에 입각하여 언어를 바르게 사용하기만 하면, 현대사회의 여러 가지 병폐와 갈등과 분쟁을 감소시킬 수 있다고 주장한다.

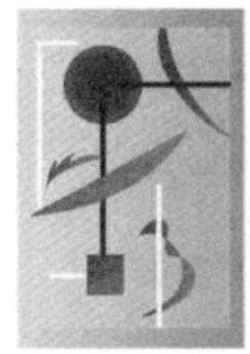

제**8**장 어휘와 어휘론

언어를 연구할 경우 말의 문법적 측면을 연구할 때도 있고, 또한 음운이나 문자면에서 연구할 때도 있다. 이들을 언어학에서 문법론, 음운론, 문자론이라고 일컫는다. 국어에 있어서도 국어문법론, 국어음운론, 국어문자론 등의 연구는 일찍부터 행해져 체계적 연구가 이루어졌다. 그러나 언어의 가장 기본이 되는 語彙面에서의 연구는 별로 이루어지지 못하고 있는 형편이다. 더구나 어휘론은 의미론이나 형태론 연구에 밀려 어휘론 본래의 범위가 모호하게 되어 있어 지금까지 다소 소원하던 경향이 있었다. 여기에서는 우선 어휘의 개념을 살펴보고 어휘의 연구 분야를 중심으로 개괄해 보려는 것이다. 즉, 언어의 특질을 어휘면에서 고찰하려는 것이다.

1. 어 휘

[1] 어휘의 개념

사람이 각기 얼굴이 다르고 성격이 다르듯이 개개의 단어도 각각 다른 의미와 성격을 가지고 존재한다. 인간은 가족과 국가 그리고 집단 구성원 안에서 각각 다른 모습을 이루고 있다. 이와 같이 각각 다른 개성을 가지고 있는 단어도 한편으로는 하나의 특성을 가진 통합된 총체를 형성한다. 한국어라든가 영어라든가 하는 것도 이러한 면에서 바라보면, 개개의 단어가 모여 이루어진 통합된 형성체라고 말할 수 있다. 오랫동안 궁중에서 사용하던 말을 궁중어라고 하며, 산삼을 캐는 採蔘人들만이 사용하던 말을 심마니말이라고 할 수 있다. 아이들이 주로 사용하는 말을 유아어라고 하며, 영남 지방에서 주로 사용하는 말을 경상방언이라고 한다. 이와 같이, 일정한 범위에서 사용되는 단어의 총체를 語彙(vocabulary, lexique)라고 한다.

단어의 총체로서의 '語彙'라는 말은 그 어원에서도 그 성격의 일면을 알 수 있다. 語는 단어를 말하며, 彙는 집합의 뜻을 가지고 있다. 彙에 대한 기록으로 최고의 辭書라고 할 수 있는 중국의 『爾雅』가 있다. 이 책의 釋獸 제18에서 다음과 같이 '彙'를 풀이하고 있다.

彙毛刺 疏云 彙卽蝟也 其毛如針

여기에서 '彙'는 고슴도치를 가리키는 말로 바늘과 같은 가시털이 密生한다는 데서 '密集, 모음, 集合' 등의 뜻으로 轉意된 것이다. 그러므로 영어의 vocabulary라는 말도 단지 words가 아니라 단어의 총체를 이르는 말임을 알 수 있다.

참고로 어휘의 정의에 관한 몇 가지 사전적 내용을 열거하면 다음과 같다.

① 어휘란 일정한 범위에서 사용되는 단어의 총체로서 여기에서 말하는 단어는 사물의 개념에 대응하며 사물의 존재·작용·상태에 관하여 서술 또는 한정에 관계되는 언어형식을 말한다. 그 단위로서는 단어뿐만이 아니라 경우에 따라서는 단어보다 작은 구성요소로서의 형태소, 단어보다 더 큰 구절 복합어, 그리고 관계사로 연접되는 관용형식 idiom

등을 포함한다.

② 어휘는 어느 개인(때로는 著作) 또는 사회에 있어서 그 言語素材의 總和다. 개인의 語彙量과 質, 언어사회의 어휘, 어휘의 요소, 기본어휘 등을 연구하는 어휘론의 대상이 되는 기본단위다.

③ 어휘는 특정한 시대, 사람, 작품들의 사용범위를 한정하여 거기에서 사용된 단어의 집합을 말한다. 어느 특정한 집단, 지역, 작품 등 특정의 대상을 정하여 거기에 나타나는 단어의 집합이다. 즉 어휘는 단어의 집합이며, 단어는 어휘의 요소다. 그러므로 개개의 단어를 어휘라고 하는 것은 잘못이다.

[2] 어휘의 이면성

앞에서 말한 바와 같이 어휘는 일정한 범위에서 사용되는 단어의 총체를 말하는데, 어휘의 연구는 그 어휘를 '形成하는 방법'과 '모으는 방법'을 밝히려는 두 가지 성질이 있음을 알 수 있다. 전자는 어휘를 '단어의 形成(정리)'이라고 보는 입장이고, 후자는 어휘를 '단어의 집합'이라고 보는 입장이다.

분명히 어휘는 많은 단어가 집합되어 이루어진다. 궁중어, 심마니말과 같은 어휘를 이루는 것은 '단어의 집합'이라는 면에서 이르는 말이며, 한편, 어떤 단어를 중심으로 유의어니 반의어니 하는 것은 '단어의 형성'면에서 이르는 말이다. 어휘를 '단어의 형성'이라고 생각하는 쪽은 어휘를 체계적 조직적 통일체로 보는 것을 전제로 하여 성립된다. 즉, 개개의 말의 체계적 내지는 유기적 조직을 가지고 어휘가 구성된다고 가정하는데서 시작되는 것이다. 이것이 語彙體系論의 출발점이 된다.

이에 대하여 어휘를 '단어의 집합'이라고 하는 입장은 어휘를 離散的인 개개 단어의 집합체라고 보는 것을 전제로 한다. 다시 말하면, 개개의 단어(W)를 요소로 하는 집합을 어휘(V)로 보는 것이다. 집합론의 표현을 빌면, 다음과 같이 된다.

$$V = \{W \mid W : 단어\}$$

어휘라고 하는 집합 V의 요소가 되는 개개의 단어 W는 서로 독립되며, 계산되는 단위로서 等質的이며 명확하게 식별되는 조건이 된다. 이와 같이 어휘를 단어의 집합이라 보고 단어를 計量可能한(countable) 단위라고 생각하는 데서 출발하는 어휘론의 대표적인 것으로는 計量語彙論이라는 것이 있다.

그러나 생각에 따라서는 어휘를 단어의 체계적 형성이라고 보는 방법과 단어의 이산적인 집합이라고 보는 방법은 여러 면의 어휘 연구에서 채용되는 것이며, 결국 어휘 그것이 이러한 두 가지 二面的 성격을 가진 결과인 것이다. 어휘의 정의도 학자에 따라 여러 가지로 달리 말하고 있는데, 이것도 어휘가 갖는 이면적 성격 때문일 것이다.

앞에서 언급한 어휘의 정의에서와 같이 문법항목과 어휘항목을 모두 어휘에 포함시키려는 생각과 조사나 조동사, 접속사와 같은 문법적 기호를 어휘의 구성 단위로 취급하지 않으려는 생각과 서로 의견을 달리하고 있다. 이와 같은 것도 어휘를 단어의 체계적인 형성으로 보느냐, 집합의 요소로 보느냐에 따라 달라지는 것으로 생각된다.

개인의 語彙量에 관해서는 보통의 경우 출생 이후 零에서 시작하여 나이가 들수록 어휘량이 증가된다. 예를 들면, Mrs. Winfield S. Hall의 보고에 의하면 그의 아들은 17개월이 되었을 때 231語를 알고 있었는데, 6살 때에는 1,121語로 증가했다는 것이다. 그러나 성인의 어휘량은 의외로 적은 편이다. 문장가로서 가장 많은 어휘를 구사했다고 하는 Shakespeare도 약 20,000, Milton은 7,500, 영어 구약성서 5,600, 신약성서 4,800이라는 보고도 있다.

個人語彙의 質的 面에서는 積極的 語彙(active vocabulary)와 消極的 語彙(passive vocabulary)로 구분하기도 하는데, 소극적 어휘는 듣기와 읽기

에서 이해되는 어휘, 즉 認知用 語彙(recognition vocabulary)를 말하며, 적극적 어휘는 자유스럽게 운용할 수 있는 어휘, 즉 發表用 語彙(prodution vocabulary)를 말한다.

언어사회의 언어에 있어서도 그 어휘량은 시대와 같이 증가하고 있다. 부분적으로는 어휘의 소실이 있어도 어휘 전체의 總和가 증대해 감을 쉽게 상상할 수 있다. 예를 들면, 古期의 영어가 약 3만으로 추정되는데, OED(The Oxford English Dictionary)의 표제어 어휘 수가 약 40만에 달하게 된 것으로도 쉽게 알 수 있는 것이다.

사회 전체의 어휘의 질에 있어서는 어휘가 어떠한 성격을 지니고 있으며, 어떻게 형성되는가가 문제다.

이에 관하여는 OED의 제1권 권두에 게재된 도해를 인용하여 살펴봄이 좋을 것이다.

【어휘의 형성 양상】

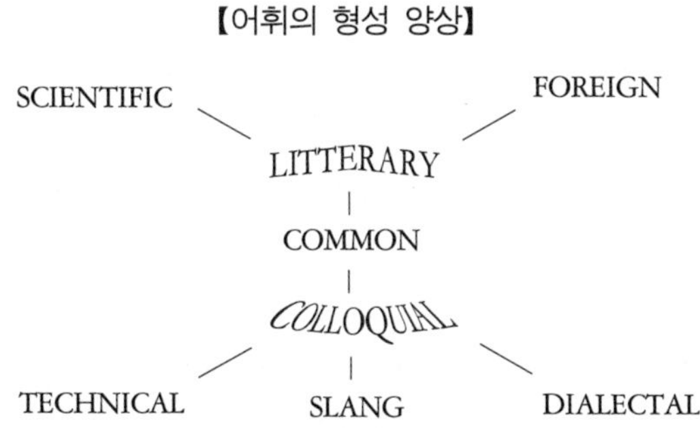

어휘의 중핵을 이루고 있는 말 가운데 어떤 것은 文語(literary)에만 쓰이고 어떤 것은 口語(collquial)에만 쓰이지만, 대부분은 양쪽을 겸한 共通語(common word)이다. 그리고 특수한 어휘는 사방으로 둘러싸여 있고 그것이 중심에서 멀리 떨어져 있으면 그만큼 공통성이 없는 단어가 된다. 물론 특수 어휘가 공통어로 되는 추이도 점진적이며, 또한 특수의 정도도 끊임없이 동요되고 있어서 원래 特殊語라고 해도 그것이 어떤 계기로 일반 言衆에게 널리 알려지면, 곧 공통어가 되는 것이다. 학술어와 외래어는 주로 문어를 통하여 들어오고, 技術用語 내지는 전문어나 방언은 주로 구어와 문어에서 공통어와 접근한다. 그러나 俗語(slang)는 주로 구어를 통해서만 들어온다.

2. 어휘의 연구

어휘를 체계적으로 연구하는 학문을 語彙論(lexicology, GK. lexis <speech diction>＋logy)이라 한다. 음운론, 문법론과 병행되는 언어체계 연구의 한 부문이다.

어휘론의 목적은 개별 어휘의 성질을 해명하여 개별언어의 성격을 어휘면에서 밝히는 데 있다. 예를 들면, 국어 어휘론의 목적은 한국어 어휘의 성질을 해명하여 국어의 특질을 어휘면에서 규명하는 데 있다.

어휘론에는 다음과 같은 연구 분야가 있다. 그러나 어휘의 언어학적 연구의 연륜이 미미하고 발전 도상에 있는 학문으로서, 아직 충분한 이론과 체계가 확립되었다고 하기는 어렵다.

① 어휘체계론 : 어휘의 체계적 조직·조성에 관한 연구
② 계량어휘론 : 어휘의 총량에 관한 추정이나 통계적 처리의 연구
③ 기초어휘론 : 기본적 중핵적 어휘의 성격과 그 선정에 관한 연구
④ 어종구성론 : 고유어, 한자어, 외래어 등 단어의 原籍을 기초로 하여
  어휘의 구성을 연구함.
⑤ 위상어휘론 : 전문어, 유아어, 궁중어 등 어휘의 위상적 차이와 대응
  에 관한 연구
⑥ 대조어휘론 : 각 지방의 방언과 표준어, 또는 외래어와 국어 등 어휘
  간의 비교·대조에 관한 연구
⑦ 사적어휘론 : 어휘의 통시적 변천에 관한 연구

어휘론은 또한 심리학·사회학과 같은 인접 과학에 이용될 뿐만 아니라, 어휘론에 있어서도 개개의 단어에 관한 연구가 그 기초 부분으로서 중요한 구실을 하고 있다. 語彙意味論(lexical semantics), 語彙形成論(lexical morphology), 語形成論(word formation), 語源論(etymology) 또는 造語, 命名(appellation)에 관한 연구 등이 있다.

또 어휘론의 인접부분으로서 辭典에 관한 연구(lexicography)와 의미에 관한 연구(semantics), 단어의 내적 구성에 관한 연구인 형태론(morphology) 등은 어휘론과 밀접한 관계를 가지고 있다.

3. 어휘의 체계

[1] macro와 micro

언어의 체계성이 강조된 것은 20세기 언어학의 특징이다. 그것은 특히 音韻論에서 그러했고, 文法論의 체계성은 당연한 것으로 생각되었다. 語彙論도 이들 부문의 영향으로 어휘의 체계성을 강조하게 되었다. 그러면 어휘를 어떻게 다루는 것이 체계적인 시점이라고 할 수 있는가. '체계'란 각 부분이 유기적으로 결합하여 하나의 총체를 이루고 있음을 말한다. 즉 각 요소가 맞서고 있는 하나의 통일체를 말한다. 이 때 총체·전체·통일체를 강조하는가, 혹은 유기적인 결합, 맞섬이라는 면에 중점을 두는가에 따라 어휘체계를 받아들이는 두 가지 型이 생긴다. 이들은 각각 큰 체계(macro)와 작은 체계(micro)라고 지칭할 수 있다.

어휘를 큰 체계로 다루는 관점은 예컨대 국어의 어휘 전체를 바라보는 관점에서 基本語彙라든가, 어휘의 位相的 연구 등이 그것이다. 외래어와 한자어에 있어서도 어느 단어가 어떤 말에서 들어온 것인가를 고찰하는 것이 아니라 전체로서의 외래어·한자어가 오늘날의 국어 중에

서 어떠한 구실을 하고 있는가와 같은 문제를 취급한다. 이와 같은 문제
는 단어 하나의 연구에서 생기거나 그것과 직접적으로 관계되지 않는다.
국어의 단어가 전체로서 하나의 통일체를 이루며 개별 단어가 가지고
있는 특질이 개별요소로서의 단어의 상대적 인식으로 떠오르는 것이다.

어휘를 작은 체계로서 다루는 것은, 단어를 하나하나 독립한 것으로
다루는 것이 아니라, 다른 단어와 밀접하게 관계되어 결합되는 것으로
취급하는 것이다. dress, belt라는 단어의 의미를 그것만 잘라서 기술하는
것이 아니라 '옷, 혁대' 등의 단어와 맞서 제약된 것으로 볼 경우, 그것
은 단어의 형을 만드는 작은 체계를 인식하기 때문이다. 이와 같은 의
미에서의 체계적인 취급 방법은 각 단어의 기술에 직접 결부되어 있어
서 그것을 정밀하게 하는 것에 불과하다.

이 macro와 micro의 체계를 잇는 것이 語彙論的 範疇다. 외래어, 복합
어 등의 범주는 macro 체계의 경우로서 여러 단어가 공통적 성질을 가
지고 하나의 그룹을 이룬 것이고, micro 체계는 고유어, 단순어 등에 속
하는 단어를 구별하는 특징으로서 이들을 대립시킨다.

어떤 어휘론의 범주는 어휘 전체를 몇 개의 그룹으로 나누는 것에 불
과하다. 예를 들면, 語種, 즉 단어의 原籍(고유어, 한자어, 외래어)에 따라 영
어, 불어, 독일어 등으로 나눈다. 이에 반하여 의미적인 관점에서는 중
간적 범주를 몇 개로 세울 수 있다. micro 어휘체계(그 최소의 것은 두 개의
단어에서 이루어지는 것이다)와 macro 어휘체계(어휘 전체)와의 사이에 중간
적 어휘체계가 이루어진다.

[2] 어휘의 총체

어휘의 체계(혹은 구조)라고 하는 경우, '체계'의 개념은 '집합'이라고
하는 개념과 대립하여 사용하는 말이다. 집합이라고 하는 경우는 단지
몇 개의 구성요소가 모여 있다는 것뿐으로서, 각각의 요소간에 무엇인

가 특별한 관계가 있다는 뜻은 포함되어 있지 않다. 이에 반하여 체계
는 구성요소 간에 무엇인가 특별한 관계가 존재하고 있으며, 그 관계에
기초한 구성요소가 전체로서 하나의 질서의 매듭을 이루고 있음을 含意
한다. 그러므로 집합에 있어서 구성요소의 개념이 기본적인데, 체계라
고 하는 경우의 구성요소의 개념은 구성요소와 나란히(혹은 경우에 따라서
는 그 이상으로) 관계라고 하는 개념에 중점을 둔다. 이러한 의미의 체계
가 어휘에서는 별로 의식되지 않는다. 왜냐하면 문장의 구조는 우리들
이 현실적으로 말을 사용할 때 구체적으로 顯在化한 모습으로 나타나고
있는데, 어휘의 체계는 한결같이 잠재적인 모습으로만 존재하기 때문이
다. 예를 들면, '山'과 '高'라는 두 자로 이루어진 문장을 만들 때 어느
것을 앞에 놓고 어느 것을 뒤에 놓느냐에 따라 뜻이 달라진다. '高山'은
높은 산이요, '山高'는 '산이 높다' 또는 '산의 높이'라는 뜻이다. 국어의
경우 '산이 높다'에서와 같이 산이 주어가 되려면 이른바 주격조사라고
하는 '-이' 를 첨가해야 하고, '높은 산'에서와 같이 '높다'를 관형사형으
로 바꿔야 한다. 단지 단어를 길게만 나열한다고 해서 문장에 되는 것
은 아니다.

　한편 우리는 '높다'라는 단어는 '낮다'라는 단어와, '산'이라는 단어는
'바다'나 '내'(川)라는 말과 특별한 관계가 있음을 알 수 있다. 그것은
'높다'와 '낮다'를 '높다'와 '희다' 또는 '산'과 '바다'를 '산'과 '사람'과
비교해 보면 분명해진다.

　어휘는 실제로 언어사용의 레벨에서 규칙적으로 顯在化하는 경우는
아주 드물다. 앞에서도 말한 바와 같이 그것은 한결같이 잠재적인 레벨
에서 존재하고 있기 때문이다. 어휘에 있어서는 '체계'(혹은 '구조')라고
하는데, 이에 반하여 문장에 있어서는 '구조'라고 하는 점에 유의해야
한다.

　어휘의 체계적 조직·구성·분류에 관한 연구를 어휘체계론이라 한다.
　어휘의 체계적 조직의 예로서 指示語에 관한 어휘체계를 들 수 있다.

【지시어의 어휘 체계】

대상 \ 구분	근칭	중칭	원칭	부정칭
사물	이 이것	그 그것	저 저것	무엇 어느것 아무것
장소	여기	거기	저기	어디 아무데
방향	이리 이쪽	그리 그쪽	저리 저쪽	어느쪽 아무쪽
상태	이런	그런	저런	어떤
지시	이	그	저	어느 무슨

어휘가 이와 같이 조직화되는 경우에 '이녀석'(이<冠>+녀석<名>), '이치'(이<冠>+치<名>)라는 지시사가 존재할 경우, 그 주변의 '그 녀석', '저 녀석', '어느 녀석', '그치', '저치', (?어느치) 등의 존재가 상정된다.

또한 친족어휘라고 이르는 일군의 어휘도 그 친족관계에 따라 조직화된다(親家系, 外家系, 妻家系, 媤家系 등).

어휘가 체계를 갖는다고 하는 것은 어떤 관점에서 소속된 단어들이 조직화되어 단어와 단어와의 관계가 확정된다는 것이다. 그리하여 그 조직에서 결부된 부분이 있으면 그 이유를 살펴보고 그 부분을 합리적으로 상정할 뿐 아니라 조직화된 어휘의 주변에 있는 단어나 또는 新語로써 메꾸어 보려는 노력도 겸해야 한다. 이와 같이 어휘를 여러 관점에서 체계를 세우고, 어휘체계의 양상에 관하여 연구하는 것이 어휘체계론이다.

[3] 개념체계와 어휘

단어 조직화의 방법으로서 가장 단순한 것은 개념의 단계에 따라 단어를 조직적으로 정리해 가는 방법이다. 생물(동물, 식물 등) : 동물(날짐승, 길짐승, 물고기 등), 식물(풀, 나무 등), 나무(소나무, 밤나무, 참나무 등), 소나무

(赤松, 落葉松 등).

도구(악기, 식기, 무기 등) : 악기(북, 피리, 나발 등), 식기(주발, 수저, 접시 등), 무기(총, 대포, 권총 등)

추상화에 의한 어휘조직의 예로서 이들은 언제나 구체적 개별적인 개념을 나타내는 단어를 차례로 추상적 총괄적인 개념으로 통합하는 樹枝形 構造로서 어휘를 조직화한 것이다. 따라서 어휘의 풍부한 개념영역에 있어서는 重層 組織이 되며, 결핍된 영역에 있어서는 필연적으로 층이 얇은 단순 구조로 되어 있다. 또한 전자 즉 어휘의 풍부한 영역에 있어서는 下位噴流까지 기본적으로 조직화되어 있지만, 후자 즉 어휘가 부족한 영역에 있어서 下位 分類는 기본어로 조직화되지 않고 복합어에 의존한다.

이 방법은 비교적 단순한 절차로 어휘구조를 빨리 나타낸다는 점에서 좋은 방법이지만, 개념이 구체적이고 개념간의 관계가 명확한 경우에만 그 적용이 가능하다는 결점이 있다.

이와 같은 추상화의 단계를 찾는 이외에도 개념과의 대응에 따라 단어간의 관계를 찾아 일련의 단어군을 조직화하여 어휘의 구조를 아는 방법도 있다. 간단한 예를 들면, 시간의 흐름에 근거한 다음과 같은 단어의 조직화는 전형적인 예다.

【시간의 흐름에 따른 단어의 조직화】

과 거	현 재	미 래
그끄저께(3昨日)		
그저께(2昨日)		
어제(昨日)		
	오늘(今日)	
		내일(明日)
		모레(再明日, 明後日)
		글피(三明日)
		그글피(四明日)

온도의 高低槪念에 대응하는 형용사를 조직화할 수도 있다.

【온도어의 체계】

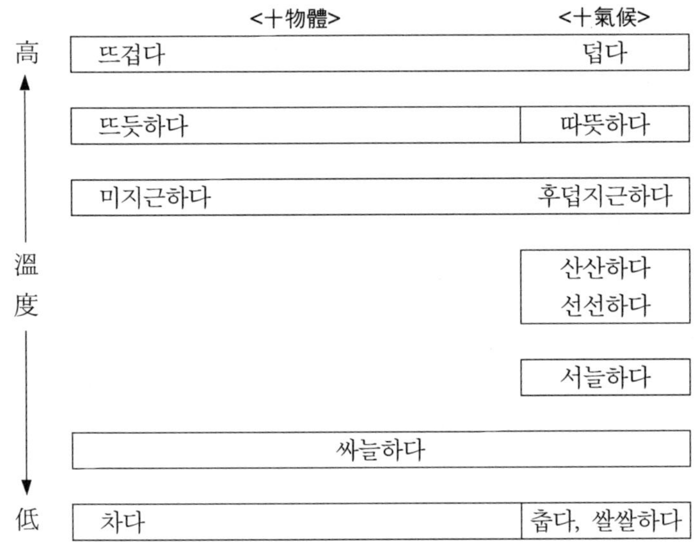

[4] 연쇄와 대응

  어느 단어를 중심으로 하여 類義語·對義語를 비롯하여 그 단어와 有緣關係를 갖는 단어를 널리 모아 그들 사이의 유연관계·대응관계에 근거하여 각 단어의 위치를 정하여 어휘를 조직화할 수 있다. 예를 들면, 국어의 '입다'(着衣)라는 단어에 있어서 이 단어를 중심으로 하여 유연관계를 갖는 단어의 범위를 살펴보면 다음과 같다.

  '입다'(着衣)와 관련된 유연관계에 있는 단어의 범위와 위치를 조직화한 바와 같이, 어느 단어를 중심으로 하여 그것과 서로 영향관계를 미치는 범위를 意味場(semantic field)이라고 이른다.

【'입다'의 의미장】

착의성 어휘	어휘유형	대 상	반의어	'입다'의 반의개념
입다	입다 (걸치다)	옷, 저고리, 바지, 두루마기, 신사복, 드레스, 잠바 등	벗다	벗다
	쓰다	모자, 갓, 벙거지, 頭巾, (안경)등		
	신다	신, 양말, 구두, 버선 등		
	끼다	장갑(안경)		
		반지	빼다	
		단추, 호크 등	풀다 (끄르다)	
	매다	네타이, 옷고름, 혁대, (댕기, 대님) 등		
	감다	붕대, 비단 등		
	차다	시계, 수갑		
		기저귀	떼다	
	두르다 (하다)	목도리, 완장, 마푸라, (앞치마)등		
	치다	(각반, 앞치마)		
	걸다 (하다)	목걸이, (귀걸이)		
	달다	뿌로찌, 명찰, (귀걸이)		

　위에서 보인 바와 같은 操作을 면밀하게 하여 어떤 단어에 대한 의미장을 기술해 보면 대의어로서의 擴張, 上下位의 의미장, 의미장의 重層化·組織化를 이룰 수 있다. 그 결과 단어와 단어와의 관계가 분명해지며, 각 단어의 의미장에서의 위치가 분명해지며, 어휘구조를 조직적으로 파악할 수 있게 된다.

　이 방법은 어의·용어의 유사·상대·상관의 것을 모아, 이들 하나하나를 전체의 질서 속에서 파악하려는 것이며, 어휘구조를 밝히는 한 방법이 될 수 있다. 그러나 이와 같은 의미적인 연쇄·대응을 정확하게 기술하기 위해서는 개별 단어의 어의·용법이 명확하지 않으면 안 된다.

[5] thesaurus 어휘조직

　어휘의 체계적 구조를 기술한 것을 일반적으로 thesaurus라고 이른다. 이것은 1852년 Peter Mark Roget에 의하여 'Thesaurus of English Words and Phrases'라는 책 이름에서 유래된 것이다. Roget는 이 책에서 영어의 어휘를 6개의 범주로 나누고 1,000항목에 걸쳐 조직적으로 정리했다.

　Roget의 이 책은 1869년 그가 91세에 세상을 떠날 때까지 28판이 나왔고, 또한 그 후에도 많은 학자들에 의하여 개정 증보되었고, 축소판인 Pocket Thesaurus 등이 만들어졌다. 이 일련의 업적은 Roget's Thesaurus라 하여 높이 평가되고 있다.

　다음은 Browning(1957)이 개정한 Everyman's Thesaurus of English Words and Phrases의 일부와 Dutch(1962)의 개정판 Roget's Thesaurus에서 Class 1 : Abstract relations의 Section 6 : Time에 속하는 Youth의 項과 Affections Sympathetic의 Darling와 Favorite의 項을 소개한 것이다.

【Roget's Thesaurus의 조직】

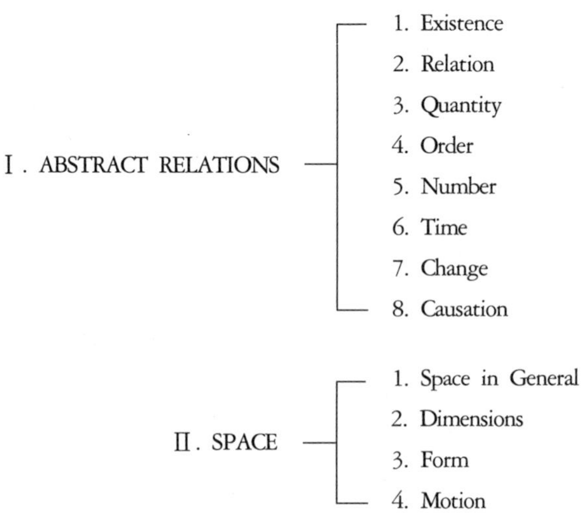

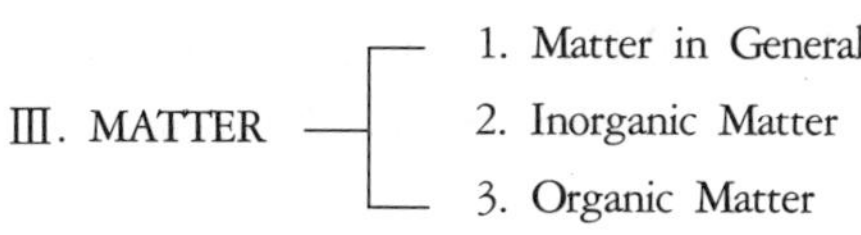
Ⅲ. MATTER
1. Matter in General
2. Inorganic Matter
3. Organic Matter

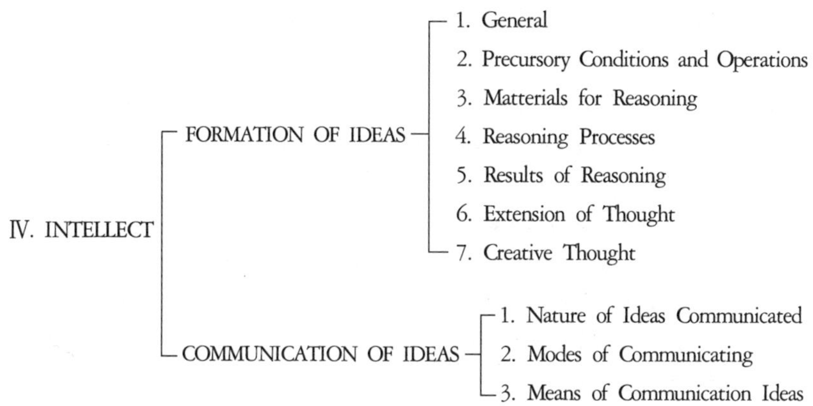
Ⅳ. INTELLECT
FORMATION OF IDEAS
1. General
2. Precursory Conditions and Operations
3. Matterials for Reasoning
4. Reasoning Processes
5. Results of Reasoning
6. Extension of Thought
7. Creative Thought
COMMUNICATION OF IDEAS
1. Nature of Ideas Communicated
2. Modes of Communicating
3. Means of Communication Ideas

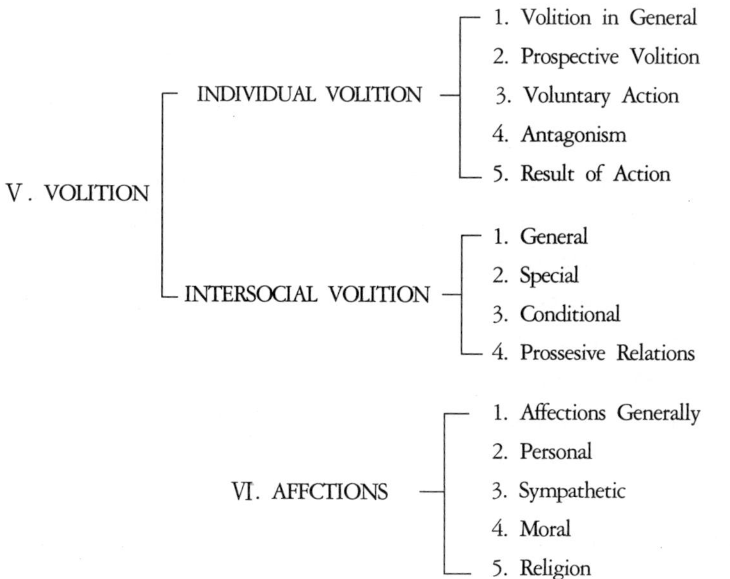
Ⅴ. VOLITION
INDIVIDUAL VOLITION
1. Volition in General
2. Prospective Volition
3. Voluntary Action
4. Antagonism
5. Result of Action
INTERSOCIAL VOLITION
1. General
2. Special
3. Conditional
4. Prossesive Relations
Ⅵ. AFFCTIONS
1. Affections Generally
2. Personal
3. Sympathetic
4. Moral
5. Religion

Everyman's Thesaurus of English Words Phrases
(edited by D.C. Browning)

Youth와 Darling의 항

130. Youth — N. youth, freshness, salad days 126n. newness; young blood, youthfulness, juvenility, juvenescence; juniorty 35n. inferiority; infancy, babyhood, childhood, childish years, tender age 68n. beginning; puppyhood, puppy fat; boyhood, girlhood, school-going age; one's teens, teenage, adole. scence age of puberty, boyighness, girlshness, awkward age, growing pains; younger generation, rising g. 132n. youngster.

nonage; tender age, immaturity, minority, infancym pupilage, wardshipm leading strings, status pulillarism cradle, nursery, kindergarten.

Adj. young, youthful, boyish, girlish; teenagem juvenile, adolescent, pubescent; budding, flowering; beardless, unripe, green, callowm awkward, raw, unfledged 670 adj. immature; under-age, minor, infant, in statu pupillari; younger, minor, junior, puisné, cadet; youngest, minimus; childish 132 adj. infantine; evergreen, unwrinkled, ageless.

890. Darling, Favourite — N. darling, dear, dearest, dear one, only one; love, beloved 887n. loved ond; sweetheart, fancy, sweeting, sweetie, sugar, honey, honeybunch; precious, jewel, treasure; mavourneen, babe; angel, cherub; poppet, popsy, pet, lamb; ducks, ducky, dearie, lovey.

favourite, darling, mignon; spoiled darling, mother's darling, teacher's pet; jewel, apple of one's eye, blue-eyed boy; persona grata, one of the best, the tops, sport; first choice, top seed 644n. exceller; someone to be proud of, boast; hero, idol, star, top liner, hit, knockout; general favourite, cynosure, toast; world's sweetheart, Queen of Hearts; centre of attraction, honey-pot 291n. attraction; catch, lion 859n. desired object.

「ROGET'S THESAURUS — Entirely rewritten within Roget's original structure(revised by Robert A. Dutch)」

Roget's Thesaurus는 그 후 유럽을 비롯하여 각국의 언어연구에 큰 영향을 주었다. Wihrl Eggers는 Roget의 방법을 독일어에 적용하여 독일어 어휘를 체계적으로 정리하였다(Deutscher Wortschats). C. Bally는 불어 어휘를 10류 297항으로 조직했다(Traité de la stylistique française, 1909).

스페인어에 있어서는 J. Casares의 38류 2,000항에 이르는 어휘 조직이 유명하다. 또한 속어(slang) 18류 740항으로 정리한 L. V. Berrey와 M. Vanden Bark의 The American Thesaurus of Slang과 같은 것도 있다.

[6] 연상어의 계열

어휘는 여러 단어들이 제멋대로 모인 것이 아니라, 어느 단어는 어느 단어와 특별한 관계에 있으며, 반면에 어떤 단어와 어떤 단어와는 관계가 전혀 없다고 하는 모습의 체계성이 있다. 잠재적인 어휘의 체계성이 화자에게 현재화한 모습으로 의식화되는데, 이것은 단어와 단어간의 연상에 근거한다고 할 수 있다.

일정 시간에 어느 단어를 제시하여(자극어) 그 후 일정 시간 안에 연상되는 말(반응어)은 사람에 따라 다소 차이는 있지만 공통적으로 흔히 예상되는 것도 있고 그렇지 않은 것도 있다. 예를 들면, '江'이라는 자극어에 대하여 '山, 바다, 내, 다리(橋)' 등의 명사가 예상되지만, '배꼽, 소, 과자'와같은 단어는 예상되지 않는다. 동사로는 '오르다, 건너다' 그리고 형용사로서 '높다, 길다, 넓다' 등은 예상되는데, '찢다, 굵다, 얇다' 등은 아마 나오지 않을 것이다. 이와 같은 사실은 언어의 발화자에 있어서 어휘란 단어들의 막연한 집합이 아니고, 어느 단어와 어느 단어 간에는 다른 단어보다도 강한 연상관계가 있음을 시사하고 있다.

그런데 이 상관관계의 체계에 있어서 두 가지 점에 주의해야 한다. 첫째로 연상에 근거한 단어와 단어 간의 관계가 언어적 성질의 것이 아니고 오히려 외계에 존재하는 사물에 대하여 화자가 감지하고 있는 개별적 관계가 아닌가라는 점과, 둘째로 발화자가 현실적으로 연상관계를 의식하고 있는 것과 어휘의 체계성 내지 구조와는 반드시 동일 범주의 것이 아니라는 점이다.

연상에는 유사성에 근거한 연상과 근접성에 근거한 연상이 있다. 유사성에 근거한 연상이라고 하는 것은 유사성을 매개로 성립하는 연상으로서 영상·크기·중량·색채 등과 같은 외면적인 것에서부터 성질·용도·기능·가치 등과 같은 더욱 추상적인 것에 이르기까지 다양하다.

근접성에 근거한 연상이라고 하는 것은 문제가 되는 二項間에 어떠한 밀접한 관계가 존재하고 있는 것을 매개로 하여 성립되는 연상으로서 그 근접성이 있는 밀접한 관계에는 경우에 따라서 공간적 공존, 시간적 계기, 인과관계 등이 포함된다.

한 단어가 다른 단어와 갖는 聯想關係는 단어의 어떤 면의 특징을 통하여 ‘유사성’ 내지는 ‘근접성’에 근거한 연상이 생기는가를 검토하면 된다. 단어의 어떠한 특징이 연상의 계기가 되는가를 말하면, 우선 첫째로 단어에 관련되는 특징을 생각할 수 있다. 단어를 성립시키기 위하여 필수 요소로서 ‘語形’과 ‘語義’라는 두 가지 면을 생각할 수 있다. 그리하여 한 쪽으로 어형면에서 공유적 특징의 연상관계를 생각하게 된다. 이 연상관계는 ‘유사성’에 근거하는 연상관계다(예컨대, 동음성, 동의성 등).

언어 단위로서의 단어가 항상 단발적으로, 또는 다른 단어가 사용되는 문맥과 중복되지 않는 것으로 사용된다면, 연상관계의 가능한 규정으로 충분하다. 그러나 언어로서 기능을 하는 말은 그 언어에서 결정되는 관습에 따라서 각각 일정한 범위의 언어적 혹은 비언어적 문맥과 함께 사용된다. 동일한 언어적 혹은 비언어적 문맥에서 사용되는 단어는 기능상의 유사성을 가지고 있으며, 그 유사성에 근거하여 연상관계가 이루어진다(예컨대, 전통적으로 품사라고 불리는 분류에서부터 위상에 의한 단어의 분류에 이르기까지 이와 관련된다). 또한 언어적 문맥에 있어서 사용되는 단어는 그 단어에 대한 문맥을 구성하는 다른 단어와의 사이에서 相互共起한다는 ‘근접성에 근거하는 연상관계’가 이루어진다(예컨대, ‘語結合, 連語’라고 이르는 경우가 이에 속한다).

단어가 사용되는 문맥에서 생기는 연상관계는 위에서 말한 '유사성'에 의한 경우와 '근접성'에 의한 경우의 어느 것이라도 문맥(context)의 개념을 어느 정도 엄격하게 혹은 느슨하게 정의하느냐에 따라 여러 가지 레벨의 단어의 聯想群(또한 여러 가지 정도의 체계성)을 규정하는 일이 가능한 것이다.

어휘의 체계성을 결정하는 항목으로는 '품사·동의성·유의성·포섭성·반의성·환치성·동음성·사용역(register)' 등이 있다.

단어의 연쇄적 계열에는 연상적 연쇄라고 하는 것도 있다. 이것은 어떤 단어에 있어서 그것과 사용 방법이나 사용 장면·상황으로 보아 공통어·유사어·관련어를 차례로 모아 계열화해 가는 것으로 생활면에 표준이 되는 실용적인 어휘조직이 형성되는 점이 특징이다. 이것이 연상어군이다. 예를 들면, '맥주'를 둘러싼 연상어군으로 '거품, 술, 위스키, 소주, 갈증, 한 잔, 조끼(jug), 비어홀, 마시다, 취하다' 등을 들 수 있다.

'학교'라는 단어의 연상관계로 이어지는 단어군은 '교정, 교사, 기숙사, 교실, 교무실, 서무실, 상담실, 학생, 교사, 수업, 예습, 복습, 필기도구, 공책, 소풍, 도시락, 운동회, 책상, 칠판, 백묵' 등 수없이 많다. 이것은 외국어 학습, 회화책, 각종 실용사전 등에서 채용어휘를 선택하는 경우 자주 사용되는 방법이다.

어휘에는 앞에서 언급한 바와 같이 개념의 체계, 의미적 연쇄 등 대응에 근거한 치밀한 체계성이 있는 반면, '맥주'에서 거품을 연상하는 것과 같이 자연스럽고 상상적이지만 의미적으로는 비약적 결합의 경우도 있다. 실제의 언어 표현에서는 비약·파격적인 연쇄가 실현된다.

연상적 결합은 단어와 단어 간의 관계에 생동적인 활력을 준다. 그러나 어휘의 조직화나 어휘구조의 기술에는 역시 한계가 있는 것이므로 이를 어떻게 처리하여 연상적 연쇄를 고려한 어휘의 조직화로 나아갈 것인가가 이제부터의 과제라 할 수 있다.

4. 어휘의 계량

어휘는 체계적·질적 구성이면서 한편으로는 양적 구성으로 되어 있다. '일상회화에 쓰이는 국어의 어휘는 얼마인가'라고 할 때, '일상생활에 필요한 어휘'라고 하는 질적인 면에서의 성격과 '얼마 정도의 어휘로 구성되어 있는가'라고 하는 수량적인 면에서의 성격을 문제로 삼는다. 단어는 어느 것이나 수를 셀 수 있는 단위로서 그들이 합하여 어휘를 이루고 계량가능한 단위의 집합을 이룬다. 어휘를 수량적 구성이라고 생각하는 어휘론에서는 단어 간의 의미적 관계라든가 어휘의 체계적 조직이라고 하는 것은 문제가 되지 않는다. '책, 움직이다, -이, -이다' 등이 수를 세는 대상인 이상, 모두 동일한 것으로 취급될 뿐 아니라, '여자-여성-부인'이라든가 '죽다-태어나다'라든가의 맥락도 단절된다. 그뿐만 아니라 계량의 대상은 반드시 단어적 단위에 한정되지 않는다. 暗號解讀의 문자빈도 조사에서는 공백(space)의 빈도가 중요한 의미를 가지며, 구문해석이나 정보 자료를 얻기 위한 조사에서는 활용형과 같은 변화형 그대로를 측정하는 것이 더 의미를 갖게 되며, 문장부호나 빈칸도 계량의 대상이 된다. 따라서 어휘조사에 있어서는 그 목적에 따라 계량 단위가 다르게 된다. 조사, 조동사 등을 모두 제외하기도 하는데 개개의 활용형이나 구두점까지 계량해야 할 때도 있다.

【사전 표제어의 총수】

사 전	표제어의 총수
우리말 큰사전	164,000
국어대사전(李熙昇)	250,000
國語大辭典(日本)	750,000
Webster 사전	600,000
O. E. D	500,000
N. E. D	410,000

통계적 수량적 어휘론에 있어서의 어휘는 이와 같이 계량의 대상으로서 정의된 단위를 요소로 하는 집합이다.

사전은 표제어의 수에 있어서 고유한 현대어인가, 또는 고어도 포함되어 있는가, 또한 단순어 중심의 사전인가, 복합어나 成語句까지 포함되어 있는 사전인가에 따라서 여러 가지로 다른 성격을 띠게 된다. 그러나 대부분의 사전은 수만 내지 수십만이라는 많은 어휘를 수록하고 있다. 그러므로 어휘의 수량적 측면을 분석해 보면, 거기에서 다루어지는 어휘량은 아주 대량이며, 당연히 통계적 처리나 계량이 이루어져야 한다. 이와 같이 어휘의 총량에 관한 추정이나 통계적 처리에 관한 연구를 계량어휘론이라고 한다. 다시 말하면, 計量語彙論의 연구대상은 어휘의 수량적 정도에 관한 연구, 어휘의 수량적 구성에 관한 연구, 어휘의 통계적 조사의 이론과 방법에 관한 연구, 또는 단어의 頻度調査나 분포 등에 바탕을 둔 기본어휘를 통계적으로 선정하기 위한 연구 등 여러 가지가 된다.

최근에는 신문·잡지·교과서·방송 등 여러 분야를 대상으로 어휘의 동태적 연구나 기계번역·자동초록·정보검색 등 각종 언어정보 처리에 필요한 어휘테이블(기계사전)의 연구에는 컴퓨터에 의한 대규모의 조사와 분석이 행해지고 있다.

[1] 어휘 조사

어휘의 양적 구성이나 수량적 성격을 알기 위하여, 또는 단어의 사용빈도나 그 분포에 바탕을 두고 기본어휘를 선정하기 위하여 각종 어휘 조사가 이루어진다. 서양에서는 오래전부터 교회나 신학자의 손으로 성경의 용어나 구절을 조사하는 용어색인(concordance)의 작성을 비롯한 일종의 용어조사가 행해져 왔다. 그러나 계량적인 어휘 조사가 이루어진 것은 20세기에 들어서부터이며 영어에 있어서는 1904년 J. Knowles가 성서와 문학작품에서 1만에 달하는 구절(phrase)을 수집하고, 빈도가 높은 350 단어를 선정하여 맹인을 위한 語彙表를 작성한 것이 그 최초의 것이다. 1911년에는 R. C. Eldridge가 신문기사(8페이지분)를 자료로 하여 高頻度의 5,000語를 선정한 조사가 있다. 그러나 본격적인 조사 연구는 Edward Lee Thorndike에 의하여 1931년에 발표된 The Teacher's Word Book에서 비롯된다. 이것은 독서 교육에 필요한 어휘를 선택하기 위한 것으로 다음의 자료에 의거하여 400萬語의 규모로 단어의 빈도와 분포에 근거하여 1만 단어의 기본어휘표가 작성되었다. Thorndike의 조사자료를 소개하면 다음과 같다.

1. Anna sewell, Black Beauty에서 10장
2. L. May Alcott, Little Women에서 3장
3. W. Irving, Sleepy Hollow
4. Touth's Companion의 1책
5. 초등학교 교과서 30책
6. 수학 책 2책
7. 역사 책 2책
8. 고등학교 외국어 교과서 단어표 25책
9. 성서, Shakespeare, Wordsworth, Tennyson, William Cowper, Alexander pope, John Milton 등의 용어 색인
10. 미국의 헌법
11. Garden and Farm Almanc for 1914.

이 조사는 Melvil Dewey와 E. Horn이 참여했는데, 그 후 I. Lorge의 협력을 얻어 자료를 늘려, 1931년에는 2만 단어표를 발표하고, 1944년에는 1,800만 단어, 어휘표 3만 단어 규모의 The Teacher's Word Book of 30,000 Words의 조사를 완성했다. 이것은 인력으로 진행한 어휘조사로서 최대의 규모일 뿐 아니라 방법론적으로 뒤의 어휘조사 연구에 많은 영향을 주었다.

이 밖에 영어교육을 위하여 신문·논문·편지 등을 자료로 하여 1만 단어를 선정한 Melvil Dewey의 조사라든가, 철자(spelling) 교육을 위하여 편지를 자료로 하여 얻은 약 5만 단어에서 1만 단어를 선정한 E. Horn 의 A Basic Writing Vocabulary(1926)의 조사 등이 유명하다.

독일어, 불어 등도 일찍부터 조사 연구되었고, 최근에는 각국에서 언어교육이나 사전 편찬, 그리고 언어정보 처리의 필요에 따라 컴퓨터를 사용한 대규모의 어휘 처리가 이루어지고 있다. 그 중에서 프랑스 국립 과학연구소를 중심으로 진행중인 「佛語寶典」의 편찬을 위한 어휘 조사 는 특히 주목되는 것이다. 이것은 과거에서 현재에 이르는 여러 분야의 불어문헌에 나타나는 단어 2,500만을 수록할 예정으로 진행 중이다. 일본에서의 어휘조사는 1934년에 소학교의 교과서를 중심으로 발표한 어휘조사를 비롯하여 부분적 개별적 조사가 많이 있었고 1948년 국립국어 연구소가 창설되면서 본격적인 어휘조사가 진행되었다. 1973년부터는 컴퓨터 한자 텔레타이프 등에 의하여 활발히 진행되었다.

국어 어휘의 계량적 조사는 1950년대부터 본격적으로 진행되었다. 초창기의 통계조사로, 문교부의 「우리말 말수 사용의 잦기조사(어휘사용빈도조사)」(1956)가 있다.

[2] 연어와 이어

봄/이/왔/네
봄/이/왔/네
어디/에/왔/나
산/에/왔/네
마을/에/왔/네
들/에/도/왔/네

위의 예는 동요 가사로서 어휘조사를 위하여 延語單位로 나누어 보인 것이다. 여기에 나열한 낱말의 수를 세어보면 25개로 나누어져 있다. 이 것을 延語(running words)라고 하며, 그 수량을 延語數라고 이른다.

다음으로 이 가사에 사용된 낱말의 종류는 '봄, -이, 오(다), -네, 어디, -에, 산, 마을, 들, -도' 등의 10종류다. 이와 같이 각각 다른 낱말들을 異語(different words)라고 하며, 그 수량을 異語數라고 이른다. 이들 10개의 異語를 가사에 나오는 횟수, 빈도순으로 나열하면 다음과 같다.

【동요가사에서의 낱말 빈도 양상】

순위	빈도	표제어	사용률(%)
1	6	오(다)	24.0
1	6	-네	24.0
3	4	-에	16.0
4	2	봄	8.0
4	2	-이	8.0
6	1	어디	4.0
6	1	산	4.0
6	1	마을	4.0
6	1	들	4.0
6	1	-도	4.0

$$\text{사용률}(P) = \frac{\text{異語數}(F)}{\text{延語數}(N)} \times 100\%$$

'오다'와 '-네'가 6회로서 가장 많고, '-에'가 4회로서 두 번째이고, '봄, -이'가 각각 2회, '어디, 산, 들, 마을, -도'가 각각 1회다. 이것을 각 낱말의 사용빈도 또는 사용도수라고 하며, 그 순서를 頻度順位(度數順位)라고 이른다.

여기에서 '오다'라는 단어에 대하여 살펴보기로 한다. 이 단어는 이 가사에 나타난 25개의 延語 중에서 6회의 사용빈도를 가지고 있다. 그러므로 이 '오다'라는 단어는 $6/25 \times 100 = 24\%$, 즉 延語의 24%를 차지하고 있다. 이와 같이 하나하나의 異語가 延語數에 대하여 점하는 비율을 사용률 또는 출현율이라고 한다. 따라서 사용률이 높은 단어는 그 조사 자료에 반복되어 나타나는 빈도가 높은 단어이며, 사용률이 낮은 단어는 사용되는 회수(사용빈도)가 적은 단어를 말한다. 이러한 점에서 사용률의 대소와 사용빈도의 대소는 평행대비(parallel)이며, 그 조사 대상에 관한 동일정보를 나타낸다. 그러나 사용빈도의 쪽은 조사의 규모가 커지면(즉, 延語가 증가하면) 필연적으로 크게 되는데 사용률은 조사 규모의 대소에 영향 받지 않는다. 따라서 사용빈도는 다른 조사와의 비교에 사용되지 않는데, 사용률은 타조사와의 비교에 사용될 수 있다.

이와 같은 이유에서 오늘날 어휘조사에서는 각 단어의 重要度(weight)를 측정하는 척도로 사용률이 이용된다. 더 말할 필요도 없이 사용률의 순위는 사용빈도 순위와 일치하는데, 사용률순 어휘표의 단어순위는 빈도순 어휘표의 순서와 동일하다.

다음으로 위 노래의 어휘 조사표의 단어 순위에 따라 사용빈도를, 첫째의 '오다'부터 순서를 매겨 다음과 같이 累積使用頻度(累積度數)가 산출된다. 물론 마지막의 '-도'의 누적도수는 연어수 25와 일치한다. 각 단어에 있어서 산출된 누적도수의 연어수에 대한 비율을 계산하면, 세번째의 '-에'는 $16/25 \times 100 = 64\%$가 된다. 이것은 제1위의 '오다'부터 '-에'까지 3개의 異語가 나타난 횟수(빈도수의 합계) 16이 延語 전체(25)의 64%에 해당됨을 나타내고 있다. 다시 말하면, '오다, -네, -에' 3개의 단어만으로 延語 전체의 64%를 커버하고 있다는 것이다. 따라서 나머지 7개 단어는 단지 36%를 차지하고 있을 따름이다. 이것을 累積使用率이라고 한다.

累積使用率은 빈도순 최상위에서 어느 순서까지의 異語의 빈도합계가 延語數 전체의 어느 비율에 해당하는가를 나타내는 것이다. 그러므로 이것은 최상위의 단어에서 그 순위까지의 단어 사용률의 합계에 불과하다.

　이 누적사용률을 그래프로 나타내 보이면 아래와 같이 급상승을 나타내는 그래프가 된다.

　이것은 '오다(6회), ― 네(6회), ― 에(4회)'와 같이 반복하여 나오는 소수의 異語가 연어 전체 중에서 아주 큰 비율을 차지하고 있음을 보이고 있다. 延語間에 있는 이 관계는 넓게 어휘 일반으로 인식되어, 특히 대규모의 어휘조사에는 이 경향이 현저하게 나타난다.

【누적사용률의 그래프】

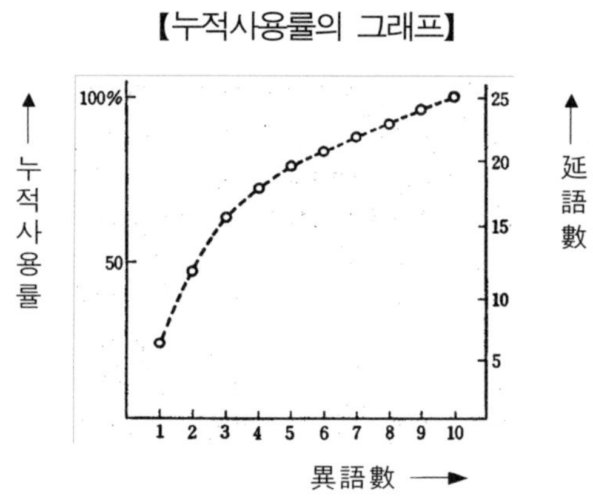

[3] 전체조사와 표본조사

　전체조사는 조사 대상에 나타나는 어휘수를 처음부터 끝까지 살피는 것이며, 표본조사는 통계이론에 기초하여 추출된 일정량의 표본(sample)을 조사하여 전체의 양적 구조를 추정하는 조사법이다.

　한 작가의 문체를 살피거나 한 작품의 총량을 살피기 위한 어휘조사라면, 예컨대 Goethe나 Shakespeare의 全作品이라고 해도 그 어휘의 양은 많기는 하지만 유한한 것이며, 꼭 샘플링을 할 필요는 없다. 이에 반하여, 신문·잡지·법령·판례 등은 조사의 범위를 넓히고 많은 단어를 살펴도 앞의 작품의 경우와 같이 유한한 것이 못된다. 그러나 그러한 경우는 편벽되지 않은 일정 범위의 자료(母集團)에서 완전한 축도가 될 수 있는 일정량의 표본을 크기와의 비율을 抽出比(率)이라고 한다. 예를 들면, 100페이지가 되는 책에서 짝수 페이지만을 추출하여 50페이지 분의 표본을 만들었다면 추출비는 1/2이 된다. 또한 짝수 페이지만이라든가 혹은 짝수 페이지의 좌측 반만이라든가 다 같이 샘플링을 했다면 전자에서는 1페이지 분이 후자에서는 1/2페이지 분이 샘플링의 단위가 된다. 이것을 抽出單位라고 이른다. 이와 같은 추출비나 추출단위를 포함하여 어떻게 표집(sampling)을 하느냐는 편협되지 않은 데이터에 관한 준비조사의 결과나 통계이론 또는 어휘분포의 법칙 등 計量語彙論의 이론에 근거하여 결정한다.

어휘조사의 표집에서는 보통 1/8페이지라든가 신문 1/2단이라든가와 같이 면적을 추출단위로 하고 있다. 따라서 그러한 면적의 구획에 미리부터 일련번호를 붙여두고 해당 번호의 구획을 차례로 발췌하여 표본을 만들어가지만 생각해 보면 무척 조잡한 방법이다.

약품이라면 하나하나 약품 상자에서 빼지 않더라도 어느 상자에나 等質等量의 병이 들어 있어서 상자 단위로 표집하여 중량이나 품질의 검사를 해도 아무런 문제가 없다. 그러나 언어 테스트의 경우 페이지 단위, 면적 단위로 추출하면 실제로는 새줄잡기가 있고, 마침표가 있고, 도표가 있고 하여 그 곳에 포함된 단어는 결코 등량이 아니다. 신문 등에서는 3행의 광고와 같이 빈틈없이 활자의 구획이 있는 한편, 제1면의 큰 표제어와 같이 단어가 제대로 습득되지 않는 구획도 나오고 있다. 엄밀히 말하면, 각 구획에는 등량의 단어가 포함되어 있다고 하는 전제가 없이는 면적단위의 표집(sampling)이 이루어지지 않는다. 그러나 데이터로 널리 있는 단어를 等間隔으로 표집해 가는 샘플링은 너무 비능률적이어서 실제로 작업의 정도를 유지하기가 어렵다. 그러므로 면적단위의 샘플링을 채용할 수 없지만 면적 샘플링이 가지고 있는 위와 같은 결점을 조금이라도 커버하기 위해서는 너무 넓은 면적을 추출단위로 하지 않아야 한다. 추출단위의 면적을 너무 넓게 하면, 각 구획의 語數가 너무 크게 되며, 샘플링의 精度가 떨어진다. 더구나 그 부분부분의 이야기 내용에 영향을 받아 채집되는 단어에 있어 편파되기 쉽다. 이것이 1/8페이지 크기라든가, 신문의 단이라고 하는 바와 같이 비교적 좁은 면적을 추출단위로 하는 이유이기도 하다. 신문의 어휘조사에서는 특별한 사건의 기사 내용 때문에 특수한 어휘가 예상 외로 高頻度로 되는 예가 있다.

면적단위의 추출법이 이와같은 문제가 있다고 해도 샘플링 조사는 대량어휘조사, 특히 양적으로 유한하지 않은 것을 조사하는 데는 큰 위력을 발휘한다. 노력의 절약도 그 하나의 이유가 되지만, 그것이 결코 샘플링 조사의 본래의 목적은 아니다. 샘플링 조사의 질적가치는 일정량의 표본에 관한 조사로서 모집단의 양적 구성을 추정하며 오히려 적정한 샘플링 조사에 의한 추정가가 전체 조사보다 오차를 줄일 수 있다. 다만 샘플링 조사에 의하여 추출하는 것은 모집단에 관한 양상일 뿐으로 그 이상의 것은 말해 주지 않는다.

추출조사의 결과는 어디까지나 모집단의 어휘적 양상의 반영으로서 모집단을 넘는 확장적 해석은 허용되지 않는다. 이 점은 전체조사의 결과가 그 조사 자료 중의 어휘의 수량적 구조만을 밝히는 것과 사정이 같은 것이다.

제9장 외래어원의 차용

여러 개별언어는 새로운 단어의 造語를 위하여 외래어원을 빌려 쓰기도 한다. 개별언어를 둘러싸고 있는 문화와 사회적 역사적 환경의 결과로서 외래요소를 자국어의 語彙目錄(lexicon)에 편입시킨다.

세계에서 가장 많은 차용어를 가지고 있다고 일컬어지는 영어는 여러 가지 잡다한 외래어원을 받아들여 개조하고 동화하는 놀라운 힘을 과시하고 있다. 이러한 면에서 영어의 어휘는 코스모폴리탄(cosmopolitan)이라 해도 과언이 아니다.

1. 언어적 차용

언어학에서 말하는 차용(borrowing)은, 하나의 언어체계가 다른 언어체계에서 여러 가지의 언어적 요소를 빌려와 그 유기적 언어체계의 일부로써 사용되는 일을 말한다. 만일에 한 언어체계가 다른 언어체계의 일부를 사용해도 '유기적' 일부로서 인정되지 않는 경우는 차용이라 하지 않는다. 이러한 것은 인용에 불과하다. 이와 같이 다른 언어체계에서 여러 가지의 언어적 요소를 차용하여 유기적 언어체계의 일부로써 사용되는 단어를 차용어 또는 외래어(loan word)라 한다. 다시 말하면 외래어는 외래어원의 단어가 자국어의 어휘항목에 편입된 말을 말한다. 그러나 외국어와 외래어는 실제로 구분하기가 어렵다. 경우에 따라서는 차용어와 외래어를 구분하여 다루기도 한다. 즉 고유어와 다름없이 완전히 자국어로 동화된 귀화어, 외국어라는 느낌이 약간 남아 있는 차용어, 그리고 생생한 외국어의 느낌이 드는 외래어 등으로 구분하는 것이 그 것이다.

Jespersen은 언어학에서 말하는 차용이란 돈이나 물건을 빌려쓰는 것과는 근본적으로 다르다고 했다. 첫째로 빌려준 측에서는 비록 어떠한 말을 빌려준 뒤에라도 그 말을 계속 자유롭게 사용할 수 있으며, 빌려온 측에서는 언젠가 그 빌려온 말을 되돌려 줄 의무가 없다는 점이다. 이와 같이 언어상의 차용이란 본질적으로 모방에 지나지 않는다. 어린이가 어른의 말을 모방하는 것과 다른 점이 있다면, 언어적 차용은 어느 언어의 전부를 모방하는 것이 아니라 그 언어를 이루고 있는 한 부분만을 모방한다는 점이다.

일반적으로 차용은 두 언어 간의 접촉, 즉 언어접촉(language contact)에 의하여 발생하는 문화의 확산인 동시에 문화의 수용이라고 말할 수 있다. 영어의 예는 이와 같은 사실을 잘 대변해 주고 있다. 즉, 5세기말 켈트족과의 접촉에서 많은 켈트어(Celtic)가 차용되었다. 지명으로 Cornwall, Kent, Lichfield, London, Salisbury, Winchester 등을 비롯하여 구어적인 단어들이 있다.

9세기에서 11세기에 영어는 스칸디나비아 민족과의 접촉에서 인명·지명을 비롯하여 많은 스칸디나비아어(Scandinavian)가 차용되었는데, 일상 용어의 예로서 band, bank, birth, egg, fellow, gap, leg, link, loan, race, root, sister, skirt, sky, trust, window, loose, low, tight, weak, call, die, get, give, take 등 헤아릴 수 없이 많다.

　11세기부터 프랑스 민족과의 접촉이 이루어지면서 역시 많은 불어가 차용되었다. 1066년 노르만인의 정복(Norman Conquest) 이후 12세기에 차용이 급증하고, 14세기에 이르러 그 정점에 달하였다. 그후 1500년에 와서는 프랑스어원의 차용어는 무려 일만 단어가 넘게 되었다. 각 분야에 걸쳐 몇 가지씩 예를 들면 다음과 같다.

【프랑스어원 차용어】

어휘	예
정치	crown, government, minister, price, public, royal, slave
법률	accuse, advocate, bail, heir, innocent, judgement, property
종교	baptism, confess, creator, devine, faith, player, religion
군사	army, battle, captain, enemy, navy, peace, soldier, spy
복식	button, coat, dress, fashion, gown, lace, mitten, satin
보석·색채	blue, brown, coral, crystal, diamond, ivory, jewel, ruby, sapphire
식물	bacon, beef, boil, cherry, dinner, grape, jelly, roast, toast
일상생활	chair, conversation, curtain, dance, lamp, music, towel
미술·건축	art, beauty, figure, painting, tower, column, palace
학문·의학	anatomy, grammar, literature, medicine, perface, romance

　14세기말에서 16세기초 르네상스기에는 라틴어와 그리스어와의 접촉으로 상업·농업·종교·학예 등 각 방면에 걸쳐 광범한 분야의 어휘가 차용되었다.

【라틴어원 차용어】

어휘	예
종교	apostle, candle, disciple, hynm, psalm, prime, temple
가정생활	cap, chest, silk, sock
식물	beet, cook, pear, radish
식물·동물	balsam, lily, pine, plant, fig, gingir; camel, lamprey, scorpion, tiger, elephant
교육	grammatical, master, meter, school, plaster
의학	cancer, paralysis, scrofula, plaster
기타	circle, fan, fever, giant, sponge, talent, accent, history, paper, prologue, title

이상과 같은 라틴어원의 어휘뿐만 아니라 많은 접사를 차용했는데, 그 가운데 접두사의 예를 들면 다음과 같다.

ab- (=from, away)	ad- (=toward, to)
con- (=with)	di-, dis (=away, apart)
e-, ex- (=out of)	in- (=in, into)
inter- (=between)	ob- (=against)
pre- (=before)	pro- (=forward)
sub- (=under)	tran- (=across)

그리스어원의 차용어는 대부분 라틴어나 불어를 경유하여 간접적으로 차용되었다. 몇 가지의 예를 들면 다음과 같다.

angel, butter, church, copper, devil, demon, paradise, acadmy, rose, asphalt, atom, center, character, climate, diet, echo, fancy, harmony, hero, ink, logic, magic, mystery, rhetoric, type, tyrant

그리스어도 어휘의 차용뿐만 아니라 많은 接辭가 차용되었는데, 중요한 접두사와 접미사의 예를 들면 다음과 같다.

[접두사]	an- (=not, without)	anthropo- (=man)
	anti- (=against)	auto- (=self)
	bio- (=life)	cata-(=down, back, away)
	chron- (=time)	deca (=ten)
	demo- (=people)	di-(=two)
	dia-(through)	eu-(=good, well)
	epi (=on)	gr- (=earth)
	hetero- (=different)	homo- (=same)
	hydr- (=water)	hyper- (=over)
	mega- (=big)	micro- (=small)
	mono- (=one)	morph- (=form)

octa-, octo- (＝eight)	path- (＝feeling)
phil- (＝love)	phon- (＝sound)
poly- (＝many)	pseudo- (＝false)
psycho- (＝mind)	sept- (＝seven)
syn- (＝together)	tale- (＝far)
tetra- (＝four)	theo- (＝good)
thermo- (＝heat)	tri- (＝three)

[접미사]

-cracy (＝rule)	-graph, -gram (＝writing)
-ic (＝like, belong to)	-ism (＝system, principle)
-ist, -ite (＝person, concerned)	-logy (＝study)
-meter (＝measure)	-nym (＝name)
-ise (＝bring into a state, follow)	

근대에 들어 독일·이태리·서반아·폴란드·벨기에 등과의 문화적 접촉에 따라 많은 차용어가 생겼다. 이태리어와 스페인어의 예를 들면 다음과 같다.

이태리어원의 차용어는 르네상스 이후 주로 불어를 통해서 간접적으로 차용된 것이 많다.

【이태리어원 차용어】

어휘	예
미술·복식	bust, cameo, cartoon, design, dilettante, fresco, miniature, model, porcolain, profile, umbrella
건축	balcony, colonnade, corridor, granite, niche, parapet, piazza, portico, stucco
음악·문예	allegro, andante, canto, concerto, finale, motto, improvise, opera, piano, quartet, scenario, serenade, solo, sonata, sonnet, soprano, stanza, tempo, trill, trio, violin
전투	arsenal, bastion, cartridge, cavalier, citadel, duel, frigate, infantry, pistol, sentinel, squdron
기타	alarm, bank, bravo, carnival, confetti, florin, gazette, incognito, influenza, libra, macaroni, magazine, traffic, volcano

스페인어에서의 차용은 르네상스 이후 엘리자베스朝 때에 양국의 접촉으로 차용어가 많아졌다. 이 가운데는 불어를 통하여 차용된 것도 있다. 중요한 몇 가지의 예를 들면 다음과 같다.

barricade, bravado, brocade, cannibal, cargo, cask, comrade, corral desperado, escalade, grenade, mosquito, negro, sherry, sombrero

차용어 가운데는 서반아 사람들이 이주 개척한 남북 아메리카의 풍물이나 식민지 생활에 관한 차용어도 보이는데, banana, canyon, chocolate, condor, hurricane, mango, potato, puma, tobacco, tomato 등이 그 예다.

독일어에서의 차용은 같은 계통의 언어인데도 의외로 그 양이 적다.

cobalt, nickel, ohm, paraffin, plunder, rucksack, semester, seminar, veneer, waltz, zeitgeist, zigzag 등.

이상은 근대에 이르는 영어의 차용어를 중심으로, 차용은 두 언어 간의 접촉에서 발생하는 문화의 확산과 수용이라는 측면에서 예증한 것이다.

이와 같이 차용의 조건, 즉 차용어 수입의 원인이나 동기는 언어접촉에 의하여 발생되는 것이다.

Hockett(1958)는 차용의 동기를 두 가지 조건으로 보았는데, 위세적 동기(prestige motive)와 필요충족의 동기(need-filling motive)가 그것이다.[1]

위세적 동기는 정치적으로나 문화적으로 지배되고 있는 사람들이 지배계급이나 자기들보다 높은 문화를 가지고 있는 사람들을 동경하는 경우에 생기는 현상으로 필요한 어구가 자국어에 갖추어져 있는데도 불구하고 권위 있는 말, 위신 있는 언어로부터 차용함으로써 스스로의 위신을 높이려는 동기에서 차용한 경우를 말한다. 이와 같은 위세적 동기에서의 차용의 방향은 일방적인 것이 특징이다. 영어에 있어서 라틴어

---

1) C.F. Hockett, *A Course in Modern Linguistics*, New York : The Macmilan, 1958, p.404.

나 불어의 차용은 이 위세적 동기에서 차용된 것이 대부분이다. 오늘날 미국의 영향을 받는 나라들에서 영어를 위세차용하는 일이 그예다. 인칭대명사나 친족명칭 그리고 수사 부사 등 기초적 어휘를 영어로 대신하는 일을 자주 볼 수 있다. 또한 이 위세차용에 대한 책임의 일단은 번역을 직업으로 하는 사람들에게도 있음은 물론이다. 자국어에 대한 문법적 특징이나 표현방법에 대한 올바른 지식도 없이 생소한 외국어를 번역문 속에 서슴없이 사용할 뿐 아니라 부자연스러운 어순 배열을 일삼고 있기 때문이다.

필요충족적 동기는 언어접촉의 과정에서 새로운 문물에 접했을 때, 그 문물이 전혀 이질적인 것으로서 자국어로는 표현할 알맞은 말이 없을 때, 그 문물과 함께 외국어를 자국어의 언어체계 속에 수용하는 경우를 말한다. 영어에서 tea, typhoon, coffee, tobacco, sugar, cocoa, chocolate, tomato 등은 필요적 차용의 대표적인 예들이다.

2. 차용의 유형

Bloomfield(1933)는 내용에 따라 차용의 종류를 세 가지 유형으로 나누고 있다.[2] 즉 새로운 사실의 접촉에 따른 문화적차용(cultural borrowing)과, 동일한 지정학적 사회 안에서 차용되는 접합적차용(intimate borrowing) 그리고 동일 언어 간의 지역·사회·직업적 방법의 차용에서 오는 방언적차용(dialect borrowing) 등이 그것이다.

---

2) L. Bloomfield, *Language*, 1933, p.461.

[1] 문화적 차용

다른 언어나 다른 방언이 사용되는 지역에서 새로운 문물을 도입하거나 그것을 화제로 할 경우, 그 명칭도 같이 도입되는 경우가 있다. 이와 같은 언어적 차용을 문화적 차용(cultural borrowing)이라 한다. 영어의 차용어 중 machine(F), Weltanschauung(G) 등은 문화적 차용에 속한다. 문화적 차용에는 외래어원의 어구를 그대로 빌려쓰지 않고 자국어의 재료로 새로 명칭을 만들거나 대용하기도 한다. 전자와 같은 문화적 차용을 수입(importation)이라 하고, 후자를 대치(substitution)라고 하여 구별하기도 한다. eggplant(가지), Indian corn(옥수수) 등은 대치의 예다. 문화차용은 이론적으로는 상호적이지만 두 언어의 문화적 의존도에 따라 그 차용이 일방적일 경우가 많다. 앞에서 이미 언급한 바 있는 위세적 동기의 차용의 경우는 더욱 그러하다. 영어의 문화적 차용 중에는 불어의 복식 관계 용어, 즉 rouge, jabot, fashion, gown 등이나, 이태리어의 음악 관계 용어, piano, sonata, scherzo, opera 등, 그리고 독일어의 식품 관계 용어인 hamburger, frankfurter, sauerkraut 등이나 철학·과학 용어 zeitgeist(시대사조), lebensraum(생활권), weltanschauung(세계관) 등과 세계 각지의 동식물 명칭 등은 이에 속한다.

[2] 접합적 차용

지역적 정치적으로 단일 지역사회에서, 예를 들면 정복자 또는 특권계급에 의해서 사용되는 언어와, 피정복자 또는 이주해 온 가난한 자들을 위하여 사용되는 언어와의 상이한 두 가지 언어가 쓰이고 있을 때 발생하는 차용을 접합적 차용(intimate borrowing)이라 한다. 언어 간의 차용은 일반적으로 상호적이지만, 접합적 차용은 일방적인 것이 특징이다. 이와 같은 상태에서의 차용은 대개 지배계급의 언어로부터 피지배계급의 언어로 일방적으로 일어난다. 앞에서 언급한 바 있는 Hockett의 위세적 동기에서 차용된 威信借用은 이에 속한다.

[3] 방언적 차용

언어적 차용에서 동일언어의 방언 간에 일어나는 차용을 방언적 차용(dialect borrowing)이라 한다. 예를 들면 father, rather 등에서 [æ:]를 사용하는 방언 사용자들이 [ə]를 쓰는 경우나, 제2차 세계대전 후의 뉴욕시에서 모음 뒤에 r[ə]을 발음하는 현상이 널리 유행되었는데, 이것은 [ə]을 발음하는 상류계층의 말을 다른 계층에서 차용했기 때문이다. 여기에서 방언이란 지역방언뿐 아니라 성별·연령별·직업별·집단별 등과 같은 사회적 계층방언을 통틀어 이르는 말이다. 전자는 지역방언이 표준어를 차용하는 경우이고, 후자는 일반계층이 특수계층의 말을 차용한 경우다.

이 밖에도 Hockett(1958)는 언어적 차용의 종류를 다음과 같이 다섯 가지 유형으로 나누고 있다.[3] 즉, 차용단어(loan word), 차용전이(loan shift), 차용혼성(loan blends), 발음차용(pronunciation borrowing), 문법차용(grammatical borrowing) 등이 그것이다.

[4] 차용단어

자립형태소인 단어를 빌려쓰는 언어적 차용을 차용어(loan word) 또는 차용단어라 한다. 이 차용은 가장 보편적인 차용이다. 품사별로는 명사차용이 압도적으로 많다. 차용단어는 대부분 수입(importation)에 속하며 영어로 차용될 경우 굴절어에서 차용될 때는 어간만 수입되고 굴절어미

---

3) C.F. Hockett (1958), op. cit, pp.408-416 참조.

는 떼어버리는 게 보통이다.

accorder (F) ── accord (E)

angelus (L)　── angel (E)

　그러나 두 개 이상의 형태소로 이어진 단어의 경우는 때때로 그 각각
의 형태소를 자국어로 번역하여 차용하기도 한다. 이와 같은 차용을 차
용번역(loan translation) 또는 번역차용(calque)이라 하고, 외국어의 어휘를
그대로 직접 차용하지 아니하고 자국어로 번역하여 차용하므로 간접차
용이라고도 한다.

Lehnwort (G)－loan word(차용어)	nouvelle vague (F)－new wave(새물결)
Vorwort (G)－foreword(머리말)	sous titre (F)－subtitle(副題)
Nachbild (G)－afterimage(잔상)	sky scraper (E)－摩天樓
Kochbuch (G)－cook book(요리책)	airport (E)－空港

　단어의 경우 차용번역은 외국어의 단어에 대응되는 자국어의 단어로
번역하도, 그 외국어의 단어가 특별한 의미나 용법을 가지고 있으면 자
국어의 대응어에도 새로운 의미를 갖게 만들고, 합성어나 구절의 경우
에는 단어 대 단어의 축어적 직역으로 풀어서 표현하되, 의미 용법만은
외국어 그대로 사용함을 말한다. 즉 차용한 것은 단어나 구절 자체가
아니고 그들 단어나 구절의 특유한 용법인 경우다.

eiserner Vorhang(G)－iron curtain(E)－철의 장막

have a meeting(E)－모임을 가짐

see in one's mind's eye(E)－마음의 눈으로 봄

Blood is thicker than water(E)－피는 물보다 진하다

[5] 차용전이

차용어에 새로운 의미를 적용시키는 언어적 차용을 차용전이(loan shift) 또는 차용대행이라 한다. 예를 들면, 영어의 grocery(식품점)는 포르투갈어 grosseria(날 것, 생물)에서 차용한 것인데, 실제로 새로운 의미로 전이되었다. 국어의 예로서 불어의 madame(귀부인)이 주모의 뜻으로 쓰인다든가, 영어의 lady(숙녀), boy(소년) 등이 다방의 '레지'나 '사환'의 뜻으로 특수하게 전이된 예도 차용전이에 속한다.

이와 같이 원어의 의미에 얽매이지 않고 차용어에 새로운 의미를 부여 적응하는 의미체계의 형성을 의미차용(semantic borrowing)이라 이르기도 한다. 일반적으로 의미차용을 번역차용과 같은 뜻으로 사용하고 있으나, 이들은 서로 다른 특징을 지니고 있다. 번역차용은 두 언어 간의 형태가 전혀 달라지는데 반하여, 의미차용은 계통적으로 가까운 관계에 있는 언어 간에 생기는 현상이며, 언어 간의 형태가 서로 동일한 단어 사이에서 한 언어체계에 없는 의미가 다른 언어체계에 차용되는 경우를 말한다.

[6] 차용혼성

차용단어와 차용전이의 두 현상이 동시에 일어나는 차용환경 속에서의 언어적 차용을 차용혼성(loan blend)이라 한다. 즉, 차용어의 일부에 새로운 형태를 취하고 나머지 부분은 본래의 형태대로 취하는 일종의 혼종법(hybrid)이다. 예를 들면 영어의 hamburger는 독일어 Hamburger의 차용어인데, 본래어에 차용어의 일부인 접미사 -burger만을 첨가하여 beefburger, cheeseburger, clamburger 등과 같은 단어를 이루는 것은 그 대표적인 예다. 이와 같은 몇 가지의 예를 표로 보이면 다음과 같다.

또한 미국 펜실바니아주의 독일 이민들의 말(Pennsylvania Dutch)에서
는 영어 bossy, funny, tricky, pocketbook 등을 bossing, fonning, tricksig,
bockabuch 등으로 말하고, 포르투갈이민이 영어의 boarder를 bordo로 차
용하는 것은 역시 차용혼성의 예들이다.

【차용혼성의 양상】

원어	차용어	접미사	차용혼성의 예
Hamburger(G)	hamburger(E)	-burger	beefburger, cheeseburger, clamburger
caffeteria(It.)	cafeteria(E)	-teria	goceteria, fruiteria, washateria, drugyeria
maccaroni(It.)	macaroni(E)	-roni	Ricearoni
sputnik(Russ.)	sputnik(E)	-nik	beatnik, holdupnik, folknik, rocknik

[7] 발음차용

차용어를 통하여 이루어지는 것으로 새로운 音素를 수입하거나 음소의
결합양식을 변화시키는 언어적 차용을 발음차용(pronunciation borrowing)
또는 음성차용(phonetic borrowing)이라 한다. 음소 수입(phonemic importa-
tion)의 경우로는 근대의 불어 차용에 수반된 비모음의 발음이 영어에
차용된 것으로서 예컨대 rendezvous[rã:divu:], ensemble[ã:sã:bl] 등이 그 예
다. 음소분포변화(phonemic redistribution)의 예로는 현대 국어에 있어서
영어를 비롯한 외국어와의 접촉으로 종래에 올 수 없었던 어두에서의
유음이 가능하게 된 것은 음소 결합 양식의 변화로서 이 부류의 예에
속한다.

영어의 예로서 다음과 같은 음성의 분포는 외래음의 영향이라 할 수
있다.

[(f)]	phthisis	[(p)s-]	pseudo-, psyche-
[(p)t-]	pterodacty	[(g)z-]	xylophone
[sf-]	sphere	[mwa]	chamois

발음차용은 개별언어 간의 차용뿐만 아니라 방언차용이나 개인어 차용(idiolect borrowing)에서도 자주 볼 수 있는데, 특수한 억양이나 발음양식의 모방에서 발생한다.

[8] 문법적 차용

차용에는 통사적 모형(syntactic pattern)을 빌려쓰는 문법적 차용(grammatical borrowing)이 있다. 문법적 요소는 좀처럼 차용되지 않지만 차용어의 범람은 때로는 문법범주에까지 영향을 미치게 마련이다. 예컨대 아르메니아어는 본래 영어와 같은 인구어 계통의 언어였는데, 인접한 터키어의 영향으로 오늘날에는 알타이 어군에 속하는 터키어의 문법적 특징을 많이 차용하고 있다.

3. 차용의 영향

차용어는 이미 살펴본 바와 같이 형태면뿐만 아니라 의미면에까지 변화와 영향을 미친다. 그 차용어의 영향 중에서 대표적인 내용을 열거하면 다음과 같다.
1. 개별언어의 어휘가 풍부해진다.
2. 동의어가 늘어나 동의충돌을 빚는다.
3. 고유의 조어기능이 위축된다.
4. 생략어와 동음이의어가 많아진다.
5. 외래어 표기 문제에 따른 정서법의 혼란을 가져온다.
6. 이질적인 음운의 유입으로 음운체계의 변화가 생긴다.

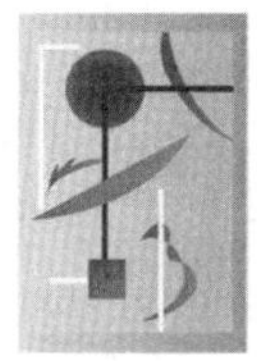

제10장 문자와 표기법

1. 문자언어

라틴 속담에 "입에서 나온 말은 날아가 버리고, 쓰여진 말은 남는다."(Verba volant, scripta manent)는 말이 있다. 문자는 그 기록이 불완전할지도 모르지만 구어를 기록한 것이다. 구어, 즉 입말은 두 가지의 언어활동 중에서 보다 근본적이고, 그러므로 구어의 연구가 우선이라는 것이 언어학자들 간의 일반론이지만, 문어(글말)의 사회적 중요성 또한 과소평가될 수 없는 것이다. 인류가 엄청난 지식을 축적하고 전수할 수 있었던 것이 문자의 덕택임은 더 말할 필요도 없다.

언어가 없는 인간사회는 없다. 그러나 아직도 지구상에는 문자 없이 입말만으로 쓰이는 언어가 많다. 실제로 종이·점토·돌·나무·가죽 등에 그들의 입말을 기록하는 방법을 고안해내지 못했거나 그럴 필요가 없었던 문화가 많이 있다는 이야기가 된다. 이들에게 있어서 언어는 말하여지는 것으로만 존재하며 모든 지식과 문화적 전통이 입을 통해서 전달된다. 과거든 현재든 문자 이전의 사회에서는 문자가 있는 문화에서보다도 인간의 기억력이 한층 더 혹사 당하기 마련이다.

[1] 문자의 개념

프랑스의 언어학자 Février는 "문자란 분절적이며 본질적으로 순간적인 말을 고정시키기 위하여 쓰이는 수단, 즉 말을 적어 나타내는 것이요, 말과 그 음성을 재생할 수 있는 것이다"라고 했다. 첫째로 문자는 말을 고정화하는 것, 즉 입말을 기호화·시각화한 것이며, 둘째로 문자는 분절적 음성으로 재생할 수 있어야 한다는 조건을 제시한 것이다. 이러한 점에서 부호나 표식은 엄밀한 의미에서 문자라고 할 수 없다. 왜냐하면 이들은 음성면에서 고정되었다고 말할 수 없고, 또한 분절적 음성으로 재생되지 않기 때문이다.

넓은 의미로 문자는 시각적 기호에 의한 인간 상호간의 의사소통을 위한 규약적·인습적 체계를 총칭한다. 가장 오랜 인간의 보편적인 정보수단은 말과 몸짓이었다. 그러나 이들의 공통적인 결함은, 그 기능이 시간과 공간에 있어 제약되어 있다는 사실이다. 사상이나 감정을 시간적 공간적으로 제약되지 않는 방법으로 표현 전달코자 하는 욕구가 인간으로 하여금 문자를 만들어 내게 한 것이다.

문자의 특성을 몇 가지로 요약하면 다음과 같다.

① 문자는 일반적으로 직선·곡선·사선 등의 선과 점으로 이루어진 평면적 도시형태를 가지고 있다.
② 문자체계도 음성과 마찬가지로 자의적이며 관습적인 사회적 약속이다.
③ 문자는 인간의 기억을 보조하며, 사고개념을 일정한 시각적 형태로 정리 보존하고 활용할 수 있게 해 준다. 그러므로 문자는 구성요소가 간결하고 시차성이 있어야 한다.
④ 문자의 3요소는 형상·자음·의미 등이다.

문자언어의 특성을 더욱 분명히 이해하기 위하여 음성언어와의 차이를 대조해 보기로 한다.

【'음성언어/문자언어'의 특징】

언어＼기준	음성언어	문자언어
1. 표출작용의 모개체로서	하나의 의미를 음성, 즉 청각기호로 표상함.	음성을 대신하여 하나의 개념을 시각기호로 표상함.
2. 발생적 견지에서	1차적 언어. 언어의 기원은 알 수 없으나 태초부터 1차적 언어인 말이 있었을 것임을 알 수 있음.	2차적 언어. 문자는 음성언어에 뒤지며, 음서의 종속적 존재로서 음성기호로 환원이 가능함.
3. 환기작용의 과정면에서	직접적임. 음성과 의미가 직접적으로 상호 환기작용을 한다. 「쓰기」의 예를 들면, 의미와 연합하고 있는 음성기호를 환기-음성기호를 통하여 문자를 환기함.	간접적임. 문자는 항상 중간에 음성을 매개시켜 환기작용을 함. 「읽기」의 예를 들면, 시각적 기호인 문자를 통하여 음성적 기호를 환기하고, 음성기호는 그것과 연합하고 있는 의미를 환기함.
4. 전달과 보존 면에서	화자와 청자간의 직접적 관계, 즉 동일한 시간과 장소에서 수행되는 절대적 조건에 구속됨. 이 결함을 보충하기 위하여 녹음·녹화 등이 생김.	시각적 부호로 지상이나 화면에 정착시켜 음성언어의 결함을 보충·구제함.
5. 구성양식 면에서	선조적 구성.	평면적 구성.
6. 표현 및 그 효과면에서	직접적이며 동적인 표현. 특히 발음에 의한 미묘하고도 동적 표현이 가능함. 진화성.	간접적이며 정적인 표현. 보수성으로 인하여 음성언어와의 간극이 커지며, 정서법·표준말 등의 개정이 불가피함.

[2] 문자의 효용

언어는 말(speech)이며, 말의 바탕을 이루는 언어능력인 것이다. 글은 단지 언어의 2차적인 문자표현(graphic representation)에 불과하지만, 확실한 利點도 있는 것이다. 문자에 의한 전달은 비교적 영구하지만, 말은 아주 순간적이다. 말은 입 밖에 나가면 영원히 사라진다(비록 전자 녹음기술로 인해 어느 정도 달라지고 있지만). 문자에 의한 기록은 잘 보존해 두었다가 미래의 어느 때든지 찾아볼 수 있다. 문자화된 사실과 사상은 기억에 부담이 되지 않고 보존될 수 있으며 문자에 의한 기록은 언제 어디서나 제한 없이 누구나 읽어볼 수 있다. 그리고 전달자로 하여금 긴 내용을 암기시켜 먼 길을 가서 전하도록 하는 어려움을 덜어준다. 현대사회는 문자의 혜택을 크게 입고 있다. 고도로 발달된 오늘날의 문화적 혜택은 문자표기에 의한 것임을 두말할 나위도 없다. 문자가 없었다면 우편제도도 있을 수 없으며, 모든 시사적인 사건을 전해줄 신문이나 잡지도 없었을 것이며, 문자로써 보존되는 많은 지식과 문화도 사라질 것이다. 도서관에 가서 읽고 연구할 수도 없으므로 개인적인 면담에 의존할 수밖에 없을 것이다. 사상을 구성해서 문자로 기록함으로써 그 사상을 체계화할 수 없을 것이며, 모든 일이 우리의 머릿속에서 해결되어야 할 것이다. 만일 인간이 많은 과학적 기술적인 지식의 축적을 가능케 한 문자를 먼저 배우지 않았더라면, 전자통신 수단을 만들어낸 기술도 발달되지 못했을 것이다.

이와 같이 문자의 실제적인 중요성을 인정한다 하더라도 문자에 의한 전달이 구두에 의한 전달보다 더 중요시되어야 한다는 것은 아니다. 입말에 의한 의사전달은 언어의 2차적 표기에 불과한 글보다 훨씬 더 중요하다. 그럼에도 불구하고 아마 지나칠 정도로 문자가 중요시되고 있는 것이 현실이다.

문자는 스스로 막중한 중요성을 가지게 되어 이번에는 역으로 언어의 본질적 구성요소인 음운·어휘·문법에 대해 영향력을 미치게 된다. 왜냐하면 문자표상은 청각영상보다 더욱 선명하고 견고하며 영구적일 뿐 아니라 文語의 발달과 학교교육의 영향에 의해 위력을 지니게 되기 때문이다. 이러한 문자의 보수성과 사회적 성격 때문에 문자의 형태를 개혁한다는 일은 점점 어렵게 되며, 현실 언어와의 간격은 차차 커지게 된다. 그 결과 동일한 픕을 여러 가지 다른 기호로 표시하는 일이 생기며, 어원적인 관련을 포함하는 비논리적인 기호체계를 갖추게 되어 언어현실을 위장하는 불행한 결과를 초래하기도 한다.

언어의 문자형식이 구두형식에 영향을 미치는 대표적인 예로서 철자식 발음(speelling pronunciation)이 있다. 예를 들면 영어 단어 often을 발음할 때 대부분의 사람들이 [t]를 발음하지 않지만, t가 철자로 표시되어 있기 때문에 [t]를 발음하는 사람도 제법 많다.[1]

어떤 긴 제목을 단축하기 위해 쓰이는 일련의 글자들을 한 단어로 발음함으로써 새로운 단어를 형성하는 흔한 예들도 문자언어의 영향에 해당된다 중에 속한다. radar(radio detecting and ranging), UNESCO(United Nations Educational Scientific and Cultural Organization)등이 그 예다.

사람들은 흔히 문자로 된 언어를 너무 중시한 나머지 인쇄되어 나타난 것이면 틀림없다고 믿기까지 한다. 대부분의 사람들은 인쇄된 글로 된 것이라고 해서 반드시 진실하고 훌륭하다는 보장은 없다는 사실을 잊어버리는 경향이 있다. 다른 내용이 그러하듯이 틀린 것이나 어리석은 내용도 쉽게 인쇄될 수 있으며 실제로 인쇄되고 있다. 문자로 된 말을 중요시하는 더 비근한 예는 오늘날 우리 사회에 너무나 일반화되어 있는 정확한 철자법에 관한 관심이다. 사실 한 단어가 고유의 철자를 가져야 할 타당한 이유는 없다. 단어의 철자를 자기가 옳다고 생각하는 대로 쓰더라도 전혀 아무런 지장은 없다. 그런데 왜 우리는 그렇게 많은 시간과 노력을 소비해 가면서 그것도 별다른 성과없이 정확한 철자법을 가르치려고 하는가. 왜 수없이 사전을 찾아야 하는가. 이러한 태도는 앞에서 이미 설명한 바 있는 일반적인 생각, 즉 언어에는 더 정확하고 적절한 형태가 있다고 생각하는 것과 관련되어 있다. 정확한 철자는 정확한 언어사용의 필수적인 일면으로 생각되어 책·잡지·신문 등에

---

1) Ronald W. Langacker, *language and Its Structure*, Harcourt, Brace & World, Inc., 1967, pp.58-59 참조.

나타나는 글로 된 방언은 모방의 대상이 되기도 한다. 우리는 단어의 용법이나 철자 행 끝에서 분절하는 곳을 모를 때 사전을 찾아본다. 한 단어가, 우리가 생각했던 의미와 전혀 다른 의미를 가지거나 생각했던 것과 다르게 발음된다고 사전에 나와 있으면, 우리는 사전에 있는 대로 교정을 하게 된다. 이러한 태도는 반드시 나쁘지는 않으나, 그렇다고 해서 또 유일하거나 합리적인 태도도 아니다. 사전과 상치될 때, 우리는 언제나 사전이 우리의 방언을 정확히 반영하고 있지 않다고 주장할 수도 있다.

문자는 한 방언을 표준어로 정립하거나 유지하는 데 중요한 요인이 될 수 있다. 文語는 앞에서 말한 바와 같이 위력이 있다. 한 언어나 방언이 문자로 표시되어 있을 때, 그것이 영구적이기 때문에 표준어로서의 역할을 더 잘 할 수 있다. 사전이나 문법서를 편찬하는 사람들은 문서를 근거로 삼으려 하며, 그들의 기술은 실제에 있어서 정확히 말을 하거나 글을 쓰려 할 때 지켜져야 할 규범으로 해석된다.

2. 문자의 발달

문자는 문명사에 있어서 근래의 발달에 속한다. 인간의 역사 속에서 문자에 의한 書記法은 가장 최근에 발달한 것이며, 언뜻 보기에는 시대의 한 자국에 불과한 것이다. 우리가 입수할 수 있는 모든 증거는, 그것이 그림의 양식화된 형태로부터 발달하기 시작하였음을 암시해 준다. 생물이든 무생물이든 그릴 수 있는 대상을 재현함으로써 비롯되었다. 차츰 그릴 수 있는 대상의 시효가 제한되었기 때문에 그림은 입으로 하는 말을 나타내는 상징으로 변하였다.

서구인들의 시각에서 주로 로마자의 발달에 관한 논의이기는 하나,

일반적으로 文字의 발달과정을 5기로 나누어 설명한다. 제1기는 기억보조의 시기, 제2기는 회화문자의 시기, 제3기는 상형문자의 시기, 제4기는 표어문자의 시기, 그리고 제5기는 표음문자의 시기 등이다.

[1] 기억보조의 시기

이 시대의 문자표현은 조개 껍질이나 노끈, 사자봉 등의 標識物, 즉 기억보조 장치(mnemonic devices, memory aid)를 이용하여 의사를 전달한 원시적 서기법이다. 언어를 시각적으로 표현해 보려는 문자태동기의 원시형태의 문자다. 대표적인 보조장치로서 결승, 사자봉, 패대 등이 있다.

1) 결승(quipus)

긴 새끼에 여러 가지 색깔로 염색한 노끈을 일정한 약속하에 結繩함으로써 색과 맺는 방법, 매듭과 매듭 사이의 간격 등으로 상호 간의 약속이나 결정 사실을 보유해 두는 방법이다. 고대 중국, 고대 페루, 티베트, 아프리카의 예부族(Yebu), 호주 등에서 사용하였다. 페루에서는 현재도 羊을 헤아릴 때 수건으로 매듭을 표시하며, 중국의 고대 기록에도 "上古結繩而治"라는 기록을 보아도 고대에 있어서 결승법이 널리 사용되었던 것으로 보인다.

옆의 그림은 일본 오끼나와에서 발견된 결승의 그림이다.

2) 사자봉(messmnger stick, notched stick)

나무판이나 몽둥이에 여러 모양으로 새김을 나타내 거나, 여러 나무를 모아서 井字모양을 만들고 채색하거나, 나무의 수

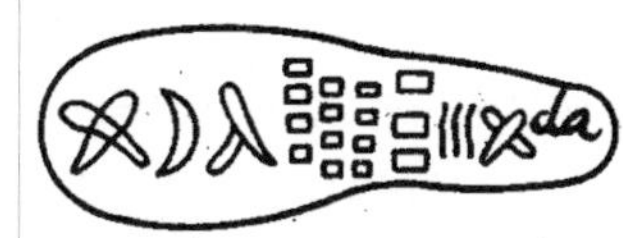

나 크기에 따라 기억을 재생시킴으로써 의사를 전달하는 방법이다. 오스트랄리아, 아프리카 지방의 토인들이 사용했던 것이다. 이 그림은 호주의 使者棒의 예다.

3) 패대(wampum)

조개 껍질이나 구슬을 끈으로 매달아 기억을 보조함과 동시에 엄밀한 판단이나 크기·색깔에 따라서 복잡한 내용을 정밀하게 나타냈다. 말하는 사람이 자기 용건의 수대로 조개나 구슬을 노끈에 꿰어 한 용건이 끝날 때마다 그 자개를 맞은편에 건네주면서 상담한다. 이 貝帶는 또한 신성한 재판을 할 때에 비망적으로 사용하는 일종의 표식었다. 이 방법의 내용에서 색깔에 대한 내용을 살펴보면, 흰색은 평화, 붉은 색은 전쟁, 검은 색은 죽음, 황색은 공물, 녹색은 곡물을 나타낸다. 가령 두 개의 조개껍질을 등을 맞추어 묶으면, '빨리 공물을 가지고 오라'는 뜻이요, 네 개를 두 개씩 맞대어 묶으면 '面會 화해'의 뜻을 나타낸다. 이 패대의 방법은 아프리카, 아메리칸 인디언, 호주, 스칸디나비아, 아이누族 등이 사용했다. 다음은 아메리칸 인디안의 패대의 예다.

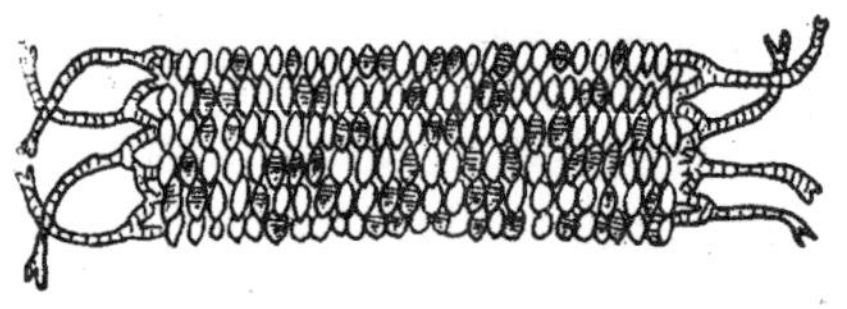

[2] 회화문자의 시기

어떤 사물을 그림으로 나타내는 회화적 재현 방법을 택한 시기다.

이 시기는 기억보조의 단계보다 진일보한 형태다. 그러나 역시 문자의 원시형태의 범주에 속한다.

넓은 의미로 회화문자(pictograph, pictographic writing)는 어떠한 형태이건 그림에 의한 인간 의사의 표현과 전달을 모두 포괄하므로, 문자의 선구라고 할 만한 극히 원시적 회화뿐 아니라, 그림을 기본형태로 이용한 완전한 문자 체계까지 포함한다. 그러나 여기에서 말하는 이 시기의 회화 문자는 좁은 의미의 회화문자를 말한다. 좁은 의미로는 원시적 회화에만 한정된다. 많은 원시부족들은 의사를 전달하기 위하여 한 개 또는 일련의 그림을 사용해 왔다. 아메리칸 인디언, 호주 원주민, 아프리카 일부 종족들이 이러한 메시지를 나무껍질이나 동물 가죽 그리고 암석 등에 흔적을 남겨 놓았다. 인간은 1만년 전에도 벽이나 암석에 그림을 그리려고 하는 충동을 느끼고 있었던 것이다. 실제로 인간은 석기시대로부터 현대에 이르기까지 상상력의 흔적을 바위에 그림으로 남겨놓고 있다. 그들은 흔히 사람·신격·동물 등을 여러가지 연관을 맺으며 묘사했다. 그러나 이런 단계의 그림은 엄격히 말하여 문자라고 할 수 없다. 왜냐하면 그것은 규약적인 기록 체계를 이루지 못하고 몇몇 한정된 사람만이 해독할 수 있기 때문이다.

예술로서의 원시회화와 문자로서의 원시회화와의 차이는 본질적인 것은 아니라 해도 문자로서의 그림은 정보 전달의 목적을 지니고 있으며, 예술적 표현을 위해 그려진 것이 아니기 때문에 상투적인 그림이 자주 등장하게 되며, 통보에 필요치 않은 모든 세부, 즉 배경·산·나무 등이 생략된다는 점에서 예술로서의 원시회화와 구별된다. 이러한 그림이 차차 인습화·규약화함에 따라 체계를 갖추게 되고 일정한 그림을 기본형태로 하여 완전한 회화문자가 되고, 궁극적으로는 언어적 요소에 대응하는 기호가 되는 것이다. 문자체계에서, 회화이거나 색채화인 것을 petrogram이라 하고, 刻畵인 것을 petroglyph이라 하여 구분한다.

다음은 아메리칸 인디언의 그림으로서 추장의 공적을 기록한 것이다.

【추장 마이엥가의 원정 공적 기록】

[3] 상형문자의 시기

상형문자란, 사물의 모양을 본떠서 만든 회화문자에서 발전하여 회화가 하나의 상징적 부호로 발전한 시기의 글자다. 중국의 고대 한자를 비롯하여 이집트의 신성문자, 수메르의 설형문자 등을 총칭하여 상형문자(hieroglyph, hieroglyphic writing)라 이른다.

1) 고대 한자

중국의 갑골문자는 이미 원형의 모습이 단순화되어 金石文에 그 모습이 많이 남아 있다. 해[日], 달[月], 산[山], 내[川], 눈[目], 수레[車] 등의 묘사가 그대로 글자가 되었던 것이며, 甲骨에 새겨진 형태로는 정면을 향해 서있는 사람이 「立」, 나무 위의 둥우리에 몇 개의 깃이 꽂혀 있는 것이 「巢」, 두 개의 나무가 「林」, 해와 달이 밝음을 「明」으로 표시하고, 횡선 위의 점이 「上」, 그 아래의 점이 「下」이고, 나무「木」아래의 친 점이 「本」을 나타낸다.

고대한자가 상형문자라는 기록은 여러 기록에 보이는데, 「說文解字」에도 다음과 같이 기록되어 있음을 본다. 즉,

蒼頡之初作書 蓋依類象形 故謂之文

2) 신성문자(hieroglyph)

고대 이집트인이 사용하던 상형문자로서 모두 그림으로 되어 있지만 표음적인 요소가 있었을 것으로 추측된다. 당시 이집트는 메소포타미아와 교섭을 가졌으므로 표기의 개념을 수메르인에게서 빌어온 것으로 생각되나, 기호의 사용법이 근본적으로 서로 다른 것으로 보아 독자적으로 발달된 것으로 보인다. 神聖文字, 즉 hieroglyph[Gk. hieros(holy)＋gluphein(to carve)] 라는 말은 고대 이집트인들이 신성한 목적으로 새겨 표기한 것이므로, 그리스인들이 고대 이집트의 문자를 신성문자라 지칭하여 당시의 민중자체인 demotic과 구별하여 지칭한 것이다.

3) 설형문자(cuneiform)

쐐기나 화살촉 모양으로 된 문자로서 애초에는 石板에 그려진 회화문자였던 것이 뒤에 점토 등에 그림을 정밀하게 그릴 수 없게 되어 직선적인 형태로 본래의 회화문자의 성격을 잃어버리고 용이한 書記法으로 바뀐 것이다. 종래에는 骨製 또는 鐵製의 尖筆로 재료의 표면에 선을 그었으나 뒤에 첨필의 끝 부분을 점토에 눌러 선을 긋게 됨으로써 선의 기점이 삼각형처럼 된 것이다. 이런 형태가 楔形文字의 특색으로 되어 남게된 것이다.

이 楔形文字는 셈族語(Semitic)인 고대 앗시리아, 바빌로니아 등에서 사용했고, 기원전 7세기경 페르시아인들이 이 문자를 차용했다. 수메르어가 이 문자에 의해 해독됨으로써 수메르인이 처음으로 발명하였음을 알게 되어 이 설형문자를 수메르문자라고도 지칭하게 되었다.

설형문자, 즉 cuneiform이라는 명칭은 18세기초 Kampfer에 의하여 명명된 것으로 문자의 모양이 쐐기모양을 하고 있기 때문에 붙여진 이름이다. 다음 그림은 설형문자 변천의 몇 가지 예를 보인 것이다.

【설형문자의 변천】

초기의 회화문자	후기의 회화문자	초기의 바빌로니아 문자	앗시리아 문자	의미
				새(鳥)
				물고기(魚)
				황소(牛)
				태양(日)
				서다(立) 가다(行)

[4] 표어문자의 시기

한자의 경우와 같이 한 문자가 하나의 단어를 가리키는 문자를 表語文字(logograph, logograhhic writing) 또는 단어문자라고도 하는데, 정확히는 형태소 문자로서 최소 의미단위에 대해 문자 하나를 대응시킨 것이다.

회화가 하나의 상징적 부호로 발전한 것이 상형문자인데 비하여, 表語文字는 상징적 부호가 진일보하여 사물 그 자체를 표시하는 동시에 그 사물을 표시하는 언어와도 직접 관계를 맺게 되어 문자로서의 기능을 완전히 갖게 된다. 이 문자체계의 대표적인 예는 중국문자다. 흔히 한자를 회화문자적 표의문자라고 일컫는데, 비록 그것이 회화적 표의적 기원은 부인할 수 없지만 분명한 표어문자에 속한다. 중국문자에 있어서 각 부호 또는 글자가 중국어의 형태소를 나타내며, 대부분의 형태소가 단음절이기 때문에 각 문자는 한 음절에 대응한다고 말할 수 있다.

한자와 같은 문자체계는 서로 말이 통하지 않는 넓은 지역에 걸쳐 사용될 수 있는 부인할 수 없는 이점을 가지고 있다. 왜냐하면 문자는 소리가 아니라 형태소를 나타내고 있기 때문이다. 그러므로 이들 문자는 기사규칙(written convention)에 익숙한 상이한 언어적 배경을 가진 사람들에 의해 해독이 가능하다. 마치 아라비아 숫자나 화학기호를 비록 개별 언어의 화자들에 따라 독법은 달리할지라도 그 뜻은 어느 나라 사람이나 똑같이 이해할 수 있는 것과 같다.

요컨대 표어문자는 一字一語를 표시하는 문자체제로서 음독이 가능하며 상형문자로서 표상할 수 없는 추상 개념까지 나타낼 수 있는 문자를 말한다. 이와 같은 단어·음절적 문자체계(wore-syllabic writing sysrem)의 단점은 사람들이 각 단어에 해당하는 부호를 하나하나 배워야 한다는 점이다. 현대 중국문학 작품을 읽기 위해서는 약 4천개의 한자를 구사해야 하고, 중국학을 연구하는 전문가의 경우에는 적어도 1만개 이상의 한자를 알아야 할 것으로 추산하고 있다.

[5] 표음문자의 시기

문자를 그 언어기호적 성격에서 보면 表意文字와 表音文字로 크게 나뉜다고 볼 수 있다. 표음문자 가운데서 단어의 음절 전체를 한 단위로 나타내는 문자를 음절문자라 하고, 음소적 단위의 음을 표기하는 문자를 음소문자라 한다.

1) 음절문자(syooabic writing)

음절문자는 대부분의 경우 표의문자가 지닌 단어의 音을, 의미를 고려치 않고 적용시킨 데서 비롯한 것이다. 이집트 문자나 수메르 문자 등의 고대 문자도 표의문자를 근간으로 하고 있으나 음절문자적 용법도 많으며, 한자도 본래 표의문자(엄밀히 말하여 表語文字)이지만 六書의 소위 假借라는 방법은 음절문자적 용법인 것이다. 한자는 單音節性을 기초로 하고 있기 때문에 각 문자는 하나의 단어를 표시하고 있음과 동시에 그들은 각 음절에 해당된다. 이러한 음절문자적 성격을 순수한 음절문자 체계로 발전시킨 것이 일본의 가나(假名) 문자인 것이다. 일본인들은 약 4세기경에 중국문자로부터 그들의 문자체계를 채택했다. 중국어와 일본어는 근본적으로 다른 문법구조 때문에 한자는 일본어의 문법적 형태소를 표현하기에 적합하지 않았다. 그러므로 그후 몇 세기 동안에 한자의 부호를 분리 차용하여 이들 문법적 형태를 나타내기 위한 음절기호로서 개조하기에 이르렀다. 대부분의 독립적 基底語(root word)가 아직도 한자로 쓰이고 있지만 문법적 형태소와 외래어는 두 가지 가나(假名) 음절문자체계, 히라가나(平假名)와 가타가나(片假名) 중 하나로 쓰인다. 현존하는 음절문자 중 가장 인상적인 것으로 Cherokee語의 음절문자를 들 수 있다.[2]

2) 음소문자(phonemic writing)

단음문자 또는 字母文字(alphabetic writing)라고도 하는데, 1音素 1文字가 원칙이나 음운변화 및 정서법상의 이유로 이 원칙이 잘 지켜지지 않는 경우가 있다. 현대 영어에서와 같이, 한 문자가 여러 가지 상이한 음을 표시하기도 하고, 같은 音이라도 각기 상이한 문자로 나타내기도 하며, 몇 개의 문자가 결합하여 일정한 音群을 나타내기도 한다. 이러한 현상은 音素文字로 하여금 표어적 가치와 시각적 형상성을 지니게 한다.

역사적으로 보면 현재 사용되고 있는 알파베트식 문자는 대체로 원시 셈족어 문자에 그 기원을 두고 있다고 한다. 예를 들면 소의 머리는 서부 셈족어의 부호(소의 뿔을 상기시키는)로 발달하였는데, 이것은 후에 그리스어에서 뒤집혀서 가 되었고, 여기서부터 우리가 알고 있는 바와 같은 A 라는 부호가 생긴 것이다.

처음에는 셈족어의 특징에 따라 자음만을 표기했으며, 모음을 표기할 필요가 있을 때만 자음자에 특수한 부호를 써서 이를 표시했던 것이다. 인도의 여러 문자도 이러한 類의 것으로, 모음자는 종속적 위치를 차지

---

2) C. Sloat et al. , *Introduction to Phonology*, Prentice-Hall, Inc. , 1978, P. 58.

하고 있는데 불과하다. 모음자가 독립하게 된 것은 그리스에서였는데, 이후 그 계통을 물려받은 유럽 문자들은 자음자와 모음자를 병용하게 되었다.

훈민정음에서 비롯하는 우리 나라의 한글도 음소문자에 귀속되는 것으로 당초부터 자음과 모음이 분리되어 창제되었다. 그러나 국어의 문자체계에 있어서 한글은 음소문자이지만 표기에 있어서는 音節 단위로 기호화하고 있음을 알 수 있다. 특히 초성(onset)·중성(peak)·종성(coda)을 합하여 하나의 음절단위를 형성하고 이 음절단위로 표기했다. 「訓民正音」에서 '凡字必合而成音'이라고 한 말도 바로 음절적 표기법을 말하는 것이다.

3. 문자체계의 유형

문자의 기법은 보다 일반적인 회화술에서 발전했다. 회화적 표현과 문자 표현의 중요한 차이점은, 회화는 직접적인데 반하여 글자는 언어라는 매개체를 통해 상황을 나타낸다는 점이다. 우리는 그림을 그리거나 이야기를 함으로써 어떤 상황을 기술할 수 있는데, 문자는 말의 도식적 표현이므로 그림과 말의 양면적 연합인 것이다. 한 장의 그림은 무수한 단어의 가치가 있을지 모르나, 그림을 그리는 것은 도식적 의사전달의 실용적인 수단이 되지 못한다. 번거러울 뿐만 아니라 많은 내용을 전달하기에 부적당하다.

모든 문자체계에 있어서 기호는 생각이나 사물보다는 언어 단위를 지시한다. 그러한 배열의 확실한 利點은, 말로써 표현이 가능한 것이면 모두 문자화될 수 있는 것이다. 물론 문자체계가 적절한 경우를 한한다. 문자표현은 물론 제약이 있다. 예를 들면 대부분의 문자체계는 억양을 표시할 만족스러운 방법이 결여되어 있고 몸짓도 표현할 수 없다. 그러나 우리는 이러한 사소한 결점으로 인해 불편을 겪지 않는다.

모든 문자체계는 두 가지 점에서 근본적으로 다르다. 첫째로 기호선택에 있어서 다르다. 영어, 그리스어, 러시아어 등의 자모는 다소 중복되는 것도 있지만 근본적으로 서로 다른 기호를 가지고 있다. 그러나 이 차이는 실제에 있어서 피상적인 것이다. 이들 문자체계는 하나의 문자가 하나의 음을 나타낸다는 점에서 근본적으로 같은 성질의 것이다. 둘째로 문자 체계에서 더 중요한 차이점은, 그 기호들이 나타내는 단위의 종류에 관한 것이다. 이러한 차이점을 기초로 하여 세 가지 종류의 문자체계로 구분된다.

[1] 표어문자 체계

앞에서도 이미 언급한 바와 같이 중국어의 正書法은 表語文字 체계(logographic system) 또는 단어문자 체계(wore-writing system)에 속한다. 본질적으로 각 기호나 문자는 한 단어를 나타내며, 단어는 그 낱말이 나타내는 독특한 발음을 가진다는 사실 이외에 아무런 가치가 없다. 표어문자 체계는 한 가지 장점이 있다. 발음상의 차이가 정서법에 반영되지 않는다. 그 기호가 특정한 음이 아니라 단어를 가리키기 때문에 중국어의 구어 방언은 서로 알아들을 수 없지만, 文語는 광범위한 지역에 걸쳐 이해가 가능하다. 어떤 특정한 단어가 두 방언에서 발음상으로는 전혀 다르지만 해당 문자는 동일하다. 그러나 표어문자체계는 주로 수천의 많은 기호를 필요로 하므로 이들을 읽고 쓰는 것을 배우는 데 많은 시간과 노력이 요구된다. 글에서 사용되고 이해되어야 할 단어마다 기호가 따로 있어서 이를 암기해야 한다. 기호와 음 사이의 고정된 관계에 의거하여 단어를 어떻게 쓰며 문자의 의미가 무엇인지를 알아낼 수 없다. 표어문자체계에는 상이한 수천의 문자가 있기 때문에 인쇄상 어려움이 많다는 것도 단점중의 하나가 된다.

[2] 음절문자 체계

문자체계 중에는 음절체계(syllabic system) 또는 음절문자체계 (syllable-writing system)가 많이 있으며, 각 기호는 단음절이나 음절따위를 나타낸다. 예를 들면 영어를 음절단위로 표기하면 ma-ca-ro-ni(macaroni)와 같이 네 개의 기호로 쓰인다. 음절문자체계에서 각 기호는 특별한 음가를 지니며, 그 기호가 나타내는 음의 연속을 포함하는 어떤 단어에도 쓰인다. 따라서 단어가 쓰인 방법을 보아서 그 발음이 어떤가를 알아낼 수 있으며, 그 반대의 경우도 가능하다. 음절문자체계의 기호는 수십 개의 불과하므로 표어문자체계보다 훨씬 더 간편하다. 앞에서 이미 언급한 바와 같이 일본어는 음절문자체계의 대표적인 예다.

[3] 자모문자 체계

우리가 잘 알고 있는 바와 같이 한글을 비롯한 영어의 표기법은 음소문자 체계, 즉 字母文字 체계(alphabetic writing system)다. 근본적으로 음소문자체계의 각 기호는 하나의 완전한 음절을 나타내지 않고 단일음을 나타낸다. 예를 들면 영어의 cat라는 단어는 [k] [æ] [t]의 음을 나타내는 세 개의 자모로 이루어졌다. 한 언어에서 체계적으로 구분되는 음의 종류의 수가 비교적 적으므로 자모문자체계에서 필요한 기호의 수는 비교적 적으며, 영어에는 26개의 문자가 쓰인다.

4. 문자소

한 언어의 문자체계에서 음소를 표시하는 데 쓰이는 최소의 변별적 단위로서의 문자 혹은 문자결합을 文字素 또는 字素(grapheme)라고 한다. 영어의 경우 알파베트문자(alphaqbet letters)가 이에 해당된다. 흔히 언어학에서는 음성을 [ ], 음소를 / /, 형태소를 { }로 표시하는데 대해, 문자소는 < > 안에 넣어 표시한다. 글말, 즉 文語의 배후에는 입말, 즉 구어의 구조가 숨어 있고, 하나의 문자소는 입말에서의 음의 유동적 부분에 대응한다. 원칙적으로 하나의 문자소는 하나의 음소에 대응(one letter to one phoneme)하지만, 실제로는 반드시 그렇지는 않다. 예컨대 영어 단어 box에서 <b>는 /b/를 나타내는데, <x>는 /ks/로서 두 음소를 나타낸다. 문자소 <o>는 이 단어에서는 /a/또는 /ɔ/이지만, /ou/(note), /ə/(occur) 등 여러 가지 음소를 나타낸다. 또한 문자소는 문자만에 한정되지 않고 구두점(punctuation)도 이에 포함된다. 예를 들면 마침표<.>, 물음표<?> 등도 문자소로 간주하기도 한다. 이와 같이 문자소를 설정함에 따라 지금까지 별로 주목하지 않았던 입말과 글말과의 연관성이 객관적이며 효과적으로 분석하기에 이르렀다.

문자소라고 하는 생각은 구조언어학에 있어서 일련의 중요한 대응, 즉 음소(phoneme)와 異音(allophone), 형태소(morpheme)와 異形素(allomorph), 의미소(sememe)와 異意味(alloseme) 등에서 발상이 된 것이므로 문자체계에도 이 원리를 적용하게 되었다. 각 문자소는 한 개 혹은 두 개 이상의 異文字(allograph)가 있다. 예를 들면, 이태리어에서 음소/k/가 caro(dear), coro(chorus), cura(care)에서처럼 a, o, u와 같은 후설모음 앞에서 c로 나타나지만, chilo(kilo), cheto(quite)에서 처럼 전설모음 i, e 앞에서는 ch로 쓰인다. 이때에 c와 ch는 문자소 <c>의 異文字라 할 수 있다. 영어의 예로서 음소 /p/를 표시하는 데 사용되는 pin의 p, hopping의 pp, 그리고

hiccough(hiccup)의 gh는 모두 한 문자소 <p>의 異文字들이다.

5. 정서법

어떤 언어사회의 규범이 되는 정통적 표기법으로서 말의 철자를 올바르게 기록하는 방법이나 한 언어의 표준이 되는 철자법의 체계 및 그것을 연구하는 언어학의 한 부분을 正書法이라고 한다. 정서법, 즉 orthography의 어원은 [Gk. orthos(right)＋graphein(to write)]로서 orthographia (correct writing)의 뜻을 지니고 있다. 정서법은 말을 바르게 철자하는 표기법이며, 일정한 시대에 있어서 개별 언어의 음성을 문자로 표기하는 표준적 철자법을 이른다.

정서법을 정자법, 철자법, 맞춤법이라고도 하는데, 단순히 표기법이라는 뜻으로 관용되기도 한다. 영어의 spelling에 해당되는 철자법은 언어보다도 소재로서의 문자에 중점을 두어 말하는 것으로 용자법 속에 포함된다.

정서법은 적어도 다음과 같은 규칙을 포함한다. 즉, ① 단어의 철자 (defence와 defense), ② 파생어의 철자(true＋ly에서 e를 생략하여 truly로 철자함), ③ 활용어미의 철자(lady의 복수형은 ladies로 철자함), ④ 표음철자([k]를 나타내는 문자는 c, k, ck, q, ch등임) 등이 그것이다.

정서법의 원칙에 관한 문제는 현재에도 논란이 되고 있으나, 그 중에서 중요한 원칙은 다음과 같다. ① 발음과 철자의 일치, ② 문자를 읽고 쓰는 데의 容易性, ③ 철자의 경제성, ④ 어원의 표출, ⑤ 동음이의어의 배제, ⑥ 외래어와의 일치 등을 들 수 있다.

표기법에 있어서 무엇보다 중요한 것은, 음성기호와 같이 1자 1음의 구체적이며 엄밀한 轉寫法이 아니라 음운체계를 고려하는 추상적인 표

음법이다. 미개 언어에 새로운 정서법을 설정할 때에는 1자 1음소의 원
칙에 충실할 수 있으나, 대부분의 정서법은 그 사용 범위가 커지면 커
질수록 문자의 시각적 특징이 고정되어 보수적인 경향을 띠기 때문이
다. 이런 현상은 구어와 문어와의 간격을 확대시킨다. 독일은 1904년에
정서법 개혁을 실현했고, 노르웨이와 브라질에서도 1920년대에 그 실현
을 보았다. 영국·미국에서도 이 문제는 격론의 초점이 되어 있으며,
프랑스의 아카데미 프랑세즈는 사전 간행이 있을 때마다 매우 중요한
정서법의 변화를 가져오고 있다. 우리나라에서는 1933년에 처음으로 제
정되었고, 1945년 이후에 이것이 국가적으로 채택됨으로써 정서법이 확
립되었고, 다시 1988년 1월에 개정 공포되어 1989년 3월부터 개정된 한
글맞춤법의 시행을 보게 되었다.

　현대 국어의 정서법은 주지하는 바와 같이 형태적 체계에 근거를 둔
표기법이다. 예를 들면 음운론적으로 이른바 중화과정이라고 하는 음운
현상 때문에 모두 /낟/으로밖에 소리나지 않음에도 불구하고 '낟(穀), 낫
(鎌), 났-(出), 낮(晝), 낯(面), 낱(個), 낳-(産)'과 같이 서로 다른 고정형으로
표기하고 있는데, 이와 같은 예는 형태적 표기 원칙을 잘 보여 준다. 그
러나 모든 한글표기에 있어서 형태적 표기에 일관하고 있지 않다. 예를
들면, 불규칙 용언의 어간 중에는 소리나는 대로 적어 고정형을 포기하
고 음운적 표기를 허용하는 경우도 있다.

　국어정서법에서 형태적 조건에 참여하는 音素 또는 음소 결합들 가
운데 어느 하나가 추상적 단위에 외형상으로 일치함으로써 그로부터
나머지 음소 내지 음소 결합들이 음운규칙에 의하여 설명될 수 있을 때
형태적 고정형을 취하고, 음운규칙에 의하여 설명할 수 없는 것은 고정
형을 취하지 않음을 알 수 있다.

　본질적으로 음소적 체계인 한글에 의한 현대국어의 정서법은 기본적
으로 형태음소론적 체계에 접근하고 있는데, 음운론적으로 동일한 형태
소에 서로 다른 시각적 기호를 사용하고 있는 것은 국어정서법이 한자

와 일맥상통하는 일면을 보이는 예라 하겠다. 한글은 표음문자이지만 정서법은 거기에 표의문자적 특성까지 겸해 있음을 알 수 있다. 요컨대 현대국어의 정서법은 형태음소론적 체계에 근거를 둔 표기법이다.

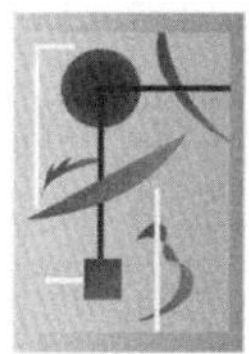

제11장 지역 및 사회적 방언

1. 방언의 성격

  사람은 무엇보다도 언어를 통해서 특정 사회집단과 결속되기 때문에 우리는 사회에서 습득해서 언중으로서 남을 이해하고 자신을 이해시키는 방편으로서의 언어를 개인이 마음대로 바꿀 수는 없다. 그러나 언어란 사회적 상황과 무관하게 독립해 있는 것이 아니니, 사회의 복잡하고 다양한 면을 표현하기 위해서는 한 언어체계 내에서 다소의 융통성이 요청된다. 어떤 두 사람의 말을 비교해 보아도 완전히 똑같지는 않다. 사람마다 자기 특유의 언어, 즉 개인어가 있다.

  개인어는 어떤 개인이 일정한 시기에 사용하는 언어의 총체를 말한다. 언어는 본래 사회적인 특성을 지녔으므로, 개인의 언어라는 것은 물론 추상적이지만 언어기술의 출발점이 되는 것이다. 한 시기에 있어서 개별화자의 특징적 발화를 언어학자들은 개인어(idiolect)라 하여 언어연구에 있어서 개인적 특징(idiosyncrasy)을 구명한다. 개인어는 그 개인이 자라난 생활환경·경험 등에 따라 이루어지므로, 심지어는 동일인에 있어서도 그 평생을 통해 볼 때, 사회의 변동에 따라 얼마간의 언어변화를 일으킨다. 어린이가 쓰는 말은, 부모들이 쓰는 말과 다르다. 이는 어른과 어린이들의 관심과 생활환경이 다르기 때문이다. 이들이 대학생이 되면 전과는 다른 어휘를 구사하게 되고, 사회에 진출하면 그가 종사하는 특수 분야에 맞는 어휘를 사용하게 된다. 이와 같이 한 개인의 언어도 많은 변화를 가져오게 마련이다. 그리고 친구나 가족과 같은 친숙한 분위기에서는 공식석상에서 하는 말보다는 친숙한 구어적인 말을 사용하게 된다.

이렇게 생각할 때, 하나의 커다란 언어사회는 여러 下位集團으로 나뉘고, 이 집단들은 비록 일상의 활동영역은 사회 전체에 걸치나 언어습관에 있어서는 발음·의미·어휘 그리고 때로는 문법적 구문까지도 상이한 특징을 가지게 된다. 그러나 한 사회가 이미 깊은 공동의 이해로 그 유대가 지속되고 있는 한, 방언이라고 하는 언어의 차이 정도는 의사소통을 저해할 정도의 큰 요인은 될 수 없다. 그러나 지리적인 혹은 정치 사회적인 변화로 인해 공동체의 유대가 약화되고, 언어소통을 위한 방편에 대한 필요도가 감소되며, 점차 각 영역은 별개의 집단으로 발전하여 하위집단으로 분리되기에 이르러, 동일한 언어를 더 이상 사용할 수 없게 된다. 예를 들면 옛날에 同族의 印歌語 사회에 속했던 말이 수천 년 전에 분파되기 시작하여, 드디어 영어·독일어·불어·러시아어·그리스어·힌두어 등의 서로 의사소통이 불가능한 말로 된 것도 본질적으로 이와같은 현상으로 말미암은 것이다.

[1] 방언의 개념

통속적으로 방언은 공통어 또는 표준어와 구분되는 어느 지역 특유의 언어를 말한다. 흔히 '사투리'라 불리는 것으로, 어떤 학자는 '이어'(俚語)라 하여 언어학적 방언의 개념과 구별하기도 한다.

언어학에서 말하는 方言(dialect)은, 한 언어가 외적이거나 내적인 변화에 의하여 지역적으로나 계층적으로 분화되었을 때, 그 지역 또는 사회적 계층의 언어를 총칭한다. 전자를 지역방언(regional dialect), 후자를 사회방언(social dialect) 또는 계층방언(class dialect)이라고 하는데, 흔히 좁은 의미로 방언이라고 할 경우에는 전자를 가리킨다.

또한 통시적 개념으로서 방언을 말할 때에는 공통조어로부터 분화된 또는 분화되었다고 가정되는 같은 계통의 언어들은 그 공통조어의 방언이라고 한다. 또 현지 언어조사에 의하여 언어현상을 분석적으로 기술하려는 기술언어학적 개념으로서의 방언은, 한 언어사회의 개인어들의 공통된 언어현상이라고 정의하기도 한다. 전자의 고전적인 개념은 언어사의 큰 흐름을 강조하여 비교언어학의 단점을 보충하려는 것으로, 여기에서 언어지리학이 출발하였다. 후자의 기술적인 개념은 언어체계의 共時性을 강조한 개념으로 이러한 방향으로 기술언어학이 발달하였다. 이러한 두 방법론의 대립은 한 언어의 지역방언들의 공시적인 체계를 철저히 기술함으로써 方言들 사이의 공통점과 상이점을 밝혀 그 언어의 분화를 체계적으로 파악하려는 구조언어학에서 어느 정도 극복되었다.

[2] 방언형성의 원인

방언형성의 원인은, 첫째로 언어에는 본래 변하는 성질, 즉 가변성(variability)이 있기 때문이다. 언어는 시간과 공간에 따라 변화한다. 하나의 개별언어는 일정한 지역이나 사회에 따라 독자적인 발달을 하여, 동일 언어이면서도 발음·어휘·문법 등에서 어느 정도 상이한 언어 현상이 생긴다. 언어는 부단한 유전 과정을 통하여 변화한다. 처음에는 같은 언어였던 것이 지역과 사회환경에 따라 변이현상이 생기고, 이것이 시간의 경과에 따라 변종의 정도가 증대하여 하나의 방언군이 형성된다. 둘째로, 언어에는 개별성이 있기 때문이다. 언어는 언어를 운용하는 개개인에 의하여 실현된다. 사람은 각 개인마다 독특한 언어, 즉 개인어

가 있다. 개인어는 그 사람이 자라난 생활환경과 경험에 의하여 이루어
지고, 이 개인어들의 공통된 언어현상은 방언이라고 하는 공통된 변종
을 이룬다. 셋째로, 서로 다른 언어사회 간의 격리(isolation)에 의하여 방
언이 형성된다. 집단과 집단 사이의 커뮤니케이션의 관계를 저해하는
격리의 요인에는, 바다·산·하천·계곡·거리와 같이 왕래를 부자유
스럽게 하는 지리적인 구획 등이 있고, 기후·풍토·풍속·습관·종교
와 같은 생활환경의 영향등이 있다. 이러한 방언적 차이는 심층적 基底
的인 차이가 아니며, 다만 표면적 차이일 뿐이다.

변형 생성언어학에서는 변형규칙상의 변동이 방언 사이에 달리 이루
어진 것이라고 설명한다. 심층구조에서 표면구조로 유도되는 음운·어
휘·문법 등 변형규칙상의 변동이 생겼기 때문이라는 원인설이다.

[3] 표준어와 방언

하나의 개별언어는 방언의 집단으로 이루어진다. 다시 말하면 한 언
어 안에는 여러 개의 방언이 있다. 한 개별언어의 연구에 있어서 방언
은 중요한 구실을 한다. 우리는 편의상 이 방언군 안에서 널리 사상 교
환의 기능을 충분히 다하기 위하여 정치·경제·문화의 중심지에서 중
류계급 이상의 사람들이 두루 사용하는 지역언어를 표준어(standard
language)로 정한다. 이와 같이 표준어는 언어정책상 인위적으로 제정한
언어로서, 모든 방언을 대표할 만한 추상적 언어다. 또한 표준어는 특정
방언을 모체로 하되, 그 방언과는 별개의 언어로 규정한다. 표준어의 자
격을 얻은 방언은 공통어의 자격을 가졌을 뿐만 아니라 공용어로서의
자격을 가지므로, 교과서를 비롯하여 신문 방송 등에서 두루 쓰게 된다.

일반적으로 방언은 표준어에 대한 비표준어, 사투리라고 생각한 나머
지, 방언은 표준어에 비하여 下位에 속하며 비속하고 체계가 없고 조잡
한 언어라고 생각하기 쉽다. 이와 같은 생각은 잘못된 생각이다. 표준어

가 방언을 대표하는 언어라고 해서 언어학적으로 優位에 있는 언어가
아니다. 다만 정치·경제·문화의 중심이 되는 지역방언이라는 조건
때문에 그만큼 영향력이 크고 보급하기 쉬운 이점이 있어서 표준어의
자격을 얻게 되었을 뿐이다. 이와 같은 차별의식은 표준어와 방언이 갖
는 본질적인 것이 아니라 다만 지배적 사회계급이 사용하는 언어인 표
준어에 대하여 갖는 우월감과 방언을 사용하는 화자들(dialect speakers)의
열등감에서 생긴 현상이다. 언어현상으로서 올바로 관찰하면 이들 양자
간에 우열은 없다.

　한편, 방언은 저속한 것이며 무지한 사람들의 언어라고 주장한 학자
들도 있었다. 18세기 영국의 문법가들은 문법규범을 최고의 것으로 보
고, 이에 저촉된 것은 잘못이며 일종의 타락이라고 규정했다.

　요컨대, 방언과 표준어는 언어학적으로 보아 우열의 차이가 없다. 다
만 표준어와 방언의 차이는 언어정책상의 문제에 불과하다. 한 나라의
문화를 보급하고 자유스런 의사소통을 할 수 있다는 점에서 표준어 또
는 공통어(common language)가 장려되는 것은 당연하다. 표준어가 교양
있는 계급인들이 사용하는 언어라고 하는 이상 엄밀한 의미에서 표준어
는 계층방언(class dialect)의 일종이라 하겠다.

　우리 나라의 표준어 규정은 다음과 같다. "표준어는 교양있는 사람들
이 두루 쓰는 현대 서울말로 정함을 원칙으로 한다"(표준어 규정 총칙 1항).

[4] 방언의 가치

　방언은, 특히 지역방언에 있어서 언어변천 연구에 중요한 자료를 제
공한다. 언어는, 언어방사의 중심지역보다 중심지역에서 멀리 떨어진
지역의 언어는 거의 순수하게 고어의 잔영을 유지하는 경우가 많으므로
역사적 가치가 있다. 또한 방언은 그 지역의 화자들의 생활의 반영이므
로 가치관·생활관의 변천연구에 도움을 준다. 민속 연구에도 도움을

줄 뿐만 아니라 풍부한 어휘의 연구와 조어 문제 등 여러 가지의 도움을 준다. 그리고 방언은 표준어와 같이 인위적인 언어가 아닌 자연언어로서 개별언어의 장래를 예측하는 데 중요한 자료가 된다. 예를 들면, 국어의 방언 '길→질, 키→치, 효자→소자, 힘→심'과 같은 예에서 언어의 자연성(자연과정)을 발견할 수 있다. 방언음운론을 통하여 구개음화라는 노력경제의 자연적 귀결을 이해하고, 국어가 이러한 방향으로 변할 것임을 예측할 수 있다. 이 밖에도 방언은 생활어로서의 가치가 있을 뿐 아니라, 국어의 장래를 점칠 수 있다.

방언의 연구면에서 있어서도 자연언어를 연구대상으로 하는 방언연구를 통해서 여러 가지의 자연과정을 발견할 수 있고, 언어연구를 확충할 수 있는 이점도 있다. 그리고 방언은 대부분 구어 방언자료이므로 생생한 구어로서의 언어연구가 가능하며, 방언연구로 새로운 체계에 접함으로써 연구자의 시야를 넓히고 상대적 사고에 익숙하게 하는 계기를 마련하게 된다. 그리고 언어의 통시적 연구에 있어서 방언은 회고적 연구로서 중요한 자료를 제공해 주기도 한다.

2. 방언의 유형

Henry Wyld(1920)는 방언을 지역방언(regional dialect)과 계층방언(class dialect)의 두 가지로 나누어 설명하였다. 전자는 지역적 위상에 의한 것이고, 후자는 사회적 계층에 따라 형성된 방언이다.

[1] 지역방언

개별언어의 지역적 위상에 따른 변종을 지역방언(regional dialect)이라 한다. 일반적으로 방언이라고 하는 경우는 이 지역방언을 이른다. 지역방언은 '고장말'에 해당한다. 옛 문헌에서 사용했던 '방언'이라는 말은 漢族의 언어인 '화언'(華言)이 아닌 이민족의 언어를 지칭했던 말이다. 예를 들면 중국의 漢語에 대해 우리말을 '향언'(鄕言), '이언'(夷言) 등으로 불렀다. 언어학에서 말하는 지역방언은 지역적으로 각각 다른 언어 전반을 가리키는 말이다. 이와 같은 지역방언을 연구하는 방언학을 지역방언학(regional dialectology)이라 한다.

[2] 사회방언

성별·연령·직업·계층 등과 같은 사회적 위상에 따른 언어의 변종을 사회방언(social dialect) 또는 계층방언(class dialect)이라 한다. 우리나라의 궁중에서 사용했던 宮中語라든가, 산삼을 캐는 채삼꾼들이 사용하는 심마니말과 같이 특정사회에서만 사용하는 특수어 등이 여기 해당한다.

성별에 따른 여성어와 남성어, 연령에 따른 유아어·아동어·성인어·노인어, 분야나 직업에 따른 학생어·군인어·걸인어·깡패말 등도 사회방언에 속한다. 그러나 각 계층에 따른 사회방언의 차이는 지역방언의 차이만큼 뚜렷하지 못하다. 경상도 방언이나 함경도 방언과 같은 지역방언은 억양만 들어도 알 수 있는데, 여성어와 남성어, 성인어와 노인어 등을 제대로 구별하는 일은 쉽지 않다.

3. 방언의 연구

언어학에서 방언을 하나의 체계로 인식하게 된 것은 Saussure 이후의 일이며, 방언체계(diasystem)의 개념이 확립된 것은 구조언어학의 이론을 방언학에 도입한 구조방언학 이후라 할 수 있다.

[1] 방언학

방언에 대하여 언어학적으로 연구하는 학문을 방언학(dialectology)이라 한다. 방언을 조사하여 그 실태를 파악하고, 그것을 과학적으로 분석 체계화하며, 그와 같은 방언이 생성된 원인을 지리적·사회적 관점에서 밝히는 언어학의 한 분야다. 방언이란 언어학적으로 구획된 어떤 지역의 공통된 언어체계이므로, 방언학은 방언의 음운·어휘·문법체계 등의 하위체계에 대한 전체적 구조의 이해를 목표로 한다. 방언을 연구대상으로 하는 언어연구는 방언학 외에도 단어와 같은 언어의 개개 요소나 부분적인 체계를 지리적 분포를 통하여 체계적으로 연구하는 언어지리학이 있으며, 또 계층어와 그 사회집단과의 관계를 연구하는 사회언어학도 있다. 특수한 방언 어휘에 대한 민속학 내지는 문화인류학적인 연구도 있으나 그 목적은 언어학적인 것이 아니다. 넓은 의미의 방언학에는 언어지리학적 연구 및 사회언어학적 연구도 포함되나, 좁은 의미로는 흔히 지역언어로서의 방언체계에 대한 언어학적 연구만을 포함한다. 20세기 구미에서 언어지리학이 생겨난 뒤로는 방언학 또는 방언지리학이라는 명칭을 언어지리학이라는 명칭과 특별한 구별없이 사용하게 되었다.

방언학은 궁극적으로 한 언어 안에서 언어체계의 분화를 다루는 분야로서, 그 일차적인 과제는 공시적 구조의 연구와 통시적 방언 분화의 구조에 대한 연구다.

[2] 언어지리학

언어의 지리적 분포를 통하여 언어의 개개 요소나 부분적 체계를 제도학적으로 연구하는 언어사의 한 분야를 언어지리학(linguistic geography)이라 한다. 어떤 어휘나 방언의 특징을 지역성과 관련지어 지도 위에 제도학적으로 표시하여 그 분포를 밝히고, 그 분포와 지리학적 조건을 기초로 하여 방언을 연구하고, 어휘의 역사를 재구하려는 방언 연구방법을 말한다. 언어지리학은 인간환경과 지리조건을 언어 사실과 연결시키는 실증적인 연구 분야이기도 하다.

언어지리학은 프랑스에서 시작되었는데, 그 명칭은 불어 géographie linguistique의 직역이다. 독일·영국·미국 등의 일부에서 방언지리학이라는 술어를 사용하고 있으나, 일반적으로 언어지리학이란 술어를 사용한다. 언어지리학은 프랑스의 Gilliéron이 Edmont의 현지조사 협력을 얻어 만든 「프랑스 언어지도」(1902~1914)에서 비롯되었다. 이보다 앞서 Wenker의 통신조사에 의한 「독일 북부 및 중부의 언어지도」가 있었지만, 진정한 의미에서 언어지리학의 창시자는 Gillieron이라 할 수 있다. 풍부한 비교자료와 지도를 정리하면서 그가 발견해 낸 각종의 언어현상, 특히 단어와 형태와의 상관관계, 同音牽引이나 同音衝突, 단어와 사물과의 의미론적 관계, 단어의 전파와 이동, 방언과 표준어와 의 관련 등에 관한 새로운 고찰이 그를 언어지리학의 창시자로 만들었다.

언어지리학의 목적은, 첫째 언어사의 재구, 둘째 언어변화의 요인에 대한 고찰, 셋째 언어변화의 장래에 대한 예측 등이다. 여러 방언에 보이는 음운·어휘·문법 등을 그 지리적 분포에 따라 비교 검토하여 언어사를 재구하게 되며, 또 어느 지역의 자연지리적 조건 및 정치·경제·문화 등 여러 조건을 고려하면서 음운·어휘·문법 등의 변화과정과 원인을 탐구하고, 그 결과를 문헌 언어사학과 비교하여 언어와 사회(또는 방언 화자)와의 상관관계를 밝히게 된다. 언어지리학은 과거로부터 현재에 이르는 언어변화의 역사를 밝히고, 그 변화의 원인을 구명하여 장래의 변화를 예측하게 된다. 그 성과는 언어정책 등에도 이용될 수 있다.

　　Trubetskoy는 언어지리학의 구조언어학적 연구를 암시한 바 있는데, 그 후 Weinreich는 그 구체적인 방법을 구상했고, 1960년 이후 Moulton(1962)이 이 방법을 실증적으로 체계화하였다. 최근에는 Goossens(1969)를 비롯하여 많은 연구업적이 나오고 있다.

[3] 방언조사

　　어떤 방언의 체계를 파악하거나 그 자료를 수집하기 위한 조사로서 일반적으로는 객관적이고도 실제적인 관찰을 주로 하는 현지조사(field work)를 말한다. 문헌을 통한 통계적 조사와 구별하여 현지로부터 언어 자료를 수집하는 과정이라는 점에서 방언조사라는 용어가 사용된다.

1) 조사대상

　　방언조사의 대상이 되는 자료는 현재 직접적인 관찰이 가능한 현대어나 그 지역에서만 사용되는 방언량이 큰 특수 어휘 또는 역사적 遺形式(reliefom)이 수집되는데, 이는 그 방언의 체계적 관찰에는 극히 부분적인 정보만을 제공하여 주는 것이 보통이다. 그러므로 방언조사의 대상으로서의 자료는 그 방언조사를 파악할 수 있도록 망라된다.

2) 조사방법

(1) 면접조사

　　한 사람 한 사람씩 직접 면접(interview)을 통하여 질문함으로써 필요한 정보를 제공받는 방식인데, 방언조사에서 가장 많이 사용되고 또 가장 중요시되는 방법이다. 이 면접조사는 다시 直接質問法과 間接質問法으로 나뉜다. 전자는 토박이 화자(native speaker)인 피조사자(informant)와의 직접적이고도 자연스러운 대화를 통하여 자연 상태 그대로의 방언자료를 수집하는 방법인데, 흔히 토박이들의 관심이 큰 민속적인 내용, 윤리적인 문제들, 농사에 관한 일들, 지방의 역사 등등을 화제의 내용으로 삼는다. 이 때는 많은 자료를 모두 옮겨적을 수 없으므로 흔히 녹음기가 사용된다. 간접질문법은 일정한 질문표를 작성하여 그 조사항목을 직접질문을 통하여 유도하여 기록하는 방법이다. 이러한 방법은 짧은 시간에 많은 자료를 수집할 수 있는 능률상의 장점이 있으나, 자칫 잘못하면 고립된 또는 한정된 환경에서만의 어형을 얻게 된다는 단점과 의미파악의 정확성을 꾀하기 힘들다는 단점을 가지고 있다. 간접 질문법은 특정한 방언의 특징을 조사하는 데 유용하며, 직접 질문법은 한 방언의 체계적인 연구를 위해 유용하다. 그러나 어느 조사에 있어서나 이 두가지 질문법을 모두 상호보충적으로 원용하여 확인 조사를 행해야 한다.

(2) 서면조사

조사자의 직접적인 기록에 의하는 면접조사에 대하여, 피조사자가 준비된 조사표에다 질문에 알맞은 방언형을 기록하여 넣는 방법이다. 그림·사진·슬라이드·영화 등을 보여주어 문자언어로 답을 쓰게 하는 방법인데, 특히 조사표를 우송하여 기입을 요하는 통신조사가 가장 대표적이다.

(3) 전체조사

해당 조사지역 집단의 모든 성원을 피조사자로 삼는 방법이다.

(4) 표본조사

집단 전체를 추정할 수 있는 표본적인 피조사자에 대하여 조사하는 방법이다. 지금까지의 방언조사는 흔히 이러한 방법이었다.

현실 언어 지역사회 전체 또는 그 下位체계를 알려고 할 때는 전체조사나 표본조사의 방법을 아울러 사용하지 않으면 안된다.

3) 조사자와 피조사자

(1) 조사자

조사자(field worker)는 조사에 매력을 느끼는 사람이라고 해서 모두가 현지조사 연구를 행할 수 있는 자격이 있는 것은 아니다. 조사자는 개인적인 임기응변이나 심리파악의 능력을 가져야 하며, 방언묘사에 필요한 기초적 훈련을 받아야 한다. 면담에 있어서의 적절한 유도 능력을 길러야 하고, 조사의 절차, 조사·기술 및 분석 이론 등을 알고 있어야 한다. 또한 현지 조사자는 그가 조사연구하려는 지역사회에 대한 문화 및 그에 대한 선행 연구들을 예비적으로 숙지할 필요가 있다. 왜냐하면 조사자들은 피조사자들에게 문화적으로 關與的일 수 있는 질문을 해야 하기 때문이다. 그러므로 조사자는 민속·지리·사회·심리·문화·인류·생태학 등에 관심을 가져야 한다.

(2) 피조사자

정확한 조사는 적절한 피조사자(informant)의 선정에 달렸다. 이 선택은 조사자의 직관과 경험에 의존하는 바 큰 데, 가장 일반적인 피조사의 선정 조건은 다음과 같다.

① 현지 출신의 토박이를 선정해야 한다. 적어도 3대 이상 내려오는 집안의 현지인일 것이며, 조모와 모친의 조건도 동일하다.
② 다른 지방의 출입이 비교적 드문 사람
③ 청·장년기에 오래 다른 지역에 머물지 않은 사람
④ 다른 지방과의 접촉을 많이 하게 되는 직업을 가지지 않은 사람으로서 가능하면 농사를 짓고 있는 사람
⑤ 신체 불구자가 아닌 건강한 사람, 특히 발음기관에 이상이 없는 자
⑥ 극히 보수적인 방언형을 수집하려 할 때는 교육을 받지 않은 고령의 여자를 택함이 좋다.
⑦ 지역사회의 종합적인 방언연구를 위해서는 性·교육·세대·신

분·직업 등에 의한 방언의 차이를 수집할 수 있도록 피조사자를 선정한다.

4) 전사법

방언의 자료를 기록할 때, 음성조사의 경우에는 국제음성기호(I. P. A.)가 일반적으로 사용되는데, 어휘·문법의 경우에는 국어의 경우 한글표기도 쓰인다. 음성자료를 기록하는 방법으로 흔히 정밀전사법(narrow transcription)과 간략전사법(broad transcription)을 사용한다. 특히 방언자료를 기록하는 방법으로 Jaberg 이후 사용되는 비규범적 음성전사(transcription phonetique non regularisee) 혹은 인상적 전사법(transcription impressionoste)과 규범적 전사법(transcription normalisante) 또는 체계적 전사법 등 두 종류의 전사법이 논의되고 있다. 전자는 조사자 자신의 귀를 믿고서 순간적인 청각인상을 기록하는 방법이며, 후자는 어떤 방언의 규범적 발음의 존재를 전제로 하는 방법이다. 특히 방언음을 연구할 때는 해당 방언을 미지의 것으로 간주하여 그 轉寫法은 인상적이어야 한다. 방언들이 비교되어야 하는 언어지리학적 연구에서의 전사법은 한 지도에서 외적 구분을 할 수 있는 비교적 전사법(comparative transcription)이 이상적이다. 규범적·비교적 전사법은 장기간의 조사에서 얻은 비교의 결과가 된다. 조사표에 피조사자의 대답을 기록할 때 조사장면의 상황을 구체적으로 표시하기 위해서는 狀況符號를 활용하는 것이 좋다. 예를 들면, 웃음소리·기침소리·타인의 등장·대답의 訂正·통역자의 설명 등에 적절한 부호나 약어를 일정하게 사용해야 한다.

4. 사회적 변이

앞에서도 언급한 바와 같이, 방언에는 지역방언과 사회방언이 있다.

방언은 지역이 달라짐에 따라 형성될 뿐만 아니라, 동일한 지역에서도 사회적 계층이나 세대의 차이 그리고 성별 등 사회적 요인에 따라 사회적 방언을 이룬다.

　전통적으로 방언의 연구는 주로 언어의 지리적 분포에 따른 지역방언에 치중되어 왔다. 그러나 방언은 이러한 수평적 차원 외에 수직적 계층, 즉 사회적 교육적 요인과 관련한 언어의 차이에 초점을 맞춘 새로운 영역을 개척하였다. 어떤 지역 특히 도심에서 어떤 사람 혹은 어떤 부류의 사람들의 말은 훨씬 세련되고, 또 다른 사람들의 언어구사는 부족하다는 것은 누가 보아도 분명한 사실이다. 이러한 언어구사의 차이는 주로 문법적 형식과 문장구조에 관한 것으로 교육의 정도와 사회적 지위를 반영한다. 이들 사회적 문화적 계층어도 지역방언의 경우와 마찬가지로 점차 서로 융합되어 결국에는 標準語(standard)와 비표준어(substandard)의 두 영역으로 나뉜다. 예를 들면, 미국의 표준영어는 사회적으로 또는 금융계에서 그리고 전문분야에서 고등교육을 마친 사람들이 쓰는 말이라고 정의된다. 한편 비표준영어는 비전문적인 단순노동에 종사하고 있는 교육정도가 낮거나 무식한 사람들이 두루 쓰는 말이 된다. 물론 표준어와 비표준어는 상대적인 용어임에 틀림없다. 표준영어를 구사하기 위하여 대학교육이 절대적인 조건이 되는 것도 아니며, 또 대학 졸업자라 해서 어느 경우에나 한결같이 표준어를 구사하는 것은 아니다. 그리고 많은 사람들이 표준어를 사용하면서도 두 계층 이상의 사회방언을 구사할 수도 있고, 때로는 상황에 따라 지역방언까지 사용할 수 있는 것도 사실이다. 이러한 언어적 레벨은 언어의 기능적 변화 혹은 말씨(語套, style)라고 하는 것으로서, 이는 대략 격식말(formal)과 친숙말(familiar)로 묶을 수 있다. 사적인 친숙한 어투 혹은 구어체도 가령 친척이나 친구와의 대화나, 私信 혹은 상급자와의 격식말 또는 비공식적인 대중연설 등 부드럽고 딱딱한 정도가 여러 층이 있다. 격식적인 말투에 속하는 것으로는 설교·격식적 연설문·학술론문·기타 설명

문 등이 있다. 이러한 언어의 기능적 변화는 경우에 따라 표준과 비표
준의 기준이 달라진다. 가령 'It is I'가 형식적인 차원에서는 표준적 표
현이지만, 'It's me'는 회화적 차원에서 표준어가 된다.

[1] 구어

口語(colloquial)라는 말은 일반적으로 文語(literal)에 상대되는 말로 사
용된다. 구어는 그 자체의 성질로 보아 문화적 계층어는 아니지만, 口語
라고 해서 비표준어라고 말할 수는 없다. 구어는 주로 회화에서 쓰이는
한 어투일 뿐이다. 구어적인 언어도 형식적인 언어나 문어에 못지 않게
표준어일 수도 있고 비표준어일 수도 있다. 문어적 산문에 익숙한 문필
가가 그의 아내에게 私信을 보낼 때나 친구와 얘기를 건넬 때도 낮은
계층의 말로 바꾸지 않는다. 다만 구어적 어투로 바뀔 뿐이다. 형식적인
글을 쓰거나 강연을 할 때는 문체나 어투가 문어체로 달라진다.

구어는 話語(spoken language)에 사용되는 어구나 문체를 말한다. 광의
로 구어는 俗語(slang)나 卑語(vulgarism)를 포함하기도 하나, 일반적으로
사용되는 구어는, 교양있는 사람들이 일상회화에 사용하는 언어형식,
즉 standard familiar speech를 이른다.

구어체의 특징을 몇 가지로 요약하면 다음과 같다. 첫째, 구어는 문어
에 비하여 문장이 짧고, 단문이 대부분이다. 둘째, 감정적 표현·인사·
서언(swearing)·강의(intensive) 등 구어 특유의 어구가 발달되었다. 셋째,
문법적으로 축약형이나 생략형이 많고, 강의어로서 부사어가 많다거나,
語群을 한 단어처럼 쓰고, 문법적으로 설명하기 힘든 관용어의 쓰임이
많고, 호응에 있어서 의미를 중시하는 경향이 현저한 것 등 여러 가지
특징을 지니고 있다.

[2] 은어

　은어는 jargon, argot, cant 등으로 쓰이는 말로서, 어떤 직업이나 특수 집단의 구성원끼리 암호로 쓰이는 特殊語를 말한다. 그러므로 그 특정 집단의 구성원이 아닌 사람은 이해하기 어려운 것이 특색이다. 즉 외부에 알리기를 꺼리는 은밀한 언어로서 자기 집단의 이익과 비밀을 보장하려는 목적으로 쓰인다. 국어에서는 '변' 또는 '변말'이라고도 하는데, 거지·도적·깡패·군인·학생·상인·도박꾼·산삼　채취인(심마니) 등이 쓰는 말에서 발견되는데, 한정된 자기 집단의 비밀을 유지하기 위하여 또는 신선한 표현력을 조장하려는 의욕 때문에 생겨난다. 국어 隱語의 생성 방식상의 특징은 다음과 같다.

　① 音節換置 : 소금→곰소, 지갑→갑지, ② 반의어 : 벙어리→앵모, ③ 形狀의 유사 : 권총→뒷다리, 유리창→얼음, ④ 色彩의 유사 : 서양인→노랑코 ⑤ 聯想 : 의대생→핀세트, ⑥ 動作 : 붙잡히다→물리다, ⑦ 비유 : 담배→7센티, 그 밖에 글자풀이나 음절첨가와 생략에 의한 은어들도 있다.

[3] 속어

　俗語(slang)는 여러 가지 뜻으로 쓰여 그 정의를 내리기가 매우 어렵다. 누구나 그 속어의 존재를 인정하면서도 아무도 그 정의를 명확히 내리지 못하고 있다. Wentworth와 Flexner는 그들의 속어사전(1967)에서 속어를 정의하여, 속어는 "일반대중들이 자주 사용하거나 혹은 이해하고 있으나, 많은 사람들이 훌륭하고 근엄한 용례로 받아들이지 않는 일련의 단어나 구절들"이라고 했다.[1] 이 정의가 내포하고 있는 의미를 다

---

1) Harole Wentworth & Stuard Berg Flexner, *The Dictional of American Slong*(New York : Thomas Y. Crowell, 1967), p.vi.

음과 같이 정리할 수 있다. 즉, 첫째로 속어는 표준어가 아니다. 그러나 속어가 반드시 천박하고 무례한 표현이라고만은 말할 수 없다. 둘째로, 속어는 한 사회집단 내의 모든 사람들이 대개 이해하고 있는 말로서, 예컨대 chick and girl과 같이 일반적이고 점잖은 말과 나란히 붙어서 사용된다. 그리고 때로는 언어사를 통해서 종종 나타나는 바와 같이, 속어가 표준어로 승격하기도 한다. 영어의 hot dog란 말이 그 예에 속한다. 이 말이 전에는 소시지 샌드위치의 뜻으로 사용되던 속어였는데, 그에 해당하는 표준어가 死語化하면서 이 말이 표준어로 되었다. 일반적으로 말하면, 속어는 선전문구나 기성어에 새로운 뜻을 부여하거나 의미를 확장하거나 말을 다양하고 심지어는 거칠게 꾸미는 것 등이 그 특징이다. 이러한 속어가 발생하는 것은, 표준적인 표현들이 너무 익숙해져서 진부한 느낌을 극복하고 되풀이되는 일상적 감정에서 벗어나 신선하고 발랄하며 유머러스하게 표현해 보려는 생각에서 비롯된 것으로 보인다.[2] 속어 표현들은 처음에 시도되어 몇 년 간 지속되는 것도 있고, 몇 달도 못가서 사라지는 것도 있다. 그러나 어떤 것은 유행을 타고 계속 쓰이다가 표준어에 포함되기도 한다.

속어의 통용 범위는 전국에 걸쳐 사용되는 것도 있고, 조그만 집단 내에서만 쓰이고 바깥 사회에 노출되는 것을 꺼리는 것도 있다. 이런 경우 속어는 특정 집단의 성원간에 일체감을 느끼게 하는 일종의 은어의 성질을 띠게 된다. 이러한 유형의 속어를 일반적으로 암호말(cant)이라 부르는데, 이는 특별히 범죄자·마약 사용자·깡패 등 여러 피신자들이 사용하는 특수어를 뜻한다. 속어는 교육을 제대로 받지 못한 사람들만이 사용하는 것이라고 말하는 것은 잘못된 생각이다. 속어를 섞어 쓰면 어떤 문제를 빨리 그리고 정확하게 납득시킬도 수 있고, 점잖은 표현으로 하는 것보다 더 친밀감을 가질 수 있다는 생각에서 많은 사람들이 때때로 속어를 사용한다. 속어를 적절히 그리고 때와 장소를 잘

---

2) 위 책, p.xi.

가려서 사용하면, 말의 표현이 풍부해지고 생기가 돌게 된다.

[4] 접촉어

1) 혼성어

서로 다른 언어를 사용하는 異國人 간의 상업적 교제에서 상대방의 언어표현을 모방하여 새로운 변이형이 생기는 경우가 있는데, 이와같이 두 개의 언어가 섞여서 된 보조적인 언어를 混成語(pedgin language) 또는 피진語라고 한다. 피진語는 공통어를 갖지 않은 異國人들끼리의 의사소통이라는 매우 실용적이고 직접적인 목적을 위해 만들어진 말이다. 混成語, 즉 피진語는 본래 이국인들과의 商去來에 필요한 의사소통을 위하여 생긴 말이므로 통상어·상용어(trade language)라고도 한다. 어원적으로 pidgin이란 말은 영어의 business(상업, 장사)를 중국 廣東方言으로 일컫은 말이라고 한다. 그러나 모든 피진語가 통상용어로만 사용되는 것은 아니다. 독일에서 사는 이민 노동자들이 자기 출신 지역의 언어를 바탕으로 피진語를 만들어 사용하고 있는 바와 같이, 피진語는 모두 그 사용자의 필요에 적합하도록 특별히 造語된 것이다. 그리고 피진語의 조어는 두 개의 변이형이 하나로 통합하는 변종통합(variety synthesis)의 과정에 의하여 생성되는 특징을 가졌다. 그리고 어휘는 일반적으로 지배집단의 어휘를 바탕으로 한다. 대부분의 피진語는 영어·불어·포르투갈어·화란어 등을 기초로 하고 있다. 다음은 피진영어의 일종으로 新멜라네시아 피진語인 Tok Pisin(즉, pidgin talk '피진말'의 뜻)의 예다.[3]

> Bimeby [by and by] leg belong you he-all-right gain[again].
> 'You leg will get well again'(당신의 다리는 다시 나올 것이다)

---

3) R. A. Hudson, Sociolinguistics, Cambridge University Press, 1980, p.64. 재인용.

Sick he-down-im [him] me.
'I am sick'(나는 아프다).

[5] 혼교어

혼성어, 즉 피진語가 原話者(native speaker)를 가지게 되었을 때, 그 피
진語를 混交語(creol language) 또는 크레올語(creol)라고 한다. 피진어가
크레올語로 바뀌는 과정을 크레올化(creolisation) 과정이라고 한다. 피진
語가 자녀를 가진 부부에 의해 쓰이게 되면 피진어 토박이를 갖게 된다.
이러한 현상은 신대륙의 아프리카인 노예들 간에 많이 일어난다. 사회
적인 관점에서 보면, 크레올語는 피진語보다 더욱 관심의 대상이 되고
있다. 그 이유는 첫째, 크레올語의 화자는 피진語보다 더 많은 인구를
가졌다는 점이다. 피진어를 규칙적으로 사용하는 인구는 1천만 정도인
데, 크레올語를 사용하는 인구는 약 2천만에 이른다. 둘째로, 대부분의
크레올어는 아프리카 노예들의 후손이 사용하고 있어서 그들의 뿌리에
관한 중요한 정보원으로서 출신의 상징으로서 큰 관심의 대상이 되고
있다. 셋째로, 서인도 출신의 영국 이민들처럼 어떤 형태의 크레올語를
말하는 소수 집단이 있는데, 만일 그들이 사용하는 크레올의 특징을 모
르면 심각한 교육적인 문제가 생기게 된다. 다수 집단의 언어와 크레올
語와의 차이를 밝히는 연구가 필요하게 된다.4)

---

4) 위 책, pp.66-71 참조.

제12장 언어의 변화

1. 언어의 변천

언어는 끊임없이 변화한다. 언어의 변화가 멈춘다는 것은 곧 그 언어의 사용자가 사라졌음을 의미하는 것이다. 라틴어가 바로 변화가 멈춘 死語 가운데 하나다.

언어의 변화가 언어를 좋게 만드느냐 나쁘게 만드느냐 하는 문제는 객관적으로 볼 때 무의미한 질문이다. 언어학자는 학문적으로 언어변화의 양상을 연구하고 그 변화의 원인·방향을 구명하는 데 관심을 둔다. 언어 정책면에서 언어를 순화하고 어떤 표현을 버리고 새로운 표현을 취하고 통일을 기하고 하는 일 등은 별개의 문제다. 이러한 것은 순수 언어학의 범주에서 제외된다.

[1] 역사언어학의 성격

언어의 변화는 음운과 문법 그리고 의미 등 모든 면에서 시간과 더불어 존재한다. 언어는 단순한 단어의 집합체가 아니라 음운체계·어휘체계·의미체계·문법체계 등이 유기적으로 결합된 공고한 체계이므로, 언어의 변화는 그 체계 전체에서 일어나는 변화인 것이다. 역사언어학은 이러한 언어의 변화를 연구하는 언어학의 한 분야다. 그러므로 역사언어학은 언어의 변화가 왜 그리고 어떻게 일어나는가를 중요한 연구대상으로 삼는다. 그리고 개개의 언어에서 실제로 일어난 여러 가지 변화를 세밀하게 연구하여 언어변화의 어떤 보편성을 찾으려는 것이 역사언어학의 최종적인 목표라고 하겠다. 또한 언어는 여러 언어로 분화되기도 하는데, 이렇게 분화한 여러 언어 또는 분화했으리라고 생각되는 여러 언어들을 서로 비교하여 공통된 요소를 확인하고 그 언어가 어떠한 親近관계에 있는가를 증명하려는 것이 역사언어학의 중요한 임무이기도 하다. 이러한 연구는 역사언어학에서 비교방법에 의하여 행해진다. 이러한 연구분야를 비교언어학이라 한다.

[2] 언어변화의 일반적 특성

언어의 변화에는 일반적 특성이 있다. 즉, 언어는 사회 구성원간의 통일된 一樣性(conformity)을 확립하기 위하여 하나로 통일하려는 경향을 갖는다. 그리하여 하나의 동일 언어를 사용하는 화자들은 발음의 방법과 사용하는 분법 등을 엄밀하게 일치시킨다. 이와 같은 언어의 一致性은 미세한 부분에 이르기까지 유지됨과 동시에 한편으로는 심각한 分岐現象을 유발한다. 이 부분적인 분기현상도 언어의 基底에 있어서는 하나의 통일성을 갖는다. 따라서 이 변화는 一樣性을 가지고 전체 화자에 이르게 된다.

언어활동은 공동체가 있어야만 가능하다. 언어의 개신이 일반화의 조건에 의거하지만 그것이 사회적으로 정착되기 위해서는 언중들의 인정이 뒤따라야 한다. 언어의 변화는 화자의 개인적 영향과는 무관하며 개개인 화자의 총체에 대하여 공통적이며 동시에 그 자체 상호 간에도 병행성이 있으면 어느 정도까지 이들의 변화는 일반적 조건에 의존하게 된다. 이러한 언어의 一樣性·一致性·分岐性·竝列性·統一性 등이 언어변화의 일반적 특성이라 할 수 있다.

언어변화에는 여러 가지 요인이 작용한다. 그 중에는 언어체계의 균형을 파괴하는 것도 있고, 균형과 효율을 향하여 발달하여 온 것도 있다. 언어변화의 요인 중에서도 널리 알려진 것은 노력경제의 원칙(principle of least effort)이다. 말하는데 드는 시간과 노력을 줄이기 위하여 발음하기 쉽게 변화하는 것으로, 특히 음성 음운론에서 이와 관련하여 여러 규칙을 제시하기도 한다. 동화현상 등은 최소노력 원칙의 구체적인 예다.

2. 언어변화의 유형

언어변화의 유형에는 음운변화·유추·차용·내부변화 등이 있는데, 실제로 언어변화는 음운·어휘·문법·의미 등에서 나타난다.

[1] 음운변화

언어변화의 요인 중에서 대표적인 것은 최소노력의 원칙이다. 힘을 덜 들이고 발음하려는 경향 때문에 소리의 변화가 생기게 된다. 말소리도 시간의 흐름에 따라 변화한다. 물론 말소리가 하루 아침에 갑자기 변하는 것은 아니고 오랜 시간을 두고 조금씩 서서히 변하며, 변하기 전의 발음과 공존하게 된다. 그리고 변한 발음을 사용하는 언중들이 점차 많아지면서 완전한 발음의 변화에 이르게 된다.

음운의 변화에는 결합적 조건변화(conditioned change)와 자생적 무조건변화(unconditioned change)가 있다.

결합변화는 배열되는 일정한 음성환경을 조건으로 하여 나타난다. 즉 어떤 음운변화가 인접음의 영향에 의하여 발생하는 음운의 변화를 말한다. 그런데 결합변화, 즉 조건변화에는 동화와 비동화가 있다.

동화(assimilation)에는 구개음화·모음간 약음화(intervocalic weakening)·모음동화·자음동화·모음변이 등이 있다. 이 동화는 어떤 음의 영향으로 다른 음이 그와 닮아지는 음운변화를 말한다. 또한 동화에는 순행·역행·상호·인접·격접 그리고 완전·부분동화 등이 있다.

국어에 나타나는 동화에 의한 음운변화의 예를 들면 아래와 같다.

(1) 모딜다>모질다, 티다>치다, 어딜다>어질다
(2) ᄆ숨>마음, 고븨,>고이(麗), 더븨>더위
(3) 심겁다>싱겁다, 닫니다>단니다, 이튼날>이튼날
(4) 믈>물(水), 블>불(火), 플>풀(草)
(5) 아춤>아침, 즞다>짖다, 뜯다>찢다
(6) 굼벙이>굼벵이, 낭이>냉이, 돌팡이>달팽이

영어의 예로서 ad-similare(닮다)>assimilation(同化), ad-nectre (묶다)>annex(합병)에서 d가 다음에 인접한 소리를 닮아 s와 n으로 바뀐 것은 역행 인접 자음동화의 예이며, 라틴어 ripa(해변), fata(운명)가 스페인어 riba, fada로 바뀐 것은 모음 간 유성음화한 음운변화의 예들이다.

대부분의 결합변화는 동화에 의한 것이지만, 동화가 아니면서 결합변화가 나타나는 것들이 있다. 異化·縮約·添加·中和·音韻轉位 등이 그것이다.

국어에 나타나는 비동화에 의한 음운변화의 예를 들면 아래와 같다.

(1) 붐>북(鼓), 부섭>부억(부엌), 처섬>처음
(2) 드르>들(野), 거우루>거울(鏡), 가히>개(犬)

(3) 죠희>종희(종이), ᄀ르비>가랑비, 더디다>던지다
(4) 빗복>빗곱(배꼽), 희야로비>희오라비, 어리숙ᄒ다>어수룩하다.

다음은 중국 北部언어 음운화변 중에서 어말 폐쇄음이 탈락된 예이다.

【중국 북부언어 어말폐쇄음 탈락 예】

고대 중국어	현대 중국어	의미
fap	fa	法
pat	pa	八
liuk	liu	六

이러한 현상은 다음과 같이 간단하게 규칙화할 수 있다.

$$[\text{폐쇄음}] \rightarrow \varnothing \, / \_\_\#$$

[2] 유 추

언어의 한 형태가 어떤 연합관계에 의해 다른 형태와 비슷하게 되는
과정을 類推(analogy)라고 한다. 즉 이미 존재하는 어떤 유형을 본받아
어떤 문법 형태가 새로이 만들어지거나 변화를 입는 현상이다.

언어변화의 상당수는 엄격한 음운법칙만으로 설명되지 않기 때문에
유추라고 하는 또 하나의 방법으로 언어변화가 설명될 수 있다.

유추 현상의 특징은, 언어에서 어떤 새로운 형태나 문법범주를 창조
하지 못하며, 단지 이미 존재하고 있는 것들의 전파나 확대만 일으킬
뿐이라는 점이다. 유추는 주로 문법에서 이루어지지만, 음운면, 형태면
에서도 많이 나타난다. 일반적으로 유추는 불규칙적인 것을 규칙적인
것으로 만드는 작용으로서 문법체계를 파괴하는 것이 아니라, 그것을
새로이 건설하는 작용을 한다. 따라서 이와 같은 유추현상이 언어변화
의 원인이 되기도 한다.

　요즈음 젊은 층에서는 사물의 수를 셀 때 數冠形詞를 하나로 통일하여 사용하려는 경향을 보인다. 예를 들면 종이를 셀 때 '한 장, 두 장, 세 장, 네 장……'과 같이 말하는 것을 들을 수 있다. '석 장, 넉 장'이라고 해야 할 것을 '세 장, 네 장'이라고 하는 것은 '한 사람, 두 사람, 세 사람, 네 사람……' 등과 같이 數冠形詞 '한, 두, 세, 네……' 등으로 통일하려는 유추현상이다. 또한 '가거라, 오너라' 대신에 '가라, 와라'라고도 하는데, 그 이유는 모든 다른 동사의 명령형이 {-아라/-어라}인데, '가다, 오다'의 경우만 {-거라}, {-너라}로 이른바 변칙이어서 이를 다른 규칙동사처럼 {-아라/-어라}형으로 말하고자 하기 때문이다.

　유추는 일상적인 언어생활에서 광범위하게 일어난다. 미국의 어느 언어학자는 어린이의 말에서 다음과 같은 유추현상이 일어나는 것을 보고 한 바 있다. 어느 날 한 비행기 편대가 날아오는 것을 보고, 아버지가 그의 어린 아들에게 'That is a formation'(저것은 하나의 편대구나)라고 설명해 주었다. 그 때 날아온 비행기는 우연히도 네 대가 한 편대를 이루고 있었다. 얼마 안되어 이번에는 두 대의 비행기가 한 편대를 이루고 날아왔다. 그것을 본 어린이는 곧 아버지에게 'There is a twomation'이라고 했다. 그 어린이는 아버지가 formation(편대)이라고 했을 때, 첫 음절의 for-를 수사 four(4)로 착각했던 것이다. 그리하여 두 대가 날아오는 것을 보고, 곧 수사 two를 이용해서 twomation을 만들어낸 것이다. 이것도 물론 하나의 유추현상인 것이다.

　Paul(1880)은 유추현상을 다음과 같이 비례사항식으로 설명했다.[1]

$$\text{animus : animi = senatus : } \chi \qquad \chi = \text{senati}$$

　라틴어에서 senatus(원로원)는 본래 제4변화에 속하고, 속격은 -us였는데, 제2변화가 되어 senati라는 속격형식을 창출하게 된 것이다.

---

1) H. Paul, *Principien der Sprachgeschiche*, 1880, p.117.

앞에서 든 어린이의 유추현상을 다음과 같이 비례식으로 표시할 수 있다.

$$four : formation = two : \chi \qquad \chi = twomation$$

영어를 배우는 학생들이 sheep의 복수형을 *sheeps(pl)라고 잘못 생각하는 것도 일종의 유추에 의한 생각 때문이다.

$$cow : cows = sheep : \chi \qquad \chi = sheeps(pl)$$

위의 비례식에서 왼쪽은 다수의 일반적 규칙성을 보인 것이다.

15세기 국어에서 {오-(來)}는 선어말어미{-거-} 대신 {-나-}를 가졌었다. 즉, {'오나든, 오나늘} 그러나 다른 모든 동사가 {-거-}를 가진 것을 본받아서 {오-(來)} 語基도 선어말어미 {-거-}로 바뀌어, 나중에는 '오거든, 오거늘'등으로 사용하게 되었다.

$$\{가-(去)\} : \{가거늘\} = \{오-(來)\} : \chi$$
$$\chi = 오거늘$$

또한 중세국어의 음운변화에서 /ㄹ/ 뒤의 {거}가 {어}로 변했는데 ('알거늘>알어늘') 이것이 근대국어에서 '알거늘'로 바뀌어 사용된 것은 다른 동사류 어간이 모두 {거}를 취하기 때문에 여기에서 오는 유추현상이라 하겠다.

라틴어 honor(명예)의 어형변화에서도 유추현상을 찾아볼 수 있다.

【라틴어 'honor'의 유추현상】

격	라틴어의 기록	후대의 기록
주격	honos	honor
속격	honor-is	honor-is
여격	honor-i	honor-i

옛 라틴어의 기록에서 주격 어형변화만이 다른 어형을 가지고 있어서, 결국 불규칙한 어형변화를 만들어 놓는 결과가 되어, 이것을 규칙적 어형변화로 만들려는 유추작용으로 s를 r로 바꾼 것이다.

[3] 차 용

언어가 변하는 또 한가지의 이유는 다른 언어의 영향 때문이다. 예컨대 영어 단어 patio(집안의 뜰)는 영어가 아닌 때가 있었으나 지금은 영어 단어가 되어 영어사전에 버젓이 수록되어 있다. patio라는 단어는 영어 화자들이 창출해 낸 것이 아니다. 이 단어는 스페인어였다. patio가 영어의 어휘목록으로 편입된 것은 분명히 스페인어의 영향에서 온 결과이다. 이 스페인어를 알고 있던 사람들이 그 단어를 영어에서 사용하기 시작했고, 이것이 많은 언중들에 의하여 영어로 차용하게 된 것이다.

앞에서 언급한 바와 같이, 借用(borrowing)은 한 언어나 방언이 다른 언어나 방언으로부터 언어요소를 취하여 편입시키는 과정이라고 정의된다.[2] 차용은 매우 흔한 언어현상으로서 다른 나라의 언어와 조금이라도 접촉을 가지는 언어에는 차용어가 없을 수 없다. 그러나 언어마다 차용에서 생긴 어휘항목의 비율에 있어서 심한 차이를 보여준다. 이를테면 알바니아어에는 그 어휘에 차용어가 너무 많기 때문에 고유어는 2, 3백 단어에 불과하다. 영어는 차용의 정도가 알바니아어보다는 훨씬 낮으나, 영어의 많은 어휘가 외국에서 온 것이기 때문에 다른 언어에 비하여 영어도 차용의 정도가 높은 언어로 알려져 있다.

차용에는 어휘차용과 문법차용이 있다. 그 중에서 일반적으로 어휘차용이 많으며, 그 차용된 단어를 차용어(loan word)라 한다. 차용어에는 언어 형태가 그대로 차용되는 경우와 어느 정도 音과 형태상의 변화를

---

2) Anthony Arlotto, *Introduction to Historical Linguistics*, Houghton Miffin Company, 1972, p.184.

수반하는 경우가 있다. 일반적으로 차용어는 자립형식이 많으며, 의존형식의 경우는 적다.

어휘차용에서 한 가지 흥미로운 현상은 借用翻譯(loan translation)이라고 알려진 것이다. 예컨대 영어의 That goes without saying(그것은 물론이다)은 불어 Ca va sans dire의 직역이며, iron curtain(鐵의 帳幕)은 독일어 einsernir Vorhang를 축어적으로 직역한 것이다. 이 경우 영어를 말하는 사람들이 차용하는 것은 실제의 어휘항목이 아니고, 어떤 개념을 표현하기 위하여 어휘를 비유적으로 배열한 形이다. skyscraper(摩天樓)도 그 한가지의 예다. 불어오는 gratte-ciel, 스페인어로는 rescacielos로써 각각 영어의 '하늘을 긁다'라는 비유를 차용해서 뜻을 나타냈는데, 독일어 Wolkenkratzer는 하늘을 나타내는 말 대신에 '구름'을 나타내는 말로 사용된 점이 다르다.

어휘항목은 비교적 자유롭게 차용되는데, 비해서 한 언어의 문법차용은 그리 흔하지 않다. 아마도 그 까닭은, 문법체계라고 하는 것은 통합된 일련의 규칙으로 구성되어 있고, 한 규칙의 바뀜은 그 체계 내의 다른 부분에까지 많은 변화를 미치게 하기 때문이다.

발칸반도의 언어들(예컨대, 알바니아어, 불가리아어, 그리스어, 루마니아어 등)은 부정사절의 사용이 크게 제한되어 있다. 이를테면 The children want to leave(어린이들은 떠나기를 원한다)가 아니고 The children want that they leave식으로 말한다. 이 언어들은 관련이 있기는 하나 대개 간접적 관계이고, 비슷한 문법의 특징은 상호차용때문이라고 한다.[3]

court martial(군법회의)와 같이, 명사 뒤에 형용사가 오는 것은 불어의 문법체계를 차용한 예다. 또한 이 문법 차용은 postmaster general(체신부 장관)과 같은 말을 생산해 내고 있다.

또한 차용은 근원에 따라 외적차용과 내적차용이 있다. 외적차용에는

---

3) Ronald W. Langacker, *Language and Its Structure*, Harcourt Brace & World, Inc., 1968, pp.176-177 참조

방언간의 차용, 동일 언어의 초기 단계에서의 차용, 국어와 국어 간의 차용 등이 있다. 방언간의 차용은 동일 언어 내에서 지역적 방언, 사회적 방언, 직업적 방언에서 차용되는 경우다. 동일 언어 간의 초기 단계에서의 차용(archaism)은 고문서 등에서 고어를 차용하는 경우이다. 그리고 국어 간의 차용은 외국어에서의 차용을 말한다. 이중언어사용(bilingualism)의 상태나 이에 가까운 상황에서 많이 있는 현상이다. 한국어의 이러한 차용어의 공급원은 중국어(漢語)이고, 그 밖에 몽고어, 일본어, 영어를 비롯한 歐美諸語 등이다.

내적차용은 위에서 논의된 바 있는 유추가 이에 속한다. 즉, 어느 조직의 한 부분에서 동일 조직에 속하는 다른 부분으로 언어적 특징을 전이하는 과정이다. 일반적으로 언어변화의 유형으로서 차용은 외적차용을 지칭한다. 외적 차용에 있어서 차용어로 차용될 때, 어휘적 의미의 변화를 가져오는 경우가 많으며, 형태상의 변화를 수반하기도 한다. 그리고 문법 변화, 교체변화(alternative change), 음소 변화 등이 수반된다. 국어의 음운체계 변화의 예로서, 국어에서는 본래 어두에서 첫소리 /ㄹ/이 올 수 없으나 서구어의 차용에 의하여 예외가 생긴 것을 들 수 있다.

[4] 불연속 전승

지금까지 우리는 언어의 변화를 언어체계 내부의 규칙적 요인의 측면에서 살펴보았다. 그러나 이러한 접근만으로는 언어변화의 양상을 충분히 이해하기 어렵다. 언어변화의 요인에는 예외적인 것들도 있는데, 그 대표적인 것으로 언어외적 요인인 不連續 傳承(discontinuous transmission)이 있다.

아동들이 말을 배울 때, 모국어의 어형과 규칙을 문법책으로 배우지는 않는다. 언어생활 가운데서 자연히 익히게 되며, 언어습득 장치라고 하는 일종의 내부인식기제를 통해서 청취된 말에 대해 자기 모국어의 문법규칙을 추상해 내는 것이다. 그런데 한 언어에서 대부분의 단어는 세대를 거쳐 전승되면서 각 세대마다 다소간의 발음변화 등을 일으키며, 뒤 세대들은 이것을 더욱 변화시키게 된다.

그러나 대부분의 단어들이 임의적 성격을 가진 데 비해 모방어(imitatives)나 감정어(expressives)와 같은 상징어들은 비임의적 성격을 지니고 있다. 기호표현과 기호내용이 밀착 결합된 상태로 전승된다. 어느 사물을 어떤 단어로만 표현해야 하는 성질, 즉 專有性을 지니고 있다. 그러므로 이들 단어들은 그 앞 세대로부터 변화의 흐름에 좌우되지 않으므로 언어발달사의 산물이 아니다. 어떤 의미에서 이들 모방어나 감정어들은 각 세대마다 새롭게 창조되는 것이라 할 수 있다.

인구어족의 k가 영어에서 h로 변화한 일반적 현상에도 불구하고 cuckoo와 같은 모방어에는 영향을 주지 못하고 있음을 알 수 있다. 그 이유는 단지 각 세대가 뻐꾹새 소리를 들을 때마다 그 새의 울음소리를 모방하여 말하도록 시도하기 때문이다.[4] 이와 같이 언어기호는 임의적이지만 적어도 모방어들의 기호는 덜 임의적이다.

또한 중국어에서도 이러한 예를 찾아볼 수 있다. 고대 중국어(AD 600 년경)는 유성음과 무성음으로 시작하는 단어들마다 평조성조(level tone)를 가졌었는데, 현대 중국어에 와서 음운변화가 생겨, 이들 평조는 두 종류의 성조로 나뉘어 어두자음이 무성음인 것은 고조(high)로 유성음으로 시작하여 상승조(rising)로 변했다. 이것을 규칙화하면 다음과 같다.

	고대 중국어	현대 중국어
규칙 1	# c [−유성음] 예 t^hien (天)	高調(제 1 성조) t^hien^1
규칙 2	# c [+유성음] 예 neng (龍)	上昇調(제 2 성조) neng^2

---

4) Grimm의 법칙에 따르면, 인구어족의 cuckoo(뻐꾹새)[라틴어 cucu-lus 그리스어 kokkuks]는 예상되는 영어 및 게르만 어형에서는 huhu로 음운변화를 이루어야 하는데 실제는 그렇지 않다.

이와 같은 성조의 변화규칙이 음성 상징어 내지는 모방어의 경우에
는 적용되지 않고 있다는 것이다.[5]

hou^1	'코골다'	si^1	'씩씩거리다, 흐느끼다'
shən^1	'신음하다, 끙끙거리다'	maur^1	'고양이'
lie^1	'흐느낌'	neng^1	'종알거림, 졸졸소리'

결국 중국어 화자들은 지난 1400여년 간 모국어를 배우면서도 다른
음운변화에 관계없이 모방어들은 고조(제1성조)를 고수하고 있었음을 알
수 있다.

3. 역사언어학

[1] 역사언어학의 개념

언어를 통시적으로 연구하는 언어학을 역사언어학(historical linguistics)
또는 史的 언어학이라 한다. 즉 역사언어학은 기술언어학이나 공시언어
학의 대가 되는 통시언어학의 성격을 지니고 있다.

근대언어학은 비교언어학으로 발전하였는데 동일 언어의 다른 시기
에 있어서의 언어구조 및 언어현상을 통시적으로 비교하여 그 차이를
연구하는 것이 역사언어학의 주요한 과제이다. 즉 유사한(계통이 같은) 여
러 언어를 비교하여 상호간의 친족관계를 확립하고, 각 언어의 역사적
변천을 밝히는 비교언어학도 역사언어학의 중요한 한 부문이다.

---

5) A. Arlotto, *Introduction to Historical Linguistics*, Houghton Mifflin Company, 1972,
   pp.196-199 참조.

   역사언어학은 어떤 언어의 역사에서 외적역사와 내적역사를 구분하여 고찰한다. 외적역사(外史, external history)는 언어 사용자들의 原住地 또는 移住地에 대해서 다른 언어 사용자들과의 접촉 또는 그들이 겪은 문화적 사회적 변동에 관하여 논한다. 그 언어에 어느 형태로나 영향을 미친 모든 사실에 관하여 살핀다. 언어의 역사는 그 민족 전체의 역사와 유리될 수 없기 때문이다. 국어의 경우 외적 역사에 관해서 말하면, 한국어를 말하는 우리 조상들이 언제 한반도에 들어왔으며, 그 이전에는 이곳에 어떤 언어 사용자들이 존재했으며, 그뒤 어떤 곡절을 겪으면서 오늘날과 같은 언어적 통일을 이루었는가, 또한 그 동안 중국어를 비롯한 北方諸語와 어떻게 접촉하였으며, 어떠한 영향을 받아왔는가 등의 문제가 다루어진다. 내적역사(內史, internal history)는 그 언어의 구조자체에서 일어나는 여러 사실에 관하여 논한다. 즉, 음운과 문법 그리고 어휘 등에서 일어나는 여러 가지 언어변화가 여기에 포함된다. 여기에서 개별언어의 음운사·문법사·어휘사 등이 다루어진다. 그리고 문자 체계의 역사, 즉 문자사도 넓은 의미의 언어사 연구에 포함된다.

[2] 언어사의 연구

   언어사의 연구방법에는 문헌 이전의 언어를 대상으로 하는가, 혹은 문헌 이후의 언어를 대상으로 하는가에 따라 전망적 방법과 회고적 방법이 있고, 또한 조사의 대상·방법에 따라 문헌조사·비교조사·방언조사·언어이론 조사 등 여러 가지 연구방법이 있다.

1) 전망적 방법

   시간의 흐름에 따라 내리 살피는 순행적 연구방법이다. 어떤 언어의 역사적 기록을 문헌을 근거로 하여 시간에 따라 조사해 내려옴으로써 이루어진다. 언어의 역사를 문헌 이전과 문헌 이후로 나누어 문헌 이후의 언어사를 문헌자료를 중심으로 조사연구하는 방법으로 어떤 언어든지 역사적 문헌에 근거해야 하는 제약성을 갖는다. 국어의 경우 훈민정음 창제 이후에는 비교적 문헌자료가 풍부하여 주로 전망적 방법으로 고증할 수 있으나, 훈민정음 창제 이전에는 한문자로 쓰인 자료가 극히 단편적으로 전해져 내려올 뿐이어서 전망적 방법만으로는 불완전하다. 그러므로 회고적 방법과 잘 조화시켜 적용하지 않으면 안된다. 그리고 문헌에 의한 연구는 가능하면 각 시대의 공시적 기술을 정밀히 하여 그 기초 위에 통시적 서술을 하는 것이 필요하다. 그러나 실제로 공시적 연구와 통시적 연구는 서로 보충되지 않으면 안 된다. 현대어와는 달리 옛말에 대한 공시적 연구란 부정확하기 마련이어서 통시적 연구가 이것을 보충하는 것이다.

2) 회고적 방법

문헌 이전의 언어적 사실을 밝히는 데 사용되는 연구방법이다. 문헌을 통한 전망적 방법에서 얻어진 언어의 역사적 변천과정을 토대로 하여 그 이전의 언어사실이 어떠했을까를 고구하는 연구방법이다. 회고적 방법은 문헌에서 얻어진 결과뿐 아니라 비교연구 방법이 중요한 구실을 하고, 방언도 매우 중요한 자료가 된다. 문헌 이전의 先史를 밝히기 위해서는 주로 회고적 방법에 의존하는데, 여기에서 사용하는 중요한 방법은 比較·對應·再構 등이다.

비교(comparatives)는 어느 개별언어와 친족관계에 있는 여러 언어와의 비교연구로서, 이들 언어 사이의 음운·의미의 일치, 즉 대응(correspondence)에 의하여 원시형태를 재구할 수 있는 것이다.

재구(reconstruction)는 내적 재구 대응에 의하여 원시형태를 가설적으로 다시 구성하는 것을 말한다. 국어는 이러한 재구를 통하여 알타이어족 共通祖語의 모습까지 설정할 수 있다. 내적 재구는 순전히 어떤 공시적 상태를 보여주는 암시에 의거하여 그 이전의 어형을 재구하는 방법이다. 예를 들면, 현대 국어 '찹쌀, 멥쌀, 좁쌀, 입쌀' 등은 '뿔'에서 근거한 것으로, 옛날에는 오늘날의 찹쌀(米)이 달리 발음되었음을 암시하며, '낫(鎌), 낮(晝), 낯(面), 낟(穀), 낱(個)'의 끝소리가 모음으로 시작되는 어미 앞에서는 제대로 발음되지만, 休止 앞에서는 [t]로 나타나 모두 동음어가 된다. 그러나 철자로 보아 옛날 이른 단계에서는 이들의 끝소리가 休止 앞에서도 각기 다르게 발음되었을 것이라고 재구하는 일 등이 이에 속한다.

[3] 언어사 연구부문

언어사의 연구분야는 언어학 각 분야의 역사적 연구로서, 음운론의 음운사, 어휘론의 어휘사, 문법론의 문법사, 그리고 방언론의 방언사 등 여러 가지 연구부문이 성립된다.

1) 음운사

연구는 음운론의 차원에서도 변화가 일어난다. 이러한 음운의 변화, 즉 음운체계의 발달과 변천을 역사적으로 연구하는 음운론을 史的 音韻論 또는 通時的 音韻論(diachronic phonology)이라 한다.

모든 음의 變移를 음운체계와 관련시켜 그 기능면에서 고찰하고 음운변화의 전후의 상태를 구명하여 그 원인·방향·목적 등을 해명하려고 한다. 모든 음운변화는 그것이 일어난 체계와의 관련에서 다루어지지 않으면 안 된다는 것이 史的음운론의 제 1 원리가 되어 왔다. 어떤 음운변화가 일어났을 때 그 체계에 어떤 변화를 가져왔는가, 또는 음소의 목록은 변하지 않았더라도 그 체계의 구조가 변하지 않았던가, 다시 말하면 어떤 음소의 다른 음소들과의 관계나 그 변별적 자질에 어떤 변화가 없었는가 하는 여러 문제를 검토할 필요가 있다는 것이다. 여기서 음운변화의 여러 가지 유형, 즉 음운화·비음운화·재음운화 등이 생긴다. 이러한 체계의 존중은 음운변화의 원인 내지 목적이 체계의 균형의 재수립에 있다고 하는, 보다 근본적인 생각에서 나타난 것이다. 음운체계의 변화는 어떤 불안정한 요인의 개입을 가정한다. 이런 불안정한 요인이 없다면 음운체계는 영원히 고정될 것이기 때문이다. 이 불안정의 요인을 언어외적인 사실에서 찾으려는 견해도 있지만 이런 요인이 음운체계의 불균형을 가져오면 그 균형을 회복하려는 기능적 구조적 요인이 작용하는 것이다. 안정과 균형은 음운체계의 기능상 불가결한 요청인 것이다.

史的 음운론의 관점에서 음운변화는 단지 A음이 B음으로 바뀌었다는 A>B의 공식으로 표시할 수 있는 것이 아니다. 여기에 몇 가지 음운변화의 유형을 보이면 다음과 같다.

(1) 음운외적 변화

음의 변화가 단지 동일 음운의 변종(variant)의 수와 종류가 증가하는 경우의 음운변화를 언어외적 변화(extraphonological change)라 한다. 이와 같은 음운변화의 공식은 $A > A_2$ 로 표시된다.

(2) 음운적 교체

음의 변화가 한 음운의 종류에서 다른 음운 성원의 변종으로 바뀌는 음운 변화를 음운적 교체(phonlolgical mutation)라 한다. 이와 같은 음운변화의 공식은 $A_1 > B_1$ 으로 표시되는데, 이를 세분하면 異音韻化·同音韻化·變音韻化 등으로 나뉜다. 異音韻化는 동일 음운의 변종에서 상이한 두 음운(상관적 또는 분리적)으로 되는 경우로서, $A_1 : A_2 > A : B$ 의 공식으로 표시된다. 同音韻化(혹은 脫音韻化)는 상이한 두 음운에서 한 음운의 변종이 되어 음운적 대립이 소멸하는 경우다. $A : B > A(1) : A(2)$의 공식으로 표시되는데, 이 경우에는 상관적 음운과 분리적 음운의 2종이 있다. 끝으로 變音韻化는 두 음운 간의 차이가 別種의 차이가 되는 경우로서, 상관적인 두 음운이 別種의 상관적 음운으로 되는 경우와,

두 음운의 관계가 상관적 대립에서 분리적 대립으로 변하든가 혹은 그 반대로 되는 경우가 있다. 전자는 A : B > C : D, 후자는 A : B > A : C의 공식으로 표시된다.

국어 음운사의 연구는 19세기와 20세기의 교체기에 이루어진 훈민정음 연구에서 싹텄으며, 이 연구는 문자문제의 해결이라는 절실한 현실적 필요에 자극된 것이어서, 그 주된 목적은 훈민정음 체계의 본래의 모습을 밝혀 새로운 문자체계 수립에 참고하려는 데 있었다. 이제는 사용되지 않거나 사용되더라도 그 음가가 확실치 않게 된 '·' 모음과 'ㅿ, ㅸ' 등의 자음이 주된 연구대상이었다. 국어 음운사의 기점을 대부분 훈민정음이 창제된 15세기 중엽에 두었다. 이리하여 국어 음운사는 15세기 이후의 5백년에 국한되었다. 15세기 이전의 자료가 적다는 것은 사실이지만, 자료의 부족이라는 이유로 15세기 이전의 음운체계 연구를 포기할 수는 없는 것이다. 국어 음운사의 목적은 고대로부터 현대에 이르기까지의 국어 음운을 체계화하는 것이다.

2) 어휘사

언어사에 있어서 어휘사는 史的어휘론과 史的의미론을 포함한다. 史的어휘론은 어휘의 역사적 변천에 관한 연구를 말한다. 어휘의 변화에는 地域的 變容과 歷史的 變遷이 있다. 전자는 방언어휘를 이루며, 후자는 어휘사를 형성한다. 어휘의 역사적 변천에 있어서 그 기본적인 요인이라고 할 수 있는 것은 음운·의미·문법 등의 변화로 인한 것이라고 말할 수도 있으나, 이에 못지 않게 중요한 요인은 시대의 변천에 따라 달라지는 문물의 발달과 생활양식의 변화, 즉 언어생활사적변화 때문이다. 그러므로 어휘 변화의 요인은 언어 자체가 내재하고 있는 요인과 언어외적 요인이 있다. 전자는 어휘를 이루고 있는 단어의 어형이나 어의가 변화하는 요인이다. 史的어휘론을 구성하고 있는 주요한 내용은 語源論·言語年代學·意味史·方言史 등이 있다.

(1) 어원론

언어기호는 하나의 對象개념과 그것에 대응하는 음운형식의 결합으로 성립된다. 개개의 언어기록, 즉 단어 혹은 구절의 이와 같은 결합이 성립하는 유래를 그 단어의 어원이라 하고, 이와 같은 결합이 본래 어떻게 성립되었는가하는 그 배경을 포함하여 의미나 형식의 양면에서 과학적으로 고찰하여 설명하는 언어학의 일부문을 어원론(etymology)이라 이른다. etymology는 희랍어 etymos(true)＋logos(word)에서 유래된 말로 단어의 근원 또는 참뜻(眞意)을 탐구할 뿐만 아니라 최초의 어형을 추적한다. 현재 사용되고 있는 말이 파생되기 이전의 根源型(etymon)을 찾아낸다. 또한 어원론은 어떤 언어에 있어서 최초의 발생부터 일어난 모든 것, 단어의 派生 分化, 다른 언어와 관계되는 모든 역사를 찾아내는 데 관심을 집중한다. 그래서 단어의 생활사는 그 단어가 가지고 있는 현재의 의미를 더욱 확실하게 해 준다. 그러므로 어원학자는 어떤 의미에 있어서 언어적 탐정이 된다. 기록되지 않은 역사·관습·전통·지난날의 생활방식에 까지 접근하게 된다.

(2) 언어연대학

言語年代學(glottochronology)은 1950년대 미국의 인류학자이며 언어학자인 Swadesh가 고안한 언어의 분열 연대를 측정하는 방법을 연구하는 일종의 語彙統計學이다. 언어는 변화할 뿐만 아니라 또한 사멸하기도 한다. 언어의 사멸현상을 온전하게 탐구하기는 힘들지만, 일반적으로 어휘의 소실은 문화의 변화와 같이 이루어지고 있음이 구명되었다. 예를 들면 우리는 오늘날 점성술에 사용되고 있는 전문어는 생소하고 어렵게 생각한다. '시간성학'과 점성학을 구별할 수 있는 사람도 별로 없을 것이다. 더구나 각 전문용어의 명명법(nomenclature)에 관해서는 더 모르고 있다. 이들 용어는 관습이 없어짐과 동시에 사용되지 않게 되었다.

어휘항목의 소실이 크게 주목을 끌게 된 것은 최근의 일이다. 이 관심은 연대적 언어관계를 결정짓기 위하여 어휘소실의 비율 내지는 維持의 백분율을 사용하려는 시도도 나타났다. 共通祖語에 존재하던 어휘는 분열된 각 언어에서 일정하게 소멸되어 간다고 가정하고 공통조어에서 분열한 첫 천 년 뒤에는 81%가 남고, 또 다시 천 년 뒤에는 첫 81%의 81%가 다시 남는다고 본다. 예를 들면 기초어휘 200개를 선정했을 때, 어느 두 언어가 66%의 기초어휘를 공유한다면, 그 두 언어는 분열해서 천년이 되고, 또 44%이면 2천년이 되는 셈이다. 이와 같이 소실된 어휘의 연대적 관계를 결정하거나 어휘소실의 비율을 알기 위하여 어휘를 통계적으로 연구하는 어휘연구의 한 부문을 言語年代學이라 이른다. 이것은 역사적 목적에 의하여 조사 분석되므로 語彙史에 속한다. 이것을 광의의 명칭으로 語彙統計學(lexicostatistics)이라고도 한다.6)

(3) 방언사

좁게는 한 방언이 어떻게 성립되었으며, 어떤 推移를 거쳐 오늘에 이르렀는가 하는 역사적 변천과정을 말하며, 넓게는 中央語의 국어사에 대한 각 방언체계의 역사적인 변천과정을 말한다. 방언사를 연구하려면 우선 방언의 음운·어휘·문법에 관한 공시적인 기술이 체계적으로 이루어져야 한다. 다음으로 방언을 기술하였거나 관찰한 과거의 문헌이 있으면 그 기록의 연대나 태도를 검토하여 그 자료의 가치를 판단하고 현재의 방언과 비교하여 방언의 推移를 밝히게 된다. 이러한 작업 외에 동일방언의 下位方言들을 비교하거나 그 인접 방언을 관찰하거나 하여 도움을 받을 수 있으며, 국어사에 대한 관찰에서도 큰 도움을 받을 수 있다. 그리고 지역방언에 대해서 기술 고찰한 문헌을 가능한 한, 연대순 지역별로 수집하여 자료의 가치를 음미한 뒤에 방언의 역사적 推移과정을 밝히게 된다. 그러나 방언은 中央語와는 달리 자료가 매우 부족하기

---

6) Winfred P. Lehmann, *Historical Linguistics : an Introduction*, Oxford & IBH Publishing
   Co., 1962, pp.107-111 참조

때문에 이러한 작업은 흔히 난관에 부딪치게 마련이다. 이 경우에는 다른 방언이나 국어사에서 도움을 받을 수 있다.

(4) 문법사

한 언어의 문법체계에 관한 역사적 변천을 연구하는 문법을 역사문법 또는 史的文法(historical grammar)이라고 한다. 개별언어의 특정한 시기를 대상으로 공시적 관점에서 관찰하는 기술문법에 반하여, 역사문법은 통시적 관점에서 문법현상을 기술하고 설명한다. 그리고 음운어휘의 문제와는 달리 構文관계에서 일어나는 역사적 변화에 관한 연구로서, 이것은 한층 고차의 언어형식의 문제이다. 이와 같이 統辭의 역사적 변천에 관한 연구라는 점에서 史的統辭論이라고도 한다. 형태론적 체계의 변화만을 따로 史的形態論이라고 한다.

문법적 형태소를 포함하는 단어의 의미영역은 발화에 따른 지시영역의 변동에 의하여 확대되는 방향으로 동요되는 것으로 생각하는데, 이와 동시에 통합관계에 의한 기능의 동요를 반복하기도 한다. 이와 같은 의미와 기능의 동요는 통합관계에 대한 유추작용의 결과인데, 단어의 밑부분인 문법적 형태소에도 영향을 미침는 것이 분명하다.

문법관계를 나타내는 통합형이나 文型의 변화는 문법적 관계를 나타내는 형태소와의 관계를 포함한 복잡한 문제로서 분명하지 않은 부분이 많은데, 型이라는 규칙의 확립에는 형식 상호의 위치관계와 그에 따라 표시되는 문법관계와의 빈도에 의하여 유추작용이 큰 구실한다.

결국 문법변화에 보이는 특색은 다른 요인과 유추작용과의 결합에 의한 복합적 현상이라고 할 수 있다. 이에 따라 여러 가지 문법체계의 유추적 변화가 이루어진다. 語幹의 형식을 통일하려는 방향으로 변화하는 문제라든가, 선어말어미의 변화, 어미체계의 변화, 형식의 기능 확대와 축소, 병렬적 변화 등 형태론적 체계의 변화와 통사론적 체계의 변화에 있어서 문법체계의 유추적 변화는 중요한 위치를 점하고 있다.

그러나 국어 문법사의 연구에는 여러 가지의 어려움이 있다. 그것은 문법 연구 자료의 영세함 때문이다. 특히 고대국어와, 고려의 건국에서 훈민정음 창제에 이르는 전기중세국어에 관한 자료는 더욱 영세하다. 그나마 전부가 한자로 기록된 것이므로, 그 자료가 나타내는 언어사실을 파악하기란 매우 어려운 일이기 때문에 이러한 상황에서 국어문법사의 종합적이고 체계적인 서술이란 거의 불가능에 가깝다. 그러나 15세기를 중심으로 하는 후기 중세국어의 문법은 현재까지의 업적을 종합하면 어느 정도의 기술이 가능하고, 그 후의 변천을 다소 설명할 수 있다. 우리의 문법사 연구는 이 시대에 국한된 느낌이 없지 않다. 그리고 이전의 문법사 연구와 같이, 과거의 문헌 중에서 문법적 사항을 추출하고, 그것을 연대순으로 배열하는 것으로 문법사가 성립된다는 생각은 배제되어야 한다.

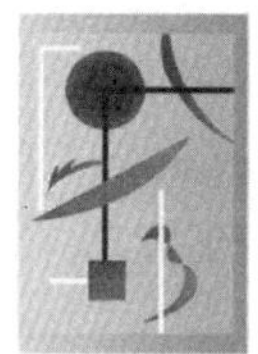

제13장 언어의 유형과 계통

세계의 언어는 민족이 다양한 만큼이나 참으로 多種多樣하다. 언어의 수가 약 2,800종에 달한다고 주장한 사람도 있고(L. H. Gray, 1930), 최소한 4,200에서 최대한으로 5,600에 이른다고 한 학자도 있다(Georg F. Meier, 1980). 하나의 언어를 개별언어로 보는가 혹은 방언으로 보는가의 기준이 학자들의 관점에 따라 다르기 때문에 언어의 수를 한마디로 단언하기 어려운 점이다. 중국어는 하나의 언어로 간주되지만 5개의 중요한 방언을 사용하고 있어서 口語로는 의사소통이 거의 불가능하다. 영어도 실제로 미국 영어, 영국 영어, 아일랜드 영어, 호주 영어, 인도 영어 등 여러 언어로 유형화 할 수 있다. 아메리칸 인디언의 언어는 1,230종에 이르며, 아프리카지방의 언어는 524종이라 한다.

이와 같이 수많은 온 세계의 언어를 수집하여 체계 있게 정리 분류하는 일은 언어학에 부여된 매우 중요한 임무중의 하나이다. 이와 같은 일은 마치 식물·동물·광물학자가 많은 표본을 수집하여 이를 분류 정리하고, 분포 상태를 연구하는 것과 흡사하다.

언어는 일반적으로 유형적 분류, 계통적 분류, 지리적 분류 등 세 가지의 방법에 따라 분류한다.

1. 유형적 분류

지금까지 언어는 음성의 목록과 이 음성들이 유의미한 계열로 결합되는 데 쓰이는 방식에 있어서 독특하다는 것을 밝혔다. 그리고 어떤 언어는 그 음성적 및 형태소적 구조에 있어서 서로 유사하며, 반면에 다른 언어와는 현저한 차이를 나타낸다는 것도 밝혔다.

19세기 초에 언어를 분류하는데 사용한 방법은 유형적 분류(typological classification)였다. 기본적으로 이 방법은 중요한 자질을 함께 가지고 있거나 문법이 비슷한 언어들을 함께 묶는 것이다. 유형에 의한 분류는 언어의 지리적 위치나 역사를 고려하지 않고 행해진다. 이 분류 방법은 언어의 형태적 구조에 근거하므로 형태적 분류하고도 한다.

아마도 유형적 분류의 방법론으로 가장 유명하고 오래 존속했던 것은 Schlegel(1818)일 것이다. 이 체계는 한 단어에 나타낼 수 있는 유의적인 기본 요소(형태소)의 수와 이것들이 겪을 수 있는 변형(modification)에 근거를 두고 있다. 단어마다 기본적 의미의 요소가 오직 하나밖에 없다면 그 언어를 고립어(isolative)로 취급하였다. 만약에 기본적인 의미의 요소가 하나 이상이 있으나 이들이 서로 분리되고 형태의 변화가 없으면 첨가어(agglutinative)로 처리했다. 한편 여러 유의적 요소가 있으나 이것들이 혼합되거나 다른 문맥에서 변형되면 그 언어를 굴절어(inflective)로 다루었다.

Schlegel 이후 이 분류체계를 개정하고 재정의하기 위해 수많은 시도가 있어 왔다. 그 중 가장 주목할 만한 것은, 주어·목적어 그 밖의 문법 사항들이 동사의 어간에 융합되어 하나의 단일어를 형성하는 抱合語(poly-synthetic language)의 한 유형을 인식한 것이다. Sapir(1921)는 Schlegel과 다른 유형적 분류체계를 고안해 냈다. 이것은 그의 저서 「언어」(Language, 1921) 제 6장에 기술되어 있다. 그 후에 Greenberg(1960)는 유형적 유사성을 나타내는 중요한 자질의 여러 목록들을 사용해서 문법의 구성요소에 대한 유형을 고안하려고 했다.

또한 상이한 調音的 특징을 바탕으로 해서, 예컨대 규칙적으로 전설 원순모음을 사용하는 언어와 사용하지 않는 언어를 구분해서 음성적 유형론이 성립될 수 있을 것이다. 음성 체계를 포함하는 또 하나의 분류는 음성적 특징 자체가 아니라, 음성이 하나의 체계로 조직되는 방법과, 음성이 그 언어에서 기능하는 방법에 바탕을 둘 수도 있을 것이다. 이러한 音韻論的 類型論(phonological typology)은, 그 언어가 聲調的이냐 혹은 非聲調的이냐, 즉 음성체계에 중국어와 동남아시아 및 서부아프리카의 어떤 언어처럼 오로지 音의 高低(pitch)에 의해서 구분되는 일련의 음소가 존재하느냐에 따라서 언어를 분류할 수 있을 것이다.

문법적 면에서, 語順과 문장구조 내에서의 語類(word-class)에 바탕을 둘 수도 있을 것이다. 이러한 체계는 예컨대 단어의 기능이 문장 내에서의 관계가 굴절어미와 어형상의 변화에 의하여 표시된다는 이유로 어순이 비교적 중요하지 않은 고대 그리스어 및 라틴어와 구별된다. 이런 종류의 분류에서 영어는 語順에 크게 의존하지 않는 단어가 둘 이상의 품사에 속하기 때문에 중국어에 가깝다고도 할 수 있다. 반면에 명사의 자연적 성(natural gender)보다도 문법적 성에 따른 분류에서, 영어는 다른 관점에서 영어와 매우 다른 핀란드어, 헝가리어, 일본어, 한국어 등과 같은 언어에 속하게 된다.

유형적 분류라고 하는 것은 주로 사용되는 규준의 종류에 의존한다는 것을 알 수 있을 것이다. 언어학적 연구에서 전통적이며 본질적으로 19세기에까지 소급해 올라가는 유형적 분류는 分析的(孤立的)·統合的(屈折的)·添加的(교착적) 유형으로 나누는 것이다.

[1] 분석적 · 고립적 언어

단어는 실질적인 의미만 가지고 있고, 문법적 기능은 語順에 의하여 좌우되는 언어를 분석적 언어(analytic language)또는 고립어(isolating language)라고 한다. 고립어는 문장이 제일 중요하다. 동사 · 명사 · 형용사 또는 그 밖에 어떤 품사이건 간에 어떤 형태상의 차이를 나타내지 않는다. 단어는 문장 중에서 그 기능이 어떤 문법적 장치(어미 · 전치사 · 조동사 등)에 의해서가 아니라 위치에 따라 표시되는 불변의 단위다. 그래서 고립어라는 용어가 붙여진 것이다.

중국어의 예로서 Wǒ aǐ nǐ(我愛你) '나는 너를 사랑한다'와 Nǐ aǐ wǒ(你愛我) '너는 나를 사랑한다'는 한 단어 한 단어가 실질적인 의미를 가지고 있고, 주어 · 목적어(행위자 · 피행위자)는 어순에 따라 구별된다. 다음의 예는 이러한 고립어의 특징을 잘 설명해 준다.

Wǒ kàn tá(我看他)	'나는 그를 본다'
Tá kàn wǒ(他看我)	'그는 나를 본다'
Tá kàn wǒ péng yóu(他看我朋友)	'그는 나의 친구를 본다'
Tá gěi wǒ chyán(他給我錢)	'그는 나에게 돈을 준다'

위의 예문에서와 같이 '我'라는 단어는 문법적 기능을 나타내는 문법적 장치 없이 문장에서의 위치에 따라 주격 · 목적격 · 俗格 · 與格 등의 구실을 하게 된다.

고립어는 중국어를 비롯하여 티베트어, 동남 아시아의 여러 언어, 즉 월남어 · 태국어 · 버마어 등이 이에 속한다.

중국어는 현재 우리가 사용하고 있는 한자나 한자어 그리고 한문을 살펴보면 직관적으로 언어구조를 잘 알 수가 있다. 한자는 원래 한 글자가 단음절이고 한 단어이며, 반드시 하나의 의미를 지니고 있다. 언어학자 Sturtevant(1974)이 이미 지적한 바와 같이, 중국어는 비교적 합성어나 파생어가 적으며, 대부분이 단음절어다. 따라서 자연히 동음어가 많아져 성조와 같은 운소에 의하여 의미를 변별하게 된 것이다. 그래서 중국어를 성조언어라고 한다.

요컨대 고립어는, 각 단어는 실질적 의미만을 가지고 있고, 문법적 기능은 그 단어가 자리하고 있는 문장에서의 위치, 즉 어순에 따라 좌우되는 언어로서 意義素를 A로 표시한다면 문법적 형태소가 零이므로 A_0로 공식화할 수 있다.

[2] 첨가적 · 교착적 언어

실질적 의미를 나타내는 語基에 문법적 의미를 나타내는 형태소가 붙어 문법적 기능을 나타내는 형태적 특징의 언어를 添加語 또는 膠着語(agglutinating language)라고 한다. 이 유형에 속하는 언어는 韓國語를 비롯하여 일본어 · 터키어 · 헝가리어 등과 같이 계통상으로 볼 때, 우랄 알타이어계의 언어가 대체로 이에 속한다.

첨가어의 유형적 특징은 그 명칭 자체가 명시하고 있는 바와 같이 添加性에서 찾아볼 수 있다. 즉, 어휘적 의미를 지닌 實辭에 문법적 의미를 지닌 虛辭가 첨가되어 문장 속에서 문법적 기능을 하게 된다. 문법적 기능을 하는 형태소가 따로 있어서 문장 속에서 문법 구조에 따라 언제나 기계적으로 첨가되거나 다른 형태소로 교체될 수 있다. 고립어가 거의 실질형태소, 즉 意義素로만 이루어지는 데 반하여, 첨가어는 실질적 개념을 지닌 의의소와 문법소인 형태소로 양분되는 것이다. 전자를 A라 하고 후자를 b로 하면 A+b로 공식화되는 유형의 언어라고 할 수 있다.

> 그-는 전-에 금강산-에 가-ㄴ 적-이 있-다
> [A+b]+[A+b]+[A+b]+[A+b]+[A+b]+[A+b]

 자립형태소인 語基와 접사가 서로 膠着되지만, 어기와 접사를 구별할 수 있게 해서 그들이 개성을 보존한다는 점에서 굴절어와 구별된다. 어미 변화가 굴절어와 같이 밀접하지 않고 어근 안에서의 변화가 거의 없다.

 Gray(1939)는 첨가어의 특징을 다음과 같이 말하고 있다. 첫째로, 한 단어에 여러 문법적 요소가 첨가되며, 둘째로 각 단어는 개별성과 독립성을 지니고 있으며, 셋째로 문법적 요소는 기계적으로 添加·分離된다는 것이다.

 다음은 전형적인 첨가어로 알려지는 터키어의 예를 보인 것이다.

ev	'집'	el	'손'
ev-im	'나의 집'	el-im	'나의 손'
ev-den	'집부터'	el-im-de	'나의 손에'
ev-ler	'집들'	el-im-de-ki	'나의 손에 있는 것'
ev-im-den	'나의 집에서'	el-im-de-ki-n	'나의 손에 있는 것의'
ev-ler-den	'집들부터'		

 마찬가지로, 헝가리어 語基인 ház-ban(집에서), ház-ak(집을), ház-ak-ban (집들에서) 등과 같이, 변하지 않고 형태부만 첨가한다. 하나 이상의 굴절 어미가 基底形에 첨가될 수 있고, 영어/haws/～/hawzəz/따위와 같이 형태 음소적 대체를 이루지 않는다.

 또한 터키어나 헝가리어와 같은 첨가어에서 또 하나의 재미있는 특징은 모든 접미사의 모음은 語基의 모음과 모음조화를 이룬다는 것이다. 예컨대, 만일 어기에 전설모음이 있으면 접미사도 전설모음을 가지며(예, 터키어 ev-ler), 반대로 어기가 후설모음이면 자동적으로 접미사도 후설모음이다(예, 터키어 oda-lar '방들', 헝가리어 kep-ek '그림들').

 또한 일본어 tabesaserareru라는 말은 'to be caused to eat', 'to be fed'의 뜻인데, tabe-(먹)는 語基, -sase-는 누구에게 무엇을 시킨다는 사동적 요소, -rare-는 수동적 요소, -ru는 부정사다. 여기에서 각 요소는 고정된 의미(어휘적이든 문법적이든)를 지니며, 복합적 단어구조(complex word structure)에 기계적으로 첨가될 수도 있고 분리될 수도 있다. taberareru(<something> is eaten) 또는 tabesaseru(<to cause someone to eat), 즉 'to feed someone'이라는 뜻의 어형을 가질 수도 있다.

요컨대, 첨가어는 語基와 접사와의 결합에 의하여 단어가 문장 속에서 여러 가지 관계를 나타내는 언어로서, A+b의 공식에 해당되는 유형의 언어라 할 수 있다.

[3] 통합적·굴절적 언어

단어의 실질적인 의미를 나타내는 부분(語基)과 문법적 의미를 나타내는 부분(語尾)이 분리되지 않을 정도로 밀접하게 결합하여 단어 자체가 문법적인 기능을 하는 유형의 언어를 통합어(synthitic language) 또는 굴절어(inflectional language)라고 한다. 라틴어·梵語·古代希臘語·아라비아어 등이 이에 속한다.

굴절어는 문법적 관계와 의미를 나타내기 위하여 접사나 내부적 변화와 같은 문법적 裝置에 크게 의존하는 언어다. 예를 들면, 라틴어 ibō(I shall go)에서 語基인 i-, 미래시제 형태소인 -b(i), 그리고 1인칭 단수 어미 -ō 등의 3개의 의존형태소가 한 단어 속에 융합되어 있는 것처럼 한 단어 속에 몇 개의 의미단위를 모으는 것이다.

또한 굴절어는 語基(그것이 명사든 형용사든 동사든 관계없이)가 고립해서 쓰일 수 없고, 어미와 결합해서 쓰일 수 있는 통합적 언어구조를 가지고 있다. 예를 들면, 라틴어 語基 amīc-(친구)은 amīcus(친구가, 주어), amīcī (친구의, 속격), amīcum(친구를, 직접목격), amīcō(친구에게, 여격)라는 형태로만 나타날 수 있다.

현대 서구어 중의 많은 언어들, 즉 리투아니아어, 라트비아어(발틱 해안선을 따라 통용되는 두 개의 언어), 슬라브어(러시아, 우크라이나, 폴랜드, 체코어 등)는 정교한 굴절의 체계를 보존하고 있다. 반면에 소위 라틴어의 역사적 후예인 新라틴어, 즉 로망스어(프랑스, 스페인, 덴마크, 노르웨이어 등 영어의 친족어들)는 조동사를 이용해서 그들의 동사 체계를 한층 간소화시켰고, 한편 로망스어들은 굴절 어미(未來時制)를 아직도 사용한다. 아마도 印歐語族 중에서 가장 굴절이 적은 영어는 분석적 언어에서와 같이 자립형태소를 압도적으로 사용하여 통합적 언어구조로 규정짓기 어려울 정도이다. 즉, 영어는 통합성의 정도가 아주 낮은 굴절어라 할 수 있다.

굴절어 중에서 삼중자음 어근(triconsonantal root)을 가지고 있는 언어가 있다. 아라비아어와 히브리어와 같은 셈족 언어가 그 대표적인 예이다. 어근 k-t-b(write)는 katab(he wrote), yaktubu(he will write), yuktaba(it will be written)와 같이 접사와 함께 나타날 수 있다.

요컨대, 굴절어는 언어학자 Mario Pei(1965)가 언급한 바와 같이, 接頭·接尾法이나 단어의 내부변화로써 혹은 자립이나 의존형태소의 배합으로써 문법적 관계를 나타내는 언어다.[1] 語基나 단어의 내부변화현상이나, 문법적 관계를 나타내는 형태질이 한 단어 안에서 융합(fusion)되어 어형변화가 많이 생기는 언어로서, 意義素 A와 형태소 b와의 관계에서 Ab로 公式化되는 유형의 언어라고 할 수 있다.

[4] 편입적·포합적 언어

문장을 구성하는 모든 요소가 밀접하게 결합되어 한 단어와 같이 사용되는 언어를 抱合語(incorporating language)라고 한다. 특히 주어·목적어·동사의 개념 등을 한 단위로 결합시킨다. 포합어에서는 단어가 별도로 존재하지 않는다. 이들 언어에서는 문장을 단어와 같은 범주에서 다룬다. 실제로 이러한 형태의 구조는 단지 의존형태소의 수를 전체구 또는 문장을 나타내는 문법적 단위 안에서 증가시킴으로써 극단적으로

---

1) Mario Pei, *Invitation to Modern Linguistics,* New York, 1965, p.20.

만들어진 통합적 구조를 나타낼 뿐이다. 그린란드의 에스키모어의 kavfiliorniarumagaluarpunga(나는 즐겁게 커피를 만들다)는 기본어 kavfi(커피)에 -lior-(하다, 만들다), -niar-(~하려고 한다), -umagaluar-(즐겁게~을 하다), punga(1인칭단수 접미사)가 붙은 것으로 한 단어가 한 문장을 이루고 있다. 아메리카 원주민 Oneida말인 gnaglaslizaks(나는 마을을 찾고 있다)에서 g는 '나'의 뜻이고, -nagla는 'living'의 뜻이고, -sl은 nagla를 명사로 만드는 접미사로서 naglasl은 결국 '마을'의 뜻이 된다. i-는 -zak에 'look for'라는 동사적 개념을 나타내는 접두사의 구실을 한다. -s는 계속적 행위를 나타내는 형태소다. 홀로 쓰인다면 이들 중의 어느 것도 명확한 뜻을 전달하지 못할 것이다.

이상에서 언어를 유형적으로 분류하여 分析的·添加的·統合的·抱合的 언어 등으로 분류했다. 그러나 이 분류는 어디까지나 상대적인 것이지 획일적이거나 배타적인 것이 아니다. 예를 들면, 영어의 경우 man, man's, men, men's 또는 drink, drinks, drank, drunk, drinking과 같은 어형변화계열을 가지고 있어서 굴절어의 특징을 나타내지만, mail은 명사(the mail), 동사(to mail a letter), 형용사(mail box) 등으로 사용되고 어순에 의존하는 것으로 보아 영어를 고립어의 분류 속에 넣을 수도 있다. 한편으로는 baker, goodness, ungodly와 같이 독립적 語基에 접사가 기계적으로 첨가되는 많은 예들은 添加語的 특징이라고 할 수도 있을 것이다. 에스키모어의 경우도 순수하게 포합적 특징만을 가지고 있는 것이 아니다. 예를 들면, anut(father)와 같은 自立語基에 소유격 접미사 -iga를 첨가해서 anutiga(my father)가 되고, iglu(house)가 두 개를 나타내는 igluk(two houses)가 된다. 이러한 특징은 앞에서 보인 헝가리어(ház 'house'와 házak 'houses'를 비교하라)와 같이 교착어와 같은 구조를 상기시킨다. 극히 드문 극단적인 통합어나 분석어의 경우를 제외하고, 대부분의 언어는 둘 내지 그 이상의 구조적 형태를 나누어 가지는 특징을 지니고 있음을 알 수 있다.

[5] 통합성의 지수

최근 Greenberg(1968)는 주어진 텍스트 안의 단어의 수로 형태소의 수를 나눔으로써 언어의 형태적 유형을 규정하는 指數方式을 제창했다. 이러한 종류의 수학적 조작에 의하여 그는 통합성의 지수(index of synthesis)라는 개념을 제안했다. 예를 들면 앞에서 예로 든 문장 Yesterday John ran away with the baker's younger daughter는 9개의 단어와 14개의 형태소로 구성되어 있다. 형태소의 수를 단어의 수로 나누면 1.55라는 지수가 나온다. 반면에 헝가리어 문장은 단어 수보다 2배(2.00라는 지수)나 많은 형태소로 구성될 수 있고, 중국어의 문장은 단어 수와 똑같은 1.00이라는 지수의 형태소를 포함한다. 물론 개개의 문장은 신뢰할 만한 결과를 나타내기에는 너무나도 불충분한 증거가 된다. Greenberg는 통합성이 낮은 지수, 예컨대 1.00 내지 2.22는 분석적인 언어로 보고, 2.22 내지 3.00의 지수는 통합적인 언어로 간주하고, 3.00 이상은 抱合的인 언어로 규정한다. 여태까지 그가 알아낸 최고의 수치는 에스키모어의 3.72 지수다.2) 한 언어의 지수는 단어 내의 형태소의 평균수를 우리에게 알려준다. 이 절차에 근거해서 만들어진 분류는 현대언어학자들이 대부분 포기한 전통적인 언어의 유형적 분류를 다짐해 주는 계기가 될 것이다. 우리가 주어진 언어의 자립형태소와 의존형태소가 어느 것이라고 결정했을 때, 우리는 형태소 결합이 발생할 수 있는 것을 보고 그들이 어떤 형태류(formclass), 좀더 전통적 용어를 빌어 그들이 무슨 품사에 속하는가를 찾는다. 전통적 문법이 단어를 분류하는 품사 개념은, 고대 그리스 문법가들이 창시한 방법에 근거하고 있다. 그것은 품사를 단어의 기능과 형태뿐만 아니라 그 의미를 바탕으로 정의하는 방법이다. 예컨대 전통적으로 어떤 형태는 그들이 어떤 언어학적 특징을 나타내고 특정의

---

2) Joseph H. Greenberg, *Anthropological Linguistics*, New York : Random House, 1968, p.129.

기능으로 사용될 수 있기 때문이라기보다는 그들이 사람과 장소와 사물
을 명명하기 때문에 명사로 불리는 것이다.

2. 계통적 분류

[1] 언어계통론

인간의 언어는 긴 역사 속에서 발달하면서 분화하였고, 분화와 발달
을 거듭하면서 오늘에 이르렀다. 현재의 한 언어가 어떤 언어와 친족관
계에 있고, 그 계통을 소급해서 어떤 分化관계에 있는가를 밝히는 통시
적 언어연구의 한 부문을 언어계통론(linguistic genealogy)이라 이른다.

계통론은 언어의 친족관계에 대하여 19세기 전반에 발달되었던 이른
바 系統樹說(Stammbaum theorie)의 유물이다. 계통수설은 언어들의 친족
관계는 한 줄기에서 두 가지가 나고, 다시 그 가지에서 다른 가지들이
뻗는 것처럼 분리하여 형성된다고 생각한다. 어떤 한 언어의 관점에서
볼 때, 그 언어의 계통이란 친족관계의 증명에 의하여 수립된 다른 언
어들과의 관계를 말한다. 가령 영어의 계통이라고 하면, 그것이 게르만
어군에 맺어지는 관계, 그리고 더 거슬러 올라가 印歐語族에 맺어지는
관계를 말한다. 더욱 넓은 관점에서 볼 때, 친족관계의 여러 언어들을 동
일 계통, 즉 同系라고 부르며, 이 언어들은 한 어족을 형성한다. 친족관
계가 있는 몇 개의 언어를 어족으로 묶는 것을 계통적 분류(genealogical
classification) 또는 계통분류(genetic classification)라고 한다.

한 언어의 계통을 찾으려면 비교언어학적 연구방법에 의거하여 지구
상의 현존하는 많은 언어 중에서 그 언어와 친족관계에 있는 언어를 찾
아내야 하며, 그 언어로 하여금 언어의 계통적 분류에 있어서 정당한
위치를 차지하게 해야 한다. 우선, 언어 간의 공통성과 친근성을 발견하

기 위하여 음운의 조직과 체계를 비교해야 하며, 어원을 살피고 원시적
기본어휘를 가지고 비교 연구해야 하고, 문법의 비교 등을 행하다. 문법
적 표현은 잘 변하지 않는 것이므로 문법체계의 비교연구는 매우 중요
하다.

[2] 어 족

1) 어족의 개념

두 개 이상의 언어가 역사적으로 계통적으로 연관되어 있을 때, 즉
그들 언어가 어떤 공통기원으로부터 발전되었다는 것을 감지할 수 있을
때, 이들 언어들은 동일어족에 속한다고 한다. 일반적으로 語族(language
family)이란 동일 어원으로부터 나온 모든 다른 언어들의 총체를 일컫는
말이다. 이 총체 내에는 다시 그들 중 다른 언어들보다 좀더 밀접하게
연관되는 下位語派들이 있다. 어군이라는 용어는 어족들의 총체 또한
어느 한 어족이나 동일어족에 속하는 語派들의 총체, 또는 동일어파에
속하는 언어들은 총체에 모두 적용되어 쓰이는 말이다.

2) 어족의 분류

여기에 제시한 어족의 분류 목록은 학자들 간에 대체로 의견 일치를
보고 있는 것들이다.[3]

    1. 유럽과 중동의 語系
       印歐語族(Indo-European)
       셈語族(Semitic)
       햄-셈語族(Hamito-Semitic)

---

3) Anthony T. Arlotto, *Introduction to Historical Linguistics*, Houghton Mifflin Company,
1972, pp.45-62 참조.

슈메르語族(Sumerian)
피노-우그릭語族(Finno-Ugric)
알타이語族(Altaic)
바스크語族(Basque)
코카시아語族(Cocasian)

2. 아시아의 語系
中國-티베트語族(Sino-Tibetan)
타이語族(Tai)
몬- 크메르語族(Mon-Khmer)
드라비다語族(Dravidian)
말레이-폴리네시아語族(Malayo-Polynesian)
호주와 파푸아語族(Australian and Papuan)
팰리오-아시아語族(Paleo-Asiatic)

3. 아프리카語系
니제르-콩고와 코이사語族(Niger-Congo and Khoisan)

4. 아메리카語系
北美인디언語族(North American Indian)
에스키모-알류트와 아서바스카語族(Eskimo- Aleut and Athabascan)
알곤킨語族(Algonquian)
이로쿼이와 머스코기언語族(Iroquoian and Muskogean)
스우語族과 유토-아즈택語族(Siouan and Uto-Aztecan)
마야語族(Mayan)
南美인디언語族(South American Indian)

【국제음성기호 IPA Chart】

THE INTERNATIONAL PHONETIC ALPHABET (revised to 1993)

CONSONANTS (PULMONIC)

	Bilabial	Labiodental	Dental	Alveolar	Postalveolar	Retroflex	Palatal	Velar	Uvular	Pharyngeal	Glottal
Plosive	p b			t d		ʈ ɖ	c ɟ	k g	q ɢ		ʔ
Nasal	m	ɱ		n		ɳ	ɲ	ŋ	ɴ		
Trill	ʙ			r					ʀ		
Tap or Flap				ɾ		ɽ					
Fricative	ɸ β	f v	θ ð	s z	ʃ ʒ	ʂ ʐ	ç ʝ	x ɣ	χ ʁ	ħ ʕ	h ɦ
Lateral fricative				ɬ ɮ							
Approximant		ʋ		ɹ		ɻ	j	ɰ			
Lateral approximant				l		ɭ	ʎ	ʟ			

Where symbols appear in pairs, the one to the right represents a voiced consonant. Shaded areas denote articulations judged impossible.

CONSONANTS (NON-PULMONIC)

Clicks		Voiced implosives		Ejectives	
ʘ	Bilabial	ɓ	Bilabial	’	as in:
ǀ	Dental	ɗ	Dental/alveolar	p’	Bilabial
ǃ	(Post)alveolar	ʄ	Palatal	t’	Dental/alveolar
ǂ	Palatoalveolar	ɠ	Velar	k’	Velar
ǁ	Alveolar lateral	ʛ	Uvular	s’	Alveolar fricative

VOWELS

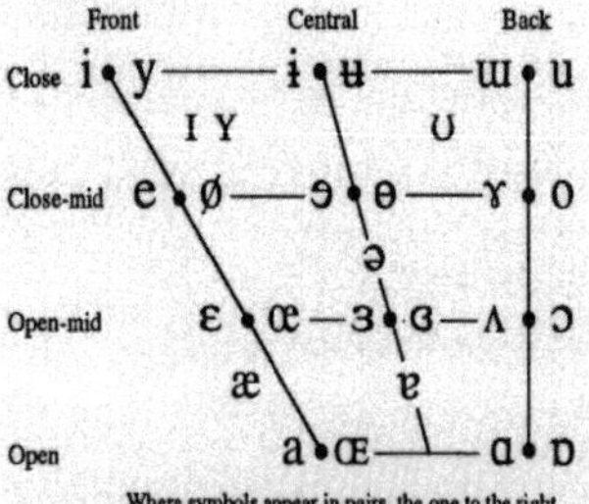

```
            Front          Central          Back
Close      i • y ——— ɨ • ʉ ——— ɯ • u
                ɪ    ʏ          ʊ
Close-mid   e • ø ——— ɘ • ɵ ——— ɤ • o
                          ə
Open-mid      ɛ • œ ——— ɜ • ɞ ——— ʌ • ɔ
                 æ       ɐ
Open            a • ɶ ——————— ɑ • ɒ
```

Where symbols appear in pairs, the one to the right represents a rounded vowel.

OTHER SYMBOLS

ʍ Voiceless labial-velar fricative	ɕ ʑ Alveolo-palatal fricatives
w Voiced labial-velar approximant	ɺ Alveolar lateral flap
ɥ Voiced labial-palatal approximant	ɧ Simultaneous ʃ and x
ʜ Voiceless epiglottal fricative	
ʢ Voiced epiglottal fricative	Affricates and double articulations can be represented by two symbols joined by a tie bar if necessary.
ʡ Epiglottal plosive	k͡p t͡s

SUPRASEGMENTALS

ˈ	Primary stress
ˌ	Secondary stress
ː	Long
ˑ	Half-long
˘	Extra-short
.	Syllable break
ǀ	Minor (foot) group
‖	Major (intonation) group
‿	Linking (absence of a break)

ˌfoʊnəˈtɪʃən

eː

eˑ

ĕ

ɹi.ækt

TONES & WORD ACCENTS

LEVEL		CONTOUR	
e̋ or ˥	Extra high	ě or ˩˥	Rising
é ˦	High	ê ˥˩	Falling
ē ˧	Mid	e᷄ ˧˥	High rising
è ˩	Low	e᷅ ˩˧	Low rising
ȅ ˩	Extra low	e᷈ ˧˦˧	Rising-falling
↓ Downstep		↗ Global rise	etc.
↑ Upstep		↘ Global fall	

DIACRITICS

Diacritics may be placed above a symbol with a descender, e.g. ŋ̊

̥ Voiceless	n̥ d̥	̤ Breathy voiced	b̤ a̤	̪ Dental	t̪ d̪
̬ Voiced	s̬ t̬	̰ Creaky voiced	b̰ a̰	̺ Apical	t̺ d̺
ʰ Aspirated	tʰ dʰ	̼ Linguolabial	t̼ d̼	̻ Laminal	t̻ d̻
̹ More rounded	ɔ̹	ʷ Labialized	tʷ dʷ	̃ Nasalized	ẽ
̜ Less rounded	ɔ̜	ʲ Palatalized	tʲ dʲ	ⁿ Nasal release	dⁿ
̟ Advanced	u̟	ˠ Velarized	tˠ dˠ	ˡ Lateral release	dˡ
̠ Retracted	i̠	ˤ Pharyngealized	tˤ dˤ	̚ No audible release	d̚
̈ Centralized	ë	̴ Velarized or pharyngealized	ɫ		
̽ Mid-centralized	e̽	̝ Raised	e̝ (ɹ̝ = voiced alveolar fricative)		
̩ Syllabic	l̩	̞ Lowered	e̞ (β̞ = voiced bilabial approximant)		
̯ Non-syllabic	e̯	̘ Advanced Tongue Root	e̘		
˞ Rhoticity	ɚ	̙ Retracted Tongue Root	e̙		

【국제 음성 기호와 한글 대조표】

자음			반모음		모음	
국제음성기호	한글		국제음성기호	한글	국제음성기호	한글
	모음앞	자음 앞 또는 어말				
p	프	ㅂ, 프	j	이*	i	이
b	ㅂ	브	ɥ	위	y	위
t	ㅌ	ㅅ, 트	w	오, 우*	e	에
d	ㄷ	드			ø	외
k	ㅋ	ㄱ, 크			ɛ	에
g	ㄱ	그			ɛ̃	앵
f	ㅍ	프			œ	외
v	ㅂ	브			œ̃	욍
θ	ㅅ	스			æ	애
ð	ㄷ	드			a	아
s	ㅅ	스			ɑ	아
z	ㅈ	즈			ɑ̃	앙
ʃ	시	슈, 시			ʌ	어
ʒ	ㅈ	지			ɔ	오
ts	ㅊ	츠			ɔ̃	옹
dz	ㅈ	즈			o	오
tʃ	ㅊ	치			u	우
dʒ	ㅈ	지			ə**	어
m	ㅁ	ㅁ			ɚ	어
n	ㄴ	ㄴ				
ɲ	니*	뉴				
ŋ	ㅇ	ㅇ				
l	ㄹ, ㄹㄹ	ㄹ				
r	ㄹ	ㄹ				
h	ㅎ	흐				
ç	ㅎ	히				
x	ㅎ	흐				

고영근(2001), 한국의 언어연구, 역락.

권재일(1992), 한국어통사론, 민음사.

김방한 외(1983), 일반언어학, 형설출판사.

______외(1985), 언어학개론, 한국방통대 출판부.

김진우(1985), 언어: 그 이론과 응용, 탑출판사.

______(1986), 현대언어학의 이해, 한신문화사.

남기심 외(1977), 언어학개론, 탑출판사.

문양주 외9(1977), 현대언어학, 한신문화사.

배양서(1980), 언어학신강, 한신문화사

배태영(1986), 현대언어학개론, 서린문화사.

성백인 외(1991), 언어학개론, 한국방송대학교출판부.

소두영(1986), 언어학원론, 숙대출판부.

신수송 역(2001), 언어와 시간, 역락.

이기동 외 역(1998), 언어학개론, 한국문화사.

이을환(1974), 언어학개설, 선명문화사.

______(1991), 言語學槪說, 반도출판사.

임병빈 편(1993), 언어의 이해, 한국문화사.

李喆洙 외(1976), 言語學通論, 범한서적.

______역(1992), 言語의 研究, 새문사.

임지룡 역(2003), 언어학개론, 한국문화사.

장홍권(2000), 일반사회언어학, 료녕민족출판사.

전광현(2003), 국어사와 방언 2, 월인.

조석종(1988), 언어와 언어학, 한신문화사.

주신자 외 역(1994), 언어개념, 한국문화사.
허 웅(1965), 언어학개론, 정음사
______(1981), 언어학-그 대상과 방법-, 샘문화사

Aitchison, Jean(1972), *uisticsGeneral Ling*, The English University Press.

______________(1981), *Language Change*: Progress or Decay, Fontana Paperbacks.

Alexander, Henry(1962), *The Story of Our Language*, rev, ed, New York: Doubleday

Anderson, James M.(1973), *Structural Aspects of Language Change*, Longman Group Ltd.

Arlotto. A.(1972), *Introduction to Historical Linguistics*, Houghton Mifflin Company.

Bauer, Laurie(1983), *English Wordformation*, Camblidge University Press.

Bender. Harold H.(1922), *The Home of the Indo-Europeans*, Prinston, N.J.: PrincetonUniversity Press.

Black, Max(1969), *The Labyrinth of Language*, New York: The New American Library.

Bloomfield, Leonard(1933), Language, New York: Henty Holt & Company.

Bronstein, Arthur J.(1960), *The Pronunciation of American English*: An Introductionto Phonetics, New York: Appleton Century Crofts.

Brown, G., & Yule(1983), *Discourse Analysis*, Cambridge, Cambridge University Press.

B?ler, K.(1933), *Die Axiomatik der Sprachwissenschaften*, Frankfurt: Klostermann.

Carroll, John B.(1953), *The Study of Language*: A Survey of Linguistics and Related Disciplines in America, Cambridge, Mass.: Harvard University Press.

Chao, Yuen Ren(1968), *Language and Symbolic Systems*, Cambridge: At the University Press.

Chomsky Noam(1957), *Syntactic Structures*, The Hague: Mouton & Co.

______________(1964), *Current Issues in Linguistic Theory*, The Hague: Mouton & Co.

______________(1965), *Aspects of the Theory of Syntax*, Cambridge, Mass.: MIT Press.

______________(1966), *Topics in the Theory of Generative Grammar*, The Hague: Mouton & Co.

______________& Morris Halle(1969), *The Sound Patterns of English*, New York: Harper & Row.

Coulthard, M.(1977), *An Introduction to Discourse Analysis*, London,

De Beaugrande, R. & W. Dressler(1981), *Introduction to Text Linguistics*, London, Longman.

Diamond, D.S.(1959), *The History and Origin of Language*, New York: Philosophical Society.

Fillmore, C. J. & Langendoen, T. (eds)(1971), *Studies in Linguistic Semantics*, New York: Holt, Rinehart and Winston.

Fordor, Jerry A. & Jerrold J. Katz, ed.(1964), *The Structure of Language: Readings in the Philosophy of Language, Englewood Cliffs*, N.J.: Prentice-Hall.

Francis, W. Nelson(1954), "Revolution in Grammar", *Quarterly Journal of Speech* 40.

______________(1958), *The Structure of American English*, New York: The Ronald Press.

______________(1963), *The English Language*, New York: W.W. Norton.

______________(1983), *Dialectology: An Introduction*, Longman Group Limited.

Fries, Charles C.(1952), *The Structure of English*, New York: Harcourt Brace Jovanovich.

Fromkin, V. & Rodman, R.(1974), *An Introduction to Language*, Holt, Rinehart & Winston.

Fry, Dennis(1955), "duration and intensity as physical correlates of linguistic stress", *Journal of the Acoustical Society of America* 27.

George Yule(1985), *The study of language*, cambridge University Press.

Gleason H.A., Jr.(1961), *An Introduction to Descriptive Linguistics*, rev. ed. New

York: Holt, Rinehart & Winston.

__________(1965), *Linguistics and English Grammar*, New York: Holt, Rinehart & Winston.

Goad, Harold(1958), *Language in History*, Harmondsworth, Middlessx: Penguin.

Gray, Louis H.(1939), *Foundations of Language*, New York: Macmillan.

Greenberg, Joseph H.(1957), *Essays in Linguistics*, Chicago: University of Chicago Press. ed.

__________(1966), *Universals of Language*, 2nd ed. Cambridge, Mass. : MIT. Press

__________(1968), *Anthropological Linguistics*: An Introduction, New York: Random House.

__________(1974), *Language Typology: A History and Analytic Overview*, Mouton, The Hague Paris.

Halliday, M.A.K.&Hasan,R.(1976), *Cohesion in English*, London, Longman.

__________(1989), *Language*, Context and Text, Oxford University Press.

Harris, Zellig S.(1951), *Method in Structural Linguistics*, The University of Chicago Press.

__________(1951), *Structural Linguistics*, Phoenix Books, The University of Chicago Press.

__________(1952), *Discourse Analysis*, Language 28.

__________(1955), "From Phoneme to Morpheme", *Language* 31.

Hill, Archibald A.(1958), *Introduction to Linguistic Strutures*, New York: Harcourt Brace Jovanovich.

__________(1969), *Linguistic Today*, New York: Basic Books.

Hockett, C. F.(1954), "Two Models of Grammatical Description", *Word* 10.

__________(1947＝1957), "Problems of Morphemic Analysis", *Language* 23. LSA., Joos, Martin ed.

__________(1957), *Reading Linguistics*, Waghington, D. C.

______________(1958), *A Course in Modern Linguistics*, New York: The Macmillan.

Hudson, R.A.(1980), *Sociolinguistics*, Cambridge University Press.

Hymes, D.(1964), *Language in Culture and Society*, New York, Harper & Row.

Jakobson, R.(1960), "Closing Statement: Linguistics and Poetics", Sebeok T. A.(ed), *Style in Language*, Cambridge, Mass.: MIT. Press.

Jeffers, Robert J. & Lehiste, Ilse(1979), *Principles and Methods for Historical Linguistics*, The MIT. Press.

Jespersen, Otto(1909-49), *A Modern English Grammar on Historical Principles*, 7 vols. Heidelberg: Winter, London: Allen, Copenhagen: Munksgaard.

______________(1922), *Language*, Its Nature, Development and Orgin, London: Allen & Unwin.

______________(1924), *The Philosophy of Grammar*, London: Allen.

______________(1964), *Mankind, Nation and Individual From a Linguistic Poins of View*, Bloomington: Indiana University Press.

Jones, D.(1950, 1962), *The Phoneme*: Its Nature and Use, Cambridge: Heffer.

________(1956), *The Pronunciation of English*, Cambridge Univ. Press.

________(1964), *An Outline of English Phonetics*, 9th ed. Cambridge: W. Heffer & Sone.

Katz, Jerrold J.(1966), *The Philosophy of Language*, New York: & London: Harper & Row.

Korzybski, Alfred(1933), *Science and Sanity: An Introduction to Non-Aristotelian Systems and General Semantics*, Lancater, Pa.: Science Press.

Langer, Susanne K.(1951), *Philosophy in a New Key*, Cambridge, Mass.: Harvard University Press.

Langacker, Ronald W.(1968), *Language and It's Structure*, Harcourt, Brace & World, Inc.

Lehmann, Winfred P.(1962), *Historical Linguistics*: An Introduction, Oxford & IBH Publishing Co.

Lewis, David(1972). "General Semantics", Davidson & Harman (eds.), *Semantics of*

Natural Language, Dordrecht: Reidel.

Lowth, R.(1962), *A Short Introduction to English Grammar*.

Matthews, P. H.(1972), *Inflectional Morphology*, Cambridge University Press.

__________(1974), *Morphology*, Cambridge Textbooks in Linguistics.

Morgan, J. L. and Sellner, M. B.(1980), *Discourse and linguistic theory*, In Spiro et al., eds.

Nida, E.A.(1949), *Morpholgy*: The descriptive analysis of words, Univ. of Michigan Publication.

__________(1951=1960). *A Synopsis of English Syntax*, Norman, Okla: Publication of the Summer Institute of Linguistics of the Univ. of Oklahoma.

Ogden C.K. & Richards, I.A.(1930), *The Meaning of Meaning*, 3rd ed., rev. Now York: Harcourt Brace Jovanovich.

Paget, Sir Richard(1930), *Human Speech*, New York: Harcourt Brace Jovanovich.

Palmer, F.R.(1976), *Semantics: A New Outline*, Cambridge University Press.

Palmer, Leonard R.(1972), *Descriptive and Comparative Linguistics*: A Critical Inrtoduction, Feber & Faber Ltd.

Partidge, Eric(1958), *Origins*, New York: Macmillan.

Paul. H.(1909), *Prinzipien der Sprachgeschichte*, 4Aufl. Halle.

Pei, Mario A.(1962), *The Family of Words*, New York: Horper & Row.

__________(1961), *Language for everyday*, New York: Devin-Adair.

__________(1965), *Invitation to Linguistics*: A Basic Introduction to the Science of Language, New York: Doubleday.

__________(1968), *What's in a Word?*, New York: Hawthorn.

Pike, Kenneth L.(1943), "Taxemes and Immediate Constituents," *Language* 19.

__________(1947), *Phonemics: A Technique for Reducing Language to Writing*, Ann Arbor : Univ. of Michigan Press.

Roberts, Paul(1956), *Patterns of English*, New York: Harcourt Brace Jovanovich.

__________(1958), *Understanding English*, New York: Harper & Row.

__________(1962), *English Sentences*, New York: Harcourt Brace Jovanovich.

___________(1964), *English Syntax*, alternate ed. New York: Harcourt Brace Jovanovich.

___________(1967), *Modern Hrammar*, New York: Harcourt Brace Jovanovich.

Robins, R.H.(1964), *General Linguistics*: An Introductory Surey, London: Longman.

___________(1967), *A Short History of Linguisticsm Bloomington*: Indiana University Press.

Sapir, Edward(1921). *Language: An Introduction to the Study of Speech*, New York: Harcourt Brace Jovanovich.

Sampson, G.(1985), *Writing Systems*: A Linguistic Introduction, Stanford University Press.

Sanford, A. J. & Garrod, S.C.(1981), *Understanding Written Language*, Chichester, Wiley.

Saussure, Ferdinand de(1935), *Cours de linguistique générale*, 3rd ed., Paris: Payot.

Sloat, Clarence et al.(1978), *Introduction to Phonology*, Prentice-Hall, Inc.

Stern, Gustaf(1931), *Meaning and Change of Meaning*, Bloomington: Indiana University Press.

Stubbs, M.(1973), Some structural complexities of talk in meetings, *Working Papers in Discourse Analysis* 5, University Birmingham, Mimeo.

___________(1983), *Discourse Analysis*: the sociolinguistic analysis of natural language, Oxford, England.

Sturtevant, Edgar H.(1971), *Linguistic Change*: Univ. of Chicago.

___________(1942), *Linguistic Change*: An Introduction to the Historical Study of Language, G.E. Stechert & Co.

___________(1947), *An Introduction to Linguistic Science*, New Haven: Yale University Press.

Sweet, Henry(1981=1898), *A New English Grammar: Logical and Historcal*, 2 vols. Oxford: Clarendon Press.

Ullman, Stephen(1951), *The Principles of Semantics: A Linguistic Approach of Meaning*, Glasgow: Jackson, Oxford : Blackwell.

________________(1962), *Semantics: An Introduction to the Science of Meaning*, Oxford: Blackwell.

Vachek, J.(1973), *Written Language : General Problems and Problems of English*, The Hague, Mouton.

Van Dijk, T. A.(1977a), Connectives in Text Grammar and Text Logic, *Grammars and Descriptions*, eds. by van Dijk & Petofi, Berlin, Water de Gruyter.

________________(1977b), *Text and Context*, London, Longman.

Waldron, R.A.(1967), *Sense and Sense Development*, The Language Library, London: Andre Deutsch.

Weisgerber, L.(1953), *Vom Weltbild der Deutschen Sprache.*

Wells, R.(1947), "Immediate Constituents," *Language* 23. LSA.

Wentworth, H. & Flexner, S.B.(1967). *The Dictionary of American Slang*, New York: Thomas Y. Crowell.

Widdowson, H.G.(1979), Rules and procedures in discourse analysis in (ed.)T. Myers, *The Development of Conversation and Discourse Edinburgh*, University Press.

찾/아/보/기

ㄱ

可變的 강세 87
可易性 32
가창설 23
간략표기 61
間接質問法 318
간접차용 282
間投說 20
강세 86
强制的 連聲 122
개모음 64
開放연접 91
개별언어학 49
去聲 89
결속작용 193
결승 293
결합변화 332
경구개음 74
計量語彙論 265
계층방언 313
계통분류 361
系統樹說 361
계통적 분류 361
고대 한자 296
고립어 354
固定的 강세 87

공명음 57, 75
공시언어학 50
과학적 전통문법 151
관계적 반의 228
관어적 기능 45
관용어구 231
관용어구의 유형 233
관용어구의 특징 231
膠着語 355
구말연접 92
構文論 152
구문적 동음성 230
구성성분 159
구성성분 구조 171
構成體 159
구어 323
구어체의 특징 323
구음 56
구절구조 규칙 171, 173
구조문법 155
구조분석 157
구조의미론 242
具體音聲 56
구형식 이디엄 234
국어의 자음 78

국어의 자음자질 98
국제음성기호 60, 364
屈折변화계열 114
굴절어 357
굴절접미사 113
굴절형태소 112
권설음 73
그리스어원의 차용어 276
근접성 262
기본모음 63
基本的 合成 139
기술문법 151, 155
기술언어학 51
기억보조 장치 293
기호성 33
긴장모음 66

— ㄴ

내부연접 91
內心的 合成 139
내적역사 341
내적차용 337
내포적 의미 209, 210
노동설 22
높임 관계 181
累積使用頻度 269

— ㄷ

多元發生的 기원 27
多義語 218
단계적 반의 227
단모음 66

단어 125
단어의 개념 126
단어의 분류 128
단어의 조직화 255
단어형성 129
단일어 128
단절연접 93
단축법 144
담화 179
담화분석 179, 185
담화분석의 개념 186
담화분석의 영역 188
담화의 구조 180
담화의 해석 191
대조언어학 51
대치형태소 110
동물의 언어 11
동물의 의사소통 능력 15
동음동철어 229
동음이의어 228
동음이철어 229
동의어 221
동의충돌 223
동철이음어 230
동화 332

— ㄹ

라틴어원 차용어 275

— ㅁ

마찰음 75
면접조사 318

모라   85
모순   226
모음   56
모음 음장   84
母音四角圖   70
모음체계   63
목젓소리   74
무성음   56
문법사   348
문법적 의미   212
문법적 차용   285
문자소   304
문자언어   38, 287
문자의 개념   288
문자의 발달   292
문자의 특성   288
문자의 효용   289
문자체계의 유형   301
문화적 전승   38
문화적 차용   279, 280

ㅂ

反對   226
반모음   69
반복법   141
반의어   224
반의의 형태   226
發動部   58
發聲部   58
발음차용   284
발화   180
발화종목   196
방언사   347

방언의 가치   313
방언의 개념   310
방언의 성격   309
방언의 연구   315
방언의 유형   314
방언적 차용   279, 281
방언조사   318
방언학   316
방언형성의 원인   311
변별자질 명세   97
변별자질의 개념   94
변별자질의 이점   95
변별적 자질   94
變異音   79
변형 규칙   176
變形·生成文法   165
變形生成   164, 165
竝列的 合成   138
보조기호   62
部分反復   141
부분적 이디엄   233
副次的 合成   139
분리성   37
분석식   161
분석적 언어   354
不易性   32
비교   342
비교언어학   51
비동화   332
비성절음   58
比喩的인 표현   219
비음   57
비지속음   47
非統辭的 合成   137

ㅅ

사자봉 293
사적 의미론 242
史的어휘론 345
史的의미론 242, 345
사전지식 202
사회방언 315
사회성 31
사회적 변이 321
사회적 원인 236
삼중모음 68
상보적 반의 226
上聲 89
상승연접 93
상호작용의 기능 190
生得說 21
省略 144
생성언어학 51
서면조사 319
설명문법 151
설전음 76
설측음 76
설형문자 297
성문음 74
성분 생략 183
성분분석 213
성절음 58
성조표시 88
성형문자 296
속어 324
修飾的 合成 138
隨意的 連聲 122
순치음 73

시적 심미기능 45
신성문자 297
神授說 25
實質형태소 110
심리적 원인 236
심리적 의미론 243
심리적 태도 182
深層構造 170, 174

ㅇ

아메리카 語系 363
아시아의 語系 363
아프리카 語系 363
악어법 145
양분자질법 95
양순음 73
어간변용 142
어근창조 130
어기형태소 110
語類變化派生 132
語類維持派生 132
어원론 346
어족 362
어족의 개념 362
어족의 분류 362
어형변화계열 114
어형성법 130
어형성의 개념 129
어형적 이디엄 234
어휘 245
어휘 조사 265
어휘론의 목적 250
語彙論的 範疇 252

어휘사 345
어휘삽입 규칙 174
語彙素 216
어휘의 개념 245
어휘의 계량 264
어휘의 연구 250
어휘의 이면성 247
어휘의 체계 251
어휘의 체계성 263
어휘의 체계적 구조 258
어휘의 총체 252
어휘의미론 241
어휘적 의미 211
어휘차용 337
어휘체계론 254
語彙統計學 346
언어계통론 361
言語能力 167
언어변화의 유형 331
언어사 연구부문 343
언어사의 연구 341
言語遂行 167
언어연대학 346
언어음 53
언어의 기능 39
언어의 기원 16
언어의 변천 329
언어의 변화 330
언어의 여러 기능 40
언어의 정의 29
언어의 중심 기능 39
언어의 특성 30
언어적 원인 235
언어적 차용 273
언어지리학 316

언어학의 필요성 47
역사성 32
역사언어학 340
역사언어학의 개념 340
역사언어학의 성격 329
역사적 원인 236
역성법 142
연구개음 74
聯想關係 262
연상어의 계열 261
연상적 결합 263
연성 121
연성규칙 122
연성의 유형 121
延語 268
연접 91
영어의 자음 77
零形態 101
婉曲表現 219
完全反復 141
外心的 合成 139
외연적 의미 209
외적역사 341
외적차용 337
용언형 이디엄 234
운소 84
원순모음 65
위세적 동기 278
유럽과 중동의 語系 362
유사성 262
유성음 56
유의어 221
類推 333
유형적 분류 352
融合的 合成 138

은어 324
은유적 전용 239
음량 84
음박 85
음성 55
음성기관 58
음성기호 60
음성모형 53
음성언어 38
음성전사의 방법 61
음성차용 284
음성학 53
음성학의 개념 53
음성학의 유형 54
음소 78
음소문자 300
음운론 53
음운변화 331
음운사 343
음운외적 변화 344
음운적 교체 344
음운적 조건의 이형태 115
음장 84
음장언어 86
음장표시 85
음절 80
음절구조 81
음절두음 81
음절두음의 제약 82
음절말음 81
음절말음의 제약 82
음절문자 299
음절문자 체계 303
음절시간 리듬 86
음절의 개념 80

음향음성학 54
응용언어학 50
의미 205
의미론 240
의미론의 개념 240
의미론의 유형 241
意味微分 214
의미변화 234
의미변화의 개념 234
의미변화의 원인 235
의미변화의 유형 237
意味素 215
의미의 개념 205
의미의 구조 213
意味의 基本三角圖 207
의미의 삼부문 206
意味場 215, 256
의미적 이디엄 233
의미차용 283
의성설 18
의존형태소 109
이론언어학 50
이야기 186
이완모음 66
이중모음 67
이태리어원의 차용어 277
異形態 100
이형태의 교체 115
인간의 언어 11
인간의 의사소통 능력 15
인두음 74
인류 최초의 언어 27
일관성 195
일반언어학 49
일반의미론 244

一樣性　330
一元發生的 起源　26
1차 派生　131
2차 派生　132
입 동작설　17

ㅈ

자립형태소　108
자모문자 체계　303
자음　56
자음 음장　85
자음체계　72
자의성　30
場面　180
장면에 따른 표현　181
재구　342
저지음　57, 75
전달작용의 기능　189
전망적 방법　341
전사법　321
전설모음　64
전이적 의미　207
전체적 이디엄　233
전체조사　270, 319
接頭派生　133
접사형태소　111
接中辭　134
接中派生　133
접촉설　24
접촉어　326
접합적 차용　279, 280
정밀표기　61
정서법　305
정서적 표현기능　42

頂點音　81
조건변화　332
조사자　320
調音部　58, 59
조음음성학　55
종합식　162
주요 변별자질　96
중설모음　65
중심적 의미　207
지령적 욕구기능　43
지속음　57
지시적 정보기능　41
지역방언　314
직소분석　157, 158, 160
직소분석의 방법　161
直接成分　160
直接質問法　318

ㅊ

차용　336
차용단어　281
차용번역　282
차용의 동기　278
차용의 영향　285
차용의 유형　279
차용전이　283
차용혼성　283
창조성　36
철학적 의미론　243
添加語　355
첨가형태소　109
疊語　141
청취음성학　54
체계성　33

체언형 이디엄 234
초월성 36
抽象音聲 56
추이 237
치음 73
치조음 73
친교적 상황기능 43

— ㅌ

텍스트 190
텍스트분석 185
통비음 76
統辭論 149
統辭的 合成 137
통시언어학 50, 340
통합성의 지수 360
통합적 언어구조 357

— ㅍ

파생법 131
派生변화계열 114
파생어 128
파생접미사 113
派生형태소 111
파찰음 75
패대 294
平聲 89
평순모음 65
평조연접 93
폐모음 64
閉鎖연접 91
폐쇄음 75

抱合語 358
表面構造 170
표본조사 270, 319
표어문자 298
표어문자 체계 302
표음문자 299
표준어와 방언 312
표층구조 174
프랑스어원 차용어 275
피조사자 320
필요충족적 동기 279

— ㅎ

하강연접 93
한국어의 성조 89
한국어의 음절구조 83
합성법 135
합성어 128, 135
虛形態 101
협조의 원리 200
형식의미론 241
형태 99
형태론 153
형태소 103
형태소론 118
형태소부류 108
형태소의 개념 103
형태소의 식별 104
형태음소 120
形態音素論 118, 122
형태음소의 개념 120
형태음소적 변화 121
형태음운론 123

형태의 개념　99
형태의 분석　100
형태적 이디엄　233
형태적 조건의 이형태　106, 117
混交語　327
혼성법　146
혼성어　326
混種語　134, 140
混種派生語　134
混合形態　101

환유적 전용　240
환치법　222
환치식　162
회고적 방법　342
回歸性　11
회화문자　294
會話分析　188
회화의 상호작용　197
후설모음　65
休止連接　91